数字政府

架构设计参考

王 翔 ◎ 著

人民邮电出版社

北京

图书在版编目（CIP）数据

数字政府架构设计参考 / 王翔著. -- 北京 : 人民邮电出版社, 2022.12
ISBN 978-7-115-59916-2

Ⅰ. ①数… Ⅱ. ①王… Ⅲ. ①电子政务－系统设计 Ⅳ. ①D035-39

中国版本图书馆CIP数据核字(2022)第155980号

内 容 提 要

本书详细介绍了数字政府发展的现状、评价指标、典型框架，系统性介绍了数字政府架构设计方法，包括基本流程、模型、框架、架构风格。本书从解构动机入手，为数字政府战略架构、数据架构、业务架构、应用架构、技术架构、物理架构、安全架构、运维架构、规则架构、实施和迁移给出实施参考。本书针对数字政府技术升级和迁移、政务科技创新与先行先试等提供了实用性的架构实施工具及管控措施，并结合实际提供了应用案例，适合参与数字政府建设工作的政府人员及服务数字政府建设的企业、咨询机构的工作人员阅读。

◆ 著　　　王 翔
　责任编辑　李成蹊
　责任印制　马振武

◆ 人民邮电出版社出版发行　北京市丰台区成寿寺路11号
　邮编　100164　电子邮件　315@ptpress.com.cn
　网址　https://www.ptpress.com.cn
　固安县铭成印刷有限公司印刷

◆ 开本：720×960　1/16
　印张：19.5　　　　　　　2022年12月第1版
　字数：446千字　　　　　2022年12月河北第1次印刷

定价：89.90 元

读者服务热线：(010)81055493　印装质量热线：(010)81055316
反盗版热线：(010)81055315
广告经营许可证：京东市监广登字 20170147 号

前言

  架构既是名词也是动词。架构作为名词时，表示元素、关系，以及建立元素之间关系的原则，描述处于特定环境中的系统，记录它从无到有以及后续的发展演变。架构作为动词时，贯穿系统的整个生命周期，是从设想、构思、定义到实现并不断完善的过程。

  每个系统的目的不同、用途不同，其设计思想、原则要求也不尽相同，通过不断总结、相互借鉴，演化出不同的架构方法论。一些方法论"授人以鱼"，侧重于体现架构的名词定义，强调可复制、可推广的结果，例如，参考架构；另一些方法论则强调"授人以渔"，在名词和动词之间取得平衡，多表述为如何架构。

  数字政府从政务信息化发展而来，由于数字政府建设涉及广泛、影响深远，所以架构的作用更为突出，我们建设数字政府，应该眼中有全局、胸中有定数，既对主流架构方法论有动态了解，又能稳字当头、稳中求进，避免被外部不断翻新的"噱头"打扰，坚持适用的架构方法论，久久为功。

  为了直观展示，本书编制了一些数字政府架构示例，仅作为架构方法说明，不指向任何实际内容，也不做假设和推定。

王翔

2022 年 11 月

目录

第1章 数字政府发展   001
    一、对数据要素的再认识   002
    二、数字政府发展现状   004
    三、数字政府评价指标   005

第2章 数字政府架构设计方法   007
    一、对复杂性的再认识   008
    二、架构与架构设计概念   010
    三、提炼可复用构件   024
    四、架构开发迭代流程   027
    五、模型、元模型和架构内容框架   034
    六、风格   052
    七、架构方法新进展   054

第3章 数字政府架构实施参考   057
    一、解构文字背后的数字动机   059
    二、从政策规划到战略架构   079
    三、突出数据架构引领作用   091
    四、保障业务架构履职需要   107
    五、推进应用架构整合共享   133
    六、实现技术架构互联互通   146
    七、优化物理架构设施布局   158
    八、确保安全架构主动防护   165
    九、覆盖生命周期运维服务   185

十、融入合法、合标、合规要求　　191
　　十一、合理安排架构实施和迁移　　201

第4章　政务科技创新与先行先试　　209
　　一、为什么需要科研　　210
　　二、引进应用新技术　　211
　　三、核心技术认识论　　215
　　四、主要技术方法论　　216
　　五、政务类科研创新　　218

第5章　架构实施工具及管控措施　　221
　　一、度量指标　　222
　　二、能力体系　　225
　　三、成熟度模型　　227

第6章　国际合作境外段架构设计　　233
　　一、跨境政务数据梳理　　234
　　二、基础设施预先布局　　241
　　三、采标技术标准体系　　247
　　四、技术服务衔接协调　　253
　　五、国际合作统筹推进　　255

第7章　数字政府架构示例　　261
　　一、示例：政府调节下的传统产业转型升级　　262
　　二、示例：高新技术开发区数字政府"一站式"平台规划　　279

术语和缩略语　　296

中文参考文献　　300

外文参考文献　　301

致谢　　303

第 1 章　数字政府发展

经过工业革命,近代世界的生产力加速增长。数字技术的出现,更是突破沟通、时空限制,将各类资源的应用发挥到极致。由于饮食、卫生和生活环境的改善,以及对于疾病的防控,人类的寿命越来越长,人们的认知和需求也持续增加,变得越来越多元化。对于政府如何加速公共服务供给这一问题,各主要经济体和主要国际组织[①]纷纷将目光聚焦在数字政府上。

数字政府建设是一个系统工程,它不是各个组成部分、子系统的简单加成,而是以数据为纽带,遵循还原论逐层分解的成果,遵循整体论封装继承的成果,最终通过系统论有效组织动员起来。

当前,数字政府的实践远远超越理论,参与其中需要革新认识,放眼世界,用更符合数字化的方式构思设计,做好多方面的平衡,始终把握发展的前沿,解决自身建设急需、覆盖最广的内容,按照可持续的方式,积跬步,至千里。

首先,我们需要重新认识数据是什么。

一、对数据要素的再认识

数据作为数字政府建设中最突出的新型生产要素,其经济和技术特征与土地、劳动力、资本、技术有着较大差别。其中,数据具有两个突出的特点。

① 高成长。以数据为核心业务的头部企业或平台的发展成长速度较快,尤其是市场影响力、技术号召力从总部所在地区跃升为所在国家再跃升至全球的过程更为迅速。同时,对于联动产业的正反两个方面的效应,即带动效应(溢出效应)和虹吸效应都出现得更早、更快。

② 高烈度[②]。近年来,世界主要经济体陆续出台激励数字经济、数字贸易的政策,同时对数据跨境流动和数据本地化采用法律法规规范,凸显了数据要素对相关规则秩序的影响力,也体现了该领域竞争合作的迫切性。

按照"实践—认识—实践"的规律,把握数据要素规律成为在数字政府中用好数据要素的重要前提。根据实践,数据要素的基本特征见表1.1。

表 1.1 数据要素的基本特征

编号	特征	说明
1	使用消耗为零	在使用中,数据自身不会磨损或折旧
2	边际成本为零	基于摩尔定律,随着技术进步,复制一条相同的数据记录,所需经济成本(几乎)可以忽略
3	信息悖论	基于特征1和2,了解数据内容以后,失去购买倾向

---

① 由于国际组织类型众多,在没有特别说明且不引起歧义的情况下,本书统一指政府间组织。
② 烈度本来用于描述地震对于地表和建筑影响程度,但借用这个概念突出数据要素对于经济、社会、生活的影响也很贴切。

续表

编号	特征	说明
4	深化关联	基于特征1和2，通过关联大量低价值数据，形成有较高价值的新数据，实现新的价值创造。例如，通过大数据等技术获得的某些相关性规律
5	持续积累	作为特征4的特例，建立数据与时间维度的关联，实现新的价值创造
6	交换共享	根据特征3、4、5，不同干系方实施内外部数据关联，并且加强积累，实现新的价值创造

资料来源：王翔、高芸、蔡军霞《索洛增长模型分析数据要素对总产出的影响》

正如表1.1所示，在特征1、2、3的基础上，深化关联（特征4）、持续积累（特征5）、交换共享（特征6）是扩展数据价值的重要途径。近年来，世界贸易组织（World Trade Organization，WTO）、世界海关组织（World Custom Organization，WCO）等主要国际组织持续聚焦数据领域，强调政府的数字化转型。WTO的年度报告《贸易、技术与就业》（2017）、《数字技术如何实现全球商业转型》（2018）、《数字时代的创新促进政策》（2020）等，展现全球经贸合作的数字化方向。在政府监管领域，WCO的年度主题也集中在数字化领域，包括"边境协调管理"（2015）、"数字海关"（2016）、"数据分析"（2017）、"安全商业环境"（2018）、"智能边境"（2019）、"拥抱数据文化和建立数据生态系统"（2022）等。上述主题不同程度印证了表1.1中的各个特征，倡导从技术、政策等层面强化数据交换，通过数据链，尤其是有政府背书的数据交换，消除信息不对称，解决经济社会中数字化信任问题，进而在互信基础上简化政府办事流程，提供精准政务服务，并顺势开展监管。

对于个人和中小规模的企业而言，在数字时代，难以获得较为充足的数据资源，在与头部企业或平台进行数据相关的谈判时，它们专业知识方面存在差异，并且根据表1.1，数据关联、积累和共享方面的价值难以实现，因此，"数字鸿沟"可能会加大，政府需要对数据相关的基本权利和义务进行明确，为个人和中小规模的企业参与数字活动提供更加公平的市场条件，通过确立覆盖空间地理、自然人、法人、机构、信用、电子证照等公共基础数据制度，打破数据要素供给、流通、消费中的机制障碍，并对数据滥用、非法牟利等行为给予有效的打击。

需要注意的是，数据生命周期的起点在哪里。部分法律、产业、科技资料中，将"数据处理"的起点置于"收集"或"采集"环节。但是，数据生命周期的起点可以向上游迈进一步。在数字化世界中，人、系统、网络之间是以数据进行交流的，数据是语言，不是简单的符号，因此，应该有什么样的数据，数据如何表达，也就是数据模型是什么，很大程度上体现着关于经济、社会、生活的思考，以何种方式定义数据，体现着一个国家的数字影响力、话语权，以及技术、人才等方面的储备。

有先发优势的地区、部门，应该将目光放长远一些，注意对业务场景（Use Case）的抽象，从先行先试和自身发展中提炼经验并构建数据模型，然后借助技术规程、技术标准、合作项目等形式，将治理思路充分融入数据运行过程。对于既有的数据模型，也应该根据产业、业态、模式的发展动态进行制/修订。

二、数字政府发展现状

近年来，非硅芯片、脑机科学、量子计算、人工智能（Artificial Intelligence，AI）、区块链，以及大数据、云计算、物联网、高速互联网等技术持续加速创新，数字化日益融入经济社会发展全过程、全领域。面对新的趋势，发展数字政府成为更多国家的共识。根据联合国调查，发展中国家和发达国家的基础设施条件总体在持续改进，政府在线公共服务数量和质量也在持续提高，数字扫盲、数字包容、数字身份、数据联通成为普及数字化政务、服务边远贫困地区的重要措施。但同时，隐私保护、"数字鸿沟"等消极效果也成为困扰数字政府发展的重要因素。

面对多元化的价值诉求，世界主要经济体数字政府发展投资和事项重点差别较大，如何看待政府、市场、数据三者作用，成为施政差异的关键。按照制度经济学，政府最初的政策一旦实施，就容易形成一定的路径依赖，因此，如果能在数字政府发展早期就积极参与，通过成功案例形成示范效应，有利于对后续数字经济、数字贸易、数字生活和整个数字生态形成具有长期影响的制度路径。

今天，数据保护的整体监管氛围也快速升温，数据主权、数据治外法权成为广泛热议的焦点。主要经济体关于如何治理数据要素，形成泾渭分明的治理思路，也深刻影响着自身数字政府建设的顶层设计。按照联合国贸易和发展会议（United Nations Conference on Trade and Development，UNCTAD）的研究，全球数字政府建设可以大致划分为5类。

① 平衡应用和安全。强调数据主权，明确将数据作为独立的生产要素，突出政府对数据的流动治理，数据向基于知识创新创造的部门聚集，鼓励国内数据产业自立自强，编列配套的政府规划及相关法律。

② 强调市场导向。突出市场主体导向，鼓励数据跨境流动，头部企业争取把全球数据回流到本国。支持区域隐私框架和跨境数据规则体系，并将其用于多双边数字化合作框架。

③ 突出个人隐私。例如，欧盟部分国家基于与中美两国在数字技术方面的现实差距，总体采取防御性政策，声明自身数字主权，推动欧盟内部数字保护治理，防止数据滥用，严格管控数据跨境流动，发展数字伙伴关系。

④ 强调国家安全。例如，俄罗斯实施严格的跨境数据限制，通过立法，明确

要求所有涉及俄罗斯公民数据的信息系统必须使用俄罗斯服务器，逐步启动国家数字经济计划。

⑤ 强调本国优先。由于担心丧失自身数据产业主动权，所以鼓励本国数字化初创企业发展，强调数据本地化，强调敏感个人数据在本地至少留存副本，关键个人数据禁止跨境流动。

数据作为新型的生产要素，不仅成为数字经贸活动蓬勃发展的重要驱动力，也成为国际竞争合作的重要领域。事实上，不同经济体治理思路的差异并非源于一时一事，背后蕴藏着不同国家多个世纪积累的发展经验、教训和思考，这也是在开放经济条件下，设计数据合作事项时，需要相互理解、相互尊重的重要基础。

三、数字政府评价指标

为了评估数字政府建设运行效果，联合国、经济合作与发展组织、世界银行及相关智库已经陆续发布各具特点的评价指标体系。部分主要数字政府评价指标体系见表1.2。

表1.2　部分主要数字政府评价指标体系

发布机构	体系名称	一级指标	内容、计算方式或说明
联合国	电子政府发展指数	在线服务指数 OSI：Online Service Index	1. 问责； 2. 实效； 3. 包容
		技术基础设施指数 TII：Technical Infrastructure Index	
		人力资本指数 HCI：Human Capital Index	
经济合作与发展组织	数据开放、使用、复用指数	数据可用性	1. 商业数据； 2. 注册数据； 3. 专利和商标信息； 4. 公开招标数据库； 5. 地理信息 6. 法律（法规）信息； 7. 气象信息； 8. 社会数据； 9. 运输（物流）信息
		数据可访问性	
		政府支持的数据复用	
世界银行	数字政府系统和服务指数	政府核心系统指数	
		公共服务交付指数	
		公民参与指数	
		政府科技驱动指数	

续表

发布机构	体系名称	一级指标	内容、计算方式或说明
中国电子信息产业发展研究院（赛迪）[①]	数字政府服务能力评估指标	基础保障度	评估方式包括人工采样、系统检测、模拟用户、申请公开、案例推荐等
		数据支撑度	
		服务成熟度	
		治理精准度	
		社会满意度	

尽管类似的指标体系不断出现，但它们总体覆盖技术基础设施、线上政务服务、行政相对人满意程度，也就是从技术和业务两个方面进行评价。绩效指标是统一各方认识、推动任务落实的有效手段，特别对于各类政务改革或技术创新先行先试地区，可以参照表1.2编制特色指标体系，并将指标作为先行先试成果的一部分，更好地发挥比学赶超的作用。

---

① 参见中国电子信息产业发展研究院（赛迪）《数字政府服务能力评估指标》。

第 2 章

数字政府架构设计方法

煤与钻石最大的区别不是成分而是结构。面对数字政府建设运行的复杂性，数字政府系统架构通过优化配置，在数字政府"规—管—建—用"（规划、管理、建设、运行使用）的全过程中不断降低复杂性。事实上，好的架构产生的效果与差的架构的区别很大，即便投入的资源相当，也会因为架构差异，产出完全不同的效果。

一、对复杂性的再认识

1. 系统的复杂性

近年来，新闻报道中"信息化"逐步被"数字化"代替，国民经济社会各领域的政务信息化也逐步向数字政府演进，二者并不是简单的概念替代，背后是科技能力、应用水平等因素的量变，甚至是质变。

架构面临的是各种规模的系统，由于管理规则、服务对象、服务事项的广泛性，数字政府架构设计的复杂性接踵而至。庆幸的是，采用系统思维已成为共识，因此，无论是分层、分领域、视点、模型等还原论手段，还是封装、继承、组装、构件化等整体论手段，我们都可以采用体现了系统思维的架构方法论结合起来。

现有的架构方法主要从西方国家引入，尽管通常其总体上具有一定的系统论特征，但是面对越来越复杂的系统，我们还是倾向于使用还原论手段，多维度、多视角、多视图、多模型分析问题，然后再应用整体论手段集成。事实上，在软件分析、需求分析、架构分析、系统分析中，"分析"的本义即是分割、离析，体现的就是还原论。这种以模型为主的方法在使用中会与我们的思维习惯存在一定的矛盾，原因在于，整体论一直是我们认识世界的一个主要方式，但是面对从还原论发展起来的现代科技，我们又不得不采用还原论进行具体问题具体分析采用具体技术具体解决。因此，架构设计更适应我们这种自上而下的思考习惯与信息技术自下而上的发展特征。

2. 问题解决的复杂性

一个科学领域是否成熟，可以从几个方面来判断：首先，基础概念、术语能否达成一致，而不再持续纠结和产生争议；其次，是否有相对比较成熟的范式，例如，经济学中的供需关系、经济学细分学科国际经济学中的比较优势，其中一个重要的因素是有了本领域各方研究人员和工程人员基本认可的模型，并且基于模型形成范式；最后，还有一些人文社会学科会强调范例，例如，一些海洋法系国家会将判例作为本领域的范式来参考。

信息科学发展到今天，尽管在很多前沿领域，仍处于概念术语都在激烈争辩的阶段，但在如何管理或治理方面，国内外既往大规模工程项目正面、反面经验的持续积累，总体呈现收敛态势并趋于成熟。此处提到的架构，可以理解为系统论在信息化领域或信息化场景中的一个应用，它形成一种相对固定的范式——建模，而且被大部分从业者接受。架构设计问题域如图2.1所示。

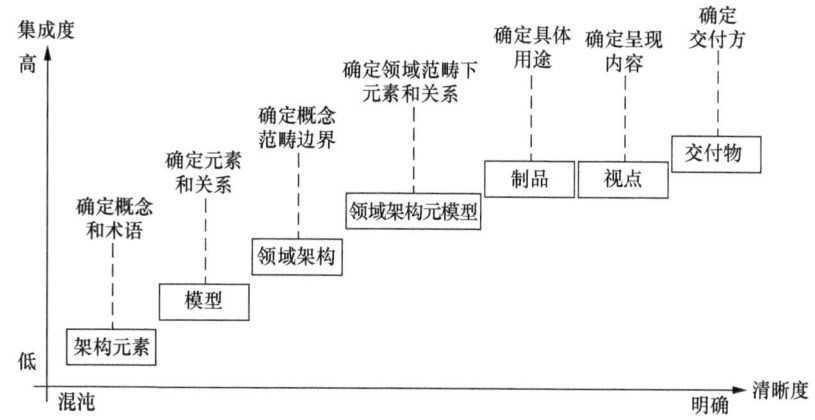

图 2.1 架构设计问题域

治大国，如烹小鲜。数字政府是政府行政的一种形态，数字政府在架构设计中，也倾向于采用比较成熟的系统方法论，本节会重点提到架构的主要概念，除了贯穿全书的模型，为了采取更加成熟和严谨的方式完成架构设计问题域的工作，还需要进行以下几项步骤。

① 将概念和术语整合为元素。
② 将现实抽象为包括元素和关系的模型。
③ 将还原论分解的元素纳入领域架构。
④ 将领域架构的关键内容呈现为该领域元模型。
⑤ 将领域架构的元模型按照用途具象化为制品。
⑥ 将设计自由度较高的制品收敛为视点。
⑦ 将制品根据商务、工程、财务、审计、人力资源等各交付方的要求，整理为交付物。

相关概念和内容会在本书后续部分逐步展开介绍。

对于覆盖内容较为庞杂的架构元素[①]，本节按照领域（Domain）、板块（Area）、类别/条线/分块（Category/Line/Segment）、功能（Function）4 个层次做分级归类，通过层次和数量限制，降低复杂性。这种划分构成采取覆盖面划分法，虽然尺度和范围可以灵活掌握，但基本原则是做到不重复、不遗漏。

在数字政府业务架构中，为了便于具有较好复制推广特征的构件进行跨地区、跨部门共享，同时满足集中采购、版本控制等管理要求，架构领域划分应依据主要政策文件。以业务领域为例，可以根据机构改革决定，划分为经济调节、市场监管、公共服务、社会管理、生态环保和政府运行 6 个业务领域。

在数字政府技术架构中，技术领域可以根据数据处理特点，分成平台、网络、

---

① 在不引起歧义、未有特别注明的情况下，本书"元素"（Element）是指"架构元素"。

数据中心（设施）3 个领域，并细分板块、类别和具体功能节点。技术架构清单（示例—技术基础设施）见表 2.1。

表 2.1 技术架构清单（示例—技术基础设施）

技术基础设施	4 类元素：系统软件、设备、路径、节点
D1. 平台	
D1.A1. 硬件	
D1.A2. 操作系统	
D1.A3. 虚拟化	
D1.A4. 周边设备	
D2. 网络	
D2.A1. 网络域	
D2.A2. 网络设备	
D2.A3. 网络类别	
D2.A4. 传输类别	
D3. 数据中心（设施）	
D3.A1. 设施类别	
D3.A2. 运维控制措施	
D3.A3. 集采方式	
D3.A4. 地理位置	
D3.A4.C1. 京津冀地区	
D3.A4.C2. 长三角地区	
D3.A4.C3. 粤港澳大湾区	
D3.A4.C4. 西部地区	
……	

注：D 为技术领域，A 为技术板块，C 为技术类别，N 为技术节点（技术功能）。

二、架构与架构设计概念

1. 什么是架构

关于什么是架构，考虑到技术标准的定义相对更简洁、更中立，本节沿用国际标准化组织（International Organization for Standardization，ISO）的定义：架构 = 元素 + 关系 + 原则[1]（Architecture=Elements+Relationships+Principles）。此定义强调构成数字政府的各类元素（Elements），在相对宏观、一致的原则（Principles）约束下，如何通过更加协调、高效的关系（Relationships），实现更好的建设、运行效果。

一定程度上，架构与信息化的关系属于因果关系。除了资金、人员、时间等管理因素，在信息化建设、运行过程中的问题和困难，甚至在业务协调中的难题，都可以归因到架构上。项目负责人有些时候为了赶进度草草完成系统架构设计，提前进入实施和上线阶段，如果缺乏充分的技术工具、经验和资料支撑，那么这很容易

---

[1] 参见 ISO/IEC/IEEE 42010:2011。

埋下隐患，尤其在相关系统承担重要紧急任务时容易出错，甚至引发不可预见的问题。抽象意义上的架构描述如图 2.2 所示。

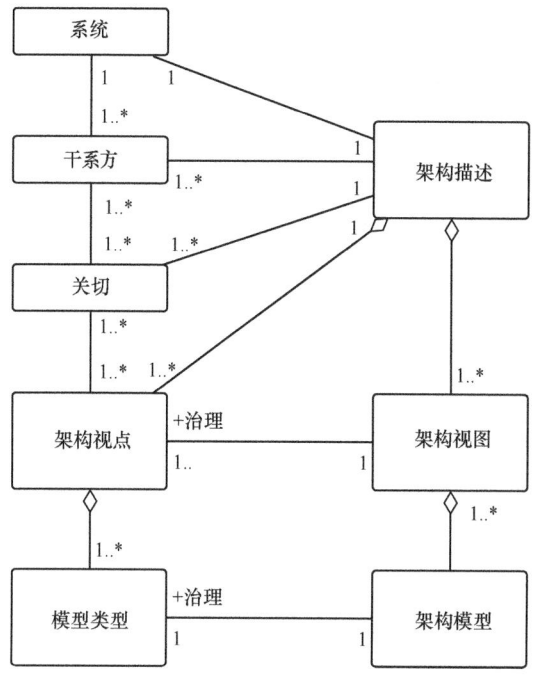

图 2.2　抽象意义上的架构描述

注：资料来源为 ISO/IEC/IEEE 42010:2011，图中 1 表示对应元素数量是 1 个，1.. 表示对应元素数量为 1 个或多个，1..* 表示对应元素数量至少是 1 个。

抽象意义上的架构包括以下内容①。

① 背景信息和概要描述。
② 涉及哪些干系方（机构、人员）。
③ 根据干系方关切形成对应的架构视点（Viewpoint），干系方与架构视点之间是多对多的关系，每个架构视点可以采用不同的模型类型描述。例如，描述工程进度，面向管理团队可以用电子表格；面向上级部门或外部参观调研人员、媒体可以用时间轴；对于复杂的进度内容，面向实施团队和工程协调人员也可以用专业的 Petri 网络图。
④ 针对不同架构视点，采用架构视图和架构模型。为了便于干系方了解情况、参与模型设计或其他交互活动，每个架构视点中可能包括多种模型，就好像制作幻

---

① 在不引起歧义、未有特别注明的情况下，本书"模型"是指"架构模型"，而非其他学科领域的含义，"模型"将成为本书的一个主线，在后续章节不断探讨。"视点"默认为"架构视点"，"视图"默认为"架构视图"。

灯片一样，经常是图文并茂，文字、表格、图表配合使用。

⑤ 还有对架构进行权衡、决策时遵循的原则。

其实，如果用《易经》中关于"易"的描述来解释什么是架构，可能会利于透彻理解：第一种解释为"本体"，也就是架构中的各个元素，从最初的硬件、软件到网络、各类技术，然后延伸到业务、战略等；第二种解释是"变易"，体现为元素间关系的持续变化，既有技术发展导致的内生变化，也有外部业务技术环境引发的关系变化，不同干系方看到的变化各不相同；第三种解释是"不易"，尽管变化不断进行，但背后原则非常有限、相对固定、很少改变。架构是决定信息化技术应用发展的内容，架构工作也是一个探索过程，是构建模型、各方共同参与、查找缺陷、改进、再建立模型的迭代过程，在这个过程中，模型是关键。

架构将变与不变集于一身，一个重要原因是架构面向的受众较广，决策、运营、采购、管理、开发、维护、支持保障及最终用户都是架构的干系方，从数字化角度而言，不同人群对于变与不变的诉求不同，好的架构根本上是要以尽可能小的代价，满足不同干系方对于变与不变的诉求，而构件化、架构治理、整合共享等更多是达成该目标的手段。

好的架构是设计出来的，需要不同知识背景的团队协作完成，因此，"规矩"很重要，能够将不落窠臼的创意火花和步步为营的推进方式结合，确保数字政府建设中的"规定动作"和"自选动作"不仅实用、管用、好用，而且能体现本地区本部门的特点、亮点。

2. 什么是架构方法论

对于快速变化的数字生态和各类改革任务，充分借鉴行业内相对成熟的架构方法论，可以较大程度降低"规—管—建—用"全过程风险，省事、省力、省钱，减少出错甚至失败的可能，并在各方参与人员之间形成更加一致的话语体系。

数字政府是一个复杂的系统工程，就政务信息化整体而言，这里的架构不是面向特定应用系统、平台的架构，而是面向宏观和部分中观的设计内容，名称上直译为"企业架构（Enterprise Architecture，EA）"，虽然在技术领域该名称较为通用，但在电子政务领域为避免"企业"的概念歧义，又被称为"顶层架构""总体架构"。为了确保相关名称更加偏重技术化表达，本节采用相对实用的名称，"架构方法论"表示覆盖架构设计全过程的方法，"总体架构"表示涵盖各领域架构（Domain Architecture）和跨领域架构的设计内容。

目前，业内最主流的方法论是 TOGAF 和 FEA[①]。

TOGAF 在业内占有率较高，被众多政府机构和世界知名的大型企业采用，其立场相对中立，更利于避免与特定咨询企业、IT 供应商绑定，这对于政府公共项目而言尤为重要，更适于与项目管理（Project Management）、项目集 / 项目群管理

---

① 开放组架构框架（The Open Group Architecture Framework，TOGAF），联邦企业架构（Federal Enterprise Architecture，FEA）。

（Program Management）活动进行集成。TOGAF最重要的设计内容是以需求管理为中心，通过一个个首尾连接的阶段（Phase），针对不同领域架构，采取整合共享的增量方式，构建并持续完善总体架构。架构开发方法（Architecture Development Method，ADM）如图2.3所示。

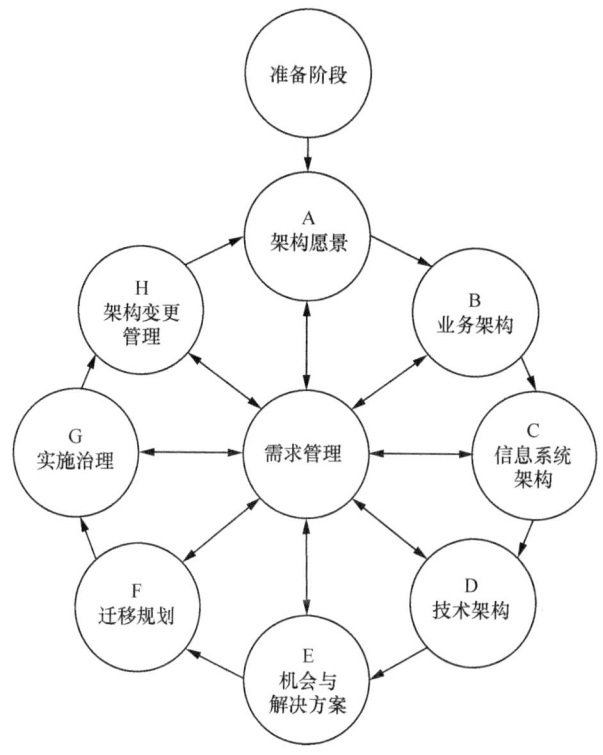

图2.3 架构开发方法

FEA则以资金预算为切入点，主要依靠类似会计核算的清单化（Catalog）方式，更多地从项目组合管理（Portfolio Management）的角度，重点把握事前、事后两个环节，从立项、优先级、绩效3个维度管控数字政府建设。FEA的集成参考模型是一个相对刚性、偏重管控的架构方法，突出跨层级、跨部门互联互通，对每个领域架构的产出要求简洁、清晰，通过科目化、清单化的管控方式，减少重复建设。以各部门、各地区都会使用的报销系统为例，某个部门立项备案后，即获得唯一的IT应用构件代码，后续其他部门需要相关IT服务时，首先检索IT资产清单，如果发现存在冗余，则否决建设申请，转而集成现有构件。FEA的集成参考模型如图2.4所示。

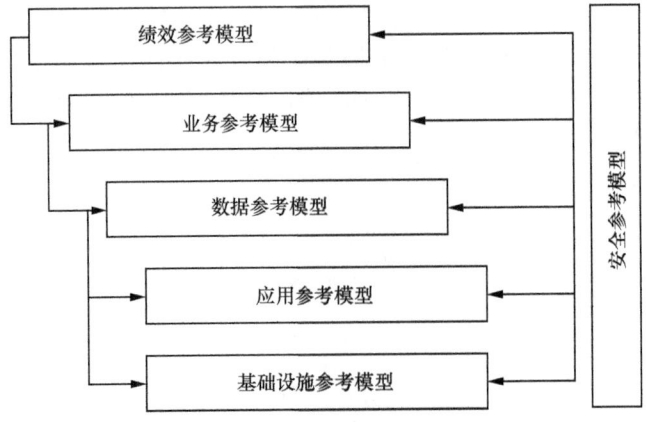

图 2.4 FEA 的集成参考模型

通过对比图 2.3 和图 2.4 中的模型，可以看出，两个方法论体系各自特点鲜明，同时又能以交付物为媒介，进行紧密集成。因此，二选一容易顾此失彼，更有效的方式是兼容并蓄。TOGAF 与 FEA 方法对比见表 2.2。

表 2.2 TOGAF 与 FEA 方法对比

目标简述	"办对事"	"用好钱"
基本要求	高效、协同、标准、开放、安全	合法、合规、节约、公开、透明
"规—管—建—用"划分	管（侧重技术管理）； 建（建设）； 用（应用）	规（规划）； 管（侧重行政管理）
主体	牵头建设单位； 总分集成单位； 各实施单位； 运行维护机构； 外部技术支持单位	行政管理单位
主要方法论	TOGAF（版本 9、版本 10 及以上）	FEA（2.0）
主要内容	1. 架构开发方法（ADM）； 2. 领域架构，配合架构语言实现，包括 7 项：动机、战略、业务、应用、技术、物理、工程（实施和迁移）； 3. 内容框架； 4. 连续性工具； 5. 能力框架及指南	1. 协同规划方法； 2. 集成参考模型/领域架构，包括 6 项：绩效、业务、数据、应用、基础设施、安全

续表

可以与制度、流程、交付物集成的内容	等级保护； 分级保护； 信息资源规划（IRP）； IT 服务管理（ITSM）； 能力成熟度模型集成（CMMI）、敏捷方法 ……	预算； 立项； 财务； 督查； 审计 ……
颗粒度	3级：机构（Enterprise）、分块（Segment）、能力（Capability）	8级：国际、国家、联邦、条块（例如，国家安全、公民服务等）、部委、分块、系统、应用

TOGAF、FEA，以及 UAFP、UPDM[①] 等更为积极的架构方法论将作为本书的主要内容，在后续章节进行详细讲解，关于具体应用示例，后续也将通过架构语言，配合必要的统一建模语言（Unified Modeling Language，UML）进行相对严谨的表述[②]。

3. 架构分层和领域架构

架构设计的本质就是将数字政府的建设从无序向有序发展。熵在系统工程中是对于无序程度的度量。熵值越大，代表数字政府建设中的不确定性越大。换言之，熵值越大，数字政府建设风险可能越大。为此，我们可以将容易引起混乱的部分进行隔离，尽最大可能防止不确定性逐步向外扩散，最终确保总体风险可控。系统科学中的费根鲍姆常数（Feigenbaum Constant）约为4.669201，这表示变化因素大致超过5的时候，系统就会从有序转向紊乱状态。

因此，架构设计中一个典型的方法就是通过分层、分领域的方式，将变化控制在局部，将每个局部的影响因素尽可能限制在5个以下，确保复杂度可控。

在 TOGAF、FEA，以及较新的 UAFP、UPDM 等方法论中，虽然划分的颗粒度有差别，但都采用了类似的思路。

为了能够适应不同的架构方法论，本节初步划分了7个领域架构，而且符合"5W1H"（Why、What、Where、When、Who、How）信息传播模型，更易于与各干系方沟通。尽管本节多次提到"严谨""规范"这两个词，但这不代表是对架构工作中创造性思考的桎梏，事实上恰恰相反，想要用有限的时间和资源设计好数字政府架构，必须有创造性思维。领域架构框架（初步）如图2.5所示。

以能否直接加工处理数据为标志，本节将通常意义上的"基础设施"主要划分为技术架构和物理架构两个部分。不过随着信息与通信技术（ICT）的快速普及，具有数据处理能力的设施、装备逐步增多，为了模型更准确，我们可以将提供 ICT 的技术架构元素（嵌入式操作系统、设备等）、应用架构元素（嵌入式应用软件、边缘算法等）与物理部分进行区分。

[①] UAFP指统一架构框架大纲，UPDM是一种联合建模体系。
[②] 在不引起歧义、未有特别注明的情况下，本书"架构语言"指ArchiMate。

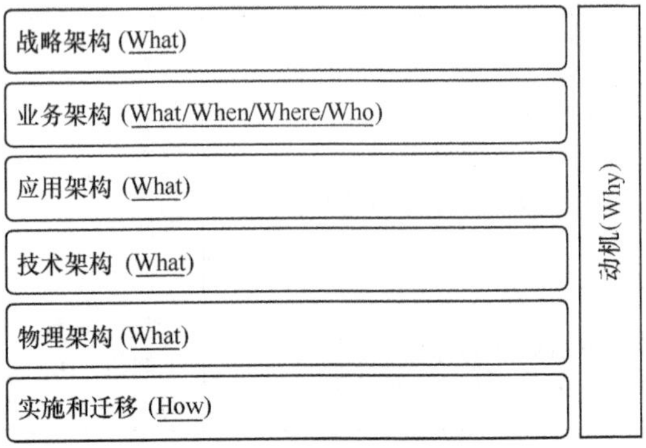

图 2.5 领域架构框架（初步）

图 2.5 中缺少了关键的数据架构，这取决于信息化、数字化程度不同的地区或部门对于数据要素的理解，以及数字政府的成熟度。领域架构框架（扩展）如图 2.6 所示。

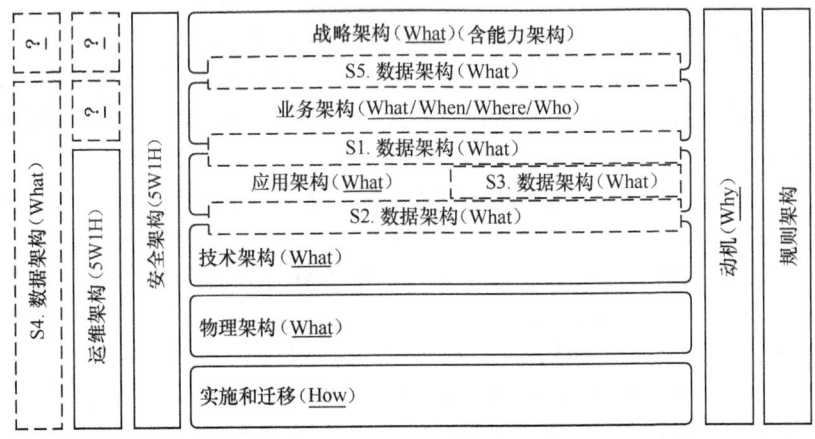

注：图中 ? 表示根据自身意向，可以进一步扩展的领域。
图 2.6 领域架构框架（扩展）

数据架构介于业务架构、应用架构和技术架构之间。更强调数据引领应用建设的地区或部门，会选择将数据架构放在更接近于业务架构的位置，置于应用架构之上（S1）；更看重应用建设的地区或部门，通常希望数据按照应用需求进行处理，倾向于将应用架构置于数据架构之上（S2）。FEA 采取的是 S1；TOGAF 则采取 S3，搁置争议将灵活性和选择权交给用户，数据架构与应用架构并列，统称为信息系统架构。

一些信息化程度更高、架构各层灵活度更强的地区或部门，侧重于对数据的采集和使用，数据架构可能是纵向的。它与业务架构、应用架构、技术架构是横切关系（S4）。甚至那些能够充分贯彻数据思维，大致实现数据引领的地区或部门，会以数据为中心，引领规划、决策，并实现公共基础设施的数字化，这样数据架构可能进一步向上延伸至战略架构、向下贯穿到物理架构（S4）。或者将数据架构置于业务架构之上，强调以数据为中心，优化调整重构业务流程（S5）。

需要注意的是，不同地区、部门的数字化程度与自身数字政府历史沿革、经济社会发展现状有关。因此，无论选择何种数据架构，我们应对其保持理解，生搬硬套的方式并不可取。

另外，图2.5中还缺少安全架构和运维架构。考虑到等级保护、分级保护的覆盖范围，安全架构应是一个纵向的架构，从战略架构一直贯穿到物理架构、实施和迁移。运维架构也是一个纵向架构，实施中大部分情况下贯穿数据架构、应用架构、技术架构，以及实施和迁移；对于运维等级要求较高的项目，也可能进一步延伸至业务架构；但目前在数字政府工作中，除应急体系部分，将数字政府运行维护上升至本地区本部门战略架构层面的表述较少。

随着互联互通需求的日趋迫切，法制化、标准化需求也日趋迫切，甚至在多数情况下，遵守法律法规要求，采标和基于标准对现有数字政府进行一致性、符合性验证，成为互联互通项目中非常重要且较为耗时的环节，并且需要高级专家团队支撑。尤其在我国开放经济条件下，政府进行跨产业、跨部门、跨地区、跨境数字化合作时，各种规则形成较高的技术门槛，且通常由不同知识背景的团队承担，因此，规则架构（包括法律、法规、标准、制度等）也应成为一个独立的纵向架构[①]。

因此，在不引起歧义的情况下，我们在图2.5中扩充数据架构、运维架构、安全架构、规则架构，形成图2.6，领域架构主要内容见表2.3。

表2.3 领域架构主要内容

领域架构	建模内容	元素
战略架构	战略、方向、倡议等。关于能力的部分，考虑到业界主流方法论之间还存在争议，但为了体现发展要求，因此将"能力"元素纳入战略架构	能力、资源、绩效、经验教训等
业务架构	组织日常非技术性的运营活动等	岗位、机构、角色、职能、流程、契约、服务事项等
应用架构	应用系统的用户部分	应用层面的接口、构件、服务

---

① 在本书中，"规则"采用广义概念，具体包括与数字政府建设运行相关的法律、法规、司法解释、缔约的多双边条约和行政规章、制度等。

续表

领域架构	建模内容	元素
技术架构	不直接与最终用户交互的技术部分	通信、网络、云平台、系统软件、计算设施、处理节点
物理架构	现实世界，并在现实世界与数字世界之间建立交互关系	原料、（非IT）设备、物理设施、物流网络
实施和迁移	从现状向目标过渡、迁移	需求、差距、交付物、工作包
安全架构	覆盖相对广义的"网络安全"，符合相关法律法规，以及根据数字政府类型不同，符合等级保护、分级保护、SABSA、COBIT等安全管理框架要求[①]	凭据、风险、威胁、脆弱性、应对措施
运维架构	符合信息系统运行维护管理框架	服务、资产、配置项、变更、知识、事件、测度、容量
数据架构	覆盖数据实体、信息资源规划和数据流动等	概念实体、逻辑实体、物理实体
动机	原因	价值、目标、原则等
规则架构	将法律、法规、标准等进行数字化解析和表达，并提供一致性、符合性验证	合约、法律、法规、制度、标准等
复合元素		
位置	结构型元素的放置地点或行为型元素的发生地点。位置可以是逻辑的、物理的，可以是基于行政区划、功能分布甚至是基于概念的。例如，国家、直辖市、县、驻地、大数据园区、城东/城西、长江、边境、月球、国际日期变更线、赤道等	位置
归类、分组、归集、分类	基于共同特征、概念对元素划分	归类

注：1. 仅列出部分元素示例，详细的内容可参见后续"数字政府架构实施参考"部分。

2. "复合元素"是指各领域架构均可使用，用于进行归类、集合、整理的共性元素。表2.3中仅列出部分。

实践中，类似图2.6这种纵横形式的总体架构较为普遍，纵横内容相互调和而非对抗，保持动态平衡。以应用架构和安全架构为例，一味强调一方、削弱另一方会带来不利影响，很难想象在网络空间中，存在没有任何网络安全防护措施的应用，或脱离了应用场景和应用环境的安全措施。

实际实施中，图2.6的框架只是一个参考，可以根据"三定"职责和在数字政府建设中的任务要求[①]，对图2.6的内容进行定制，结合自身阶段性实施要点和发展目标，对领域架构、元素进行实用化裁剪（Tailoring）。

另外，分层是为了降低架构的复杂度，常规情况下应该是逐层支撑的，不建议出现跨层调用，但在特定场景下，例如交付压力、资源利旧、系统迁移等，可能会出现跨层调用，但这样的部署是暂时的。随着应用规模、数量的持续增加，严格分层的架构更利于减少复杂度、化解风险、降低新建项目和改造项目的成本。

4. 领域架构之上的总体架构

除了图2.6、表2.3中各个领域架构，还需要一个关联各领域架构的总体架构（EA），力求搭建形式上完备、逻辑上自洽、内容上可多方追溯验证的严谨模型。总体架构至少包括以下6个方面的内容。

（1）术语、缩略语库、标记（Tag）

确保不同知识背景的人员能够在共同的语义体系下顺利交流，形成数字政府建设合力。特别是对于部分新技术与具有自身政务、业务特点的内容，应形成一致的术语。

例如，大数据在政府、企业、科研、媒体环境中的含义就存在差别，即便在政府的业务部门和科技部门之间，甚至科技部门内部，大数据的含义也相对笼统，既可以指相关数据要素，也可以包括配套的技术工具平台，甚至AI、地理信息、统计、模拟等与大数据之间是并列还是从属关系，也不尽统一。在学科分类中，数理统计学、地理信息系统、自动控制理论、人工智能、分布式处理系统、统计学等专业都可能会被纳入"大数据"范围[②]，但在本地区本部门数字政府建设中，"大数据"的定义应该在总体架构中明确规范。

再例如，变更标记。由于架构资产需要持续维护，有必要区分不同内容的状态，以便进行变更管理，所以它们需要一套简明的变更标记。标记方式可以有很多种，可以采用文字描述，也可以参考ISO/DIS 9735-10:2021等标准中的变更标记符号，这有利于与国内外"政、产、学、研"各方开展项目集成和协同，还可以采用文字处理软件的符号进行变更标记。规则制度目录（示例—变更标记方案）见表2.4，每个方案互有长短，但不论最终选择一套还是多套，需要在总体架构中确定，并全面推广。

---

① "三定"指针对政府部门主要职责、内设机构和人员编制等所做的规定。

② 参见GB/T 13745—2009。

表 2.4 规则制度目录（示例—变更标记方案）

变更标记方案			1 类元素：合约	
标记方案	文字方案 1	文字方案 2	GB/T 14805.10—2005、ISO 9735-10:2011	文字处理软件
添加、新增	【增加】	[add]	+	TXT
修改结构	【修改】	[modi]	*	TXTTXT
修改标题	【修改】	[modi]	#	TXTTXT
修改描述信息、文本和功能表述	【修改】	[modiTXT]	|	TXTTXT
已删除	【删除】	[del]	—	
标记为删除	【待删除】	[Obsolete]	X	TXT

注：TXT 是 word 文件中的占位符，TXTTXT 表示用后面的内容更新前面的标题、结构、文字、表述等。

（2）架构原则、约束

出于管理、使用和沟通的目的，总体架构及各领域架构遵循的原则、约束应该被纳入总体架构集中维护。毕竟，架构是一个权衡的过程，只有预先确定相关原则，才有利于架构设计顺利展开，也有利于消除各参与方的争议。

原则应该简洁、清晰，还应该参考类似司法解释的方式，列明每条原则的场景、描述、合理性表述、暗示性表述。原则目录（示例—架构管控原则）见表 2.5。

表 2.5 原则目录（示例—架构管控原则）

领域	编号	原则	变更标记
总体架构	GP0	原则刚性	*
	GP1	依据复用、升级、购买、自建次序原则	+
	GP2	架构资产备案、审批、公示原则	
	GP3	供应商黑白名单原则	+
业务架构	BP1	政务服务标准化原则	+
	BP2	政务服务规范化原则	+
	BP3	政务服务便利化原则	+
数据架构	DP0	共享为原则，不共享为例外	
	DP1	与"三定"配套的"定数"原则	+
应用架构	AP1	移动优先策略	
	AP2	应用清单备案、审批、公示原则	
	AP3	先预研、再科研、然后工程实施原则	+
	AP4	先试点再上线原则	X

续表

领域	编号	原则	变更标记
技术架构	TP0	上云为原则，不上云为例外	
	TP1	灾备原则	
	TP2	集中部署原则	
运维架构	OP1	三线支持勤勉尽职原则	
	OP2	安全稳定运行优先原则	

注：1. 各原则已略去场景、原则描述、合理性表述、暗示性表述。
  2. 变更标记参见 GB/T 14805.10—2005、ISO 9735-10:2011。

（3）跨领域关系

明确不同领域架构之间通过哪些元素和关系进行衔接。例如，技术架构中的数据即服务（Data as a Service，DaaS）如何部署在不同地区的容灾中心，包括与长三角地区、环渤海地区的哪些物理设施配套，与支撑境外段中欧班列多式联运的铁路、公路、港口等物理设施如何关联等。

（4）充实元素

对于数字政府建设较为先进的地区，可能需要通过双向的数字孪生、数字实体追溯等技术建立先进的职能管理平台，架构作为协调各方技术内容的机制，需要对元素的属性、标签进行扩展，支持更加智能的处理和展示。例如，对于管网系统界面，应对其在建阶段、正常运行阶段、应急阶段、峰值阶段的颜色和渲染材质提出要求。

（5）自洽的资源体系

领域架构之间相互集成，总体架构内部形成一个自洽的资源体系。

（6）跨管理领域协同

为满足法治、财务、审计、人事、宣传等工作需要，架构工作及交付物要与其他管理活动平滑集成，确定结合点、风险点、协作机制等。

除了这些具体内容，总体架构的设计应该体现出本地区本部门的特点，类似《林泉高致·山水训》中关于意境的表述——平远、高远、深远，让参与数字政府的各方看到方向，找到自身的视角。

5. 部分国际总体架构案例

为了更直观地了解不同总体架构的方法论选择，本节选取了欧盟互操作性参考体系架构（简称"EU"）、新西兰政府总体架构（简称"NE"）、新加坡数字政府总体架构（简称"SG"）、伦敦地铁总体架构（简称"TRAK"）4个案例。

在涉及公共服务的非政务领域，TOGAF、FEA等主流的架构方法论也获得采用，或者被作为定制架构方法论的基础。在我国，部分大型国有企业基于TOGAF定制、扩充自身的总体架构。总体架构（示例—EU）如图2.7所示，总体架构（示例—NZ）如图 2.8 所示，总体架构（示例—SG）如图 2.9 所示，总体架构（示例—TRAK）如图 2.10 所示。典型总体架构对比见表 2.6。

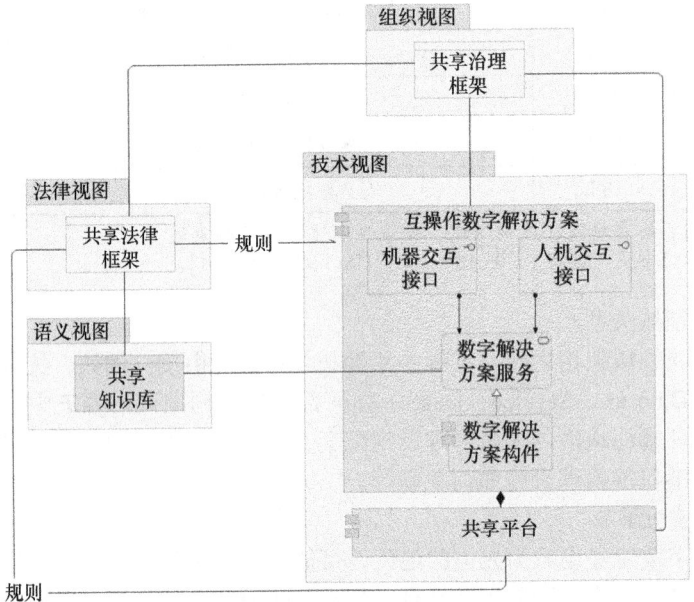

图 2.7 总体架构（示例—EU）

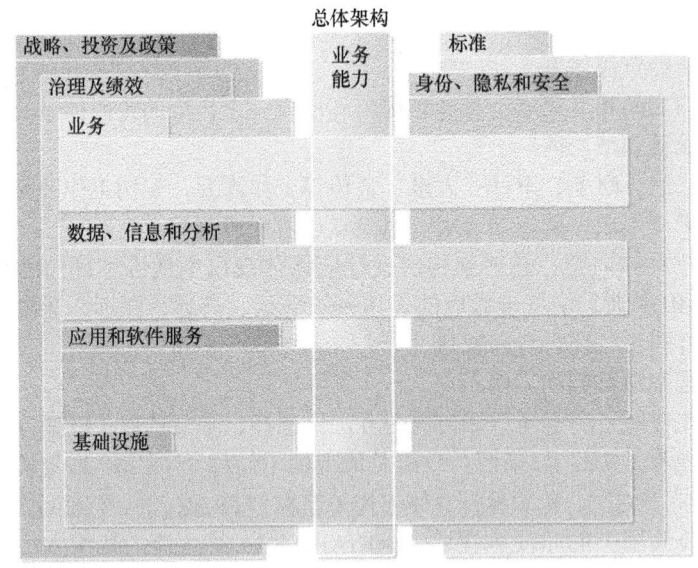

图 2.8 总体架构（示例—NZ）

第 2 章 数字政府架构设计方法

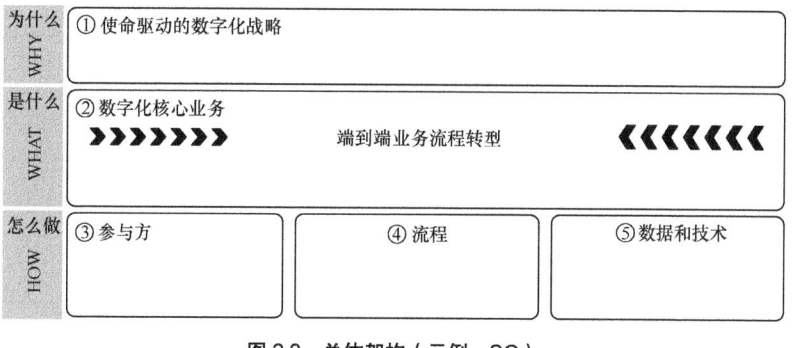

图 2.9 总体架构（示例—SG）

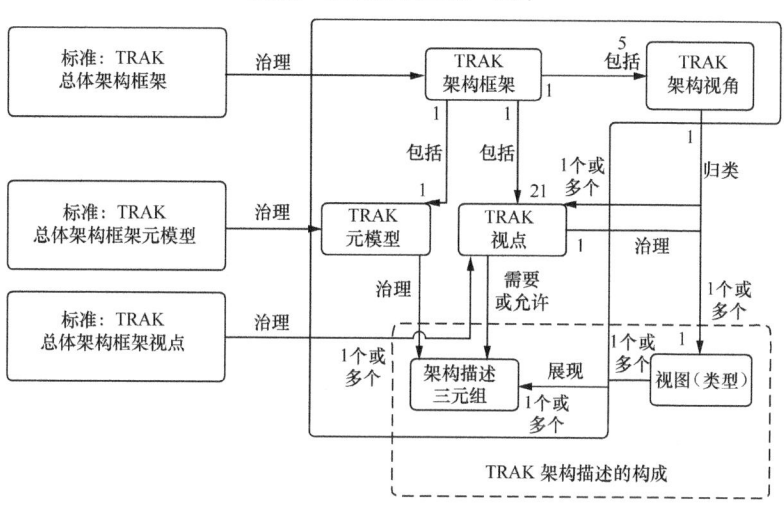

图 2.10 总体架构（示例—TRAK）

表 2.6 典型总体架构对比

机构	架构方法论	领域架构	特点
欧盟	TOGAF+ArchiMate	业务架构 数据架构 应用架构 技术架构 规则架构	1．基于共同术语； 2．广泛互操作； 3．全面构件化
新西兰	TOGAF	战略架构 业务架构 数据架构 应用架构 技术架构 物理架构 安全架构 规则架构	1．通过战略架构对 TOGAF 进行扩充、完善； 2．从"规—管—建—用"4 个方面实施总体架构

续表

机构	架构方法论	领域架构	特点
新加坡	TOGAF+ArchiMate	业务架构 应用架构 数据架构 技术架构 物理架构 安全架构 实施和迁移	1. 业务引领； 2. 以用户为中心设计； 3. 对接敏捷开发； 4. 配套架构管控
伦敦地铁	自定义 TRAK 配套 UML、 SysML	总体架构 战略架构 业务架构 数据架构 规则架构 实施和迁移	1. 自带方法论； 2. 覆盖管理、采购； 3. 向投资方负责； 4. 强调能力建设； 5. 遵循 ISO/IEC/IEEE 42010:2011

注：UML 指统一建模语言，SysML 指系统建模语言。

三、提炼可复用构件

构件是搭建架构的基本材料。

软件系统中的"构件"是指具有独立功能、易于直接辨识、预先约定接口、依赖特定场景、能够独立部署、可以组装使用的实体[1]。事实上，随着领域架构的不断扩展，非软件部分的资源也可以参照面向服务的体系结构（Service-Oriented Architecture，SOA）的思路封装为构件，并复用和组装。

1. 面向服务的体系

尽管架构方法论不同，但目前主流的技术方案广泛采用 SOA 思路封装构件。SOA 具有跨软硬件平台、跨技术路线、跨接口方式、跨部署环境的特点，对于外部使用者，它更关心获得什么样的服务，并不关心服务是如何实现的、细节是怎样的。

这就好比我们去餐厅，从菜单中选择自己喜欢吃的，通常我们并不会跑到厨房去监督烹饪过程，当然餐厅也不允许这样做，我们只需要等待菜品上来后享用，离开前支付费用。提供安全、美味的菜品是餐厅提供的服务，同时餐厅也会使用其他机构提供的服务，包括银行、非银行金融机构提供的支付服务等。我们在点餐、支付的时候，可能会通过手机 App、纸质菜单或第三方网络平台点餐、支付，这些就是接口、构件之间的关系。

2. 各领域架构的构件

狭义而言，构件是类似身份认证、授权登录、电子签章、公文流转等可复用的共性软件，这些内容集中在图 2.6 的应用架构、技术架构部分[2]。但数字政府总体架

---

[1] 参见 GB/T 29262—2012。
[2] 参见 GB/T 29262—2012。

构涉及更广，在其他领域架构中可以找到更多可复制、可推广甚至可复用的资源，例如，技术标准、发明专利、标准化智能物流设施、干部线上培训电子授课平台、电子招投标系统等，这些都可能成为规则架构、物理架构、技术架构的构件。同时，应该围绕不同领域架构的核心内容和主要元素，提炼可复用的构件。领域架构构件提炼思路见表2.7。

表2.7 领域架构构件提炼思路

领域架构	构件提炼思路	构件示例
动机	必要性、可行性等论证内容	指导意见、立项文件范本
战略架构	能够将战略内容进行有效分解，辨析优先级和资源安排	1. 优先级论证工具； 2. "三重一大"议事规程； 3. 规划、行动方案等范本； 4. 基于历史经验教训的检查单； 5. 配套职业教育、技能认证、人才引进培育及预算、土地等支持措施
数据架构	信息资源规划和高效利用	1. 面向特定产业、部门、合作国别（地区）的代码集、信息包； 2. 特定业务领域的知识图谱（语义网络）； 3. 数据可视化图表
业务架构	重点是工作组织方式、改革新问题、政府服务新领域等	1. 提炼"双随机、一公开""最多跑一次"等通过内部职能协同、外部服务事项整合的业务构件； 2. 做好政府服务、市场监管、金融财税等不同构件之间的接口，确保相关业务构件能够集成、组装； 3. 绩效评估指标体系
应用架构	面向应用整合共享	1. 工作流平台； 2. 身份信息、劳动医疗保障信息接口； 3. 公文流转软件包； 4. 电子签章服务； 5. 报销模块； 6. 在线干部培训系统； 7. 电子招投标、评标系统； 8. 电子合同审批和签订； 9. 政务公众号效果分析模型
技术架构	突出标准化、技术集成等合规要求	1. 云网平台应用容器； 2. 敏感办公环境的客户端； 3. 多因子生物信息识别系统； 4. 境外段高可用、容灾方案； 5. 关键基础设施应急预案； 6. 标准制式无人机、机器人； 7. 电能使用效率指标

续表

领域架构	构件提炼思路	构件示例
物理架构	设施及物料、资源布局及流通范例； 确保物理环境绿色、高效的措施	1. 成套物流设施； 2. 计算设施安全保卫要求； 3. 数据中心自然冷凝方案； 4. 重要物资、能源调拨配置指南； 5. 人员疏散通道标识、标牌要求
安全架构	安全合规及符合性要求	1. 防病毒套件； 2. 加解密标准接口； 3. 业务连续性、灾难恢复预案； 4. 认证、授权、账号、审计（Authentication, Authorization, Account and Audit，4A）； 5. 数据脱敏算法； 6. 同态加密模块
运维架构	运维方法论； 定性、定量管理经验	1. 服务台（Service Desk）； 2. 能力模块； 3. 服务生命周期模块
规则架构	按照IT4IT的思路，将法律、法规、标准、制度等规范性内容数字化，并在总体架构、领域架构生效	1. 标准符合一致性测试工具； 2. 标准软件包； 3. 技术指南、手册； 4. 资格和能力认证
实施和迁移	按照工程化方式，推进架构设计落地实施	1. 政府采购行政复议申请书； 2. 云服务采购合同范本； 3. 第三方人员操作规程； 4. 系统和数据切换方案

特别是参与数字政府先行先试的地区、部门，应围绕重点领域、关键环节、共性需求等方面，运用架构思维，加强对建设成果的总结和标准化，提炼成熟度高、需求集中、集成方便的可复用的构件，从"规—管—建—用"4个层面形成"一地创新、各地复用"的构件总结模式，更好地发挥试点示范对数字政府建设后续工作的辐射带动作用。

近年来，通过在自贸试验区的先行先试探索，业务架构层面的可复用构件成果丰富，包括通用或者适合特定区域的业务构件，例如，证照审批服务"一口受理、并联办理"、经认证的经营者（Authorized Economic Operator，AEO）、"银政互通"、公共信用信息"三清单"等[①]，这些模式适合被提炼并标准化为可配置的业务构件，在数字政府建设中推广复用。

---

① 参见国发〔2016〕63号《国务院关于做好自由贸易试验区新一批改革试点经验复制推广工作的通知》、国函〔2019〕38号《国务院关于做好自由贸易试验区第五批改革试点经验复制推广工作的通知》、国函〔2020〕96号《国务院关于做好自由贸易试验区第六批改革试点经验复制推广工作的通知》。

四、架构开发迭代流程

数字政府建设是个动态的过程,不能一蹴而就,加之各类改革事项不断推出、技术推陈出新,架构本身就是一个持续迭代的过程。

1. 各阶段构成

架构是工程化活动,其每个阶段应该被视为一个项目,受到时间、成本、质量的约束。项目管理三角形如图 2.11 所示,事实上,引起架构变化的因素是多方面的,不仅有项目、项目集,而且有"时间、成本、质量"三角形。

架构设计开发是分阶段的,无论是总体架构,还是具体领域架构,均可以按照基本的输入、处理、输出(Input, Processing and Output, IPO)形式对每个阶段进行结构化描述。参见 TOGAF 和 PMI(项目管理协会)相关标准,对照图 2.11,各架构阶段的 IPO 内容(示例)见表 2.8。

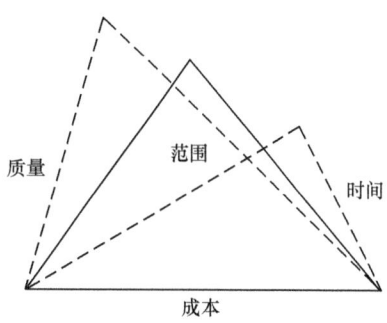

图 2.11 项目管理三角形

表 2.8 各架构阶段的 IPO 内容(示例)

<版本号>		<阶段名称>
宽度		<事项范围> <涉及的部门><关联的部门> <涉及的业务范围>
深度		<详细程度>
周期		—
资源投入		—
前驱阶段		<前驱阶段 a><前驱阶段 b><前驱阶段 c> ……
后继阶段		<后继阶段 a><后继阶段 b><后继阶段 c> ……
活动	类别	标记
输入	架构输入	1. 架构资产库资料提取前驱阶段交付物; 2. 架构资产库资料提取既往迭代版本交付物; 3. 本阶段需求; 4. 基线(Baseline)架构描述; 5. 目标(Target)架构描述; 6. 架构框架裁剪结果(包括方法、内容框架、工具、CI)
	非架构输入	其他方法论形成的输入,例如,SWOT 分析等

续表

活动	类别	标记
处理		1. 参与的机构、人员分工授权； 2. 差距分析； 3. 使用的方法论； 4. 制/修订相关视图、视点； 5. 联系干系方评审； 6. 架构资产入库审核 ……
输出	架构输出	架构资产库
	非架构输出	审计信息

注：1. CI 指配置项。
2. SWOT 分析指优势、劣势、机会、威胁分析。

值得注意的是，每个阶段与领域架构不是一一对应的，某些阶段可以只是对工作的总体准备，并不涉及具体领域；某些阶段可能根据组织架构、团队构成、合作要求、时间约束等进行整合，将两个甚至多个领域架构合并在一个阶段完成，例如，TOGAF 将数据架构和应用架构合并在"信息系统架构"的一个阶段完成。

2. 基本流程

架构开发流程与领域架构的设置有关，还需要配套的管控措施。TOGAF 架构开发基本流程如图 2.12 所示。我们可以参考图 2.12，完成一个基本的迭代，并考虑如何提高并行度和有效控制交付物之间的输出和输入。

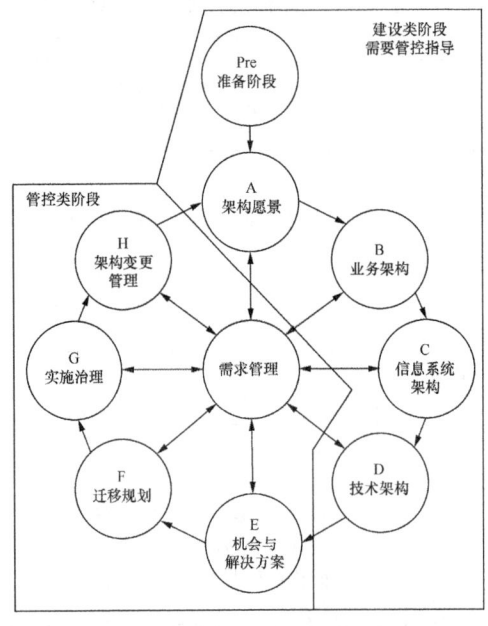

图 2.12 TOGAF 架构开发基本流程

在图 2.12 中，部分阶段专注管控（阶段 E、阶段 F、阶段 G、阶段 H），部分阶段侧重建设（阶段 A、阶段 B、阶段 C、阶段 D），但建设也要在架构指导下推进。各阶段以需求管理为中心，随着数字政府建设内容的不断扩充，依靠文档、电子表格方式，很难适应总体架构全面延伸、广泛关联的现实需要，架构管控和建设工作本身也需要采用信息化手段。例如，知识图谱、搜索引擎、数字孪生等，将需求纳入集中管理，这个思路就是 IT4IT——用信息化服务信息化、用信息化管理信息化。基本流程中的每个阶段 IPO 内容都以需求管理为统一口径获取。

基本流程中各阶段的说明如下。

（1）阶段 Pre：准备阶段

需要对本地区本部门目前的架构实施能力进行评估，发现有利于推进工作的方法论，并且建立一个初步的能力成熟度目标。基于对自身现有架构能力的评估，可以大致确定未来实施架构工作的资源和流程，比较重要但通常容易被忽略的一点就是确定架构工具和一些基本原则。

（2）阶段 A：架构愿景

该阶段的目标不是技术性的，也不是业务导向的，其关注点在于发掘价值。本地区本部门应该根据自身特点，结合社会效益、经济效益，考虑如何通过架构提升自身价值。本阶段需要形成一些正式的架构工作文档，它相当于"军令状"，或者是组织方、管理方与建设方签订的契约、合同，用于后续考察工作绩效。

（3）阶段 B：业务架构

该阶段工作内容比较明确，它的关键点就是要将从战略层面分析的事项与内外部配套的组织结构岗位建立关联，并且明晰各机构岗位之间的协作方式与工作界面。另外，要结合实际的履职需要，形成相应的业务需求汇总至需求管理中，并为其他领域架构的实施提供输入。

（4）阶段 C：信息系统架构（数据架构 + 应用架构）

围绕业务架构所形成的业务需求，讨论如何用数据和应用系统的方式，提供配套的支持，并且结合已有信息化资源和外部技术生态等条件，确定信息化工作的路线图和实施重点，并且为未来的新旧系统迁移、数据导入导出提出需求，对配套的技术环境提出要求。将相关内容列入需求管理，为后续阶段提供输入。

（5）阶段 D：技术架构

结合容量扩充、容灾备份、高可用等非功能性要求，考虑技术支撑环境与应用系统的部署和建设、升级问题。另外，应结合业内技术发展的趋势，及时淘汰落后的技术装备，引入新的基础资源，为数字政府整体建设提供安全、高效、绿色的技术支撑环境。

（6）阶段 E：机会和解决方案

该阶段是架构设计中充分体现能力和经验水平的一部分，其核心是分析，而不是具体实施。基于前述各领域架构的分析结果，对照现有架构和目标架构之间的差距分析，寻找发现可复用的内外部资源，将其打包为可复用的构件，并通过对业务、应用、数据等领域架构的优化配置，尽可能以更小的代价、更短的时间，解决架构愿景阶段识别出来的差距。为了摆脱一事一议的分析方法，建议依托架构资产库完成，为参与架构工作的各方提供必要的参考依据，提高规范化水平。

（7）阶段 F：迁移规划

基于前述阶段的输入，形成从基线架构到目标架构的实施路线图，确定实施的优先级、并行度和交付方式等，按照项目集或项目管理的方式，形成一个可执行的具体计划。该阶段需要对一些关键资源进行识别，力求提升资源利用率，优化排期，减少等待、空转、拖沓等行为，最终按照图 2.11 的项目管理三角形权衡设定实施计划。该阶段需要多次打磨、反复论证，避免在实施中才发现关键资源征用、使用、交付不到位，并为可能的延误、资源缺位等预留补救措施。

（8）阶段 G：实施治理

将上一阶段分解的任务交由不同的承担机构分工推进，并及时响应可能发生的变更。该阶段更多集中在项目集而不是具体项目的层面，架构师也从之前阶段的"运动员"，转向"教练"的角色，从场外为项目、项目集提供架构指导，及时从架构层面发现风险，并及时提供解决策略，防止风险溢出和扩大。

（9）阶段 H：架构变更管理

对前述各活动所产生的变更进行核验、校对、跟踪，确保架构开发流程符合准备阶段确定的架构治理框架被有效执行，确保架构能力满足当前需求。

3. 扩展流程

上面 9 个阶段形成一个小的迭代（Iterative），如果涉及更多的领域架构，则可以参见图 2.6，扩充图 2.12 中阶段 B、阶段 C、阶段 D 的部分，增加更多横向领域架构的阶段依次衔接开展。架构开发扩展流程（示例 1、2、3）分别如图 2.13、2.14、2.15 所示，各纵向架构可以作为独立的阶段，加入衔接过程（示例 1）；可以融入其中部分或全部阶段，但自身不单独设立（示例 2）；也可以与横向架构的衔接过程并行开展（示例 3）。我们以增加物理架构、安全架构、运维架构、规则架构为例来说明。

示例 1：安全架构和规则架构强调合规性，可置于同一个阶段并行开展，运维架构作为一个兜底内容，置于后续一个阶段，从图 2.12 演化为图 2.13 的扩展形式。

示例 2：安全架构、运维架构、规则架构融入图 2.12 中的阶段 B、阶段 C、阶段 D，物理架构融入阶段 D，图 2.12 演化为图 2.14 的扩展形式。

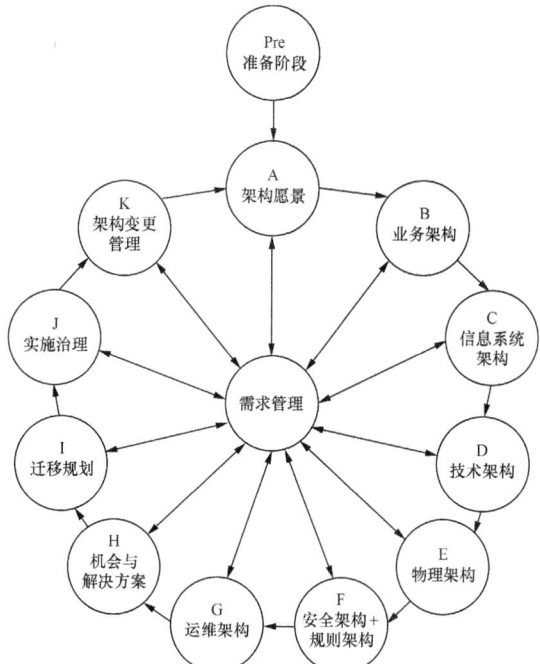

图 2.13 架构开发扩展流程（示例 1）

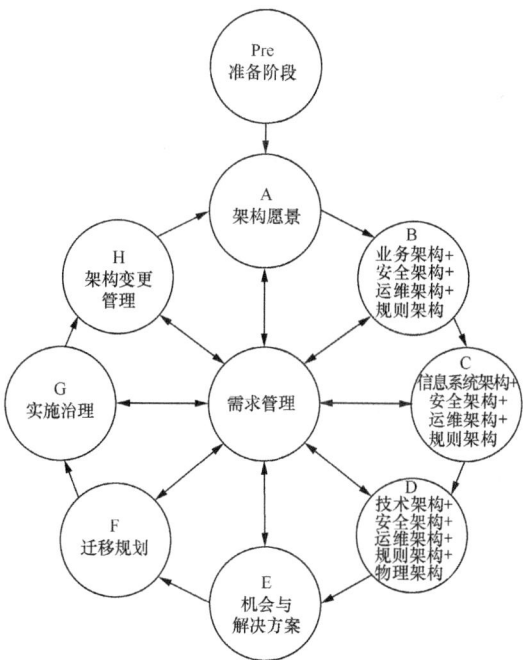

图 2.14 架构开发扩展流程（示例 2）

示例3：物理架构作为技术架构的后继阶段，安全架构、规则架构、运维架构一体设计并与阶段 B、阶段 C、阶段 D、阶段 E 并行，从图 2.12 演化为图 2.15 的扩展形式。

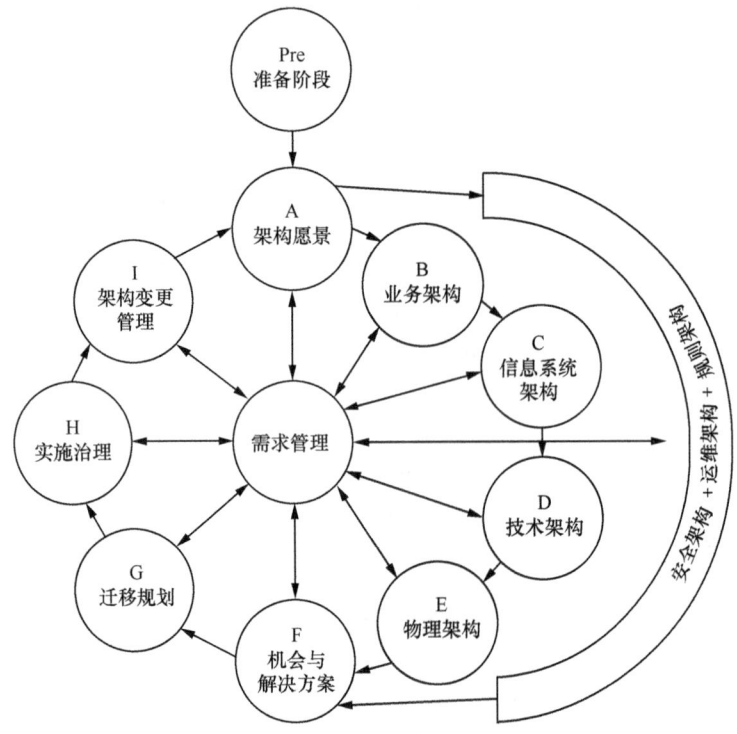

图 2.15　架构开发扩展流程（示例 3）

实践中，有些数字政府项目、项目集上线的时间节点比较关键，而图 2.12 显示的这个完整迭代的耗时较长，因此，我们可以通过需求管理，并行推进多个阶段，但这样可能需要更多的资源投入，用资源抢时间。

例如，在进行本部门现有工程应用架构设计工作时，由于外部环境和政策要求变化，新增商品质量追溯的任务非常急迫，所以按照当前迭代的架构愿景（阶段 A）分析，只需要对现有管理平台扩充一个移动版本，为工作人员和行政相关人员提供手机端填报、信息审核服务即可。而新任务则需要连接部门、地方、基层，以及相关企业、行业协会的信息平台，短期内从一个内部备案审核的小应用扩充为一个开放协作的大平台。这些工作需要更多依靠外部力量，借鉴类似商业平台的建设经验，快速充实相关行政管理能力。因此，我们不仅需要组建一个新的项目集团队，而且将相关领域架构成果动态集成到现有大迭代的需求管理中。

架构开发裁剪流程（示例）如图 2.16 所示，此流程从本部门整体视角来看，依然在执行一个类似图 2.12 的迭代，但从工程视角来看，是两个基本流程以共同的组织级需求管理为中心在并行执行。新增的这个并行流程是根据新任务裁剪后的版本，仅包括阶段 Pre′、阶段 A′、阶段 B′、阶段 C′。

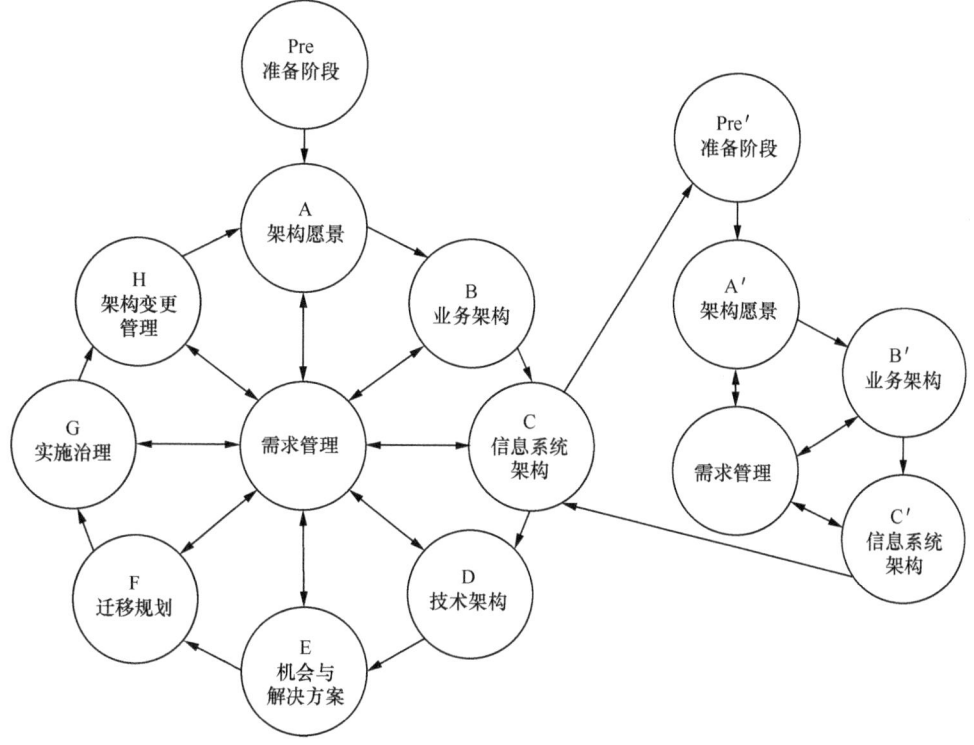

图 2.16　架构开发裁剪流程（示例）

事实上，不仅是图 2.12 中的建设阶段可以扩充启动并行的迭代，在管控阶段识别出涉及较大的架构调整，也可以启动。

另外，对于已经形成固定流程制度的部分，或者某些领域已经有针对特定领域架构的流程习惯的情况，也可以在机构改革与跨部门、跨地区，甚至跨境合作场景中，使用在其并行的子架构流程中兼容其他架构的方法，例如，主流程选取 TOGAF 方法，但在阶段 C 对应用架构和数据架构补充 PDCA[①] 方法。架构开发扩展流程（示例—集成 PDCA）如图 2.17 所示。

4. 工程化开发

事实上，对于更大规模的数字政府建设，架构涉及的范围、事项、数据、技术更复杂，容易局部出现协调、质量、进度问题，因此，需要采用系统工程的方法，以需求管理为中心，允许不同领域架构、不同颗粒度任务、不同实施团队和不同知识背景的外部专家力量，同时参与总体架构和各领域架构工作。工程化架构开发扩

---

① PDCA 是指质量管理中的一个通用模型，按计划（Plan）、执行（Do）、检查（Check）、调整（Action）的顺序进行管理。

展流程（示例）如图 2.18 所示。

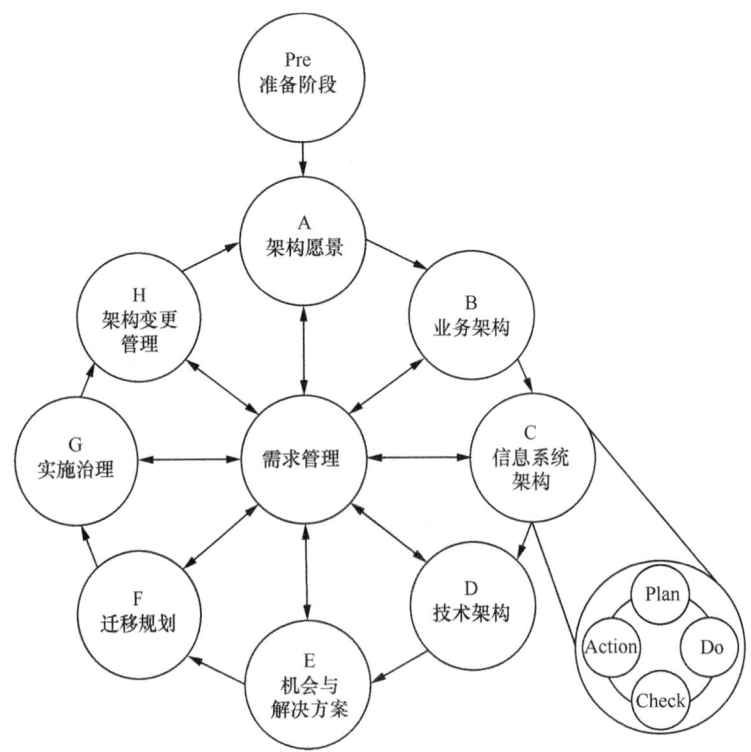

图 2.17　架构开发扩展流程（示例—集成 PDCA）

图 2.18 是在图 2.12 主体架构流程的基础上，针对技术架构和迁移计划衍生的 2 个子架构流程，而在子架构流程 2 中，针对云、网、存储、物联网等进一步衍生出二级子架构流程（子流程 2-1，2-2，…，2-N）。

能够开展如图 2.18 所示的架构开发，背后通常需要依托较高水平的需求管理自动化，并配合主流的设计语言（例如，ArchiMate、SysML、UML），借助严谨的语法、语意和规范的交付物模板进行集成；结合架构设计工具进行大规模、多团队协同；结合需求管理和架构资产库，对架构设计、建设内容进行双向追溯，以便及时验证架构设计的完备性。

五、模型、元模型和架构内容框架

1. 使用模型

为了采用抽象形式表示数字政府建设中各领域架构和总体架构的内容，我们多次提到"模型"。其中，模型最大的优势在于简洁、抽象、可形式化验证。尽管对于小规模、生命周期较短的信息化环境可以采用幻灯片、电子表格甚至文字进行描述,但对于需要大量人员长期建设维护的场景而言(例如,数字政府),架构的主体内容是模型。

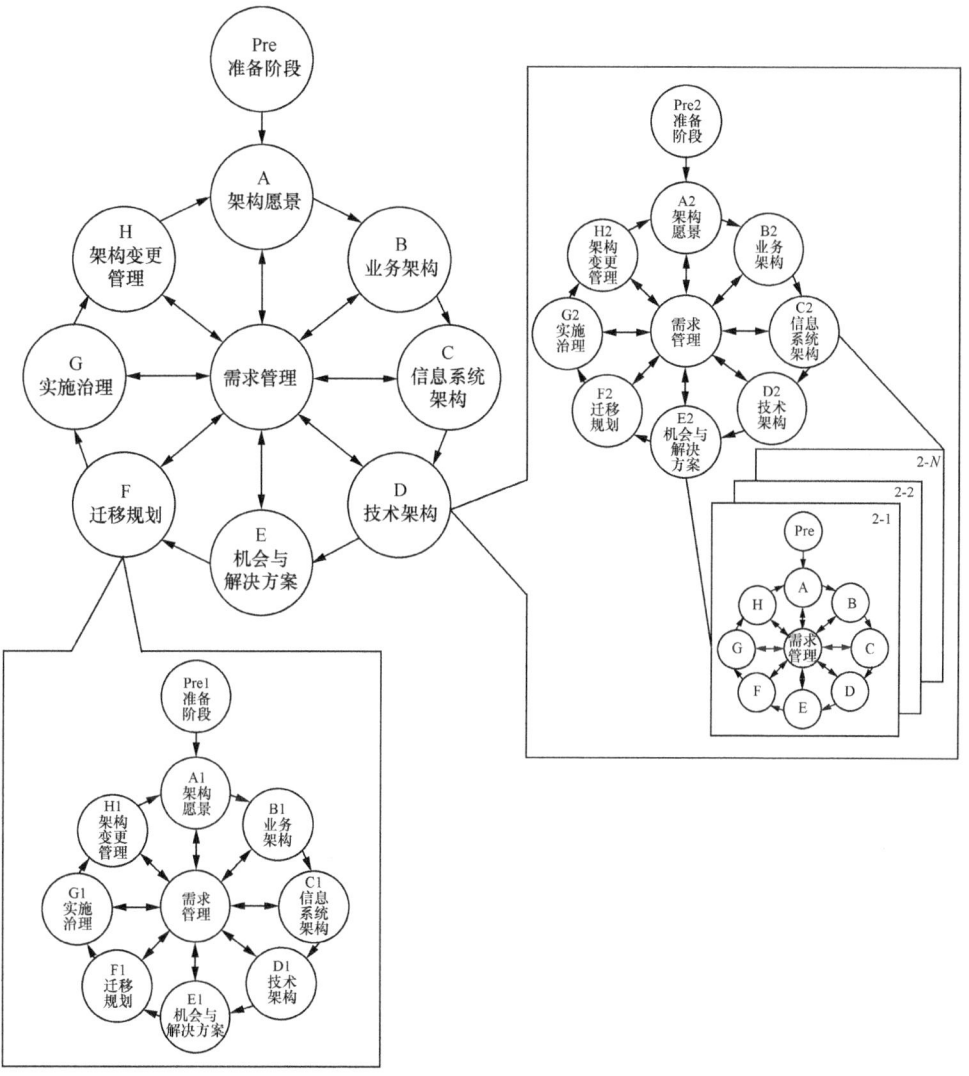

图 2.18 工程化架构开发扩展流程(示例)

模型不只出现在数字化领域中,例如,我们为了说明事物循环往复变化的过程,会将这个过程抽象为"阴"和"阳",但是这个概念如果仅用文字表述,可能过于抽象,因此,一张太极图能够直观呈现"阴""阳"所表达的含义,太极图就是表达这种哲学思想的一个模型。

在自然科学领域，模型的应用更加普遍，元素周期表、麦克斯韦方程组、脱氧核糖核酸（DNA）双螺旋结构等都是典型的代表。DNA 的双螺旋结构如图 2.19 所示。模型不仅可以发现理论设计上的缺陷，排除杂乱无章的分析、研究和设计，不断更新完善；而且可以作为媒介，在本学科的不同领域，甚至跨学科的交叉研究中使用。我们重点用模型这种相对严谨、抽象的方式，介绍数字政府"规—管—建—用"过程中的典型架构设计。

例如，建设一个招聘会管理系统，需要登记求职者和用人单位信息、记录会议过程中的面试情况。招聘会上各方人才济济，无论是线下还是线上，每位求职者的教育背景、经历经验、特长爱好、外语能力、家庭情况等都有差别，用人单位也有不同所有制类型、规模、产业、地域等差异，供需双方有着多元化诉求。文字描述不仅冗长、繁复，而且可能会偏离建立系统的初衷。如果采用模型，则元素和逻辑关系会更加清晰。静态模型（示例—招聘会管理系统）如图 2.20 所示，动态模型（示例—招聘会管理系统）如图 2.21 所示。

图 2.20 表示参与方的静态关系。求职者和面试方需要登记共同的身份证、姓名、年龄、性别数据，求职者还需要提供应聘岗位、教育背景、工作经验等数据，面试方也需要说明所属用人单位。求职者和面试方基于"可面试的（Interviewable）"的接口，实现交互的一致、协调，以面向对象的方式关联在一起。

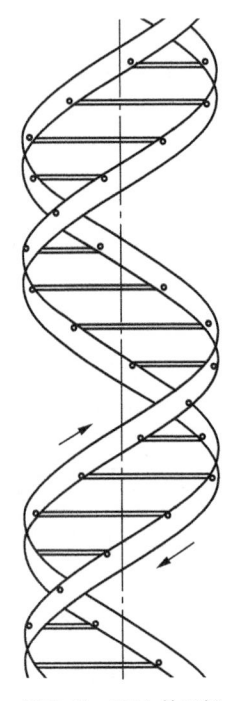

图 2.19　DNA 的双螺旋结构

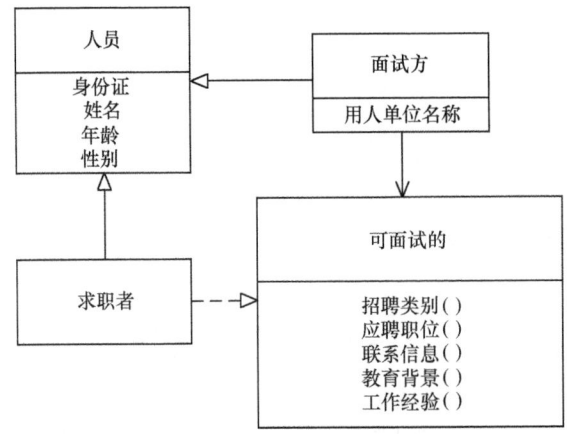

图 2.20　静态模型（示例—招聘会管理系统）

图 2.21 表示参与方的动态关系。二者都需要注册，但是注册通道不同，以不

同的身份共同参与面试。

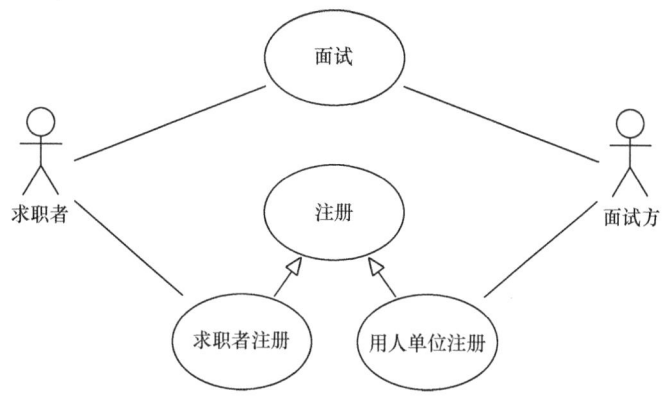

图 2.21 动态模型（示例—招聘会管理系统）

配合必要的语言解析器，类似的模型还能够变成可执行的代码自动处理，但自动化的前提是模型化。

2. 元模型和内容

那么模型是如何被设计出来的？答案是基于元模型。

元模型（Meta Model）就是设计模型的模型[①]，由于架构中涉及的领域较多，不同领域的模型之间还需要组装，所以采用图 2.20 和图 2.21 的模型虽然也可以逐步构建出各个领域架构和总体架构，但效率可能较低。这就好像这本书的读者都会使用语言和文字，但是起草公文、法律、条约需要行文严谨规范，而且不同时代甚至不同时期对于行文也有不同的要求，因此，通常需要借助模板、范文。通常在工程实践中，以面向服务的体系结构（SOA）构件思路归集、封装各类元素，进而定义各领域架构和总体架构的元模型[②]。SOA 构件元模型如图 2.22 所示。元模型模式 = 主动结构元素（主语）+ 行为元素（谓语）+ 被动结构元素（宾语）。

图 2.22 中除了构件自身，还包括基本的协作关系，类似自然语言"主谓宾"的表述方式。构件使用者通过外部行为元素（服务）和外部主动结构元素（接口）访问；而构件实际封装过程包括了对被动结构元素（数据资源）的访问，还包括内部的行为元素（功能）和内部主动结构元素（构件自身）。另外，考虑到数字政府需要对政府工作人员和行政人员的交互活动进行反馈，可以将各项行政服务事项及其中的具体处理环节按照事件驱动的方式环环相扣，形成高效、连续、协作的自动化处理过程。

架构工作的产出包括业务流程、架构需求、项目/项目集开发计划、项目/项目集架构合规性评估等内容[③]。这些内容包括不同领域架构甚至是总体架构的建模

[①] 参考 ISO/IEC 19763-5:2015、ISO/IEC 19763-12:2015。
[②] 在不引起歧义、未有特别注明的情况下，本书"元模型"指"架构元模型"。
[③] 参见 ISO/IEC/IEEE 15288:2015。

活动，它们是基于图 2.22 设计的，基本的运行方式类似。我们不仅可以通过通用的 SOA 构件元模型来定义各个领域架构和总体架构的元模型，还能对这些产出的定义、结构和展现等进行约束。

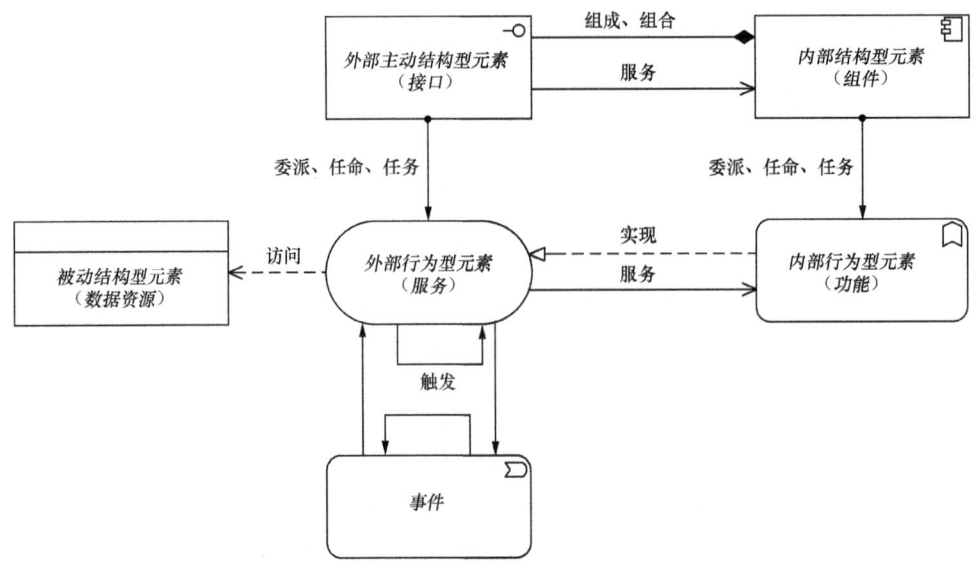

图 2.22　SOA 构件元模型

由于领域架构和总体架构的复杂性，所以在具体定义关系之前，先要说清楚每个领域"有什么"，也就是各个领域架构需要包括哪些元素，这些元素的并集共同构成架构的内容框架（Content Framework）。内容框架体现有什么，而不必具体表达这些元素的关系。事实上，按照架构建模的标准，目前，基于文档形式设计的数字政府架构方案，无论是总体架构还是某些领域架构，表达的主要是内容框架，有些是包括了少量关系的内容框架，这些已经能够大体满足立项、预算、评审等需要。但是，由于基于文档形式设计的数字政府架构方案中的元素没有完整的关系，所以还需要在后续环节再开展一次架构设计。

另外，考虑到不同类型的参与者关注的重点不同，我们可以对内容框架进行裁剪，提取子集供特定类型参与者使用。但是，关于内容框架的维护（增删改）等，建议还是在总体内容框架上进行，以确保内容保持一致性。

由于大型机构、大型工程，架构涉及的业务、技术内容较多，所以我们在总体架构、领域架构和元素之间还可以进行归集，参考 FEA 对于业务架构的划分规则，可以增加架构条块、架构条线、领域架构等中间层次，但它们都继承自元素。元素的层次结构如图 2.23 所示。

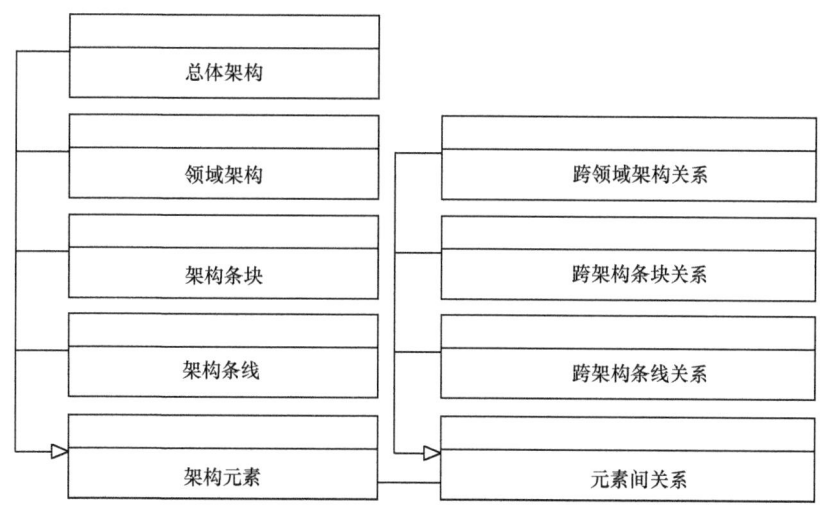

图 2.23　元素的层次结构

3. 关系

图 2.22 和图 2.23 中的线段代表不同元素之间的关系，但只是一部分。元素关系见表 2.9，表 2.9 列出本书中使用到的关系类型，这些元素关系使架构设计不再是一堆由几何形状组成的示例图，而是成为一套有着严谨逻辑关系的模型。图与模型最大的区别在于模型是可以验证、追溯、集成的，有语法语义关系，配合解析器（Parser）还能够自动执行。

表 2.9　元素关系

关系名称		说明	标记
结构型关系	组合	由一个或多个相关类型元素组成的相互高度依赖的整体，例如，各类部件集成后才可获得特定能力的计算机。可以用于同类元素之间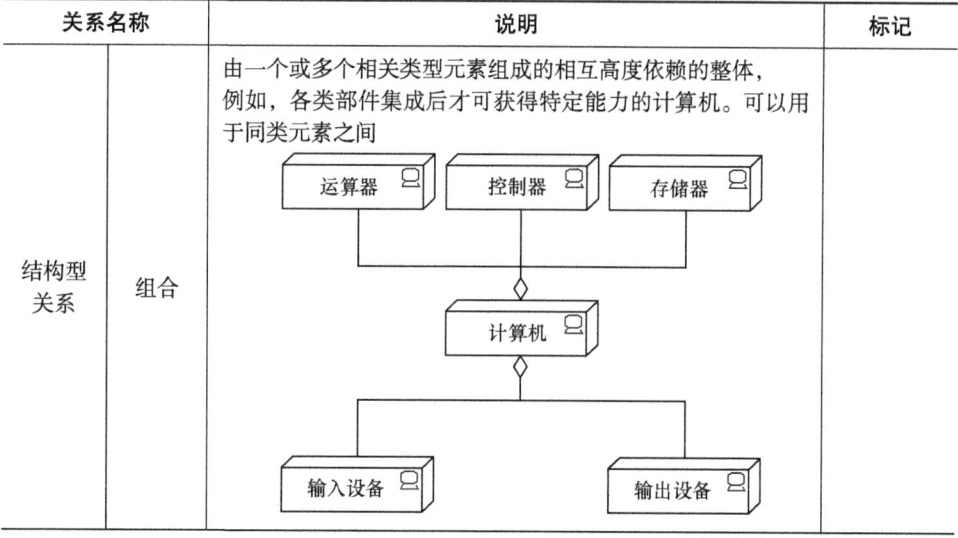	

续表

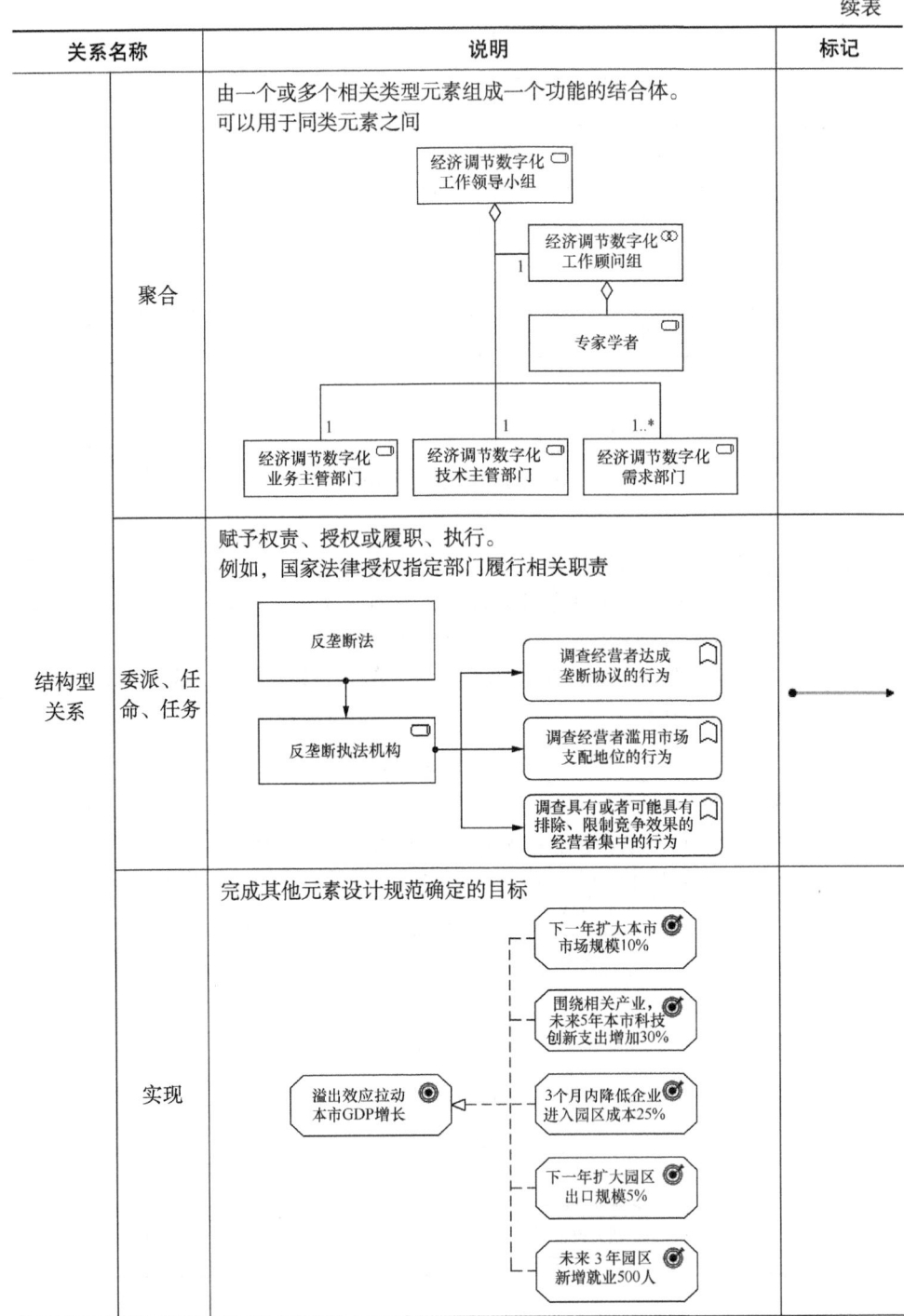

续表

关系名称		说明	标记
依赖型关系	服务	某个元素为另一个元素提供功能。 可以用于同类元素之间。 例如，政务服务需要一系列应用服务支持 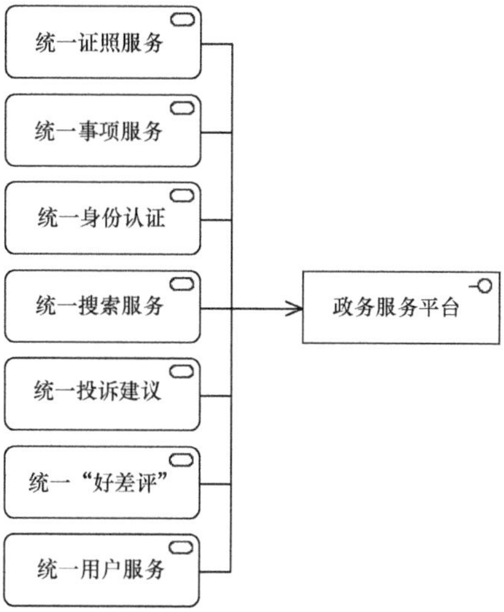 统一证照服务 统一事项服务 统一身份认证 统一搜索服务 → 政务服务平台 统一投诉建议 统一"好差评" 统一用户服务	
	访问	行为型元素或主动结构型元素了解、操作、调用被动结构元素的功能。 为了实现"主谓宾"语义的完整性，建议通常情况下，主动结构型元素通过行为型元素访问被动结构型元素 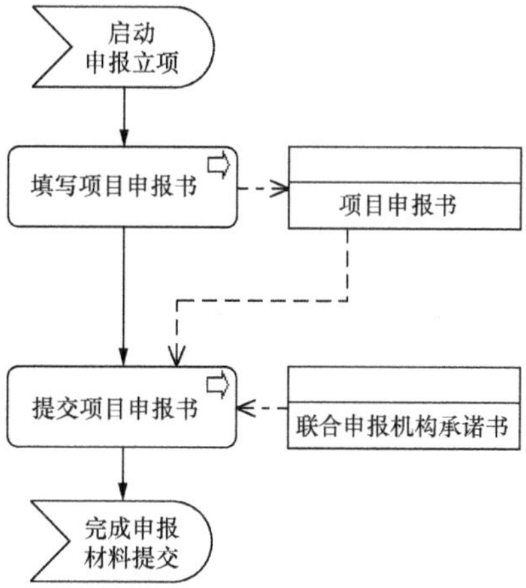 启动申报立项 ↓ 填写项目申报书 ⇢ 项目申报书 ↓ 提交项目申报书 ⇢ 联合申报机构承诺书 ↓ 完成申报材料提交	

续表

关系名称		说明	标记
依赖型关系	影响	某元素对其他元素动机、实施或实现过程施加的作用。 可以用于同类元素之间。 例如，影响关系的箭头部分用 "+" "-" 区分是积极还是消极影响，"+" 或 "-" 的数量表示影响强度 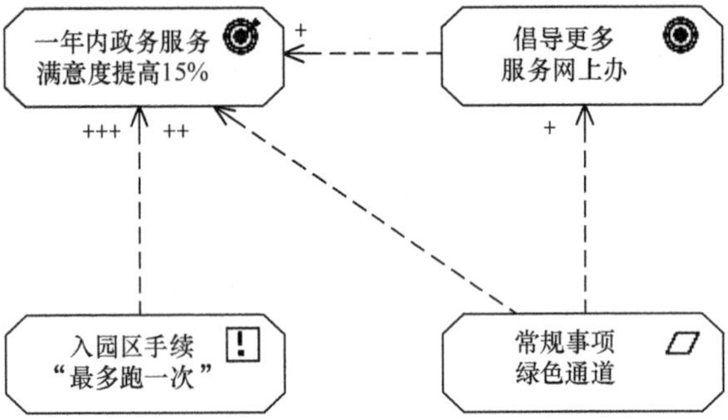	
	关联	元素之间未指定的关系。 可以用于同类元素之间	——
动态型关系	触发	元素之间临时的因果关系。 可以用于同类元素之间 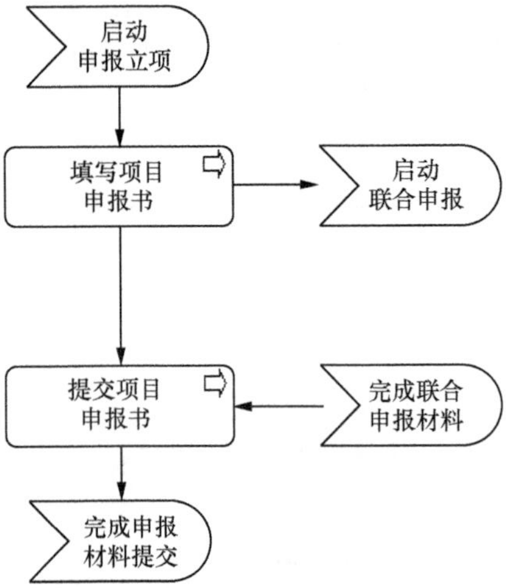	→

续表

关系名称		说明	标记
动态型关系	流、流向	从一个元素转向另一个元素。 可以用于同类元素之间。 流动的内容可以是数据、决策、行政命令、商品、资金、能源、水等 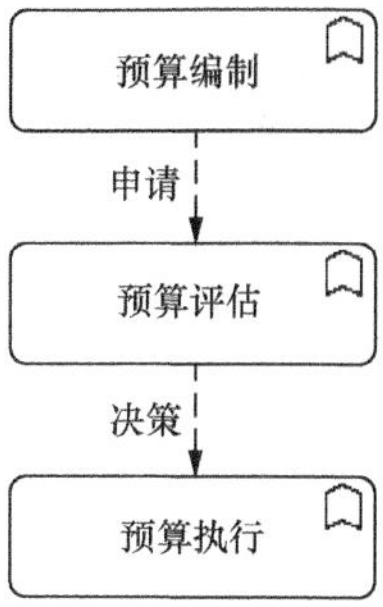 预算编制 ↓ 申请 预算评估 ↓ 决策 预算执行	- - - -→
	具象化	一个元素是另一个元素的具体类型。 可以用于同类元素之间 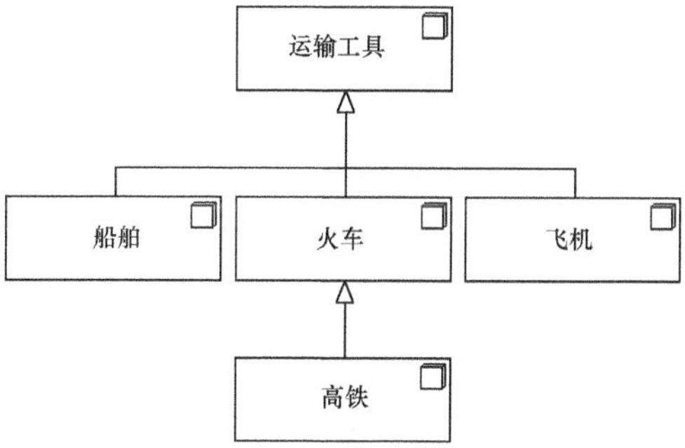 运输工具 △ 船舶　火车　飞机 △ 高铁	
连接型关系	接合点	连接同一类型的关系 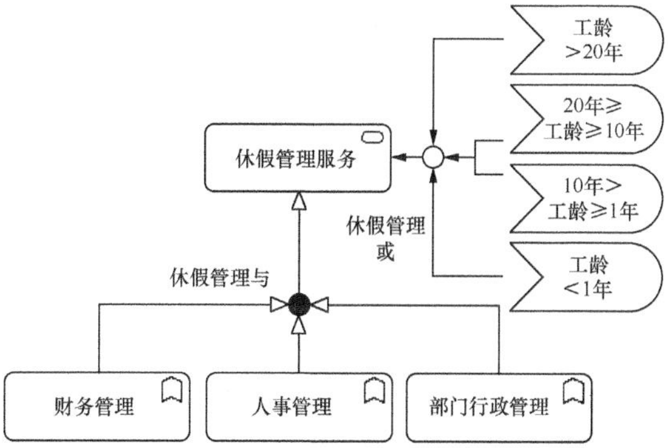 休假管理服务 — 工龄>20年 / 20年≥工龄≥10年 / 10年>工龄≥1年 / 工龄<1年 休假管理或 休假管理与 财务管理　人事管理　部门行政管理	● 与接合点 ○ 或接合点

4. 制品

制品是描述模型的实体材料，有目录、矩阵和图 3 种形式[1]。

（1）制品类型——目录

目录可大致类比为行政管理中经常提及的"清单"，是对同一类元素或者高度关联类型元素的制品。例如，应用清单、数据清单、组织机构树、家谱等。

需要注意的是，组织结构树中可能会包括更复杂的协同、顾问、监督、指导，以及垂直管理等关系，家谱中可能存在过继等横向关系，但为了简化，此处提及的目录制品，只选择一般意义上可以归纳为无横向关系的树形结构。目录制品（示例—地区政务应用清单）见表 2.10，目录制品（示例—大数据标准体系）见表 2.11，目录制品（示例—岗位机构树）见表 2.12。

表 2.10 目录制品（示例—地区政务应用清单）

地区政务应用清单	1 类元素：应用
地区政务应用平台 – 经济调节平台 – 市场监管平台 – 公共服务平台 – 社会管理平台 – 公共服务平台 – 生态环保平台 – 政府运行平台 －－ 公文流转模块 －－ 机关办事模块 －－ 会议管理模块 －－ 新闻宣传模块 －－ 国际合作模块 ……	

表 2.11 目录制品（示例—大数据标准体系）

大数据标准体系[2]	1 类元素：合约
10 基础 –102 术语 –GB/T 35295—2017 –103 参考架构 –GB/T 35589—2017 –GB/T 38672—2020 20 数据 –201 数据资源 –GB/T 18142—2017 –GB/T 18391.1—2009 第 1 部分：框架	

---

[1] 在不引起歧义的情况下，本书"制品"（Artifact）指"架构制品"，包括目录（Catalog）、矩阵（Matrices）、图（Diagram）。

[2] 参见《贵州省大数据标准化体系建设规划（2020—2022年）》。

续表

-GB/T 18391.2—2009 第 2 部分：分类
-GB/T 18391.4—2009 第 4 部分：数据定义的形成
-GB/T 18391.5—2009 第 5 部分：命名和标识原则
-GB/T 18391.6—2009 第 6 部分：注册
-GB/Z 21025—2007
-GB/T 30880—2014
-GB/T 30881—2014
-202 数据应用
-GB/T 15635—2014
-GB/T 17699—2014
……

表 2.12　目录制品（示例—岗位机构树）

岗位机构树	3 类元素：机构、岗位、人员
部门 - 业务司 1 -- 司长 --- < 人员 > -- 副司长 --- < 人员 1> --- < 人员 2> -- 一处 --- 处长 ---- < 人员 > --- 副处长 ---- < 人员 1> --- 非领导人员 ---- < 人员 1> ---- < 人员 2> ---- < 人员 3> ……	

目录制品（示例—适用条约知识库）见表 2.13。目录中的元素可以是简单的名称条目列举，也可以包括元素的属性，表 2.13 的目录中，不仅包括产业园区可能适用的条约名称，还包括主要属性。

表 2.13　目录制品（示例—适用条约知识库）

适用条约知识库	1 类元素：合约（条约）					
名称	生效时间/年	缔约方/个	适用环节			
			进口	出口	过境	园区内
联合国禁止非法贩运麻醉药品和精神药物公约	1990	190	√	√	√	√
武器贸易条约	2014	102	√	√	√	
濒危野生动植物种国际贸易公约	1975	149	√	√	√	

续表

名称	生效时间/年	缔约方/个	适用环节			
			进口	出口	过境	园区内
控制危险废物越境转移及其处置巴塞尔公约	1992	187	√	√	√	
关于禁止和防止非法进出口文化财产和非法转让其所有权的方法的公约	1972	137			√	√
关于持久性有机污染物的斯德哥尔摩公约	2004	182			√	√
与贸易有关的知识产权协议	1995	163		自愿	√	
反假冒贸易协定		11	√	√	自愿	
全面与进步跨太平洋伙伴关系协定	2018	11	√	√	√	
消除烟草制品非法贸易议定书	2018	52	√	√	√	

注："生效时间"以 2019 年 6 月收集情况为准,"缔约方"数量统计至 2019 年 6 月。

（2）制品类型——矩阵

矩阵绝大部分情况下是两类元素之间的对应关系。例如，授权矩阵、数据操作关系矩阵、数据分类分级表、安全生产责任矩阵、系统云网部署关系、防火墙设置、路由关系表等。

针对个别情况，为了展现需要，可能会打破元素层次的异质性，描述两个目录之间的对应关系，甚至通过扩展交叉点的属性或标识，表示更多类型元素关系。矩阵制品（示例—"三员"部门分工表）见表 2.14。矩阵制品（示例—数据使用关系表）见表 2.15。矩阵制品（示例—需求/产出追溯关系）如图 2.24 所示。

表 2.14 矩阵制品（示例—"三员"部门分工表）

矩阵示例 1		2 类元素：岗位、授权			"三员"部门分工表	
	网络部	系统部	数据部	科研处	合规处	安全处
系统管理员	√	√	√			
安全保密管理员				√		√
安全审计员					√	

表 2.15 矩阵制品（示例—数据使用关系表）

矩阵示例 2			3 类元素：数据、应用构件、操作类型（CRUD）①						数据使用关系表②	
		病原数据	实验室机构数据	遗传资源数据	物种资源数据	耐药性数据	传染病数据	药品数据	地理信息	
应用 1	模块 1	CD	R	RU					R	
	模块 2					R			R	

① CRUD 是指在做计算处理时的增加（Create）、读取（Read）、更新（Update）和删除（Delete）。
② 相关数据类型部分参见《中华人民共和国生物安全法》。

续表

		病原数据	实验室机构数据	遗传资源数据	物种资源数据	耐药性数据	传染病数据	药品数据	地理信息
应用2	模块1			CUR	CR				
	模块2		R	D	D				R
	模块3								
应用3	模块1		CRU			R	R		
	模块2		D		R				R

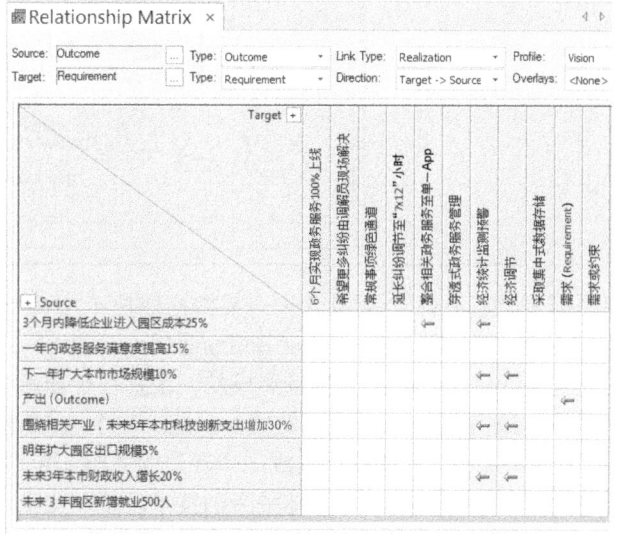

图 2.24　矩阵制品（示例—需求/产出追溯关系）

（3）制品类型——图

图通常用来表示超过 2 类元素的关系，或是需要表现 2 类及 2 类以上元素不同颗粒度的关系。除了表示静态的结构型关系，图还可以表示动态的行为型关系。另外，为了便于出现可视化效果，有时也会将目录和矩阵的内容采用图的方式进行展现。关于图的内容较多，本书第 3 章"数字政府架构实施参考"将在介绍不同领域架构相关建模视点时具体说明。

虽然图的建模成本相对目录、矩阵较高，但它的表现内容更为丰富，因此目录矩阵也可以通过图的方式进行表示，例如图 2.24 是在建模工具的支持下，自动生成的矩阵，行和列分别是"需求"和"产出"两类元素的目录。更常见的是，为了表现数据、业务、应用在不同国家、地区、城市，以及不同逻辑区域的分布情况，通常会将目录、矩阵等制品以图的形式展现。目录制品（示例—算力网络）

见表2.16。

表2.16 目录制品（示例—算力网络）[①]

算力网络	1类元素：节点
算力枢纽节点及所在地区 - 京津冀枢纽 - 长三角枢纽 - 粤港澳大湾区枢纽 - 成渝枢纽 - 内蒙古枢纽 - 贵州枢纽 - 甘肃枢纽 - 宁夏枢纽 ……	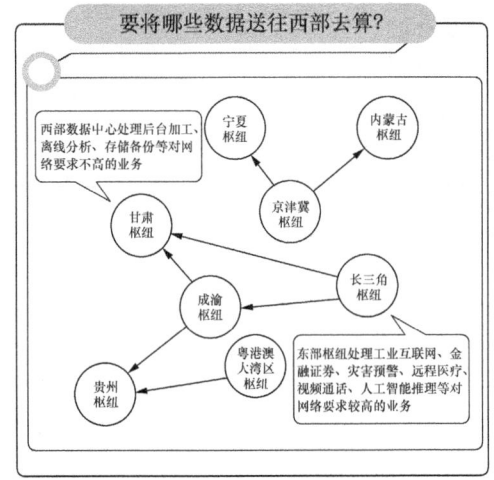

另外，在制品部分要引入两个新概念——架构构建块（Architecture Building Block，ABB）和解决方案构建块（Solution Building Block，SBB），两者都是由目录、矩阵和图3类制品针对特定需求和场景集成的，区别在于前者在架构层面可复用，后者则是在具体解决方案或项目层面使用，因此，一个ABB可以有多种类型的SBB。例如，针对政务公开，可以设计集成一个专门的ABB，包括相关政务事项，但考虑到政务服务大厅、移动App、新媒体平台的技术环境、受众和形式不同，我们可以结合不同项目，设计、提炼专门的SBB，分别面向窗口、移动App端和新媒体等场景。

5. 交付物

实际参与架构的人员类型众多，其中，架构设计、分析人员对模型更感兴趣，管理、业务和其他技术领域的人员还是习惯开工命令、管理报表、幻灯片、合同、需求规格说明书等形式，因此如果架构只是抽象的模型，就显得太过特立独行，不利于工作的开展，会影响架构在"规—管—建—用"中的推广。

虽然架构交付物是由各类制品组成的[②]，但它不只是给看得懂模型的人准备的，受众不同、形式不同，它应该按照受众乐于接受的形式制定。流程/事件/管控/产品目录（示例—交付物清单）见表2.17，每个交付物不仅要有必要的文字说明，还应该包括面向特定受众，准确说明其核心内容的各类制品。

---

① 参见《关于印发〈全国一体化大数据中心协同创新体系算力枢纽实施方案〉的通知》。
② 在不引起歧义的情况下，本书"交付物（Deliverable）"指"架构交付物"。

表 2.17 流程/事件/管控/产品目录（示例—交付物清单）

交付物清单	2 类元素：业务对象
交付物	**阶段**
架构立项申请	Pre
架构原则	Pre
架构框架（裁剪版）	Pre
业务原则、目标和驱动力	Pre、A、B
架构愿景	A
架构任务书	A
沟通计划	A
架构定义书	B、C、D
架构需求规范	B、C、D、E、F
架构路线图	B、C、D、E、F
迁移架构	E、F
实施和迁移计划	E、F
架构合同	F
能力评估	A、E
合规性评估	G

然而，仅有表 2.17 是不足的，架构是承前启后的连续性工作，除了说明交付物在哪个阶段使用，还要说明它的流向。以图 2.12 为例，流程/事件/管控/产品目录（示例—交付物 IPO 清单）见表 2.18，其中对交付的基本内容也进行了约定。

表 2.18 流程/事件/管控/产品目录（示例—交付物 IPO 清单）

交付物 IPO 清单	2 类元素：业务流程、业务对象	
交付物	**输出自**	**输入至**
架构构建块	F、H	A、B、C、D、E
架构资产库	Pre	Pre A、B、C、D、E、F、G、H、需求管理
架构路线图	B、C、D、E、F	B、C、D、E、F
架构设计开发合同	Pre	A、B、C、D、E、F、G、H、需求管理
业务用户架构合同	F	G、H、需求管理
……	……	……

续表

交付物大纲		
交付物	要件	当前版本
架构设计开发合同	背景 协议性质 范围 战略原则 战略需求 合规性要求 架构开发管理相关角色 目标架构指标 预订各阶段交付物 联合工作计划优先级 时间窗口 交付方式 架构业务指标	1.2
业务用户架构合同	背景 协议性质 范围 战略需求 合规性要求 架构采用方 时间窗口 架构业务指标 服务等级协定（Service Level Agreement，SLA）	2.1
……	……	……

值得注意的是，随着矩阵化管理的增加，交付物和非架构交付物不断产生。非架构交付物通常不需要进入架构资产库归集管理，为了满足其他管理需要，应按照要求创建、维护和交付。随着政府自身数字化程度持续提高，可以预见交付物的数量会快速增长，更多电子形式的交付物将用于监督、审计等领域。

6. 架构资产库

交付物、制品和构建块的存放管理如图 2.25 所示，数字政府成熟度越高，干系方及交付物类型、数量也会越多，这需要能在组织层面建立配套的内容管理，通过一些自动化、半自动化的转换工具，将各类制品解构、重新组装为文档、报表、招标材料等内容。IT4IT 是降低架构工作强度、提升架构效果的重要途径。各领域架构、总体架构所需的制品、交付物被统一保存在架构资产库中，不同的制品被整合为可复用的构建块。

图 2.25 中的架构资产库（也称为"架构库"）是记录架构数据的专门数据库/知识库，架构资产库如图 2.26 所示，其核心是架构的元模型，正如"对数据要素再认识"

部分的讨论，数据生命周期的起点应该从业务场景的抽象表述及对应的数据模型开始，为了实现 IT4IT 的自动化或半自动化方式，架构也可以从元模型开始。

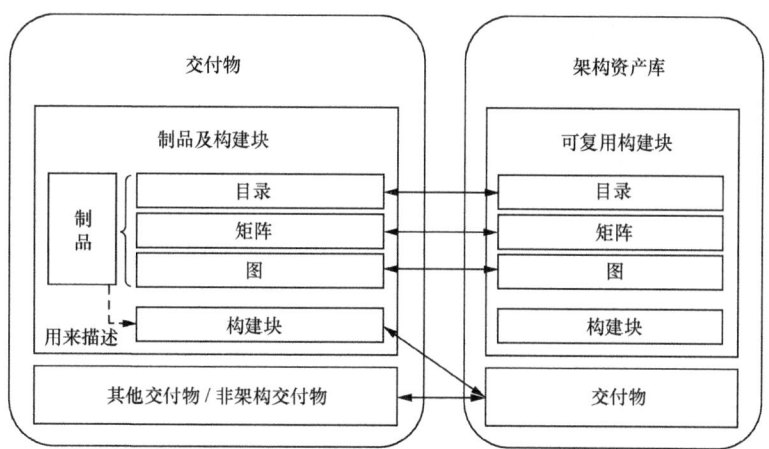

图 2.25　交付物、制品和构建块的存放管理

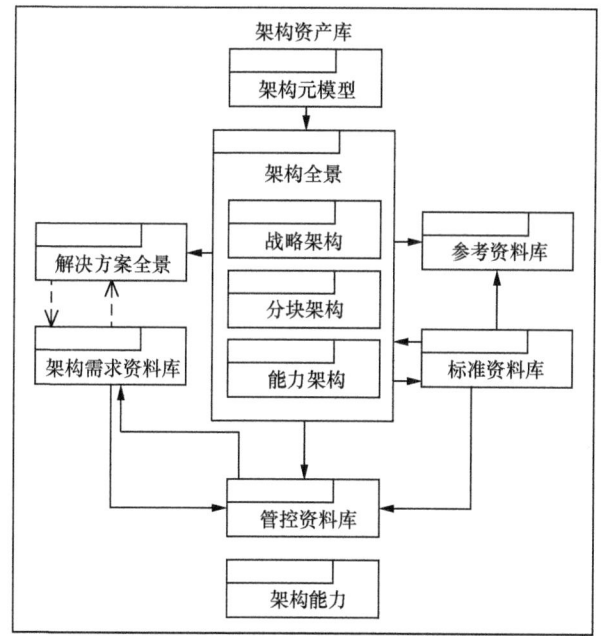

图 2.26　架构资产库

此外，架构资产库还包括以下内容。
① 架构能力。架构能力即架构工作的机制、流程等。

② 架构全景。由于数字政府的复杂性和关联性，为了便于各方（包括各类架构师）能够明确自身定位，需要一个全景作为参照，了解自身工作的关联、层级关系及后续的一些演进方向。它相当于一个完整的沙盘，便于各方更加直观地参与讨论。架构全景由3个部分组成，即战略架构、分块架构和能力架构，分别记录本地区本部门的数字政府想要做什么，参与的各个机构和个人需要做什么，以及各方能够做什么。

③ 解决方案全景。解决方案全景与架构全景配套，记录实施的各类项目及内容分工、建设成果，便于在项目集、项目组合层面更好地进行资源配置和内容整合。

④ 参考资料库。参考资料库主要提供各类指南、模板、模式，便于加快各方参与架构工作。

⑤ 标准资料库。针对新建及完善项目，标准资料库分类记录需要遵循的国家标准、国际标准、行业标准及本地区本部门相关标准。

⑥ 管控资料库。管控资料库是关于架构活动的记录，"前事不忘后事之师"，及时总结各类经验，便于后续参与人员学习参考。

⑦ 架构需求资料库。架构需求资料库记录所有被评审通过的架构需求，既包括完成、在建内容，也包括尚未实施的新增或变更内容，并且在架构开发流程的"机会和解决方案"阶段，对架构需求进行精简和优化。

六、风格

对于由专业架构设计团队负责的数字政府项目而言，在确定内容框架的基础上，下一个阶段是如何将元素组织起来，构建各个领域架构和整体架构，但在这个过程中，认识论决定方法论，可以体现团队对架构风格（也称为"架构样式"）的偏好[①]。

分层架构、客户端—服务器架构，以及微内核（Micro-Kernel）、微服务架构属于不同的风格，体现了架构团队的技术喜好，这些风格与架构团队的既往经验及发展意向、学习能力、管控水平有很大关联。

① 部分熟悉重量级开发语言的团队，倾向于将处理逻辑放在桌面程序端。

② 大量互联网团队使用浏览器+HTML5技术，习惯使用富浏览器客户端（Rich Web Client）风格。

③ 对于一些社交网络服务（Social Network Service，SNS）应用，其设计重点一般是移动（手机）端，对应的桌面端程序无法完成移动端的所有功能，而有的架构团队恰恰选择相反的风格。

④ 除了前端风格差异，架构团队对后端风格的喜好也不同，一些架构团队经常采用后端服务器集群（Cluster），一些团队则使用基础设施云，还有团队喜欢将

---

① 在不引起歧义，特别注明的情况下，本书"风格"指"架构风格"（Architecture Style 或 Architectural Style）。

后端大规模处理放在工业互联网环境中，业务逻辑直接与工业控制器交互……

数字政府中最突出的生产要素是数据，数据架构的布局体现着不同机构对数据要素的认识，也影响着总体架构的运行方式。从数字政府处理响应方式上，数据可以分为流程驱动、事件驱动、数据驱动，各自特点如下。

① 流程驱动。业务流程是刚性的，按部就班执行。

② 事件驱动。采用"出版—预定"模式，产生一个事件后（例如，新生儿上户口、提交医保报销等），响应活动（后继活动）基于事先确立的预定关系（预定关系可以增加、解除），消除流程之间的紧密耦合。

③ 数据驱动。以数据为中心，决定应该有哪些活动参与处理，活动之间的前后次序，是否需要重复校验或者根据算法自动办结。数字政府项目采取数据驱动的方式，对 AI 模型、风险防控、信用管理的要求较高，但也是实现资源和服务高效管理的手段，考验的是地区、部门及技术团队的驾驭能力。

风格会对架构布局产生影响，现有的架构布局又会约束风格的选择。架构布局可以理解为实际的产出，风格更多来自主观的偏好，但这些影响恰恰符合有无相生、难易相成的过程。数据风格选择见表 2.19。

表 2.19 数据风格选择

流程方式	流程驱动	事件驱动	数据驱动
执行特点	按部就班	出版—预定	数据组装流程
风格	A: 战略架构／业务架构／数据架构／应用架构 B: 战略架构／数据架构／业务架构／应用架构 C: 数据架构（贯穿）／战略架构／数据架构／业务架构／……	a: 战略架构／业务架构／数据架构／应用架构 b: 战略架构／业务架构／数据架构／应用架构	α: 战略架构／业务架构／数据架构＋应用架构 β: 战略架构／业务架构／应用架构／数据架构

① 数据驱动方式需要依据数据调度业务流程，因此，数据架构位于应用架构之上（A），甚至位于业务架构之上（B），这意味着部门、岗位的设置，也需要根据数据要求进行调整。

② 事件驱动中，可以将事件视为专门的信号数据，它与应用相互交织，因此，数据架构可以介于业务架构与应用架构之间（a），或者与应用架构并列（b）。

③ 流程驱动意味着数据从属于业务流程及应用逻辑，应用决定对数据的访问，因此，数据架构可以与应用架构并列（α），或者置于应用架构之下（β）。

④ 对于将数据视为自身业务工作中心的机构，应该采用数据驱动方式，并将数据架构设置为纵向（C）。

在实践中，数字政府项目的架构团队可以同时支持一个或多个风格，但是兼容性需要以成本为代价，并可能导致数据模型或应用接口频繁变更，出现风格与流程间的磨合问题，在一定程度上破坏了架构的稳定性。

意识也会对架构布局产生影响。近年来重视数据已经成为共识，我们从不同政务项目的界面设计中，大概也能感受到背后架构设计人员的个人偏好。事实上，由于从业时间、既往项目背景等原因，部分架构设计人员存在惯性，甚至将风格视为个人技术信仰，这就像经典力学、量子力学、相对论之争一样，也很难说服持有不同风格观点的人员选择其他方法。因此，在不存在明显缺陷和不适的情况下，对于架构设计人员个人的风格选择，建议采取和而不同、美美与共的态度。

七、架构方法新进展

整体而言，TOGAF 和 FEA 面对的是相对稳定的场景，对于服务事项规模和响应时间要求更高的项目，经常面对紧急任务型工作的部门和机构，以及在紧急任务、应急甚至更严重场景下的政府应用，可以参考 UAFP、UPDM 等更新的架构框架，甚至需要考虑在某些领域架构已经暂时丧失的情况下，对多个领域架构进行替换或托管，以确保服务的连续性，这对架构设计提出了更高的要求。可替换架构（示例场景）见表 2.20。

表 2.20 可替换架构（示例场景）

场景	自然灾害	核生化爆	临时性境外合作事项
可能缺失或瘫痪的领域架构	技术架构 物理架构	数据架构 应用架构 技术架构 物理架构	数据架构 应用架构 技术架构 物理架构 安全架构 运维架构 开发架构

续表

主要影响	电力、通信、道路等瘫痪	政府执法场所受核生化爆等污染，现场情况不明，执法人员不适合进入；相关港口、机场、码头、陆路通道是保证人员和物资进出、撤离的必要通道	需要把握有限的合作窗口期，建立全新的产业链/供应链/资金链
替换的领域架构	技术架构	技术架构	应用架构
整合方案	北斗短报文作为新技术架构	以无人机、机器人构建新的应用架构；将原有的桌面端App功能与非接触图像、声音、气味探测测试集成，装载到无人机、机器人中；通过底层技术协议操作港口、机场、码头、陆路通道的智能物理设施	通过与技术供应商合作按需购买软件即服务（Software as a Service，SaaS）；应用软件采用各方认同度较高的免费开源套件；各方基于本地区本国网络安全、数据安全要求，基于可配置的开源套件互联互通
整合目标	确保医疗用品、救灾物资和人员的正常部署	确保关键通道、人员、运输工具畅通；有效阻断不法人员、物质通过	在尊重各方特色要求的前提下，快速形成跨境数据链

以 UPDM 为例，它是来自专门领域的总体架构方法论，与 TOGAF 部分同源，未来还可能与其他国家、国际组织发布的总体架构方法论进行互操作。UPDM 除了涉及图 2.6 中的内容，还特别强调了能力、行动、技术标准、项目建设等内容，将架构与人力资源、工程、招标采购整合为一个更具有执行力的框架。

以 UPDM 的行动架构、行动视图（Operational View）为例，需要根据行动任务的需要，临时整合各方资源（包括行动人员、专家、行动单元、工具、装备、运输工具，以及数据、重要信息等），另外还需要建立临时的行动组织架构，并将这些临时组织起来的资源，按照行动分工做出快速又相对临时性的安排，任务执行过程中，可能会消耗资源，也会不断发现新的可用资源，还可能出现临时状况。因此，UPDM 的行动架构中还包括配套数据和自动化、协同化的模型工具支持，以确保表 2.21 中的各类制品能够与行动环境保持动态一致。流程/事件/管控/产品目录（示例—行动架构制品）见表 2.21。

表 2.21 流程 / 事件 / 管控 / 产品 目录（示例—行动架构制品）

制品	说明	制品分类
任务概要	任务可能涉及较多干系方和众多类型的资源，因此，任务概要不是简单的文字描述，而是一个富有逻辑关系的模型	图
行动资源流	不仅包括传统意义上的人、财、物，数据也是资源要件，甚至在某些行动中，数据和信息是行动能否顺利开展并评估下一阶段执行内容的重要依据； 另外，要建模各个场景下资源的消耗、使用、补充过程，也包括对各类资源使用绩效的评估； 不仅是"兵马未动，粮草先行"，还要通过建模，确保整个行动中的资源有效供给，尽可能事先查漏补缺	图
行动资源矩阵	描述在不同时间节点下如何配置各类资源给参与行动的各方，并且描述资源的准备、生成、分派、使用、回收、移交、评估情况	矩阵
行动组织关系图	既包括有预案、有制度说明的典型组织关系图，也包括实际行动中临时组织的关系图； 两者的区别比较明显，尤其是随着行动任务重要性、紧急性、资源可得性的不同，有些行动中会出现高配、低配、兼任、联合行动等情况； 有时行动紧急，实际参与的角色不全、资源不足，记录动态组织关系更重要	图
行动任务分解树	将任务分解为两级甚至多级，便于分工完成； 类似于项目管理中的 WBS	
行动活动模型	对各个具体活动进行任务分工，便于各方讨论完善、理解自身定位，并与上下游做好衔接配合	
行动规则	为各参与方面对预判的典型情形提供形成决策、完成活动的依据，并设定必要的限制	目录
行动状况转换	描述行动关键状态及不同状态之间根据评估结果调整的转化关系	图
事件轨迹	按照时间节点和任务分工描述各个活动之间的执行序列	

表 2.21 表明，最新的架构方法倾向于将架构、工程、实施及应急结合，突出质量、生产率和有效性，随着构件化成为刚性的设计要求，需要更加精细和全面的建模，来提高架构内容的可复用性和时效性。此外还强调工具的普遍应用，毕竟随着大规模架构工作的开展，个体或者是单一团队很难胜任，需要依靠模型准确定义并驱动系统建设，甚至将模型产出直接用于物联网、智慧园区、智慧城市、智慧乡村等接近工业级设计要求的智能系统及物理设施，这需要提高不同架构设计工具之间的互操作性，遵循相同的元模型，降低设计门槛、提高架构设计协作能力。

第 3 章

数字政府架构实施参考

数字政府架构贯穿数字政府建设"规—管—建—用"全生命周期。考虑到数字政府项目有着严格的预算、督查、审计、评估等，以及敏感、重大的投资项目还会在整改中成为重点，因此，架构工作、记录和成果应该具有较好的可持续性和连续性。

在实践中，"架构"的概念存在被过度化使用的趋势。事实上，架构做不到面面俱到，也不应该面面俱到。从科技治理的角度来说，架构既需要中规中矩的模型分析设计，也需要为创新创造留出空间，甚至在部分领域上做一些留白，这样反而更利于与其他科技治理手段协作。

架构实施参考总体步骤如图3.1所示。本章的架构实施总体沿用图3.1的思路，注重吸收多方面的实践成果，按照方法论的步骤，及时将相关产出保存在架构资产库中，并且强调依托全流程治理，提高架构质量，有效防控各类技术风险。

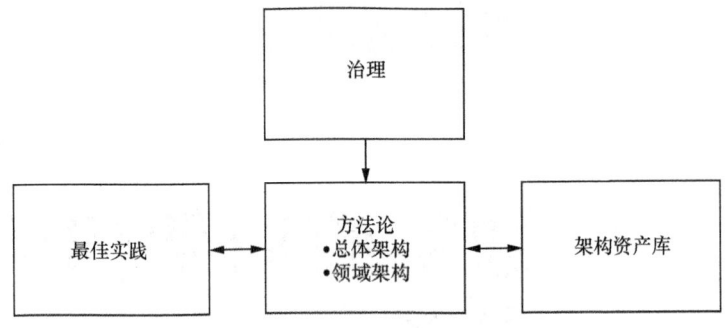

图3.1 架构实施参考总体步骤

天下难事，必作于易；天下大事，必作于细。不管背后的管理理念、分析算法如何复杂、先进，更利于实施才是重点。架构管控要求尽量归纳为一条主线和几份清单，如果能够缩减为一份清单，则架构的可执行性更佳。

另外，由于不同领域的关注重点不同，架构设计中难免存在冲突，例如，安全架构近乎无限安全与应用架构有限工期、资源之间，业务架构灵活多变与数据架构职能权限边界之间，技术架构集中部署与运维架构容灾备份之间等，面对冲突，不能采取简单的二元观念，片面强调不同领域架构之间的冲突和特殊性，而应该既体现不同领域架构之间的支撑和服务，又体现相互之间的管控和制约。

每个领域的架构应包括以下内容。

① 主要分析什么内容，可能遇到的典型风险。
② 用于描述并建立本领域架构的元素。
③ 主要制品[①]。
④ 为了规范建模内容，向各干系方提供一个建模规范，引入ISO/IEC/IEEE

---

① 具体交付物需要根据不同地区、不同部门的管理要求确定，因此不明确列出，但可以组合使用本领域架构的制品，包括目录、矩阵和图。

42010:2011 的视点（Viewpoint）概念，介绍本领域架构可能使用的主要视点。通过集成相关视点，大致可以表达所在领域架构的内容，并建立各类元素之间的关联，使架构具有较强的逻辑性和工具理性。需要注意的是，每个视点的主体——目标用户，可能包括本地区本部门的高层领导，业务工作的负责人、技术负责人，各领域的业务专家、技术专家，以及从事不同领域架构工作的架构师；每个视点的客体——元素、用途，元模型，用抽象的模型语言介绍视点的构成关系。事实上按照还原论的思路，可以将每一个视点看作针对特定用户、特定场景、特定表述方式的一个小参考架构[①]。为了更加生动直观，每个视点还可以结合假设的工作场景，给出参考示例及说明。元模型和视点是相互补充的，从推进架构工作而言，视点主要具有以下 3 个优势。

- 所需元素和关系均预先确定，架构工作量更小。
- 因为聚焦和场景化，干系方更易于理解。
- 因为统一规范，模型更易于验证。视点本身就是对于元素和关系的"命题作文"。从架构工作整体而言，验证每个模型的正确性就类似于从源头把握数据质量，只有小颗粒度的模型质量过关了，模型之间集成、组装、搭建起来的各领域架构和总体架构的质量才会更加可靠。

一、解构文字背后的数字动机

把要做的事情讲成一个好故事，从大处着眼，从能够打动主要干系方的细节处入手，这对于获得必要的支持和资源很重要。数字政府建设有较强的政策性，但把政策解读为业务、再把业务解读为技术的过程可能导致信息丢失，如果不能开好头，把"为什么"这个根本问题说清楚，那么我们可能会因为认知和理解的偏差，使信息丢失或错位。例如，由于解读出现偏差，明明是要解决一个问题，结果虽然建设了一个看上去很先进的平台，但并未很好地解决最初的问题。因此，说清楚项目政策背后的动机，把分析出来的东西摊开，大家一起讨论、完善并达成共识，是启动后续各项工作前，减少认知偏差的一个有效手段。

关于动机的分析，不仅适用于战略架构、业务架构，还适用于所有领域架构和总体架构。架构作为一种工具理性的手段，在方法论的早期阶段，并没有充分考虑"为什么"的部分，对后续构建、实施、运维产生很大影响，这凸显了价值理性的重要性。

1. 要点

在架构实施过程中，我们需要纠正重技术手段、轻动机分析的错误，内在思想

---

① 视点的元模型中仅列出主要元素，为了更加充分地分析、论述其内容，可以考虑在元模型的基础上增加部分其他元素。不过在实践中，为了突出规范性、一致性，聚焦问题，建议仅用视点元模型中的元素，除非视点对于参与的元素是开放的。

观念与社会经济现实,是数字政府实践的驱动元素。关于动机的建模通常容易被忽略,但恰恰又是影响架构的关键,能够准确表达"为什么",有利于及时纠偏,防止在错误的方向上越走越远。同时,动机分析还应该做必要性分析,判断目标是否必要,而不是全盘接受。

2. 元素

动机元模型如图 3.2 所示,动机元素见表 3.1。

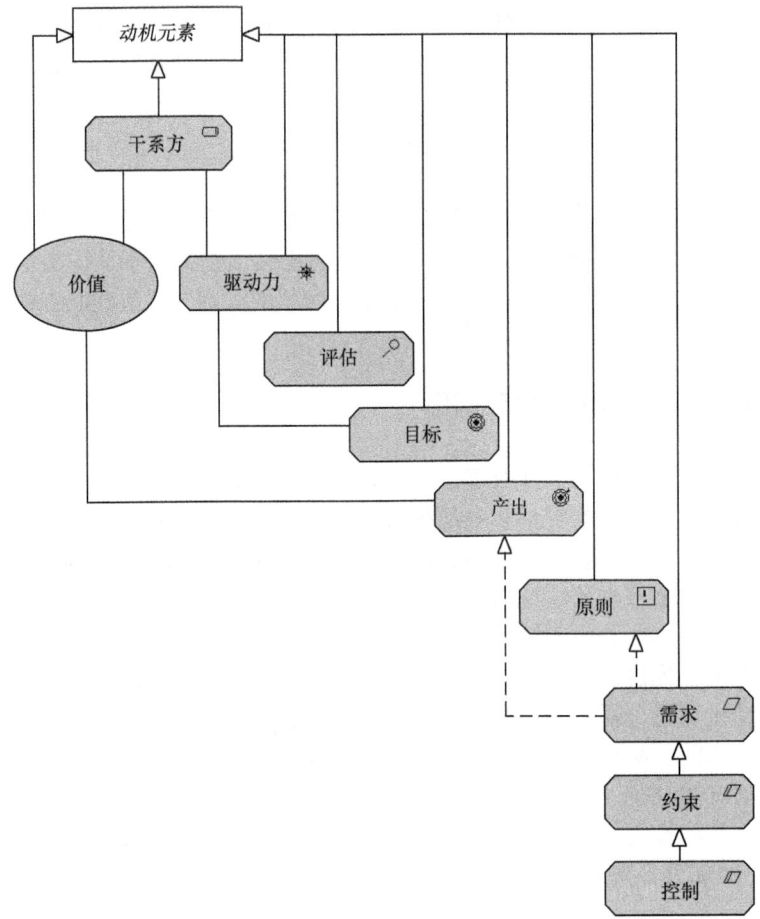

图 3.2　动机元模型[①]

---

① 图3.2中斜体字元素为不可实例化的抽象类,全书统一采用该方式标注。

表 3.1　动机元素

元素	说明	图例[①]
干系方	与各类架构产出相关的机构、个人或组合	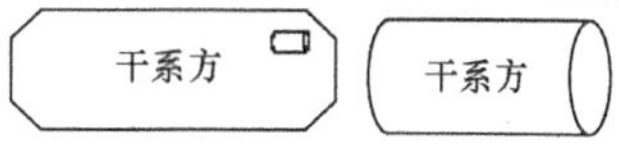
驱动力	推动组织定义目标并实施所需变革的内外部条件	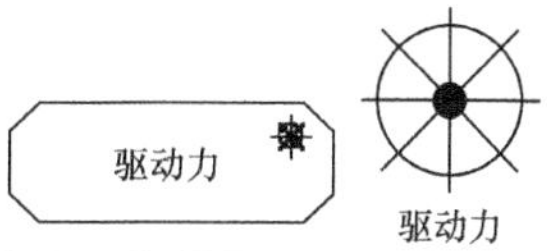
评估	对于驱动力状态的分析结果	
目标	干系方意图、愿望的最终状态	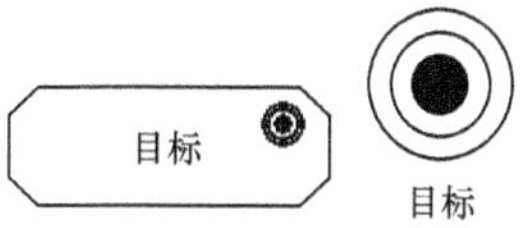
产出	获得的最终结果，应尽可能满足 SMART[②] 原则，例如， 2035 年本省 GDP 增速， 当月 6G 无线网络覆盖率， 未来 3 年本市新增就业人员， 困难残疾人生活补贴覆盖率， 人均寿命 ……	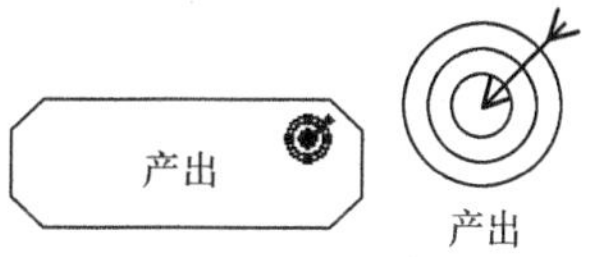
原则	所有系统适用属性的正式声明	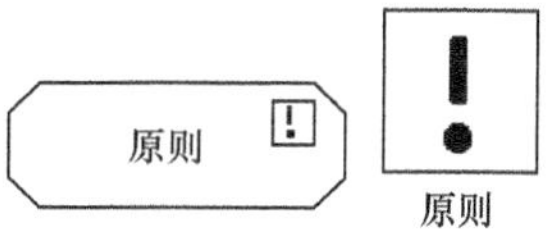
需求	特定系统属性要求的声明	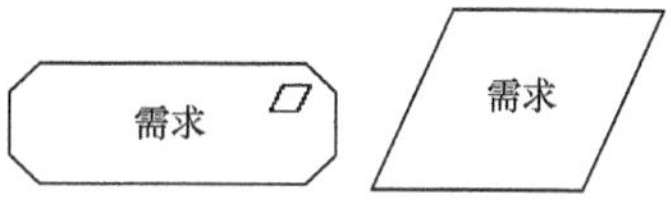
约束	限制达成目标的因素； 是特例需求	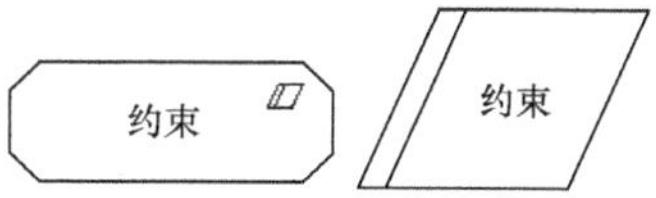

---

① 元素的图例可以展示为框形图标或专门图标2种。
② SMART即从明确性（Specific）、可衡量性（Measurable）、可达成性（Attainable）、相关性（Realistic）和时限性（Time-based）对目标进行设定。

续表

元素	说明	图例
控制	能够修改风险的流程、策略、设备、实践、操作等； 是特例约束； 本书采用构造型控制标识	控制　　控制
价值[①]	表征财富、财产、效用、重要意义等有形或无形的概念； 价值可以是物质性的，也可以是非物质性的，或者说并不是单纯物质性的	价值

3. 制品

动机制品见表3.2。

表3.2　动机制品

制品		说明	主要元素
目录	原则目录	"规—管—建—用"中应该遵循的原则	原则， 参见表2.5
	驱动力目录	驱动力的归集分类	驱动力， 参见表3.3
	目标目录	目标的归集分类	目标， 参见表3.4
	需求目录	需求、约束，还可以包括与需求直接相关的辅助说明内容，例如，假设条件、差距等。 随着架构"规—管—建—用"各项工作的推进，建议动态集约式管理需求； 随着需求分析的深入，逐步细化、归并同类项、排除干扰项，形成可识别、可追溯的需求关系链条。 可以包括功能性需求（Functional）、非功能性需求（Non-Functional），二者还可以细分为更多类别，例如，非功能性需求可以进一步分解为性能需求、易用性需求、安全需求等	需求、约束， 参见表3.5、表3.6

---

① 抛开学术定义，价值对不同的人来说重要性不同。价值的建模和可视化是解决动机部分复杂性及指导各领域架构的一个重要输入。

续表

	制品	说明	主要元素
矩阵	干系方矩阵 干系方映射矩阵 干系方争取矩阵	识别对于本地区本部门数字政府工作具有较大影响的干系方，通过回应他们的关键质疑、事项和关注，积极争取支持 * 该制品内容通常较敏感	干系方、价值、驱动力核心元素[①]， 参见表3.7、表3.8
	需求追溯矩阵[②]	以需求自身或关联元素分析： 是否有据可查，即是否关联了核心元素； 是否进行了必要的分解； 是否仍有存在歧义、争议的概念； 生命周期和来龙去脉。 根据管理需要，可以为需求元素增加状态、优先级等属性，并用于工程项目安排或分类，需求状态可以包括可分配、已完成、不明晰、已达成一致、已纠正、已排除、已测度、已追溯等	需求、约束，以及其他需要体现追溯关系的各类元素。 不同类型之间的需求追溯矩阵参见图2.24； 需求元素之间的需求追溯矩阵参见图3.3
图	解决方案概念图	展现总体思路； 类似在纸面、白板上画的草稿，或者是还没有梳理的零散思路； 可以包括高层级的关键目标、需求和约束，用于争取对数字政府工作具有较大影响的干系方支持，或者尽可能不反对，降低阻力； 随着讨论的深入，可能需要频繁调整总体思路，但应始终保持在较高层级上	参见干系方视点、目标实现视点、目标贡献视点、原则视点。 参见图3.4，作为最初的思路，只涉及大致地区和主要目标，未详细展开； 参见图3.20，对技术方案做整体介绍； 参见图3.22，表示随着数字政府应用的深入，不同层次数字化能力人员占比的变化

[①] "核心元素"主要包括：表3.9中的能力、行动方案、价值流；表3.17中的数据对象；表3.27中的业务施动者、业务角色、业务协同、业务服务、业务功能、业务协作；表3.37中的应用构件、应用服务；表3.43中的技术服务。

[②] 参见ISO/IEC/IEEE 15288:2015、ISO/IEC 27001:2013。

续表

制品		说明	主要元素
图	收益图	在架构工作的准备阶段，识别一些通过改革或者变化、调整措施就能够把握的机会	价值 核心元素 参见图 3.5
	干系方视点制品		参见干系方视点
	目标实现视点制品		参见目标实现视点
	目标贡献视点制品		参见目标贡献视点
	原则视点制品		参见原则视点
	需求实现视点制品		参见需求实现视点
	动机视点制品		参见动机视点
	分层视点制品		参见分层视点

驱动力目录（示例—经济转型动力分析）见表 3.3。

表 3.3 驱动力目录（示例—经济转型动力分析）

经济转型动力分析	1 类元素：驱动力
民生 - 促进群众身体健康 绿色 - 建立健全绿色低碳循环发展经济 科技 - 打造科技含量和附加值更高的产品 - 高水平科技自立自强 - 加快在芯片技术上实现重大突破 ……	

目标目录（示例—金融标准化目录）见表 3.4。

表 3.4 目标目录（示例—金融标准化目标）

金融标准化目标	1 类元素：目标
一、定性目标 1. 标准制定 - 持续优化 2. 标准实施 - 发展水平大幅提升 3. 标准国际化 - 开放程度显著增加 4. 标准化能力 - 发展基础更加牢固	

续表

二、定量目标
1. 标准制定
- 制/修订金融国家标准、行业标准数量（项）≥ 137
- 制/修订金融团体标准数量（项）≥ 100
- 系统重要性金融机构建立企业标准体系的比例 ≥ 85%
- 金融国家标准、行业标准平均制/修订周期（月）≤ 18
2. 标准实施
- 金融领域企业标准领跑者活动产品和服务方向（个）> 15
- 被金融管理和检测认证引用的国家标准、行业标准数量（项）> 130
3. 标准化国际
- 重点金融国际标准转化率 > 85%
……

需求目录（示例—用户账户管理需求）见表3.5。

表3.5 需求目录（示例—用户账户管理需求）

用户账户管理需求	1类元素：需求
REQ_BIZ_021 管理用户账号	
-REQ_BIZ_033 登录许可	
-REQ_BIZ_037 新建用户	
--REQ_SEC_012 强密码规则	
--REQ_SEC_015 双因子认证	
-REQ_BIZ_038 变更用户基本信息	
-REQ_BIZ_049 管理用户户籍信息	
-REQ_BIZ_039 删除用户	
--REQ_BIZ_042 逻辑删除用户账号（关闭）	
--REQ_BIZ_043 归档用户账号	
-REQ_BIZ_044 账户信息调阅	
-REQ_BIZ_45 账户情况统计报告	
……	

需求目录（示例—功能性需求）见表3.6。

表3.6 需求目录（示例—功能性需求）

功能性需求		1类元素：需求			
需求	描述	收益	成本	风险	目标版本
移动互联网访问	能够在手机端认证、登录、办公	VH	H	M	1.0
自助服务能力	提供在线客服、在线支持；能够在手机端办文、办会	H	M	L	1.0
提醒待办功能	按照流转环节主动提示办理事项	H	M	M	1.5

注：使用VH、H、M、L、VL分别表示很高、高、中、低、很低。

干系方矩阵（示例—园区数字政府参与方分析）见表 3.7。

表 3.7　干系方矩阵（示例—园区数字政府参与方分析）

干系方	能力	影响	兴趣
园区工作推进领导小组	决定是否可以立项	VH	M
领导小组办公室 政策研究部门	评估资金规模	H	H
领导小组办公室	确定资金拨付	VH	L
领导小组办公室 政策研究部门	签批业务需求	M	H
综合办公部门	牵头组织开展项目	L	VH
综合业务部门	开展实施推广	L	H
综合业务部门	开展配套培训和技能认证	H–M	H

干系方映射/争取矩阵（示例—园区数字政府项目）见表 3.8。

表 3.8　干系方映射/争取矩阵（示例—园区数字政府项目）

干系方	影响	无意识	抵制	中立	支持	牵头
干系方 1	VH/M			C	D	
干系方 2	H/H		C		D	
干系方 3	VH/L	C		D		
干系方 4	M/H			CD		
干系方 5	L/VH				C	D
干系方 6	L/H				C	
干系方 7	H–M/H				CD	

注 1."影响"标注参见表 3.6。
2. C 表示当前程度，D 表示需要或希望达到的程度。
3. 根据需要，可以增加更多元素用于分析，例如，资金、舆论、技术、人员。

需求追溯矩阵（示例—账号需求管理）如图 3.3 所示。

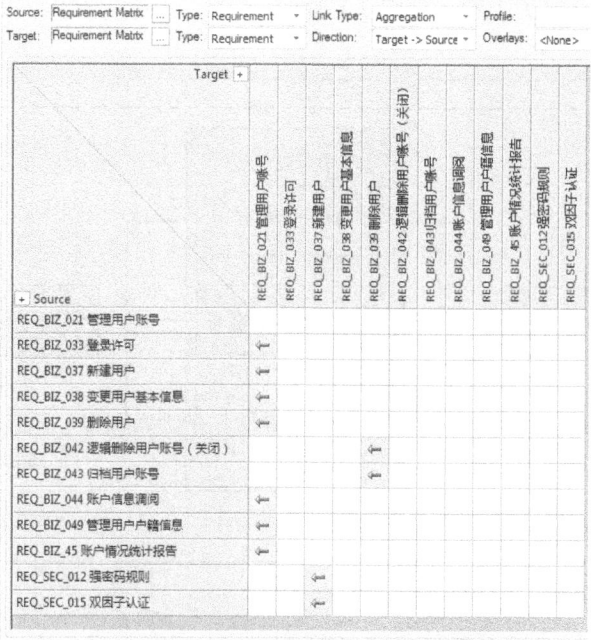

图 3.3 需求追溯矩阵（示例—账号需求管理）

解决方案概念（示例—算力调节）如图 3.4 所示。

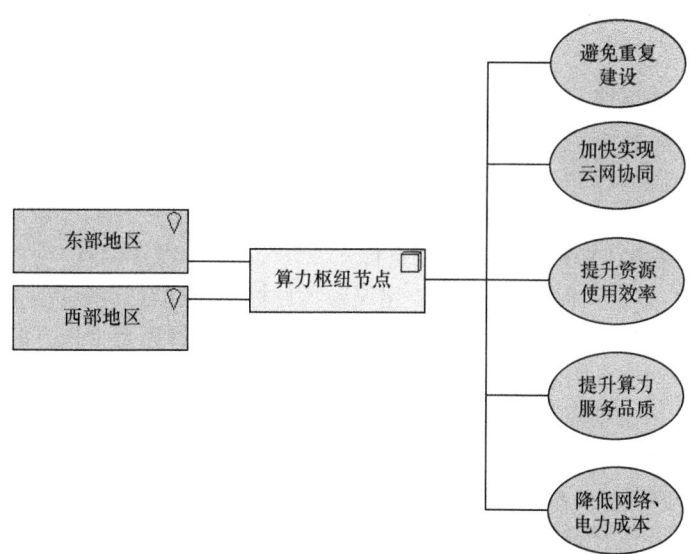

图 3.4 解决方案概念（示例—算力调节）

收益（示例—算力枢纽）如图3.5所示。

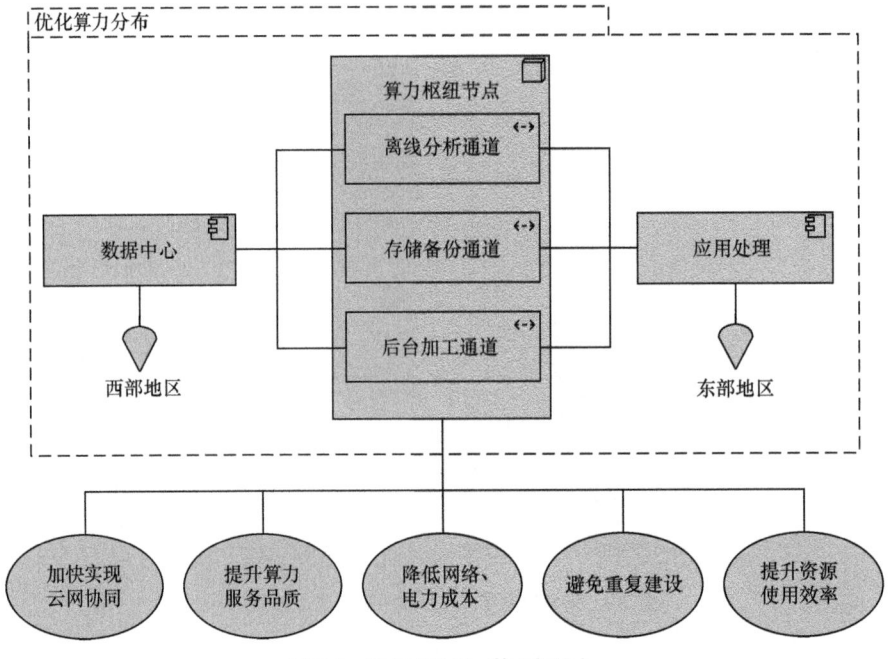

图3.5 收益（示例—算力枢纽）

4. 视点

（1）干系方视点

用户：主要干系方负责人、业务管理人员、需求管理人员、技术负责人、技术架构师。

领域：动机。

元素：干系方、驱动力、评估、目标。

产出是可选项，如果涉及产出，建议参考目标实现视点。

用途：该视点以干系方为中心，分析驱动力、最初目标与干系方的关系，梳理各方关切，并对驱动力和目标进行评估。此外，还应在分析中及时排除无效、非必要的目标。干系方视点（元模型）如图3.6所示，干系方视点（示例—园区发展定位评估）如图3.7所示。其中驱动力和目标将分别作为总输入和总产出。

图3.7将所在地区批复建立园区的主要设想作为驱动力，选取了4项评估内容，包括投资强度、投资者背景、园区产业定位和环境评估，上述评估的目标是在确保投资者产业实力的基础上，提高园区用地集约度，通过园区产业聚集，形成比较优势，完成技术升级，并对外形成经济溢出效果，符合上级单位建立该产区的初衷，

同时按照国家政策要求，确保进入园区的企业不会对环境产生不利影响。

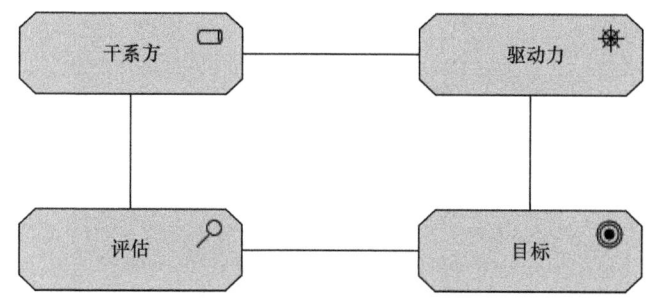

图 3.6　干系方视点（元模型）

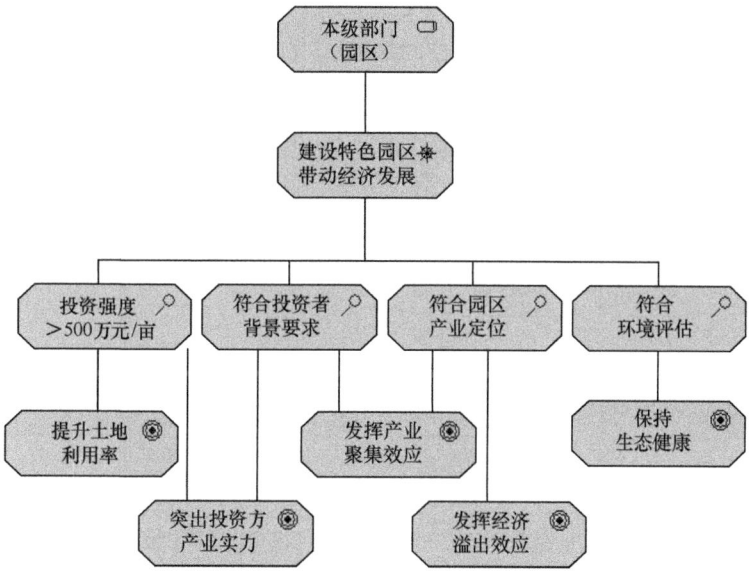

注：1 亩 ≈ 666.67 平方米。

图 3.7　干系方视点（示例—园区发展定位评估）

（2）目标实现视点

用户：主要干系方负责人、业务管理人员、业务分析人员、需求管理人员、技术负责人、技术架构师。

领域：动机。

元素：目标、原则、需求、约束、产出。

用途：该视点对目标进行具体化，将其提炼为表述具体、约束明确、易于实现的需求。目标实现视点（元模型）如图 3.8 所示。目标实现视点（示例）如图 3.9 所示。

图 3.8 目标实现视点（元模型）

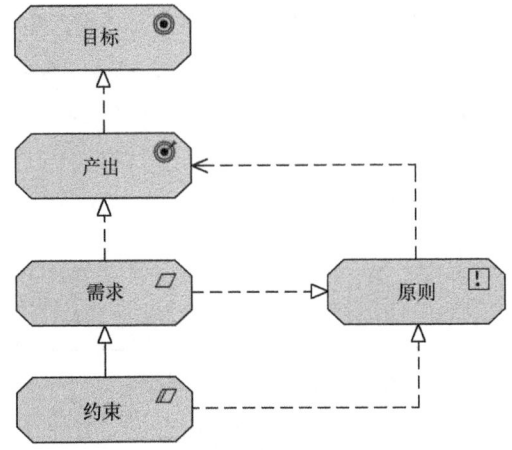

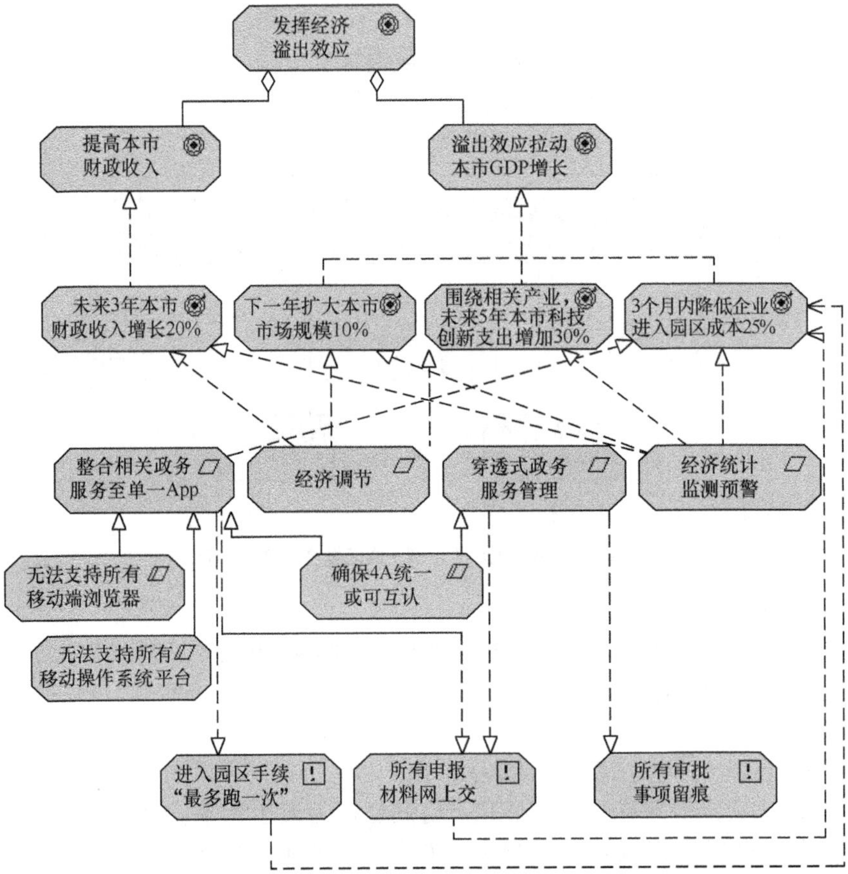

图 3.9 目标实现视点（示例）

图3.9聚焦图3.7中的"发挥经济溢出效应"目标，分析如何通过具体、可行且可度量的绩效来实现该目标。

① 该目标被进一步分解为"提高本市财政收入""溢出效应拉动本市GDP增长"2项子目标。

② 考虑到子目标的设计不符合SMART原则，而且从园区管理角度，为了突出园区先行先试的示范性，还要符合上级单位指示确定的"进入园区手续'最多跑一次'""所有申报材料网上交""所有审批事项留痕"3条原则。因此，结合2个子目标及对上级原则要求的理解，形成财政收入、市场规模、科研投入、进入园区成本4个方面的产出。

③ 数字政府如何支撑和服务上述4个产出？通过调研考察借鉴，考虑以移动政务为突破点，形成2条需求，并且通过与科技公司交流，识别3条技术约束。

④ 这里将"进入园区手续'最多跑一次'"确定为原则，而非约束，是希望将其作为评估、决策、优化、整合各类资源时的属性，技术措施、办事流程、宣传口径、人力安排甚至机构设置都须遵循，而不仅仅将其作为针对App的技术约束，毕竟仅靠技术手段实现"进入园区手续'最多跑一次'"是有困难的。

（3）目标贡献视点

用户：主要干系方负责人、业务管理人员、业务分析人员、需求管理人员、技术负责人、技术架构师。

领域：动机。

元素：目标、产出、原则、需求、约束。

用途：架构建模的一个重要用途就是权衡，将各干系方头脑中关于数字政府各项目标的认知、优先级、重要性等摊开，寻求共同利益最大化。为了简化，建议仅保留表2.9中的"影响"关系。目标贡献视点（元模型）如图3.10所示，目标贡献视点（示例—园区发展目标研判）如图3.11所示。

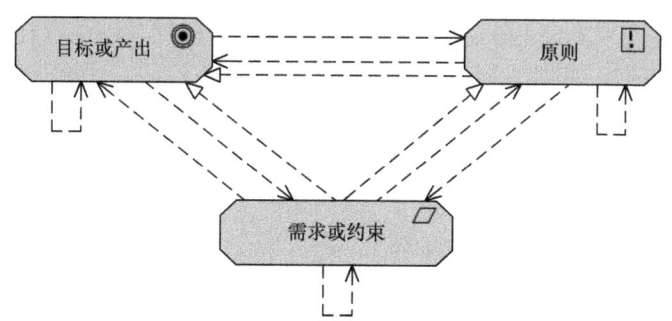

图3.10　目标贡献视点（元模型）

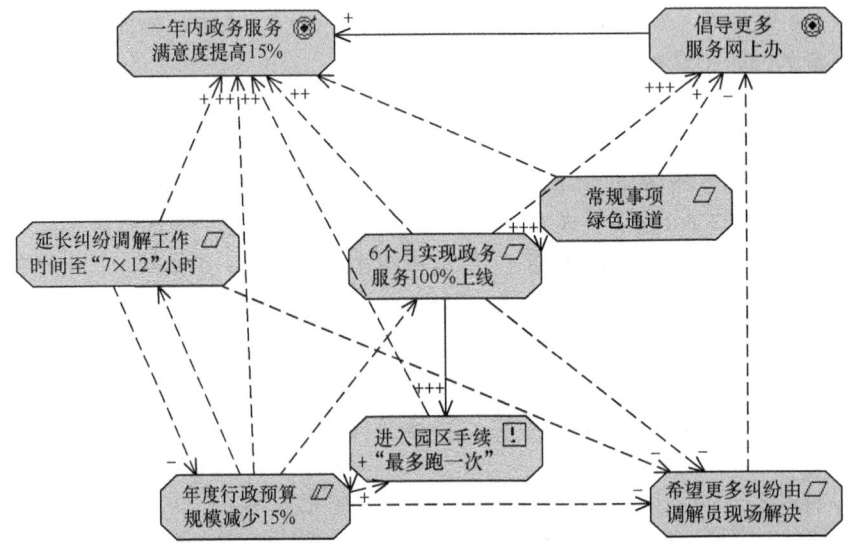

图 3.11 目标贡献视点（示例一园区发展目标研判）

图 3.11 中对多个目标进行权衡，用"+""–"区分是积极影响还是消极影响。"+"或"–"的数量表示大致定性的强度：若未标注"+""–"，则表示不确定或影响很小；1 个表示有明确影响；2 个表示有较大影响；3 个是最高级，表示有很大影响。

① 从影响强度分析，"进入园区手续'最多跑一次'"预计对于提升园区内企业满意度有较大效果；年度行政预算规模缩减，可能给政务系统改造、试点推广等带来一定影响，因此对于提升满意度的影响用 1 个"–"表示。

② 各类元素之间相互影响，在不同的关系中，积极影响、消极影响及其强度也不完全一样，例如，延长纠纷调解工作时间从"5×8"小时到"7×12"小时，对提升涉及纠纷事项的满意度有较大的积极作用，但对满意度整体而言只是一个分项，因此整体效果评估为"+"。大幅延长服务时长，可能需要考虑加班等问题，对于缩减预算有消极作用；缩减预算对延长服务时长的影响也是消极的。

③ 影响强度对不同的干系方评估结果有影响，使评估结果存在一定主观性，但这恰恰是必要的，需要共同讨论、寻求最大公约数。另外，强度划分等级和标准也可以多元化，例如，与其他管理框架对接，划分为 5 级或定量。

④ 可以考虑依据来源、文头等划分目标优先级。

⑤ 可以和平衡计分卡（Balanced Score Card，BSC）配合使用，将建模分析的结果作为输入，经过 BSC 分析，再反馈到模型中，形成更明确、可行的需求，指导后续各领域架构。

（4）原则视点

用户：主要干系方负责人、业务管理人员、业务分析人员、需求管理人员、技术负责人、技术架构师。

领域：动机。

元素：目标、产出、原则。

用途：确定有哪些原则、如何控制原则的度，需要更加理性。尤其是当众多团队、项目、项目集并行推进时，或者在机构改革、转隶等情况下，厘清原则对于数字政府建设架构工作尤为重要。

该视点主要从目标出发，采取工具理性方式识别原则。原则视点（元模型）如图 3.12 所示，原则视点（示例—园区数字政府建设规制）如图 3.13 所示。

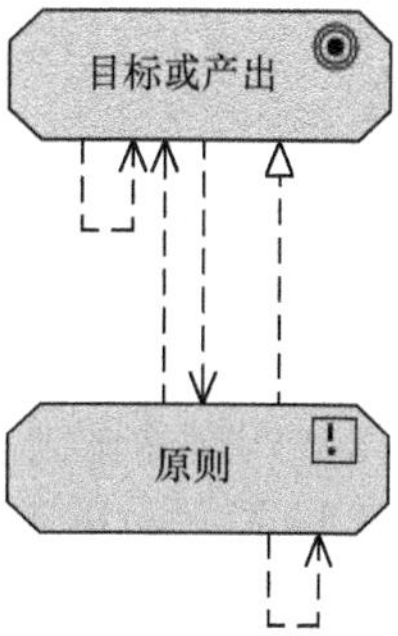

图 3.13 是对图 3.9 中应有原则的进一步分析，而且探讨了增加"依法依规行政"这个原则后，是否对目标设定有影响。

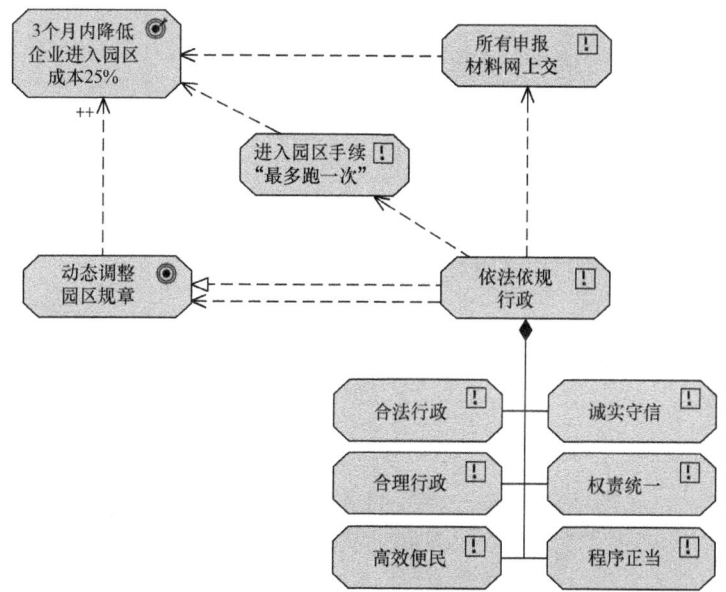

图 3.12 原则视点（元模型）

图 3.13 原则视点（示例—园区数字政府建设规制）

① 原有的 2 个原则——所有申报材料网上交、进入园区手续"最多跑一次"，对于现有目标是具有积极作用的。

② 新增"依法依规行政"原则，考量原有设计，尤其是结合该原则的 6 个细分原则进行研判，发现园区新老原则在现有条件下有一定冲突。一方面，不同部门的审核事项有先后次序，无法并行审核，可能需要行政相对人多次办理；另一方面，确有环节明文要求进行纸质材料备案。

③ 综合新老原则，增加了动态调整园区规章的新目标，这个目标本身对于实现降低企业入园区成本的产出也具有积极作用。

（5）需求实现视点

用户：业务分析人员、需求管理人员、技术负责人、技术架构师。

领域：动机向战略架构过渡。

元素：目标、产出、需求、限制、行动方案。

用途：该视点以析出的需求为中心，面向战略架构提供输入，并探索能否充分借鉴以往的成功做法、规避失败教训，对需求进一步打磨。需求实现视点（元模型）如图 3.14 所示，需求实现视点（示例）如图 3.15 所示。

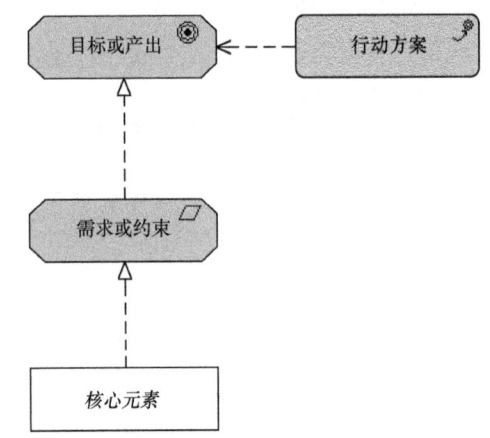

图 3.14　需求实现视点（元模型）

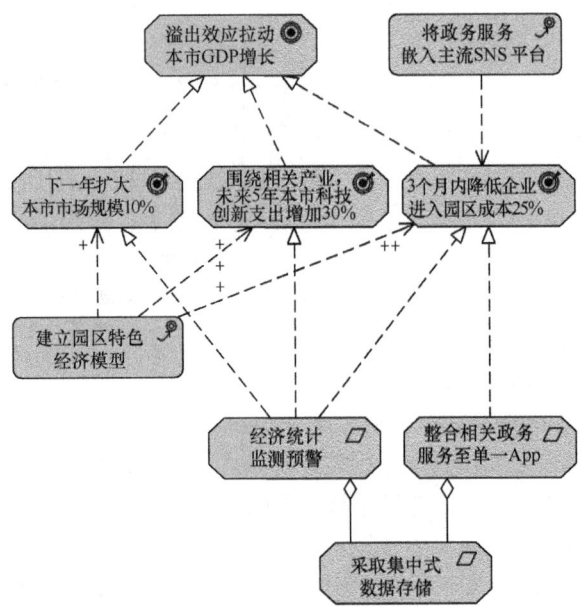

图 3.15　需求实现视点（示例）

图 3.15 是对图 3.9 中形成需求的进一步明确，通过借鉴既往经验，引入了两个行动方案——将政务服务嵌入主流 SNS 平台、建立园区特色经济模型[①]，这是对成功经验的总结。前者不需要安装额外的 App，各方使用日常社交软件及配套的支付、群发、视频、音频等功能，就可以完成相关事项；后者通过与高校智库的合作建立经济分析模型，可以把园区科技创新投入、市场规模扩大、企业入园区成本等融入模型，采用科技手段调节园区内的收支，并对未来进行合理预测。这两个行动方案都会对达成现有目标有积极作用。

此外，在建立经济模型的过程中，参见表 1.1 发掘出的采取集中式数据存储的新需求，便于发挥数据要素的关联效用和时间效用，实现拉动本市 GDP 增长的目标。

在图 3.14 的基础上，可以结合典型项目场景，对元素的种类、关系进行裁剪，定制视图模板，例如，针对典型的政务系统，通常是在现有的技术架构、物理架构（也可以称之为技术底盘）上运行，而且主要是针对部分业务流程、业务角色、业务单证（业务对象），按照需求对特定应用服务、应用构件和数据对象进行升级改造，因此，可以针对典型政务系统将图 3.14 扩展为图 3.16。需求实现视点（典型政务系统元模型）如图 3.16 所示。

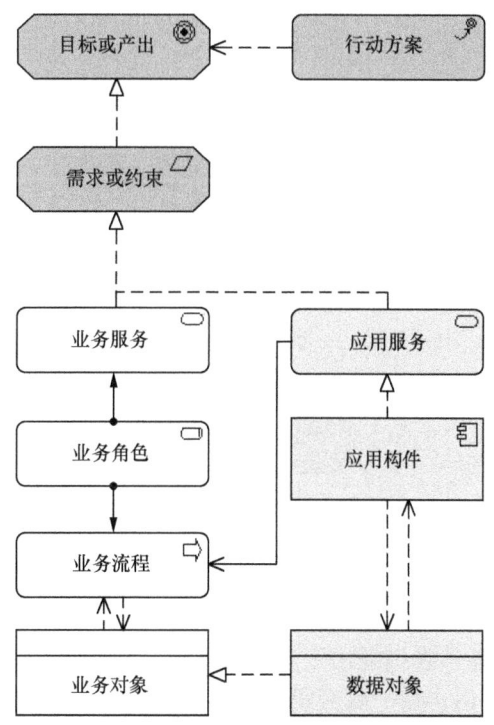

图 3.16 需求实现视点（典型政务系统元模型）

---

① "行动方案"参见表 3.9。

（6）动机视点

用户：架构负责人、技术架构师、业务分析师、需求管理人员

领域：动机。

元素：干系方、驱动力、评估、目标、产出、需求、限制、原则；除了上述工具理性的元素，为了进一步从价值理性角度进行分析，还可以增加价值、含义等。

用途：该视点可以将干系方视点、目标贡献视点、原则视点等内容集成在一起，对动机元素的合理性、关联性、必要性做全面审核，并针对局部问题选择合适的视点，进行局部完善。

需要注意的是，为了避免一开始陷入过多的具体细节，使用该视点时建议以干系方作为切入点，按照干系方端到端的方式，对各个动机元素进行评估和修改。

动机视点（元模型）如图 3.17 所示。

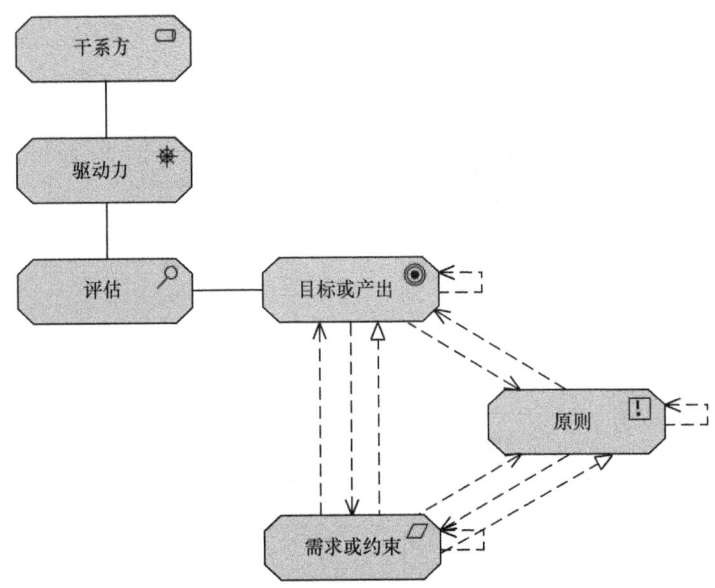

图 3.17　动机视点（元模型）

动机视点（示例—园区经济发展思路）如图 3.18 所示。图 3.18 从园区角度对如何带动所在城市的经济发展，提出一个基本思路。一方面要"专"，能够实现产业聚集；另一方面要能够发挥溢出效应，对本市的 GDP 和财政有所贡献。为了获得图 3.18 中的 3 个产出，数字政府建设也面临着一系列新的需求，主要是通过数据要素强化经济调节能力，并且改变以往相对被动的调节方式，对经济运行情况进行实时的监测预警。

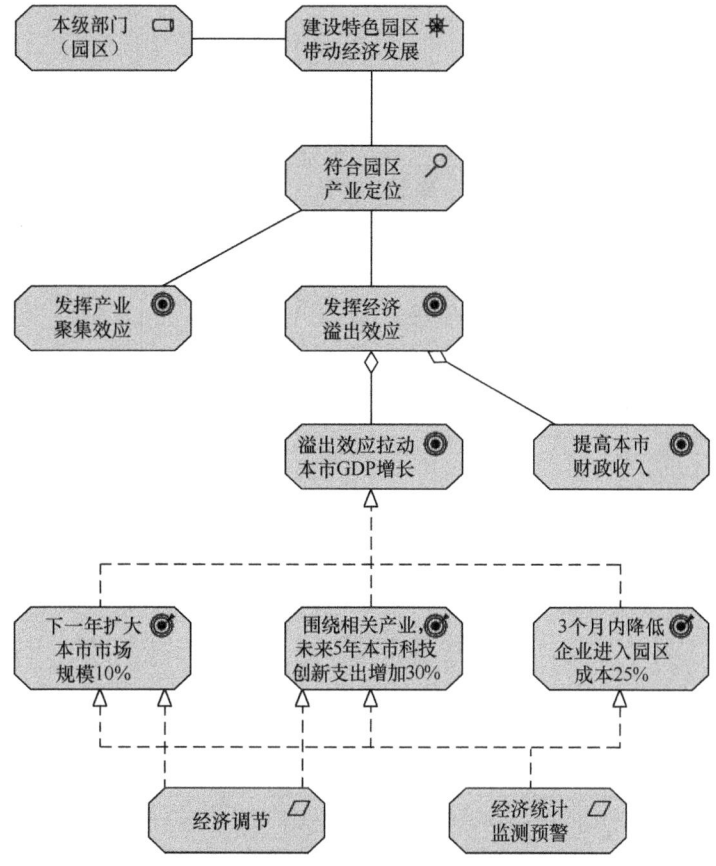

图 3.18　动机视点（示例—园区经济发展思路）

（7）分层视点

用户：架构负责人、业务架构师、应用架构师、技术架构师、流程分析师。

领域：覆盖多个领域架构，不限定于实施和迁移部分。

元素：核心元素。

用途：通过重点建立覆盖业务架构、应用架构、技术架构的"一张图"，提纲挈领地展示数据政府建设的概要技术内容，该视点可用于工程中方案、介绍材料、指南、用户手册、标准、专利的说明。分层视点（元模型）如图3.19所示。分层视点（示例—企业进入园区审批技术草案）如图3.20所示。

图 3.19　分层视点（元模型）

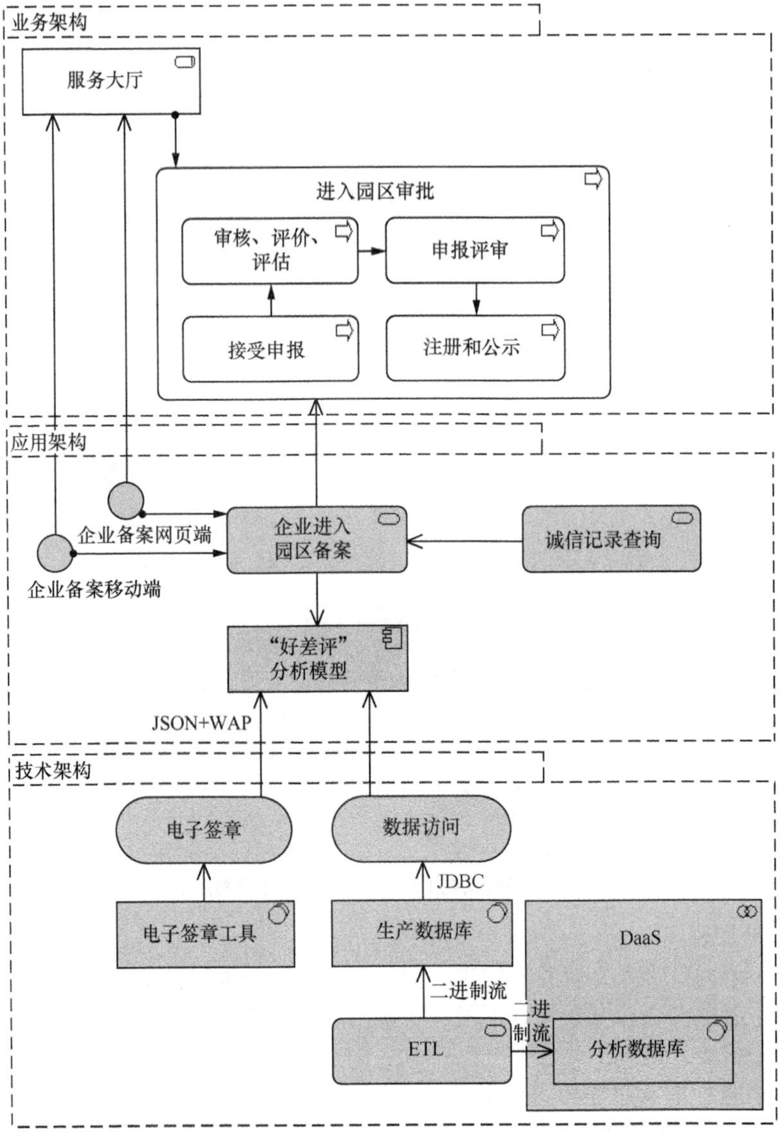

注：1. JSON 是一种数据格式。
2. WAP 全称为 Wireless Application Protocol，是无线应用协议。
3. JDBC 全称为 Java Database Connectivity，是 Java 数据库互连。
4. ETL 全称为 Extract, Transformation, Load，是抽取、转换、装载。

图 3.20 分层视点（示例—企业进入园区审批技术草案）

图 3.20 从业务架构、应用架构、技术架构方面，简要介绍了企业进入园区审批背后的技术支撑。

二、从政策规划到战略架构

如何完整准确地把握政策意图,科学解构政策内容,结合政策机遇窗口期,力图在政策酝酿阶段,在政策出台之前就充分结合数字化技术,开展先行先试,并力争成为示范案例、标杆项目,这对于数字政府建设的重要性不言而喻。从政策文件到战略架构,不是一味地做需求分析,还必须结合本地区本部门的能力、资源,以及对历史经验的把握。如果说前面"解构文字后的数字动机"部分是"知人者智"的工作,那么从自身实际出发,就是"自知者明"的过程。

1. 要点

在动机部分筛选规范后的目标、产出、需求等,还需要考虑如何推进。通过战略架构,把主要的问题和风险挖掘出来,不仅要对目标进行追溯,还应该提出满足目标的多个解决思路,并通过比较择优而从,这才是战略架构分析的重点。对于重大的目标和那些必须做但已经预料到部分风险的事项,还要考虑备选方案。

不过,典型条件下的战略架构是中规中矩的,对规划部署结合实际情况研究制定细化落实措施,明确重点任务、厘清责任主体、制定进度要求和协同推进机制,同时注重业务和科技融合,抓住关键量化指标型[1],为各项任务如期完成提供指导。

特别是当外部形势趋于复杂多变的情况下,面对需求收缩、供给冲击、预期转弱等压力,更需要在战略架构层面加强对自身能力、资源缺口、正反面经验的综合研判,面向下游各领域架构,运用模型分析、沙盘推演复盘等手段,用数据链打通供应链、产业链、资金链和创新链,凸显数字政府效能。

为了降低下游领域架构的设计实施风险,还应注意以下内容。

① 做到管理数据进系统、管理项目全周期、绩效评估全闭环,把握建设中的关键节点,不断以质量为主要目标推动架构落实。

② 强化对科技预算、信息化项目、技术装备、仪器设备等的绩效数据收集机制,形成闭环反馈,便于其他管理框架参考架构制品开展资源动态调配。

③ 人才是引领发展的战略资源,架构方法论中的能力架构通常作为一个纵向架构,或者作为战略资源的一部分存在。本书为了突出人才对于数字政府创新发展的重要作用,将能力架构作为战略架构的一部分。

为了将架构"规—管—建—用"的成果以更加开放创新的方式推进实施,而不是机械式地执行,各领域架构和总体架构的设计会强调以人为本,也就是以人为中心的设计,尽可能通过对人员、位置、流程的优化配置,突出数字政府对于每个人的积极影响。以人为本的能力架构设计思路如图 3.21 所示。

① 个性化。政府工作人员的办公场所、职权事项相对固定,因此本书示例中,更多通过流程和位置的组合实现个性化。

---

[1] 例如:核心系统可用率、业务吞吐量等主要、直接、客观的运行指标。

② 人性化。通过人员（政府工作人员、行政相对人）与位置的组合实现人性化。
③ 重塑化则依靠流程和人员的组合进行调整。

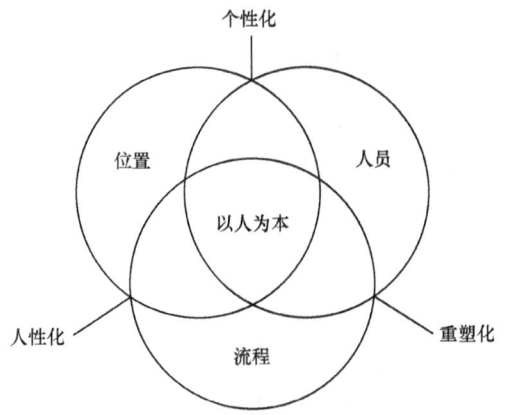

图 3.21　以人为本的能力架构设计思路

随着数字政府的持续推进，数字化意识和数据使用技能持续深入，人力结构中数字化能力的变化趋势如图 3.22 所示，人力资源中对于数据技能的层次也逐步发生分化。

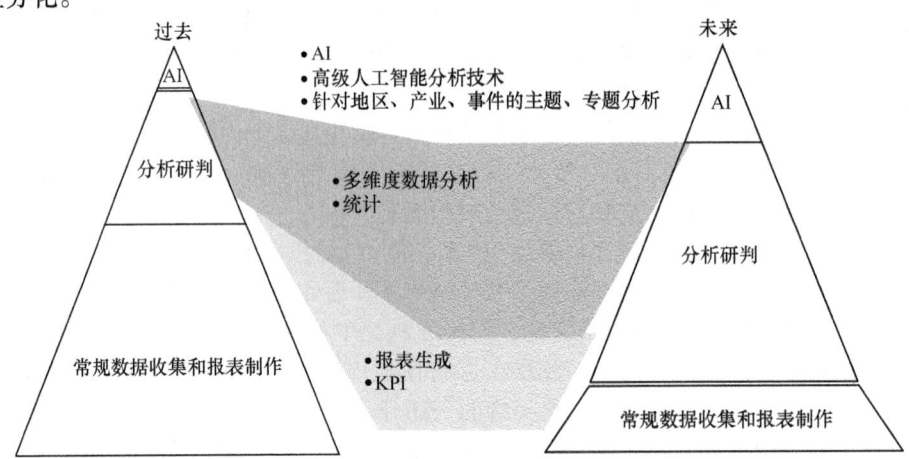

图 3.22　人力结构中数字化能力的变化趋势

① 部分从事常规数据收集和报表制作的人员会被工具平台所替换。
② 进行数据分析和研判成为不同岗位、职级人员的一个常规能力，同时，预计专业从事数据分析的人员比例也会有所提升。
③ 由于多源数据汇聚和数字化公共服务需求持续提高，AI 技术栈中的各种自动化学习技术，不仅在政府科技部门的使用会增加，从事风险分析监测、经济调节、统计预判、公共安全等领域的政府工作人员，未来也可能需要掌握更多的 AI 技术。

2. 元素

在政治、经济、精神、文化、娱乐等多种元素的深层结构中形成了与以往不同的行动方案，但同时我们也要注意这些行动方案背后的理性意义，也就是价值流，如果不能被架构设计人员充分理解，那么将这些行动方案用于解决现实问题，可能会背离设计初衷，甚至面临新的困难和麻烦。

对照图 2.6 和表 2.3，战略架构需要对目标、政策、规划进行剖析，检视能力、分析资源，将比较宏大、模糊的方向，梳理成可持续的价值链，找准各方定位，并参考以往经验，尽量少冒风险、少走弯路。战略架构元模型如图 3.23 所示，战略架构元素见表 3.9。

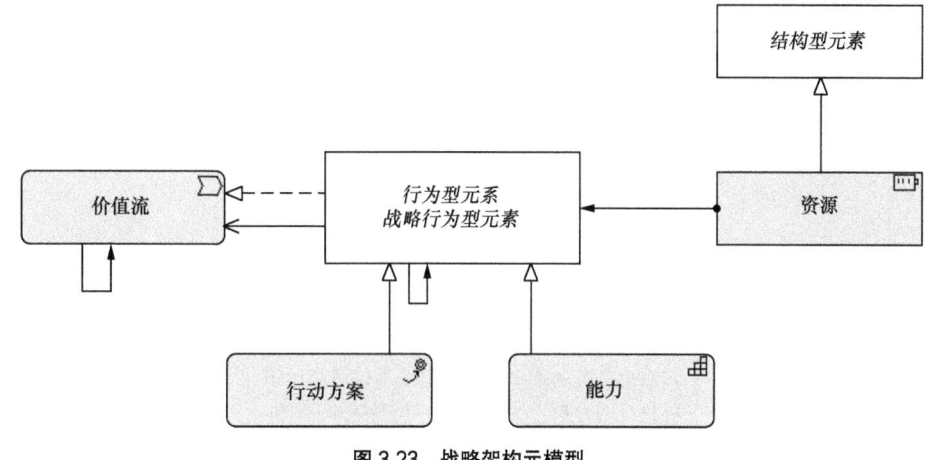

图 3.23　战略架构元模型

表 3.9　战略架构元素

元素	说明	图例	
资源	机构、个人拥有或控制的资产	资源	资源
能力	机构、个人、系统等主动型结构对象可以完成的内容，是人或"人+机器"所具有的	能力	能力
行动方案	通过配置能力和资源实现特定目标的方法、计划或路径	行动方案	行动方案

续表

元素	说明	图例
价值流	为干系方创造收益的系列活动	价值流　价值流

3. 制品

战略架构制品见表 3.10。资源目录（示例—固定资产目标）见表 3.11。能力目录（示例—职业资格目录）见表 3.12。能力目录（示例—云计算安全能力）见表 3.13。

表 3.10　战略架构制品

制品		说明	主要元素
目录	资源目录	可以按照较为广泛的定义分类列举资源，也可以按照常规的人、财、物的分类，从人事、财务、资产管理等系统导出部分内容	资源，参见表 3.11
	能力目录	为基于能力的规划、实施、管理提供依据。通过模型及时发现能力短板和不足，根据目标、任务需要，及时借力或培育自身能力。 *值得注意的是，随着本地区本部门参与跨地区跨部门合作的增多，以及我国参与国际多双边事务的增多，能力目录不仅可以用于对自身的分析，还可以作为对表对标的参考，便于做好人力资源储备	能力，参见表 3.12、表 3.13、表 3.14
	行动方案目录	本地区本部门的知识库。主要保留本地区本部门以往的成功经验、失败教训，以及通过外部渠道所了解的相关内容，经过甄别消化吸收后，成为重要的知识积累	行动方案，参见表 3.15
矩阵	资源/能力矩阵	支撑自身相关能力的资源情况	资源、能力，参见图 3.24。其中，能力均有配套资源支撑，无论是内部的还是外部的，表示能力是有实体支撑的，其中经济理论能力具有内部和外部的资源支持，一般而言，本地区本部门该项能力可能会更突出一些
	角色/能力矩阵	分析各个角色能够胜任其职能并与其他角色有效协同所需的能力、技能及等级	业务角色、能力，参见表 3.16

续表

	制品	说明	主要元素
图	战略视点制品		参见战略视点
	能力地图视点制品		参见能力地图视点
	价值流视点制品		参见价值流视点

表 3.11 资源目录（示例—固定资产目录）[①]

固定资产目录	1 类元素：资源

10 土地、房屋及建筑物
20 通用设备
30 专用设备
40 文物和陈列品
50 图书、档案
60 家具、用具、装具及动植物
6010000 家具用具 5000 套
6020000 被服装具 1200 套
6030000 特种用途动物 3 只
6040000 特种用途植物 2000 盆（棵）
……

表 3.12 能力目录（示例—职业资格目录）[②]

职业资格目录	1 类元素：能力

一、专业技术人员职业资格
- 准入类
-- 法律职业资格
-- 注册会计师
-- 注册测绘师
-- 注册计量师
- 水平评价类
-- 计算机技术与软件专业技术资格
-- 卫生专业技术资格
-- 审计专业技术资格
-- 精算师

---

① 参见 GB/T 14885—2010。
② 参见《国家职业资格目录（2021年版）》、国家市场监督管理总局公告2022年第6号、GB/T 14805.10—2005、ISO/DIS 9735-10:2021。

续表

二、技能人员职业资格
- 准入类
-- 焊工
---- 民用核安全设备焊工、焊接操作工
---- 国防科技工业核安全设备焊接人员
-- 安全保护服务人员
---- 保安员
---- 民航安全检查员
……

表 3.13　能力目录（示例—云计算安全能力）[①]

云计算安全能力	1 类元素：能力

- 系统开发与供应链安全能力
- 系统与通信保护能力
- 访问控制能力
- 配置管理能力
- 维护能力
- 应急响应与灾备能力
- 审计能力
-- 策略与规程
-- 可审计事件
-- 审计记录内容
-- 审计记录存储容量
-- 审计过程失败时的响应
-- 审计的审查分析和报告
-- 审计处理和报告生成
-- 时间戳
-- 审计信息保护
-- 不可否认性
-- 审计记录留存
- 风险评估与持续监控能力
- 安全组织与人员能力
- 物理与环境保护能力
-- 策略与规程
-- 物理设施与设备选址
-- 物理和环境规划
-- 物理环境访问授权
-- 物理环境访问控制

① 参见GB/T 31168—2014。

续表

—— 通信能力防护
—— 输出设备访问控制
—— 物理访问监控
—— 访客访问记录
—— 电力设备和电缆安全保障
—— 应急照明能力
—— 消防能力
—— 温湿度控制能力
—— 防水能力
—— 设备运送和移除
……

能力目录（示例—能力认证课程）见表 3.14。行动方案目录（示例—大数据行动纲要）见表 3.15。

表 3.14 能力目录（示例—能力认证课程）

认证课程目录		1 类元素：能力（认证课程）		
分类	认证课程	支持语种	主要通过认证语种	数量/个
通识	廉政	法文、英文、西班牙文、葡萄牙文、俄文、阿拉伯文	英文	1110
			西班牙文	968
			法文	624
科技	数据分析	法文、英文、西班牙文、俄文、阿拉伯文	英文	954
流程	便利化协定	法文、英文、西班牙文、葡萄牙文、俄文、阿拉伯文	西班牙文	923
	航空旅客监管	法文、英文、西班牙文、阿拉伯文	英文	546
	安全便利标准框架	英文		479
	口岸执法	法文、英文、西班牙文	法文	398
税收	原产地规则	法文、英文	英文	622
	商品归类			463

表 3.15 行动方案目录（示例—大数据行动纲要）[①]

大数据行动纲要	1 类元素：行动方案
促进大数据发展行动计划 1. 政府数据共享工程 2. 大数据资源发展工程	

---

① 参见国发〔2015〕50 号《国务院关于印发促进大数据发展行动纲要的通知》。

续表

3. 政府治理大数据工程
4. 公共服务大数据工程
5. 工业和新兴产业大数据工程
6. 农业大数据工程
7. 大众创新大数据工程
8. 大数据关键技术及研发产业化工程
9. 大数据产业支撑能力提升工程
10. 网络和大数据安全保障工程
– 网络和大数据安全支撑体系建设
– 大数据安全保障体系建设
– 网络安全信息共享支撑体系建设
– 重大风险识别大数据支撑体系建设
……

资源/能力矩阵（示例—园区能力构成矩阵）如图3.24所示。角色/能力矩阵（示例—架构团队项目管理技能要求）见表3.16。

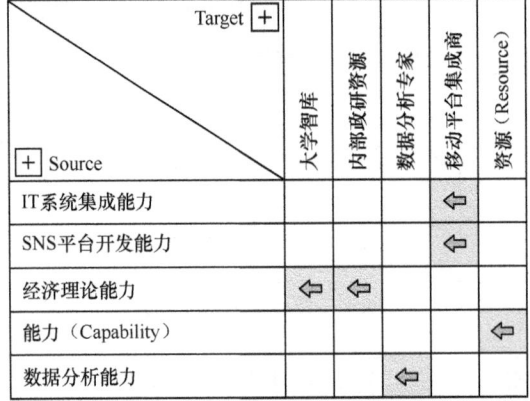

图3.24 资源/能力矩阵（示例—园区能力构成矩阵）

表3.16 角色/能力矩阵（示例—架构团队项目管理技能要求）

	架构委员会	首席架构师	技术架构师	数据架构师	应用架构师	业务架构师
领导力	4	4	3	3	3	3
团队协作	3	3	4	4	4	4
人际沟通	4	4	4	4	4	4
口头沟通	3	3	4	4	4	4
文字沟通	3	3	4	4	4	4
风险管理	3	4	3	3	3	3

注：数字代表技能等级，1代表了解背景、2代表具有意识、3代表掌握知识、4代表专家级别。

4. 视点

（1）战略视点

用户：高层领导、业务管理人员、技术负责人、业务架构师。

领域：战略架构。

元素：目标、产出；行动方案、能力、资源、价值流。

用途：该视点针对动机部分确定的目标或产出，通过"内观"，查摆自身优势和不足，并且从价值流的角度，分析是否有可持续实现并运营目标事项的资源和能力。战略视点（元模型）如图 3.25 所示，战略视点（示例—园区发展策划）如图 3.26 所示。

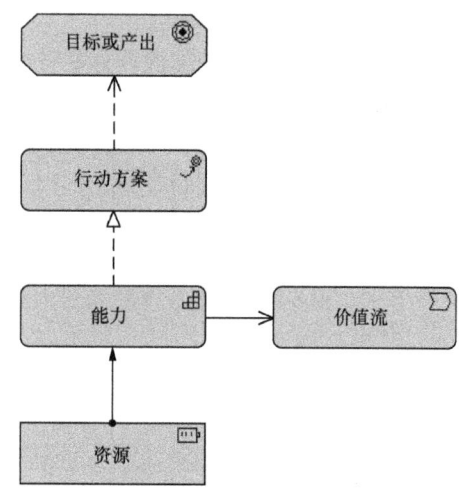

图 3.25 战略视点（元模型）

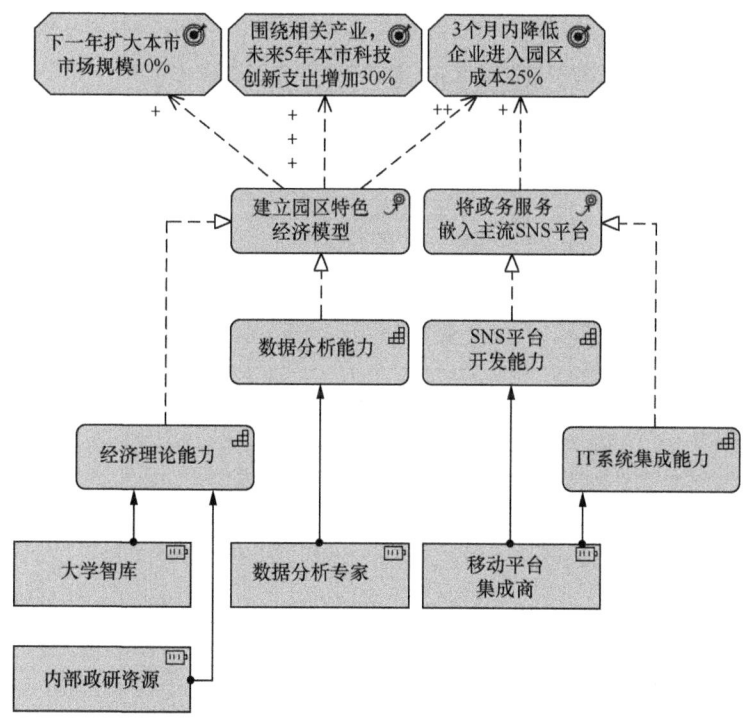

图 3.26 战略视点（示例—园区发展策划）

图 3.26 是对图 3.15 中产出的进一步分析。

① 产出有配套的能力要求，例如数据分析能力、SNS 平台开发能力、经济理

论能力和 IT 系统集成能力。

② 4 种能力也有配套的内外部资源支撑，后续可以通过进一步的量化分析，判断相应的产出能否按照 SMART 原则的要求完成。

③ 结合示例还可以分析出其他内容，例如，SNS 平台目前还只能依靠外部（社会）力量来实施，政府自身科技部门存在能力缺口，需要通过培训等形式，加强对于新技术、新业态的跟踪和掌握。

（2）能力地图视点

用户：业务管理人员、架构负责人、业务架构师。

领域：战略架构。

元素：能力，也可以加入产出、资源等元素。

用途：定义履职所需能力事由、储备等情况。

能力地图视点（元模型）如图 3.27 所示，能力地图视点（示例—国家职业资源目录节选）如图 3.28 所示。

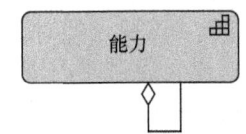

图 3.27 能力地图视点（元模型）

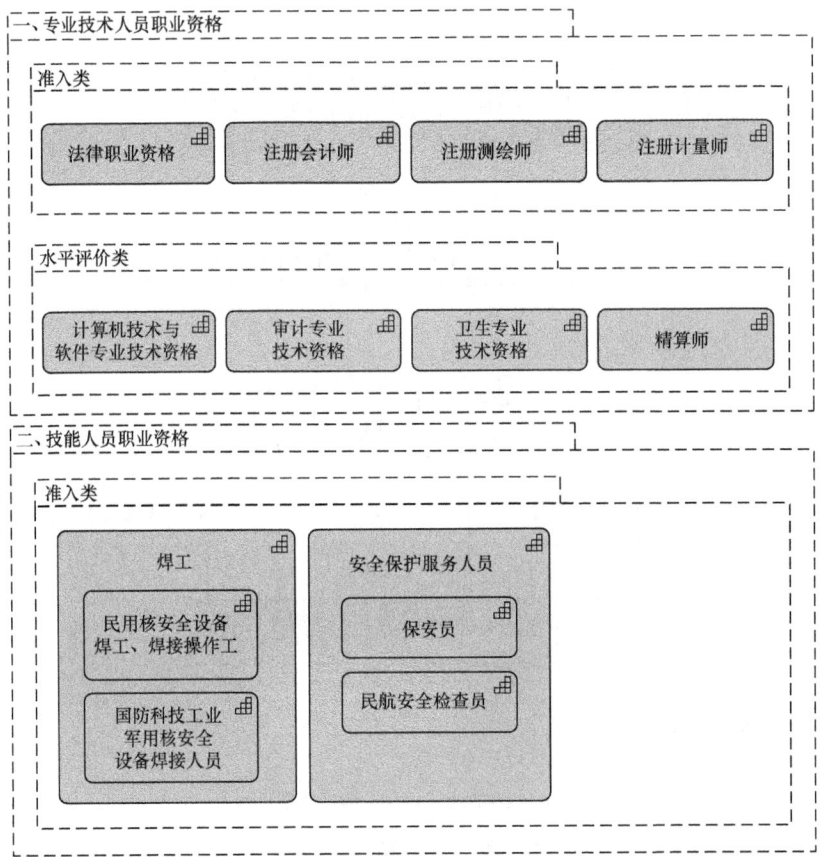

图 3.28 能力地图视点（示例—国家职业资格目录节选）

图 3.28 采用另一种制品对表 3.12 进行展示。

（3）价值流视点

用户：高层领导、业务管理人员、技术负责人、业务架构师。

领域：战略架构。

元素：价值流、能力、产出、干系方。

用途：体现政府自身宏观价值流、价值链及与外部的主要交互，体现价值的创造、保持、增值等过程。通过该视点与批准数字政府的管理高层就必要内容形成共识，并为架构后续工作提供总体参考依据。

从管理学角度分析，价值流首先分析了自身的价值产生、增值（也包括损耗）过程，但是仅有这点是不够的，在清晰表达自身价值流的基础上，为了更好地了解本地区本部门在大环境中的总体定位，需要分析价值系统（Value System），关键是要寻找并形成自身的竞争战略，取得最大收益。价值流视点（元模型）如图 3.29 所示，价值流视点（示例—企业自身价值流）如图 3.30 所示。

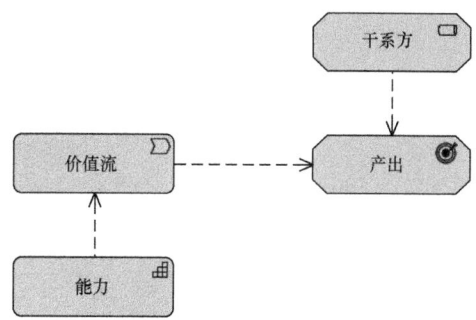

图 3.29 价值流视点（元模型）

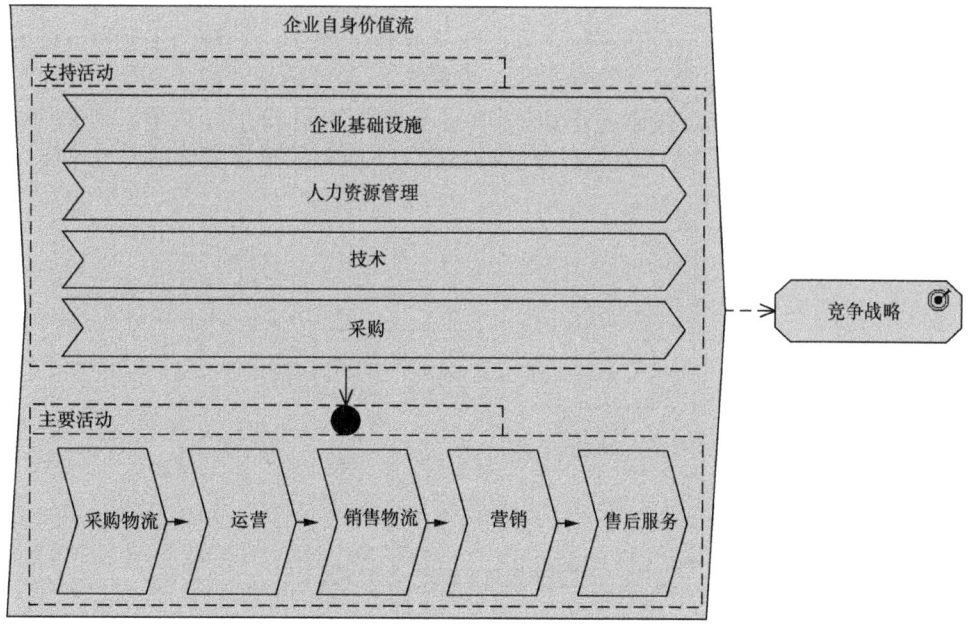

图 3.30 价值流视点（示例—企业自身价值流）

图 3.30 考虑如何通过整合企业的支持活动、主要活动,形成更大的竞争战略。此外,如果不是为了进行严谨的模型分析,只是为了展示,则可以将图 3.30 中的模型构成一个图,展示为图 3.31 的形式。价值流视点(示例—环形企业自身价值流)如图 3.31 所示。

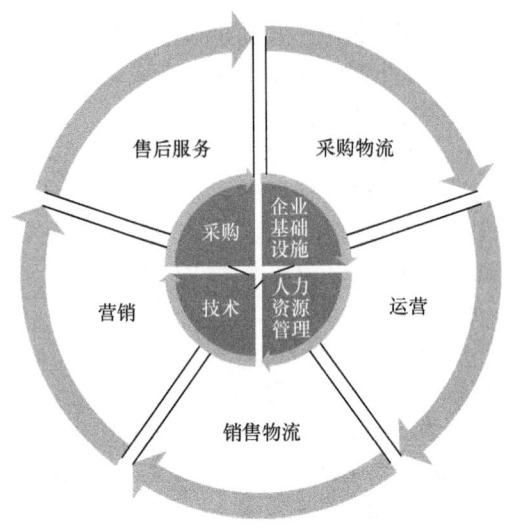

图 3.31 价值流视点(示例—环形企业自身价值流)

价值流视点(示例—价值系统)如图 3.32 所示。图 3.32 在整个生态中,讨论企业自身及供应商、渠道商(包括分销、零售等)、最终购买方的价值流,找准定位、整合优势,在生态与生态的竞争合作中,获得更高层次的竞争优势。其中,每个企业的供应商、渠道商可能超过一家,因此上下游需要聚合的价值流也可能有多个。

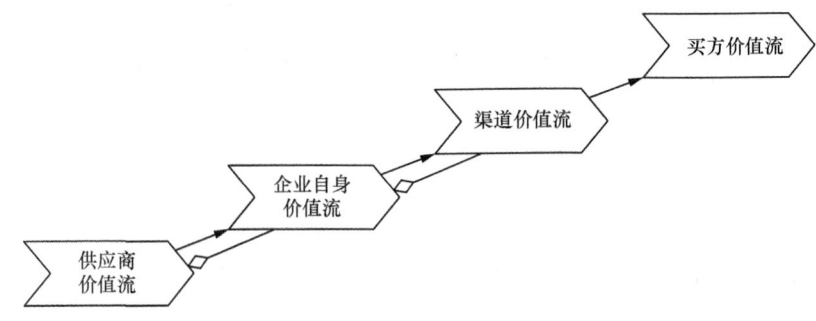

图 3.32 价值流视点(示例—价值系统)

图 3.30 和图 3.32 的模型比较经典,尽管它们的初衷是以商业为主,但作为可

以参照的模板，它们也可以用于政府、公共事业、国际多边和双边合作等非常广泛的领域，事实上，波特（Porter）关于竞争优势、国家竞争优势的著作中，也凸显了价值流模型的作用，目前在很多国家、地区、部门、国际组织的政策文件中，也经常能看到关于价值流模型的描述。

价值流视点（示例—数字罗盘）如图 3.33 所示。图 3.33 是对欧盟"2030 数字罗盘"计划的解构，其价值流是一个连贯的过程：储备高素质数字化人员，建立高质量数字化基础设施，实现商业的全面数字化转型，整合各方资源提供全面的数字化公共服务。这个过程的最终产出是成功的数字化转型。

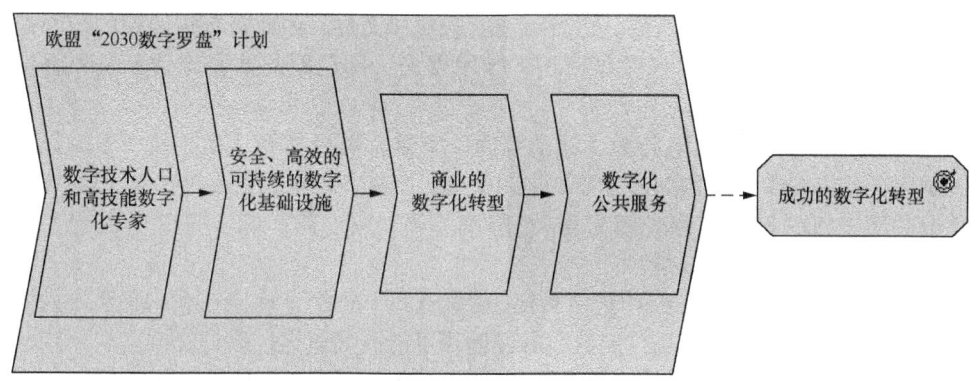

图 3.33　价值流视点（示例—数字罗盘）

三、突出数据架构引领作用

近年来，关于数字政府建设是以业务为中心，还是以技术为中心，抑或是以数据为中心，一直存在争议，但一个基本的共识是，数据要素的重要性不断凸显。地区之间、部门之间的关系与人和人之间的关系其实存在相似性，数据架构在一定程度上就是要构建数据的"差序格局"，各参与方都有一个围绕自身的数据网络，同时以自身为起点，扩散为更丰富的数字化关系网络。

数字经济、数字政府、数字社会、数字生态及国际经济合作中的数字贸易，共同构成了当前数字化转型的背景和需求来源。数据始终是数字政府区别于以往改革创新措施的一个标志性载体，更好地发挥数据要素效用是检验、评价、决策数据架构的关键指标。

数据架构的建设，必须有章可循，而不是从其他国家（地区）、部门"寻章摘句""移花接木"，因为最终我们看到只是冰山浮在水面的一小部分，水面之下的数据架构才是能否做出亮点的基石甚至是关键。

数据架构应遵循数据能力成熟度模型的方式，有持续提升路径。在整个数字政府建设中，关于数据认识理念的突破，将数据架构置于应用架构之下，还是置于业务架构之下，抑或是置于战略架构之下，甚至将数据架构贯穿整个架构体系的纵向架构，体现了不同地区、部门对于数据要素的理解和把握，本质上也体现了地区、部门的数字政府建设能力。

算法领域有一个规律，更多的数据比更精致的算法重要。近年来，算法的大规模扩充，成为数据主要的需求侧因素，不过这里有一个前提：数据要干净、健康。因此必须在数据质量上下功夫，这会带来一个新挑战——"数据过载"。

1. 要点

数据架构的主要目标是确保数据资源的高效配置。确保数据资源能够根据需要的场景和本地区本部门的发展，进行流动、关联和交付。因此，数据架构的核心是"疏"而不是"堵"，应打破数据应用的技术壁垒、部门间的数据流动壁垒和制度壁垒。

① 关于数据如何归集分类，标准宜简不宜繁，可以按照1条主线＋1～2个关键因子的方式实现。例如，参考二十四节气，以季节为主线，通过"立、分、至"划分主要节气，按照气温（寒、暑）、降水（雨、雪、露、霜）这2个因子，参考物候、农作现象进行归纳。

② 将数据能力与业务架构全面对接，探索通过"定数"，确定权利、职责、边界，数据覆盖业务全周期，而且"定数"的经验尽可能一处试点、多处复制。

③ 仅能响应当前需要是不够的，应发挥政府决策的先导性、引领性作用，依托数据架构做抽象思考和适度超前设计，逐步支持对未来的预测能力，依托业务实践和知识库，以数据为基础。

数据架构不仅强调领域划分，也应做好数据来源关系的梳理，从"规—管—建—用"角度审视，避免出现重建设、应用，轻管理、规划的情况，这样也有利于应对可能的"数据过载"，能够根据缘由区别对待。

① 数据清洗过载。大量不完整、迷惑性、错误的数据出现，给数据清理带来海量的计算负荷，甚至很多数据清理的工作必须要从自动化转为人工来完成，这对于有限的政府人力资源而言是难以承受的。

② 阶段增长过载。面对异常复杂多变的情景，短时间内可能会出现数字政府处理容量过载的情况，例如，在应急场景下突然出现的基本物资数据汇总、分析、调配等需求，局部公共卫生信息密集查询需求，以及一些因产业升级转移，特定地区、部门快速出现的聚集性经济活动，都会带来负载短时间内快速增加。

③ 局部滞留过载。在政务数据流整合过程中，部分地区、部门因处理流程出现滞留、积压的情况，局部过载会溢出整个系统，并可能引发不同系统之间的连锁反应。数据的不顺畅也会影响政府科学决策、高效运行的要求。数据不及时将严重制约数字政府预测、监测、预警、感知等能力。

在流程方式的选取上存在差异，选择流程驱动、事件驱动还是数据驱动可能会形成业务架构、应用架构、数据架构之间的不同布局，数据应用效果和不同架构之间的磨合也可能出现问题。

① 数据源思路不开阔。例如，限于既有应用功能、技术平台，未能在政务场景设计中考虑卫星定位导航数据、工业数据、电信数据、无线电数据的应急使用需要。

② 数据源背景不清楚。对于供给方的技术实施能力、数据管控水平、客户服务、应急保障等缺乏考察，数据商品和服务质量不达标。

③ 数据采集梳理不规范。未考虑收集重要、敏感核心数据的人员和设备管理，未对收集的类型、时间、频度、规模、流向、用途等进行记录，不具备适应并驾驭多个数据来源、多种数据形态、多套数据规制的能力。

④ 数据质量源头不达标。重复、缺项、人为错误、异常、过时等低质量数据进入信息化环境，相当于把芝麻撒在了小米里，后续可能要花费数倍至数百倍的时间进行剔除，甚至很多情况下不如将数据环境重置后重新采集加载效果更好，但这会给应用架构带来难以估量的影响。

⑤ 数据效用发挥不理想。未能对数据应用中形势分析研判、监测预警报告等先导性、实时性的功能进行支持，仿真能力和回放、回溯能力不足，行政决策支持力度不够，未能对本地区本部门的重大事项、对外宣传等提供有力支撑，导致数据架构的实用性不足。

⑥ 研究和成果转化不足。不重视数据及技术相关的科研、政研，因此无法对多分量、多模态数据做耦合分析，未能对特定场景、应急情况提供支撑，算法和数据之间缺乏良性互动，出现厚此薄彼的情况，算法因训练不足出现准确性、适用性有限，或者未能充分发掘数据价值潜能的情况，需要对数据供应链全过程排查问题、开源增效。

⑦ 数据技术供应链短板。关于数据获取、传输、存储、处理的关键软硬件支持和超级计算能力供应链及技术支持不足，相关装备国产化率需提高。

⑧ 事件响应吞吐率不高。区别于常规的事务处理，从物理世界中采集的大量控制节点的碎片式数据，需要依靠较强的复杂事件流处理、流式数据处理等专门技术来应对，而且政务应用需要较强的领域知识，对自然语言处理、知识图谱等技术提出很高的要求。

2. 元素

对照图 2.6 和表 2.3，数据架构以数据模型设计为前提，处理过程包括数据的收集、存储、使用、传输、加工、公开、提供等。数据架构的大部分处理需要借助其他领域架构完成，因此需要参考架构语言，数据架构元模型仅保留数据实体部分——概念实体、逻辑实体、物理实体，其处理过程主要在其他领域架构完成。

数据架构元模型如图 3.34 所示。数据架构元素见表 3.17。

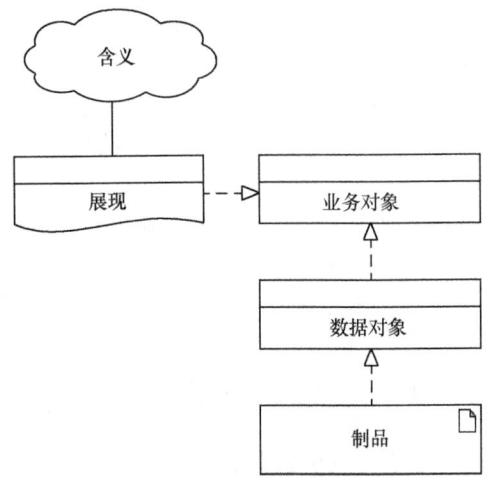

图 3.34 数据架构元模型

表 3.17 数据架构元素

元素	说明	图例
含义	场景中体现专业知识、技能和对于某些概念的解释	含义
展现	承载数据的可感知形式。例如，客户手册、环保标准宣传 PPT、学习教育课程光盘、业务监控大屏、园区数字沙盘、健康码	展现
业务对象	概念数据实体。业务领域某个概念的展现形式或其载体。例如，税单、传票、发票、收据	业务对象
数据对象	逻辑数据实体。可以被自动化处理的数据结构	数据对象
制品	物理数据实体。可以被软件开发过程或 IT 系统产生、加工、处理的数据	制品 / 制品

3. 制品

数据架构制品见表 3.18。

表 3.18 数据架构制品

	制品	说明	主要元素
目录	数据元集合	所有数据元的并集。 可作为数据项梳理、合并、规范化的基础	业务对象、数据对象、制品，参见表 3.19
	数据实体目录	概念实体、逻辑实体、物理实体	业务对象、数据对象、制品，参见表 3.20
	数据构件目录	逻辑数据构件、物理数据构件	应用构件、技术构件，参见表 3.21
	数据接口目录	数据接口清单	业务接口、应用接口、技术接口，参见表 3.22
矩阵	用户/数据矩阵	用户、机构数据使用情况。 由于实际项目存在众多业务、应用分支，逻辑关系复杂，该矩阵可以通过其他制品关系推导。 业务架构中可以根据"端到端"的业务流追溯析出该矩阵。 如果对比参考更多制品，还可以分析出业务层用户、机构与逻辑实体、物理实体、物理介质之间的关系，但考虑到跨领域架构的复杂性，可能需要依靠架构建模工具支持。因此在平衡实用性和复杂性之后，通常建议先聚焦在业务架构层面对概念实体进行分析，根据实施情况评估后，再考虑是否做深入分析。 以数据为中心的建模的有力工具	业务施动者、业务角色、业务协作、业务对象，参见表 3.23
	数据实体/业务功能矩阵	参考"三定"，进行"定数"。 数据的业务使用关系，例如，权责关系模型（RACI）等	业务对象、业务施动者、业务功能，参见表 3.24、表 3.25
	应用/数据矩阵	应用的数据使用关系，例如，CRUD 等	数据对象、应用构件，参见表 3.26
图	概念数据图	概念数据实体及相互关系	参见信息结构视点
	逻辑数据图	逻辑数据实体及关系	参见信息结构视点

续表

	制品	说明	主要元素
图	实体关系图	数据实体内部细节及实体间关联关系	业务对象、数据对象、制品，参见图 3.35
	面向对象数据图	面向对象方式设计的数据对象及关系	业务对象、数据对象、制品，参见图 3.36
	数据传播图	数据实体、业务服务、应用构件之间的关系	业务对象、数据对象、业务服务、应用构件，参见图 3.37、图 3.38
	数据安全图	关于数据的各类安全措施。 突出合法、合标、合规要求。 核心元素与概念实体、逻辑实体、物理实体之间的 CRUD 关系。 对"应用／数据 矩阵"的扩充表述	数据架构元素、安全架构元素、规则架构元素，参见图 3.61、图 3.63 中各类业务对象之间的访问关系
	数据映射图	数据实体、属性的映射过程	业务对象、数据对象、业务服务、应用构件，参见图 3.39
	数据迁移图	描述数据 ETL 过程	数据架构元素、应用架构元素、技术架构元素、物理架构元素、规则架构元素，参见图 3.40
	数据生命周期图	从业务流程中解耦数据。 分析数据自身的生命周期。 分析数据权属变化，分析影响生命周期阶段切换的关键事件和规则	数据架构元素、业务角色、业务事件，参见图 3.41
	信息结构视点制品		参见信息结构视点

数据元集合（示例—单证数据项）见表 3.19。

表 3.19 数据元集合（示例—单证数据项）

单证数据项			1 类元素：业务对象			
编号	名称		代码表	类型	状态
	中文	英文			
R014	收货人	Consignee		an..70	
R020	发货人	Consignor		an..70	

续表

编号	名称 中文	名称 英文	代码表	类型	状态
L047	设施类型	Facility Type	EDIFACT codes (3227)	an..3	+
R147	国家代码	Country Code	ISO 3166-2	an..2	
17	报文类型	Message Function	EDIFACT codes (1225)	an..2	#

注：EDIFACT是联合国的一项数据交换规则，中文全称为行政、商业与运输电子数据交换。类型中an..70代表代码不超过70个字符，其他同理。状态参见ISO/DIS 9735—10:2021，"+"表示添加，"#"表示修改标题。

数据实体目录（示例—政务信息资源目录）见表3.20。

表3.20 数据实体目录（示例—政务信息资源目录）

政务信息资源目录	1类元素：业务对象
政务信息资源目录 一、基础信息资源类 - 人口信息资源库 - 法人单位信息资源库 -- 行政 -- 事业 -- 企业 - 空间地理信息资源库 二、主题信息资源类 - 全民社会保障 -- 社会保险 -- 社会救助 - 市场价格监督 - 公共服务事项 -- 行政许可审批 -- 便民服务事项 ……	

数据构件目录（示例—机器学习开发环境）见表3.21。

表3.21 数据构件目录（示例—机器学习开发环境）

机器学习开发环境	2类元素：应用构件、技术构件
数据构件 - 配置管理工具 -ETL工具 - 数据可视化工具	

续表

--2D 绘图库
--3D 绘图库
- 虚拟容器管理
-- 机器资源管理平台
-- 机器资源模板
----OS1 机器资源模板
----OS2 机器资源模板
-AI 构件
-- 机器学习构件
--- 机器学习代码库
--- 特征提取
--- 科学包
--- 分类
--- 回归
--- 聚类
--- 降维
--- 模型预处理
--- 深度学习框架
……

数据接口目录（示例—城市运行数据接口清单）见表 3.22。

表 3.22　数据接口目录（示例—城市运行数据接口清单）[①]

城市运行数据接口清单	1 类元素：应用接口
数据交换管理 - 数据交换状态实时监控接口 - 异常报警接口 - 传输失败或中断后续传接口 平台间通过互联网方式 -JSON 接口 -HTTP/S[②]接口 - 可扩展标记语言（XML）+XML 模式定义（XSD）接口 平台间通过专网方式 - 万维网服务（Web Service）接口 - 消息队列接口 - 简单对象访问协议（SOAP）接口 平台 — 终端通过物联网方式 - 符合 IEEE 802.15.4—2020 的接口 - 无线局域网鉴别与保密基础结构（WAPI）/Wi-Fi 接口 - 蓝牙接口 ……	

① 参见 CJJ/T 312—2021、IEEE 802.15.4—2020、IEEE 802.15.1—2005。
② HTTP 指超文本传输协议，这里 S 指 TLS（传输层安全协议）或 SSL（安全套接字层）。

用户/数据矩阵（示例—园区数据使用登记）见表 3.23。

表 3.23　用户/数据矩阵（示例—园区数据使用登记）

园区数据使用登记	2 类元素：业务施动者、业务对象				
	服务大厅	综合部门	风控部门	法务部门	科技部门
企业备案数据	√		√	√	
企业征信数据			√	√	
电子公文	√	√	√	√	√
数据体检报告					√

数据实体/业务功能矩阵（示例—业务/数据 RACI）见表 3.24。

表 3.24　数据实体/业务功能矩阵（示例—业务/数据 RACI[①]）

业务/数据 RACI			2 类元素：业务对象、业务功能			
业务领域	业务板块	业务功能	数据 1	数据 2	数据 3	数据 4
D1	D1A1	D1A1F1	R	C	A	I
		D1A1F2		R	C	I
		D1A1F3	A		R	I
	D1A2	D1A2F1			R	
		D1A2F2	I	A	A	R
D2						
D3						

注：1. "业务板块"包含的业务范畴较广，例如，农业农村、城乡建设、科教文卫、商贸物流、生态环保、文旅宣传、经济金融等。
2. 根据视角的不同，设置列时，可以从机构、部门向业务展开，也可以从业务向机构、部门展开，还可以按照颗粒度的需要，业务、机构和部门交叉展开。

数据实体/业务功能矩阵（示例—业务数据底账）见表 3.25。

表 3.25　数据实体/业务功能矩阵（示例—业务数据底账）

业务数据底账	2 类元素：业务对象、业务功能				
	企业主数据	机构人员数据	仓储设施数据	地理信息数据	运输工具备案数据	电子公文
企业备案登记系统	√			√		
掌上办公系统	√	√		√		√
物流管理系统	√	√			√	
碳排放监测系统	√		√	√	√	

① RACI 指权责关系模型，R 指 Responsible，即谁负责；A 指 Accountable，即谁批准；C 指 Consulted，即咨询谁；I 指 Informed，即通知谁。

应用/数据矩阵（示例—应用数据底账）见表 3.26。

表 3.26 应用/数据矩阵（示例—应用数据底账）[1]

应用数据底账		2 类元素：应用构件、数据对象	
应用	数据	数据实体	数据类型
企业备案登记系统	企业申报数据	企业备案数据	主数据
		法人备案数据	
		联系人备案数据	
		财务证明数据	过程数据
		技术成果备案数据	
掌上办公系统	机构、人员数据	机构数据	主数据
		人员数据	
	园区运行数据	企业数据	
	电子公文	命令	过程数据
		决定	
		公告	
		通告	
		通知	
		通报	
		议案	
		报告	
		请示	
		批复	
		意见	
		函	
		会议纪要	
	财务数据	财务会计数据	
		管理会计数据	
		税务数据	
		报账数据	
		财资数据	
		会计档案数据	历史数据

实体关系（示例—应用系统登记情况）如图 3.35 所示。在图 3.35 中，各部门具有多个角色，每个角色可能使用多个应用系统、承担不同的 RACI 责任。

---

[1] 参见国发〔2000〕23 号《国务院关于发布〈国家行政机关公文处理办法〉的通知》。

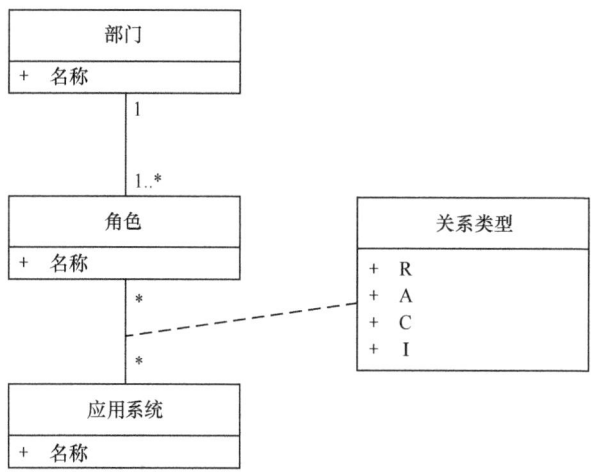

图 3.35 实体关系（示例—应用系统登记情况）

面向对象数据（示例—应用系统登记情况）如图 3.36 所示。在图 3.36 中，部门、角色、应用系统都是具有名称的实体。部门有上级部门，内部具有多个角色；每个角色可能使用多个应用系统、承担不同的 RACI 责任。

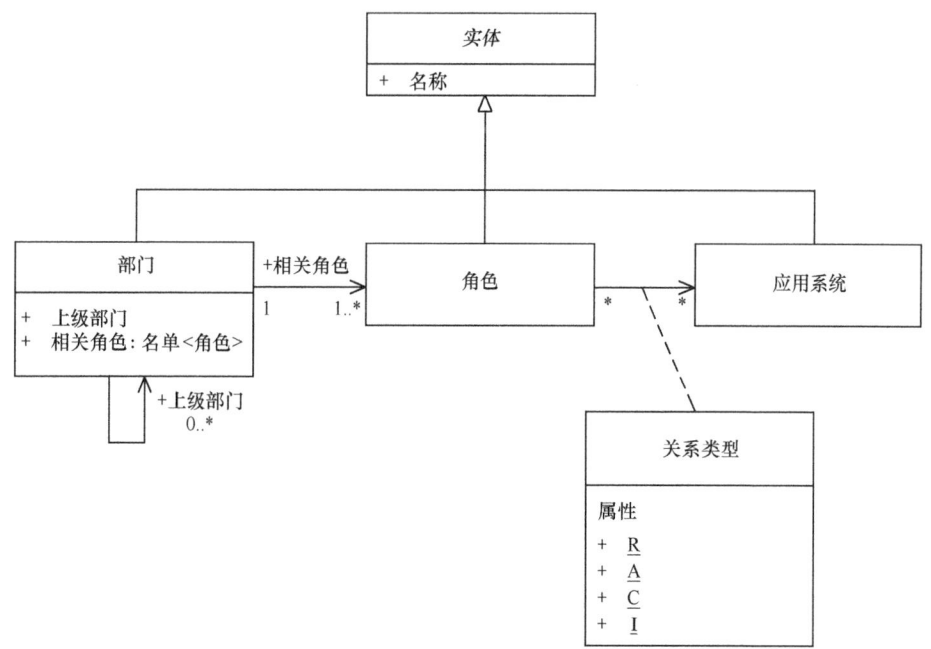

图 3.36 面向对象数据（示例—应用系统登记情况）

数据传播（示例—企业进入园区申报）如图 3.37 所示。

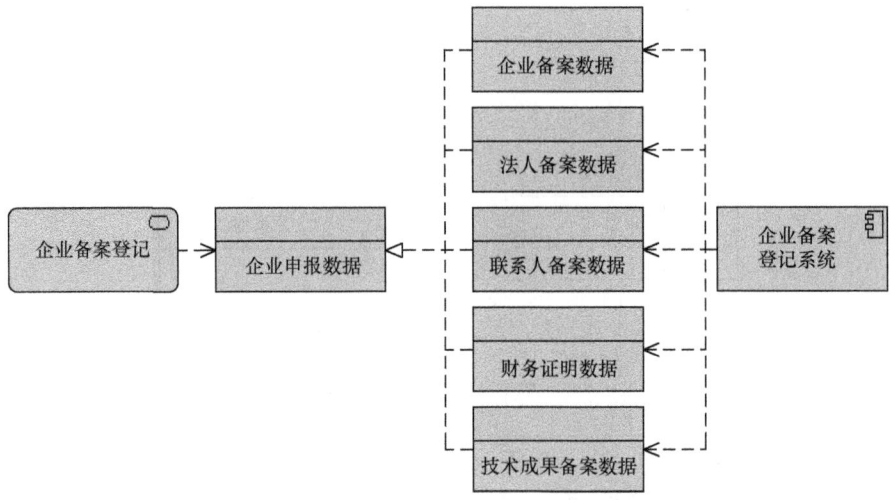

注：示例结合表3.25和表3.26内容。

图3.37 数据传播（示例—企业进入园区申报）

数据传播（示例—数据建模、分析及交付）如图3.38所示。

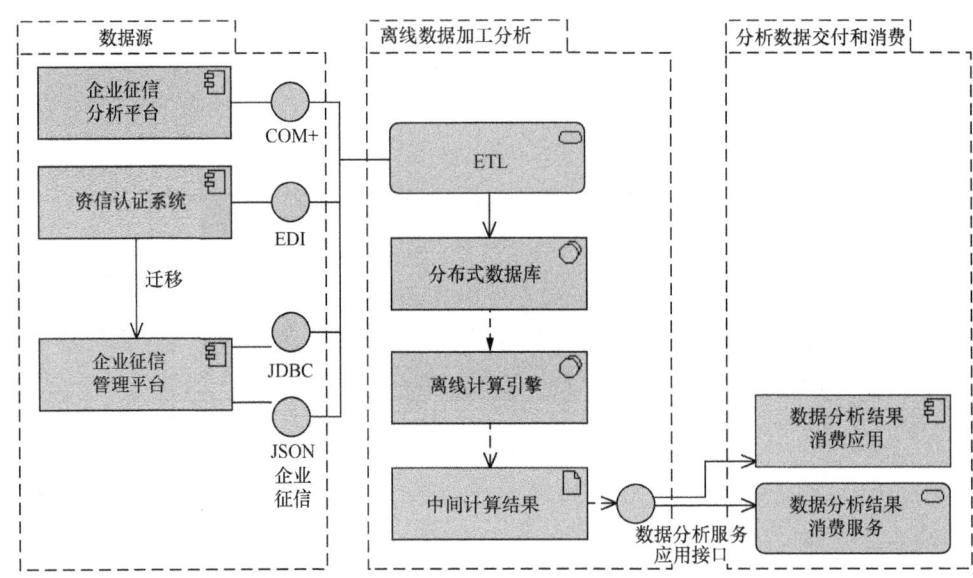

注：EDI全称为Electronic Data Interchange，是电子数据交换。

图3.38 数据传播（示例—数据建模、分析及交付）

数据映射（示例—航班英文报文映射）如图3.39所示。在图3.39中，航班英文报文映射为自定义的简化报文。

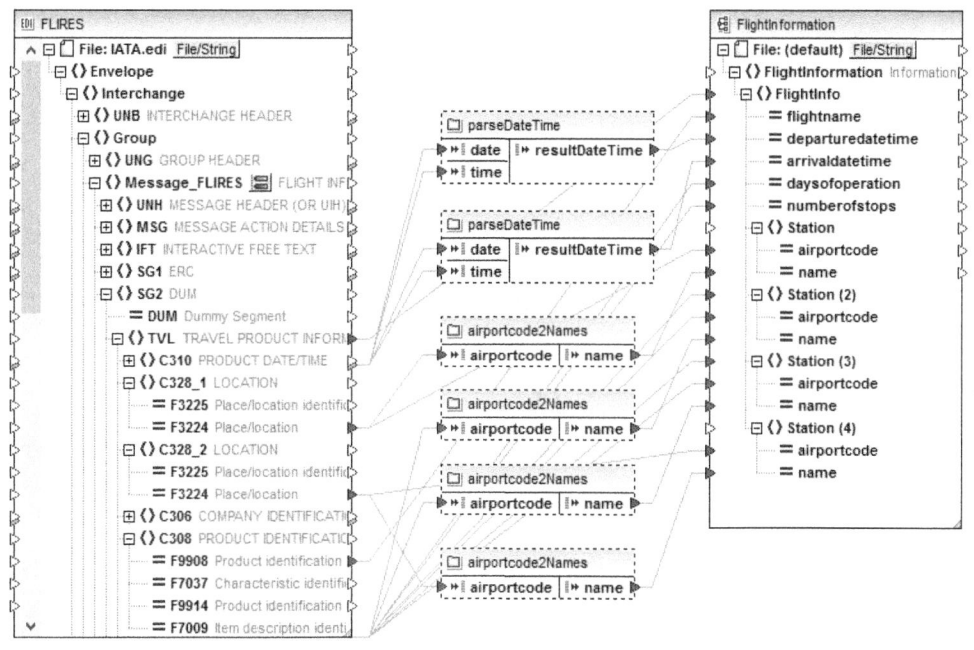

图 3.39 数据映射（示例—航班英文报文映射）

数据迁移（示例—数据容灾备份）如图 3.40 所示。

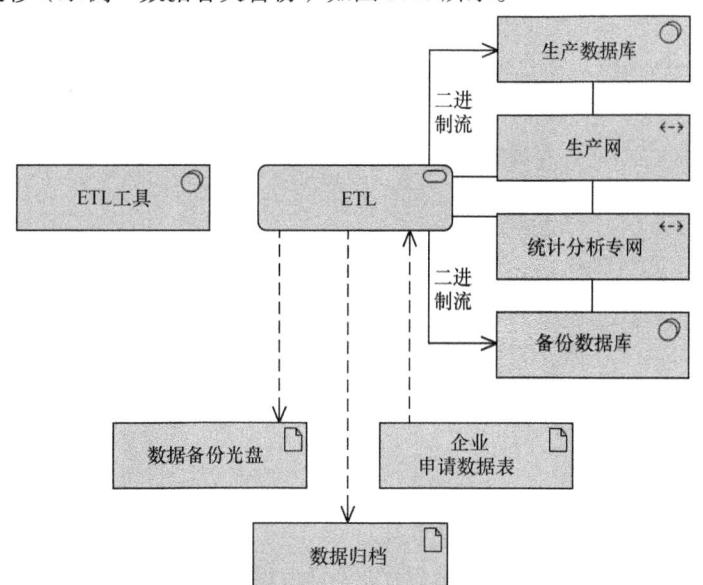

图 3.40 数据迁移（示例—数据容灾备份）

数据生命周期（示例—企业申请备案数据生命周期）如图 3.41 所示。

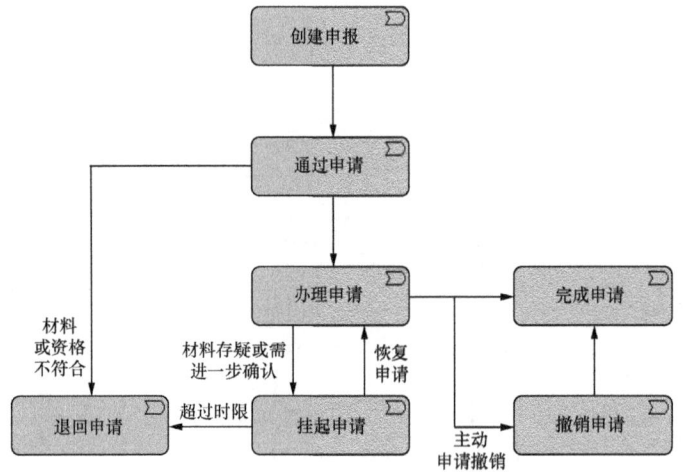

图 3.41　数据生命周期（示例—企业申请备案数据生命周期）

4. 信息结构视点

用户：业务架构师、数据架构师。

领域：数据架构。

元素：含义、展现、业务对象、数据对象、制品。

用途：描述概念、逻辑、物理 3 类数据实体的结构关系。体现同类实体之间的构成、关联；描述不同类型实体的实现关系；描述数据是什么及展现全生命周期变化过程中的不同形态。信息结构视点（元模型）如图 3.42 所示。信息结构视点（示例—3D 时空数据）如图 3.43 所示。

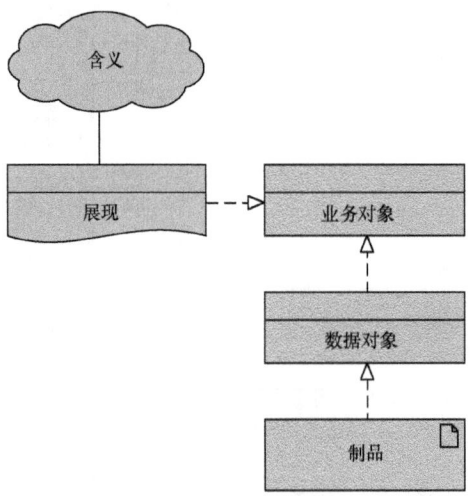

图 3.42　信息结构视点（元模型）

第3章 数字政府架构实施参考

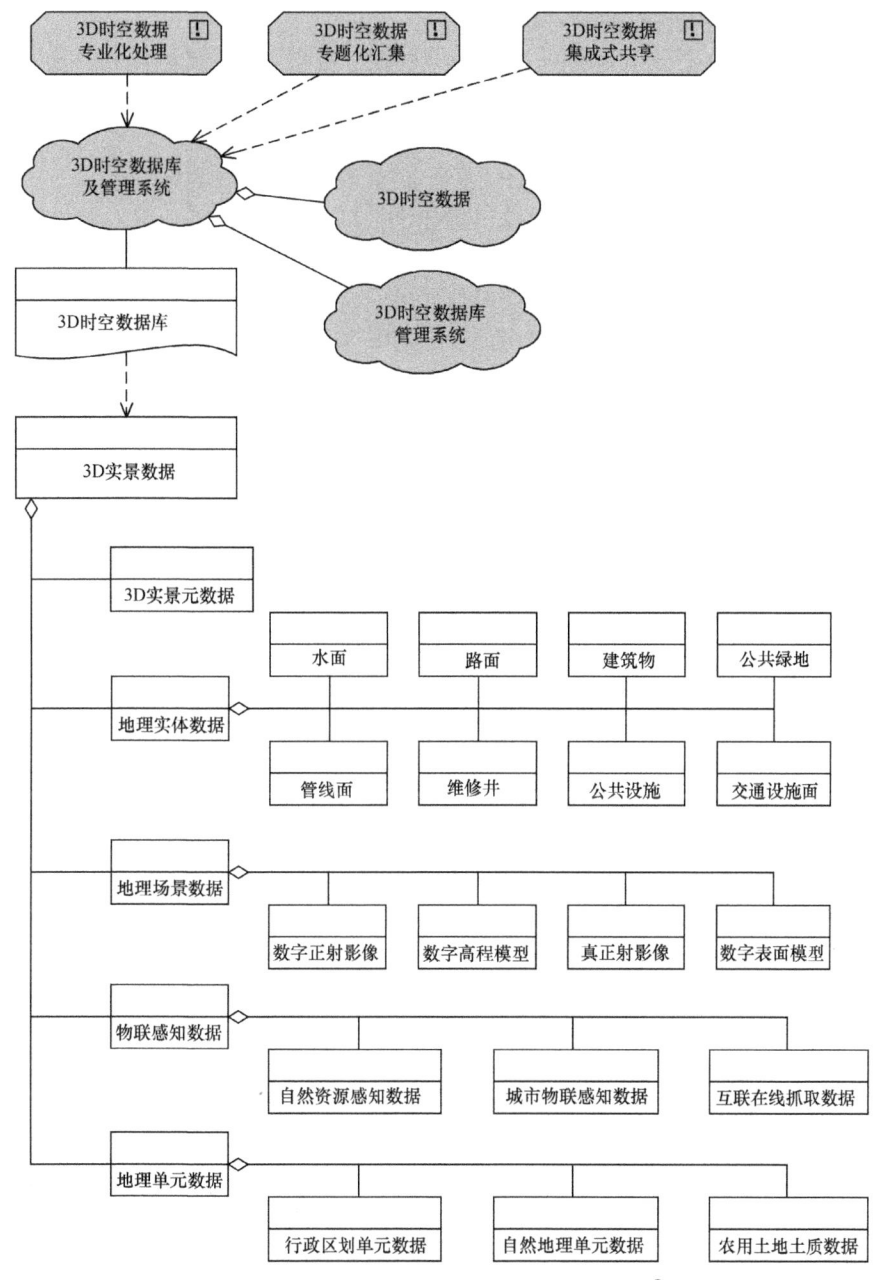

图 3.43 信息结构视点（示例—3D 时空数据）[①]

---

① 参见自然资办发〔2021〕21号《自然资源部办公厅关于印发〈自然资源三维立体时空数据库建设总体方案〉的通知》、自然资办发〔2021〕56号《自然资源部办公厅关于印发〈实景三维中国建设技术大纲（2021）版〉的通知》附件。

图 3.43 是对既有方案的反向建模。

① 概念阶段仅提到了笼统的"3D 时空数据"概念,但它的内涵和外延并不清晰,同时管理机构提出了 3 条意见作为原则输入。

② 在概念向逻辑过渡阶段,做了以下工作。

首先,正名。解决 3D 时空数据"是什么",规范为"3D 实景数据"。

然后,细化。解决 3D 时空数据"有什么",向下面两级的业务对象做了归集分类。

最后,识别元数据的重要性,并单独列出。

信息结构视点(示例—个人信用记录)如图 3.44 所示。

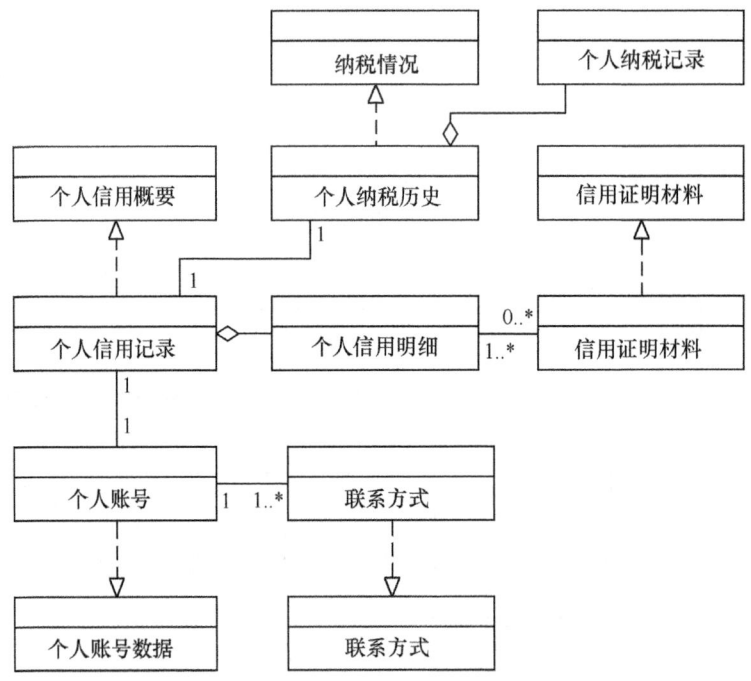

图 3.44 信息结构视点(示例—个人信用记录)

图 3.44 中包括个人账号、联系方式;信用记录中考虑了与纳税、信用证明材料的关系。示例中还体现了概念实体和逻辑实体的映射及重数关系。

信息结构视点(示例—电子身份证件)如图 3.45 所示。

图 3.45 是对电子身份证件的概要描述,包括实体构成关系、重数关系,还增加了部分电子证照业务服务的信息作为扩展。

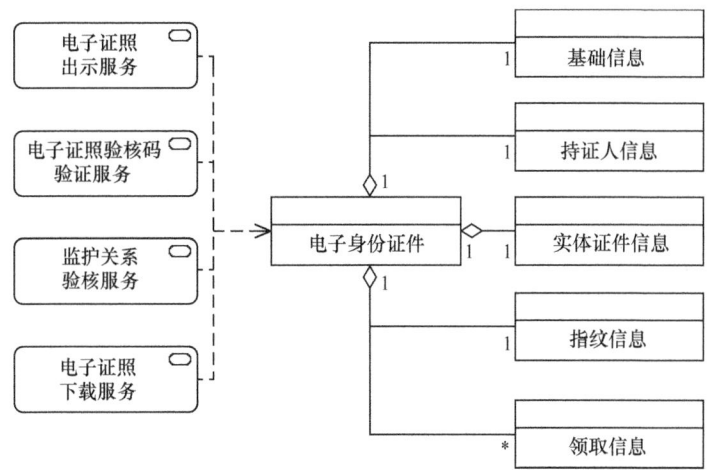

图 3.45　信息结构视点（示例—电子身份证件）

四、保障业务架构履职需要

值得注意的是，技术供应商普遍认为业务架构是一个变化相对频繁的部分。事实上，数字政府的业务架构主体，也就是说明履行政府职能的机构、岗位已经通过"三定"确定，职责边界有清晰明确的表达。对于有技术背景的团队，难点主要在于领域知识的切换，需要将工程项目任务在工期内明确分配至政府的机构、岗位上。从政府运行效果而言，即便遇到了一些新业态、新问题，也可以参照"三定"落实到具体部门或者多部门协商应对解决问题，其成熟度和稳定性相对较强。因此对于技术供应商来说，政务领域知识体系的积累和视角的转换，才是做好业务架构的核心内容，也是参与服务数字政府的"必修课"。

1. 要点

业务架构是体现架构与其他单纯技术工作的一个典型特征，因为它负责分析策划将技术融入业务活动的全过程，承担着承上启下的关键作用，业务架构所确定的目标任务，需要结合自身的业务高效落实，这需要业务架构自身分析过硬，对准确性、时效性、颗粒度、覆盖面要求都较高。数字政府建设获得行政相关人员和政府工作人员的认可，以及体现建设效果，很大限度上也需要在业务架构上体现。业务架构工作内容比较具象，具体如下。

① "三定"。
② 机构本级及数字政府范围内涉及的下级机构、外部机构。
③ 可以围绕经济调节、市场监管、社会管理、公共服务、生态环保及政府工

作运行等领域开展分项设计。

④ 如何畅通政务事项、加强业务协作、减少重复工作，运行联合工作机制；协作的规则、公文、单证及接口等；协作中的扇入、扇出汇聚点。

⑤ 各类业务绩效指标及其采集点。

由于日常管理中事权、职责等因素，业务架构的设计通常比较敏感，把握不好容易越界，谁来做是很关键的问题。如果完全交由业务部门设计，可能无法推荐合适的部门牵头推动并整合业务架构的结果，而且对于如何开展架构设计，业务部门短时间内也可能无所适从；如果完全交由政府科技部门或外部技术服务商负责，知识背景的差异可能导致政府科技部门或外部技术服务商对于业务职能之间的协作配合关系把握不准，成果难以获得业务部门的认可，不同层级的业务部门和业务部门的不同岗位之间，也可能对业务架构的设计成果有不同的看法。因此，可以考虑将业务架构的最初切入点放在地区、部门、条块、条线的结合部分，以业务、科技相结合的团队为主体，通过模型的可视化表达，帮助业务参与方梳理协作关系，发现潜在的改造、升级、优化环节，并为后续自下而上或者自上而下的改革创新事项提供一份可参考的业务底账。在实施中，业务架构容易出现以下误区。

① 在行政法学中，政府既有内部行政，又涉及外部行政，既涉及事中事务办理，又涉及事前、事后及纠错行为措施。但这里存在一个难点，行政法规中有既定的主/客体，数字政府的设计者容易将业务应用视为一个新的主体，而将政府所要支撑和处理的对象统一视为一个客体，这种观察视角的转换本身会带来很多的不适应性，并不是将法律法规制度直接翻译成代码就可以解决的，还应考虑代码、数据、算法可能产生的问题及责任。

② 将数字政府的建设运行视为科技部门内部的事情，容易忽略其对业务运行模式的影响。

③ 未能充分认识数据的作用。随着我国数字政府相关政策的先后出台，人们对于数据的认识也逐步从数据资产向数据要素转变。如何更好地发挥数据要素对经济社会及政府自身的积极作用，参见表1.1，这是一个思考、讨论、探索的过程，理念的转变可能滞后于技术，从而引起业务模式升级的滞后。

④ 未能将政府视为整个数字生态中的一个环节，视角相对封闭，单纯突出自身需要，强调存在即合理，容易错失整体优化重组的机遇。

⑤ 将机构和职能混为一谈，流程不是基于职能或角色建模，而是针对"三定"中的实体机构、部门，当机构调整、转隶、合并及跨机构协同时，这种架构缺乏灵活性，会对各相关架构产生连锁影响。

⑥ 未根据风险监测、评估、处置等要求标注关键控制点或风险点。

2. 元素

对照图2.6和表2.3，业务架构需要对组织机构、岗位角色、职能、流程、协作形式等进行表述，业务架构元模型（对 SOA 基本部分的扩展）如图 3.46 所示。业务架构元素见表 3.27。

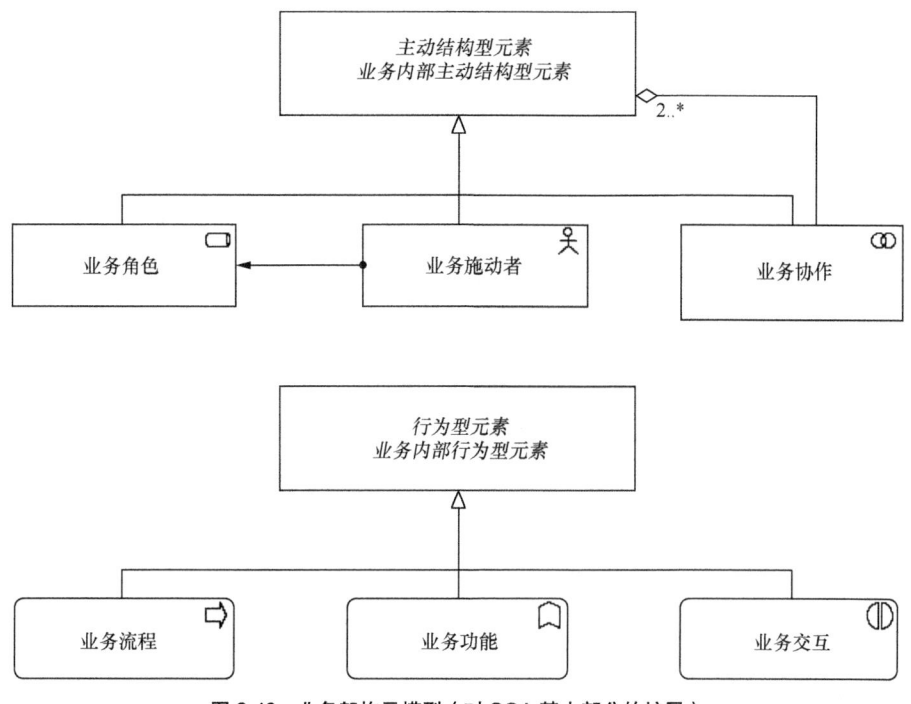

图 3.46　业务架构元模型（对 SOA 基本部分的扩展）

表 3.27　业务架构元素

元素	说明	图例
业务施动者	能够执行行为的业务实体	业务施动者　业务施动者
业务角色	分配给业务施动者的责任或者在特定行动、事件中扮演角色	业务角色　业务角色

---

① 参见国函〔2015〕18 号《国务院关于同意建立国务院自由贸易试验区工作部际联席会议制度的批复》。

续表

元素	说明	图例
业务协作	体现整体论的元素。 需要通过两个或两个以上业务内部主动结构型元素组装的整体，构成元素依然是独立主体。 单个元素虽然能够完成特定功能，但当且仅当组装在一起时，才能够满足新的、额外超出部分需求，必须1+1>2。例如，部际合作机制、专班、联合调查组。 示例1：形成自贸区改革试点经验总结、推广意见和建议，依托自贸区工作部际联席会议完成①。 示例2：网约车全链条监管依托交通运输新业态协同监管部际联席会议完成①	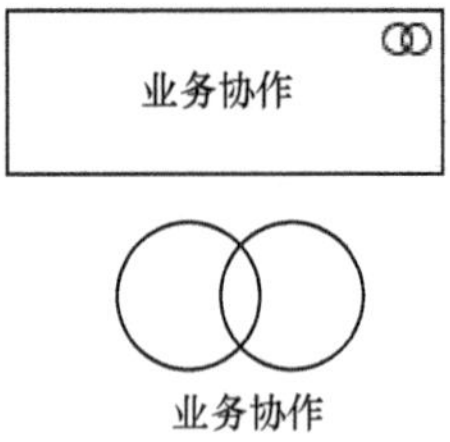 业务协作 / 业务协作
业务接口	将业务服务提供给其他业务参与方的接入点	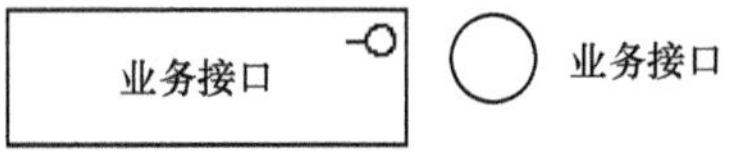 业务接口 业务接口
业务流程	实现特定业务结果的一系列行为	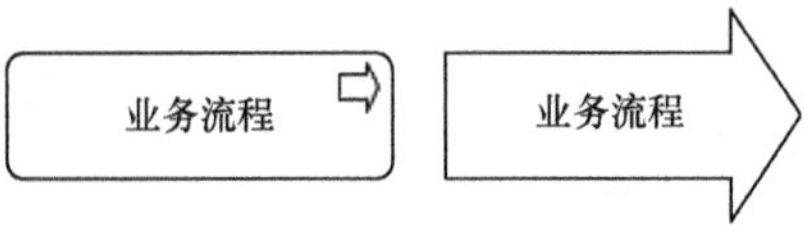 业务流程 业务流程
业务功能	基于特定业务资源、能力的行为	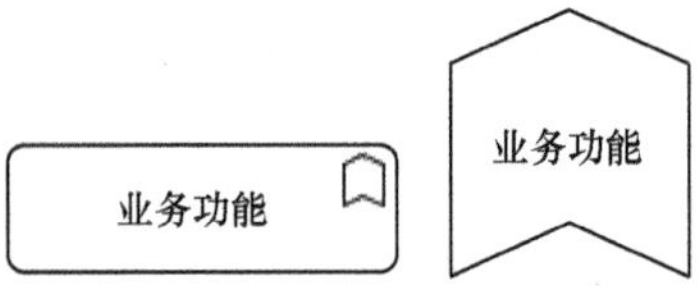 业务功能 业务功能

---

① 参见国办发〔2016〕58号《国务院办公厅关于深化改革推进出租汽车行业健康发展的指导意见》、国办函〔2018〕45号《国务院办公厅关于同意建立交通运输新业态协同监管部际联席会议制度的函》、交办运〔2022〕6号《关于加强网络预约出租汽车行业事前事中事后全链条联合监管有关工作的通知》。

续表

元素	说明	图例
业务交互	体现整体论的元素。 需要通过两个或两个以上业务内部行为型元素组装的整体，但各个构成元素依然是独立主体。 覆盖业务协作部分行为内容。 单个元素虽然能够完成特定功能，但当且仅当组装在一起时，才能够满足新的、额外超出部分需求，必须1+1>2。例如，联合调查、专项行动、联合办学、科技成果转化。 示例1：危化品安全监督。需要危险化学品相关证照核发、寄递环节查处、公共管理、生产经营登记管理、进出口检验、无害化处置、运输许可和资质审批、毒性鉴定、事故受伤人员医疗救援等职责合力实现。 示例2：投资项目管理。需要用地选址评估、环境影响评价、名称核准、登记注册等职责合力实现	业务交互 业务交互
业务服务	业务内部主动结构型元素在业务环境中展现的行为	业务服务　　业务服务
业务事件	业务状态的变化	业务事件　　业务事件
产品	基于合约，将服务、被动结构型元素（概念数据载体）的有序集合打包的整体提供给用户	产品

为了模型统一，建议采用业务施动者表示已经在"三定"中明确的机构、部门、岗位，或者是其他实体的机构、部门、岗位；但是业务施动者尽量不直接委派到具体的流程、处理、协作上，而是采用业务角色委派到这些行为型元素上。这样做的优势在于，如果发生机构、部门、岗位的改革或职能调整，不需要在所有流程、处理、

协作上更新模型关系,只需要重新配置授权即可。

3. 制品

业务架构制品见表 3.28。

表 3.28　业务架构制品

制品		说明	主要元素
目录	组织机构树	主要为实体的机构、部门、岗位,或者是一个机构加挂牌子。可以结合"三定"方案编制,扩展元素属性	业务施动者(可以将确定的业务角色、联合议事机制融入其中,也可以增加业务角色、业务协作元素),参见表 3.29
	角色目录	为了与管理人员、业务专家、外部咨询机构等在术语概念方面无缝衔接,对于不同职责分工任务有更清晰的了解,将涉及的业务角色进行归集整理。还可以与组织机构树配合,展现各机构、部门、岗位所承担的业务角色	业务角色,参见表 3.30
	业务服务目录	可以按照不同归类方式建立目录,具体如下。① 按照业务域、业务板块、业务条线、业务服务形成的目录。其中业务架构范围较小的场景,不需要业务板块、业务域层次。② 按照权利类别建立目录,例如,行政许可、行政处罚、行政强制、行政征收、行政给付、行政奖励、行政确认、行政裁决、行政征用、其他。③ 按权力清单、责任清单、政务服务事项目录、行政审批事项目录等	业务功能(非终端节点)、业务服务(非终端或终端节点),参见表 3.31、表 3.32、表 3.33
	流程/事件/管控/产品目录	列举流程、触发条件及配套的管控手段、产品等,应体现流程的管理方、重要性等关键属性。参见 ISO 9001 等质量管理体系,强调流程中服务质量管控	业务流程、业务事件、控制、产品,参见表 3.34
矩阵	业务交互矩阵	业务职能、业务功能之间的交互关系	业务功能,参见表 3.35
	授权关系矩阵(业务施动者/业务角色矩阵)	机构、部门和岗位的权责分配、授权	业务施动者、业务角色,参见表 3.36

续表

制品		说明	主要元素
图	业务足迹图	实现目标的关键业务构件及路径	目标，核心元素，参见图3.47，该示例在表3.36的基础上，将目标实现分为3个阶段（3个足迹），各个足迹中仅涉及最关键的元素和最主要的关系路径
	业务服务/业务对象图	从构件或业务架构外部，分析数据（信息）在不同业务服务之间的交换过程。 执行业务服务的主体（业务角色、业务施动者）也可以纳入模型，但要考虑用其他制品定义相关权责和授权，为了内容清晰、单一，建议仅保留业务服务、业务对象两类元素；即使需要补充主体，也仅保留发起端主体	业务服务、业务对象，参见图3.48
	业务功能分解图	递进展示主要职能或承担的业务功能。 尽量不展示超过两层的业务功能。 建议：为了清晰，尽量将图展现在一页纸上	业务功能，参见图3.49
	产品生命周期图	产品、技术、服务等随着时间发展的态势。 既可以将单一产品、技术、服务作为一张图，也可以将众多相关内容集成在一张图上，体现宏观发展态势、技术发展情况等	产品、技术、业务服务、应用服务、技术服务。 ① 将不同技术在不同阶段的发展集成在一张图上，参见图3.50。 ② 将不同技术在同一时间节点的不同成熟度集成在一张图上，参见图4.2
	目标/服务图	目标、产出如何通过业务服务实现	目标、产出、业务服务，参见图3.51
	业务用例图	业务服务的生产、消费关系。 注意：为了保持模型的稳定性，建议统一使用业务角色建模，而不是使用业务施动者建模	业务服务、业务角色、业务施动者，参见图3.52
	机构分解图	体现业务施动者、业务角色、业务协作、位置之间的决策、指挥链条。 展现纵向层级关系和横向决策指挥关系，以及临时性事项的协作关系	业务施动者、业务角色、业务协作、位置，参见图3.53
	流程图		参见业务流程视点、业务流程协作视点

续表

制品		说明	主要元素
图	业务事件图	业务活动的触发条件、时点、因果关系等	参见业务流程视点、业务流程协作视点
	组织机构视点制品		参见组织机构视点
	业务施动者协作视点制品		参见业务施动者协作视点
	业务分工视点制品		参见业务分工视点
	业务流程视点制品		参见业务流程视点
	业务流程协作视点制品		参见业务流程协作视点
	产品视点制品		参见产品视点
	服务实现视点制品		参见服务实现视点
	全景地图视点制品		参见全景地图视点

组织机构树（示例—园区组织结构）见表3.29。

表3.29 组织机构树（示例—园区组织结构）

园区组织结构	1类元素：业务施动者

园区工作推进领导小组
- 领导小组办公室
- 园区所在地人民政府
-- 内设职能部门
-- 各分片区管理部门
- 园区管委会
-- 综合办公部门
-- 综合业务部门
-- 政策研究部门
-- 对外联络部门
-- 经济调节部门
-- 贸易管理部门
-- 金融管理部门
-- 法治保障部门
-- 投资管理部门
--- 京津冀驻点招商办公室
--- 长三角驻点招商办公室
--- 粤港澳大湾区驻点招商办公室
……

角色目录（示例—岗位清单）见表3.30。

表 3.30　角色目录（示例—岗位清单）

岗位清单	1 类元素：业务角色
综合管理人员 档案管理人员 政策研究人员 财务管理人员 人事管理人员 建设与运行管理人员 统计信息人员 行政立法人员 ……	

业务服务目录（示例—内部支持服务）见表 3.31。

表 3.31　业务服务目录（示例—内部支持服务）

内部支持服务	2 类元素：业务功能、业务服务
规划 法律法规制度 预算 分析和统计 协作和审批 通信 财务管理 人事管理 信息技术应用 资产管理 档案管理 ……	

业务服务目录（示例—民生事项）见表 3.32。

表 3.32　业务服务目录（示例—民生事项）[①]

民生事项	1 类元素：业务服务
就业 －高校毕业生就业创业 －失业保险基金 －防止和纠正就业歧视 乡村振兴 －脱贫人口增收 －规范村庄撤并	

---

① 参见交办运〔2022〕6号《关于加强网络预约出租汽车行业事前事中事后全链条联合监管有关工作的通知》。

续表

教育
- 义务教育
- 普惠性学前教育资源
- 职业教育
医疗
- 居民医保
- 基本公共卫生服务
- 医保用药范围
老人、妇女、儿童权益保护
- 退休人员基本养老金
- 城乡居民基础养老金
- 生育政策配套措施
- 打击拐卖妇女儿童犯罪
粮食与能源安全
- 重要农产品供应
- 民生和企业正常生产经营用电
消费
生态环境
住房
……

业务服务目录（示例—行政审批事项）见表3.33。

表3.33 业务服务目录（示例—行政审批事项）[①]

行政审批事项		1类元素：业务服务	
编号	名称	子项	审批类别
01001	境内外资银行外债借款规模审批	无	行政许可
01002	京都议定书清洁发展机制合作项目审批		
01007	石油天然气对外合作项目审批	煤层气对外合作项目	
		石油天然气对外合作项目	
01025	重要商品年度计划审批	卷烟生产	非行政许可
		食盐生产	
		食盐分配调拨	
		烟草专卖品	
		天然气商品	

① 参见《国家发展和改革委员会公布行政审批事项目录》的附件。

流程/事件/管控/产品目录（示例—流程清单）见表3.34。

表3.34 流程/事件/管控/产品目录（示例—流程清单）

流程清单		1类元素：业务流程		
一级流程	二级流程	三级流程	管理方	重要性
SP01- 管理结构	组织结构	内设部门设计	领导小组	VH
		岗位设计		
		岗位变更		
	规章制度		领导小组办公室	H
		基本管理制度	领导小组办公室	H
		部门管理制度	各部门	M
		分支机构管理制度	各分支机构	M
SP02- 发展规划	投资发展规划			M
	金融发展规划			M
	产业发展规划			VH

业务交互矩阵（示例—工程化科研创新）见表3.35。

表3.35 业务交互矩阵（示例—工程化科研创新）

工程化科研创新		1类元素：业务功能			
需求方	供给方				
	工程	采购	科研	成果转化	后续服务
工程	系统集成	经费科目	①无可采购产品、服务；②现有工艺不达标		SLA、OLA
采购				采购要求	采购要求

注：OLA全称为Operational Level Agreement，是运行水平协议。

授权关系矩阵（示例—园区事权RACI）见表3.36。

表3.36 授权关系矩阵（示例—园区事权RACI）

园区事权RACI		2类元素：业务施动者、业务角色				
	领导小组	投资	贸易	金融	事中事后监管	法治保障
行政改革	R	A	A	A	A	A
法治环境	A	C	C	C	C	R
行政管理	A	R	R	R	R	R
利用外资	C	A	C	C	C	C
服务促进	C	R	R	R	A	I

续表

	领导小组	投资	贸易	金融	事中事后监管	法治保障
加工贸易	I	C	R	C	C	I
服务贸易	I	C	R	A	A	I
跨境结算	I	C	C	A	C	I
金融风控	C			R		A
区域联动	C				C	R

业务足迹（示例—园区目标实现路径）见图3.47。

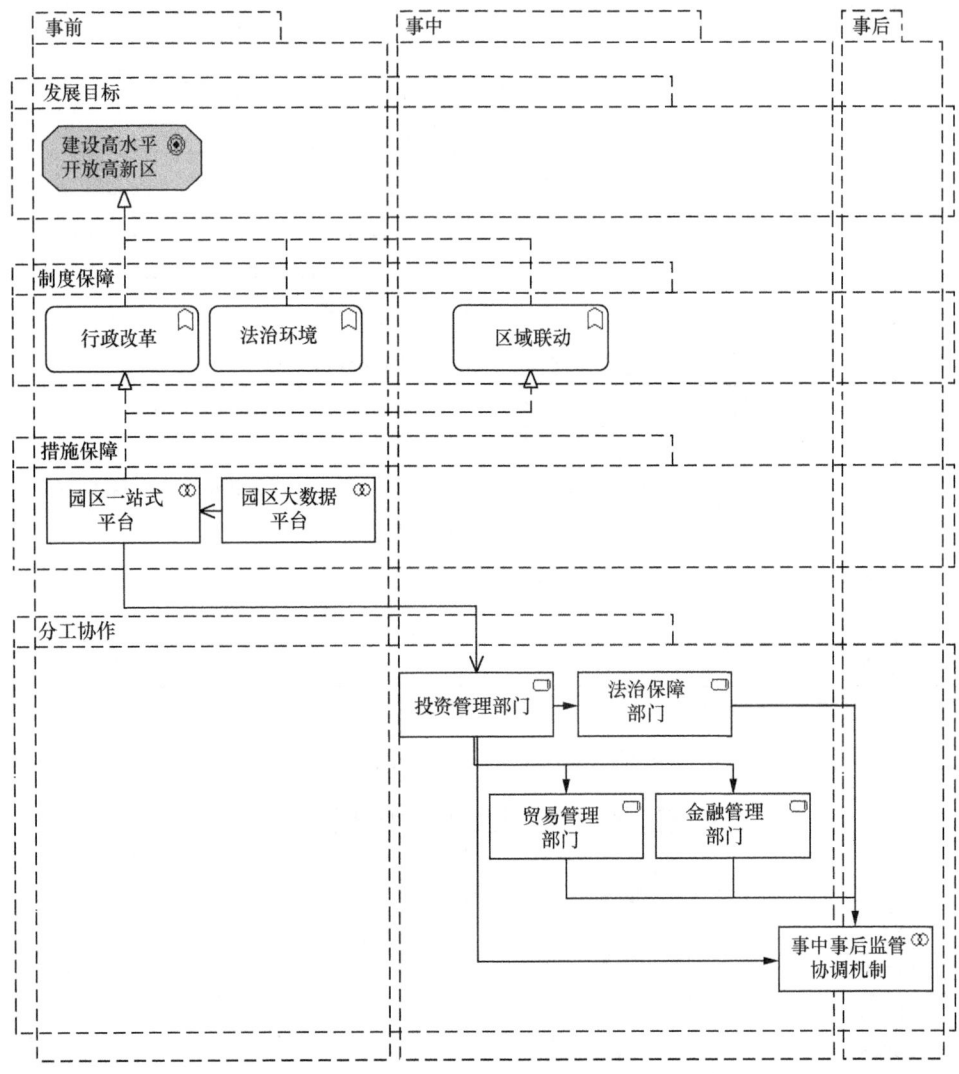

图3.47 业务足迹（示例—园区目标实现路径）

业务服务 / 业务对象（示例—政民互动）如图 3.48 所示。

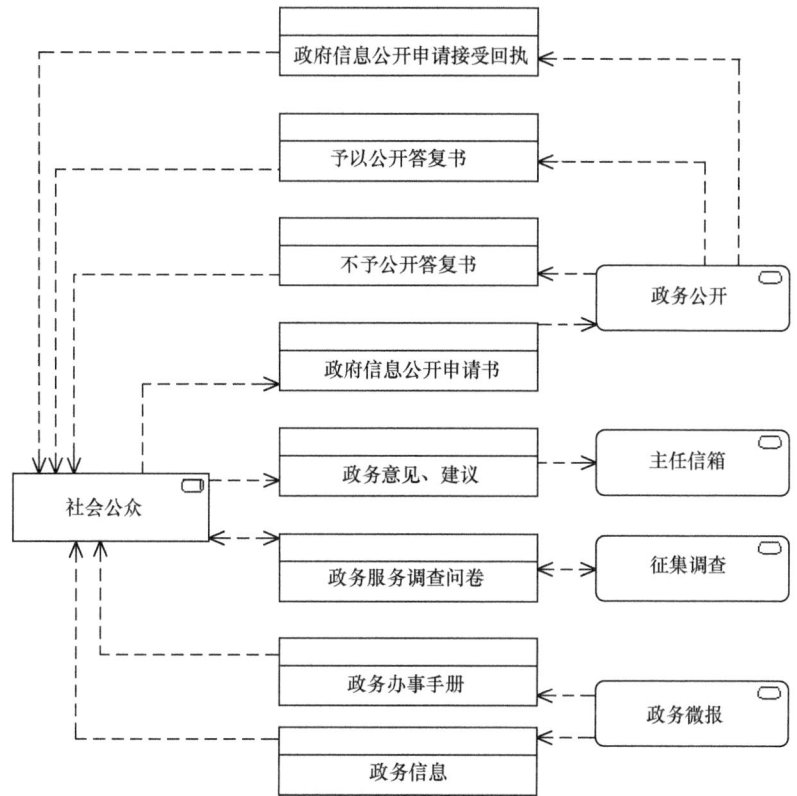

图 3.48 业务服务 / 业务对象（示例—政民互动）

业务功能分解（示例—经济调节）如图 3.49 所示。

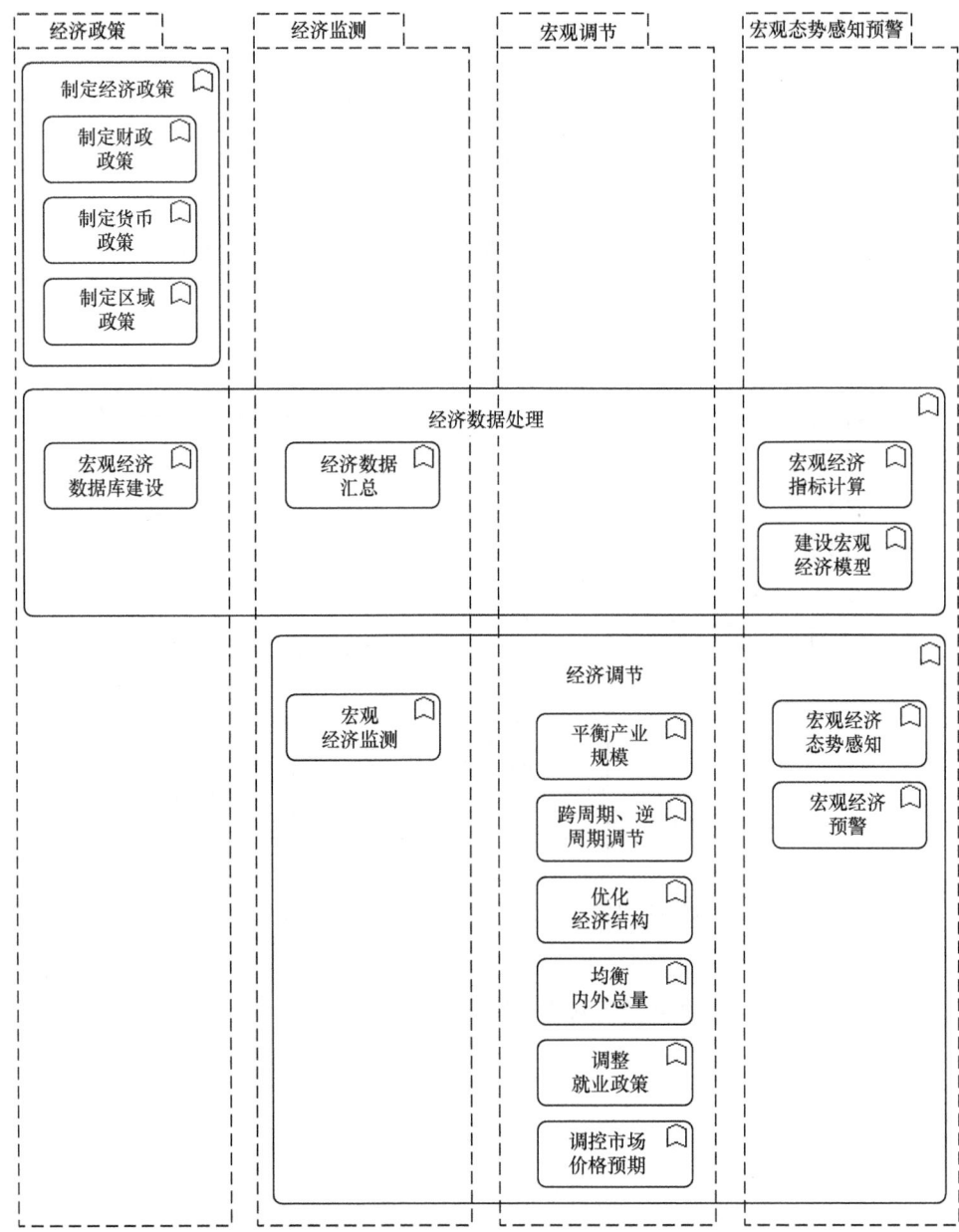

图 3.49 业务功能分解（示例—经济调节）

产品生命周期（示例—政务系统发展趋势）如图 3.50 所示。

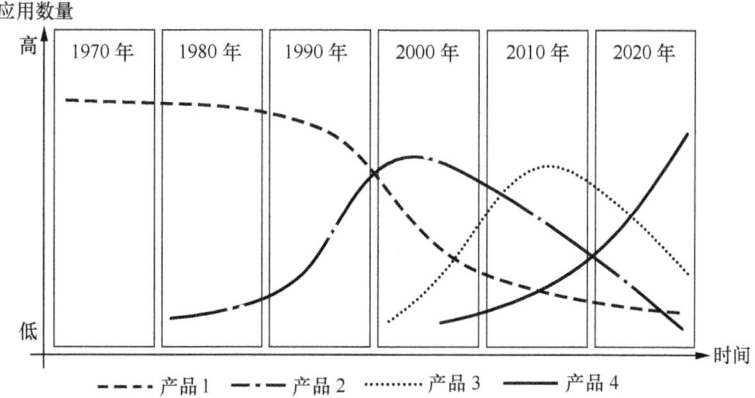

图 3.50 产品生命周期（示例—政务系统发展趋势）

目标/服务（示例—园区发展目标落实措施）如图 3.51 所示。

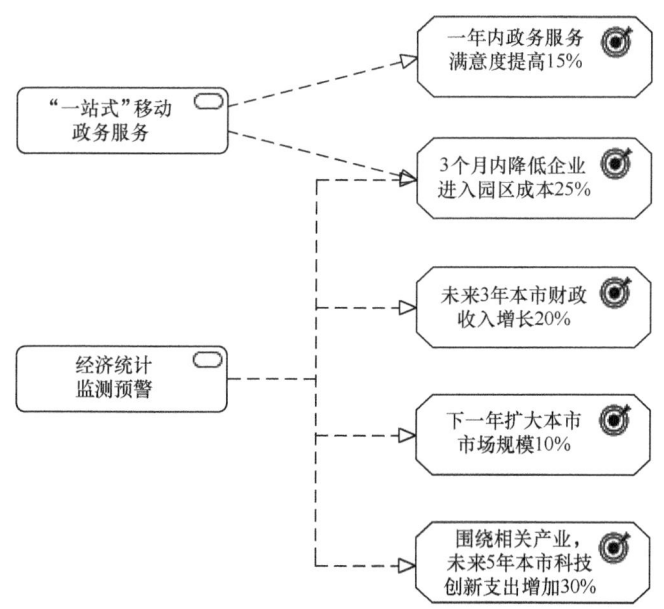

图 3.51 目标/服务（示例—园区发展目标落实措施）

业务用例（示例—公众服务渠道）如图 3.52 所示。
机构分解（示例—园区机构运行）如图 3.53 所示。

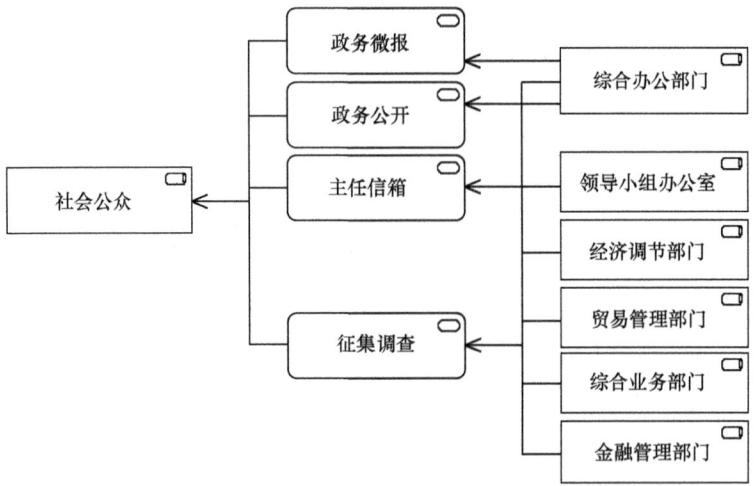

图 3.52 业务用例(示例—公众服务渠道)

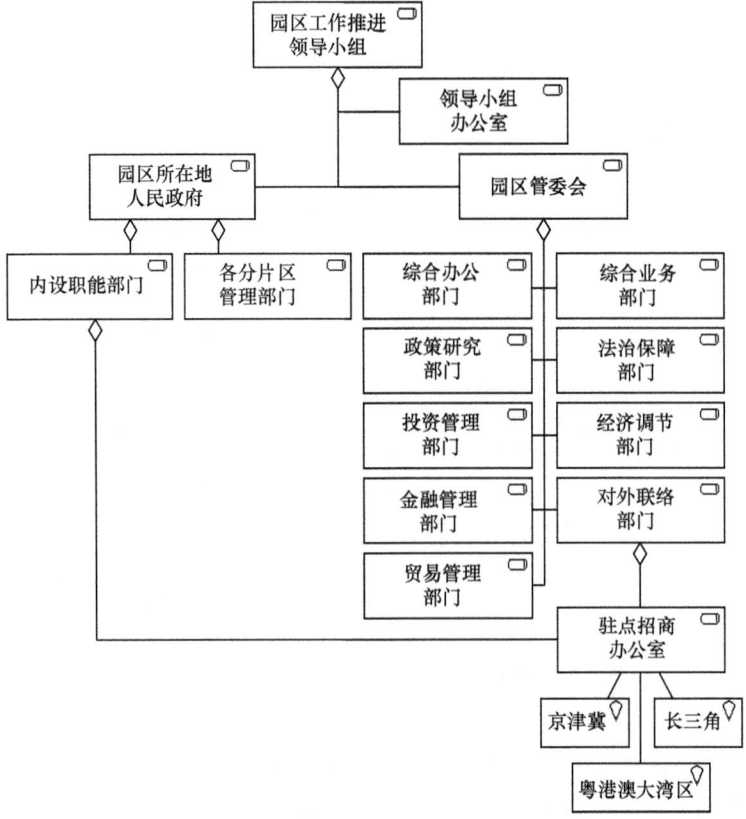

图 3.53 机构分解(示例—园区机构运行)

4. 视点

（1）组织机构视点

用户：高层领导、业务管理人员、员工、干系方。

领域：业务架构。

元素：业务施动者、业务角色、业务协作。

用途：描述干系方整体或局部的组织架构。组织机构视点（元模型）如图 3.54 所示。组织机构视点（示例）如图 3.55 所示。

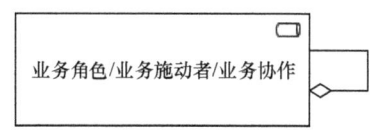

图 3.54　组织机构视点（元模型）

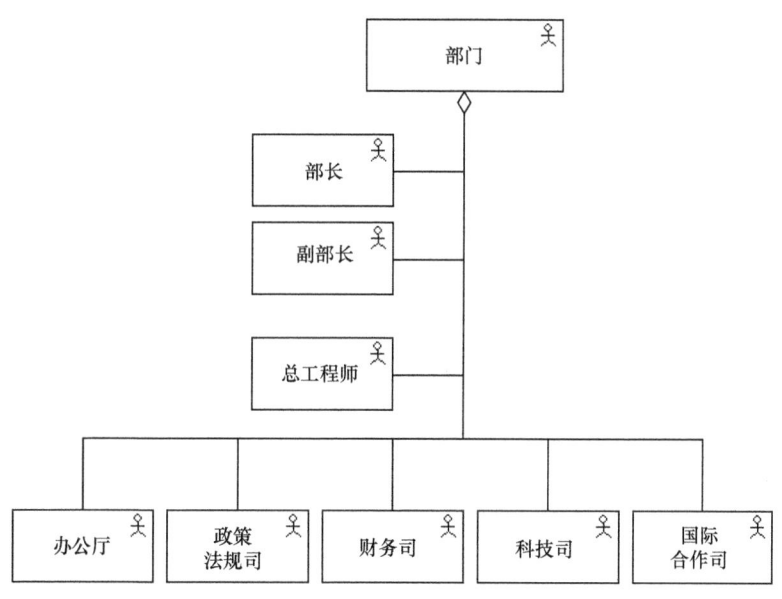

图 3.55　组织机构视点（示例）

图 3.55 是一个部门内设机构、典型岗位的组织结构图。另外，对于涉及合署办公的组织机构视点可以参见图 3.53。

（2）施动者协作视点

用户：业务架构师。

领域：业务架构。

元素：业务施动者、业务角色、业务协作、业务接口。

用途：描述干系方整体或局部的组织架构。虽然也可以将应用架构的元素加入该视点，但这容易与其他视点的定位产生冲突，因此建议仅对业务架构元素建模。

施动者协作视点（元模型）如图 3.56 所示。施动者协作视点（示例—部门公共服务交互）如图 3.57 所示。

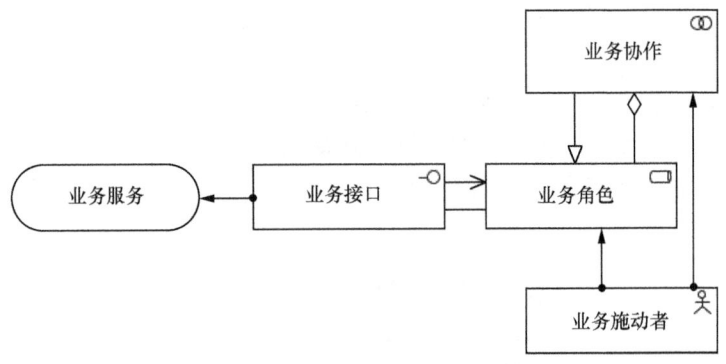

图 3.56 业务施动者协作视点（元模型）

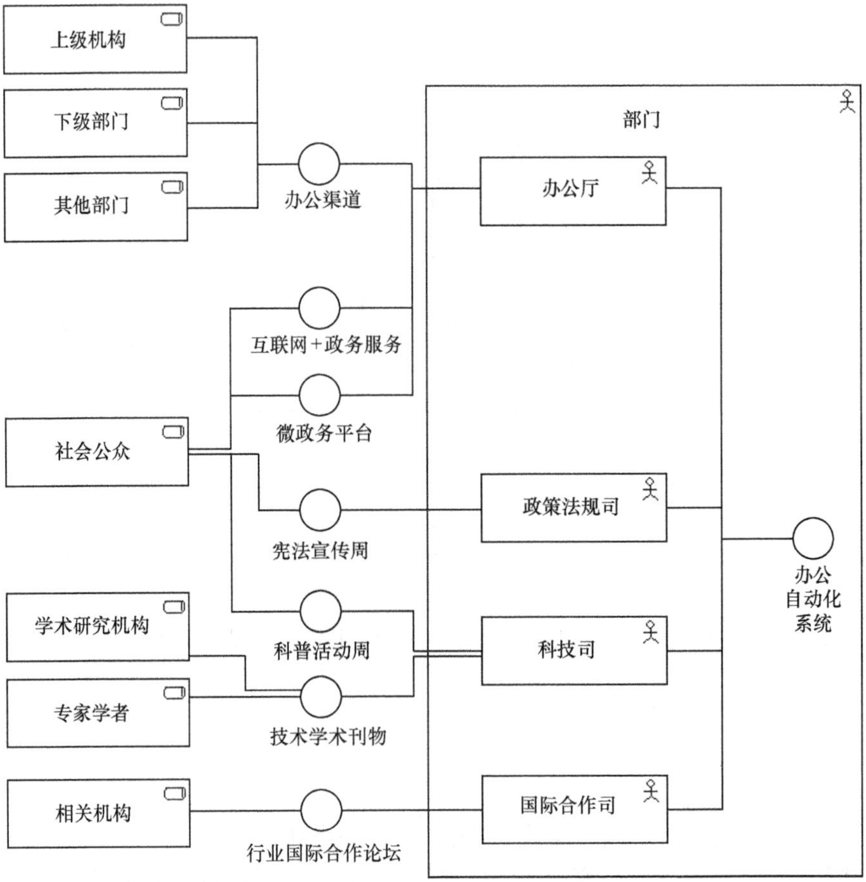

图 3.57 施动者协作视点（示例—部门公共服务交互）

图 3.57 着重体现该部门各内设机构与主要行政相对人员及其他部门、机构之间的一系列业务接口，以及内设部门之间的业务接口——办公自动化（OA）系统。

（3）业务分工视点

用户：业务架构师、流程分析师、运维负责人。

领域：业务架构。

元素：业务功能、业务角色、业务施动者。

用途：描述业务分工、职能划分后，各干系方之间、各业务功能（职能）之间的数据、商品和价值流动。为了尽可能降低机构职能岗位调整对模型的影响，建议主要针对业务角色而非业务施动者建模。业务分工视点（元模型）如图 3.58 所示。业务分工视点（示例—经济数据处理分工）如图 3.59 所示。

图 3.58　业务分工视点（元模型）

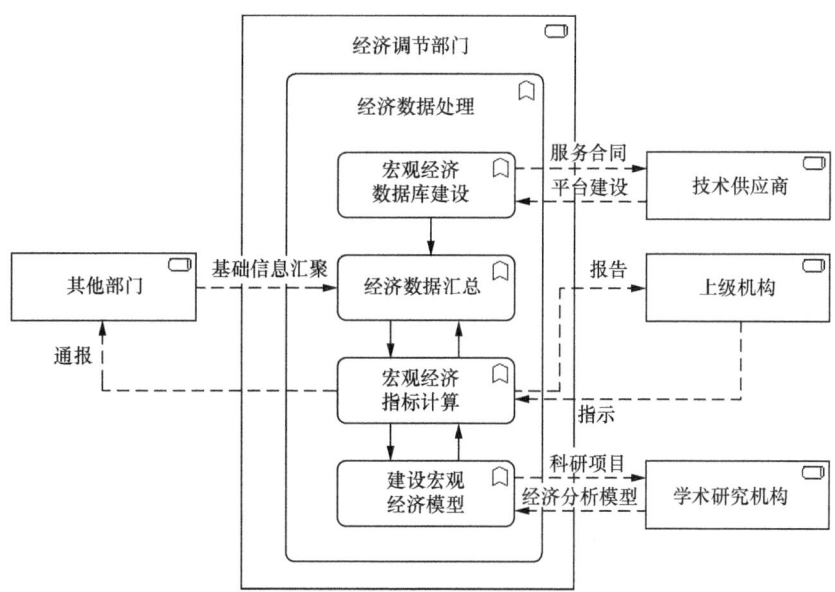

图 3.59　业务分工视点（示例—经济数据处理分工）

图 3.59 是经济数据处理的总分工,涉及上级机构、其他部门及技术供应商、学术研究机构。其中流向关系表示各方之间的协作载体,包括报告、指示、合同、技术服务、科研项目等内容。

(4)业务流程视点

用户:业务架构师、业务管理人员、运维负责人。

领域:业务架构、数据架构。

元素:业务角色、业务施动者、业务协作、业务流程、业务功能、业务交互、业务事件、业务对象、展现。

注意:① 尽管建模中也可以使用业务施动者建模,但是为了保持流程的抽象性和稳定性,建议统一采用业务角色建模;② 尽可能采用业务流程而不是业务功能建模;③ 元素颗粒度建议不超过 2 级。

用途:描述业务流程的结构一致性、完整性和职责分工。业务流程视点(元模型)如图 3.60 所示。

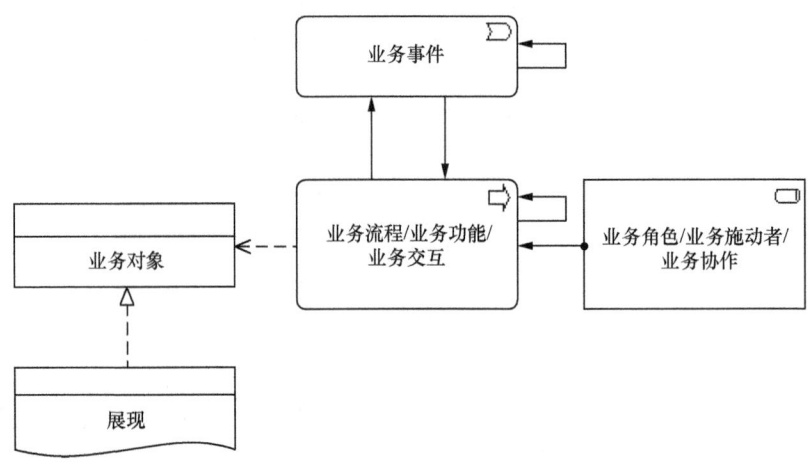

图 3.60　业务流程视点(元模型)

业务流程视点(示例—企业入园区审批流程)如图 3.61 所示。图 3.61 是从园区角度分析入园区审批流程,建模中除了必要业务事件、业务流程,还应对业务单证的读写流向进行说明。

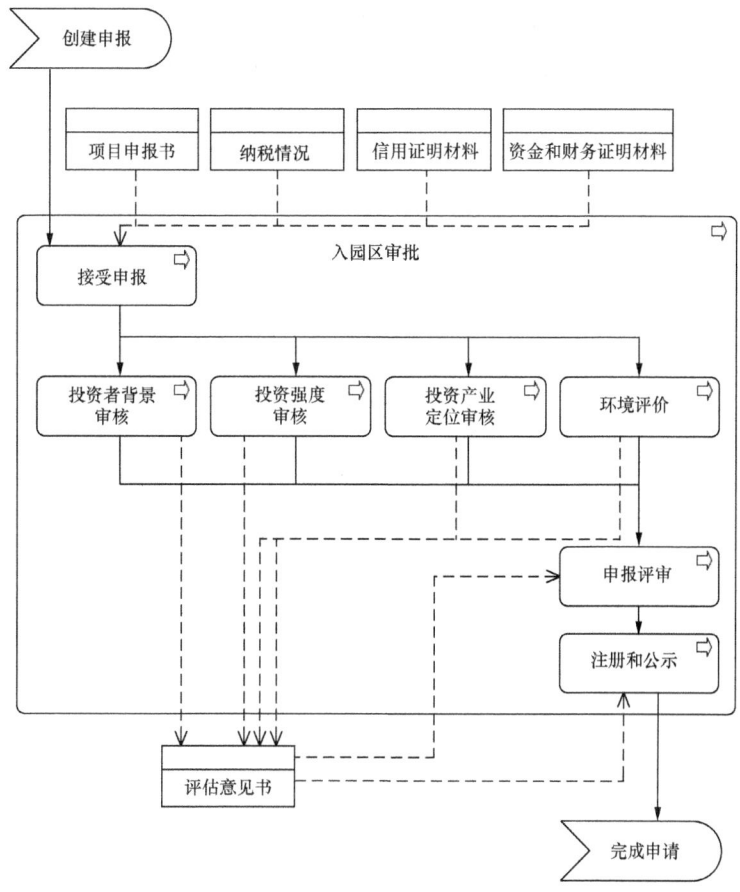

图 3.61　业务流程视点（示例—企业入园区审批流程）

（5）业务流程协作视点

用户：业务架构师、业务管理人员、运维负责人。

领域：业务架构、数据架构、应用架构。

元素：业务角色、业务施动者、业务协作、业务流程、业务功能、业务交互、业务事件、业务对象、展现。

除了业务流程视点相关注意事项，还应注意以下几点。

① 需要协调的流程保持统一层级。

② 尽管可以包括应用架构的元素，但考虑有其他制品和模型专门描述跨领域架构关系，为了聚焦、简洁，建议仅保留业务架构元素，业务对象也尽量仅保留业务协作涉及的内容。

③ 业务流程之间应尽量基于数据（业务对象）或业务事件这样松散耦合的元素完成协作，不建议产生流程内部活动（业务事件、业务功能、业务交互）之间的直接耦合。

用途：描述不同业务流程之间的交互关系。业务协作视点（元模型）如图3.62所示。业务协作视点（示例—企业入园审批流程）如图3.63所示。

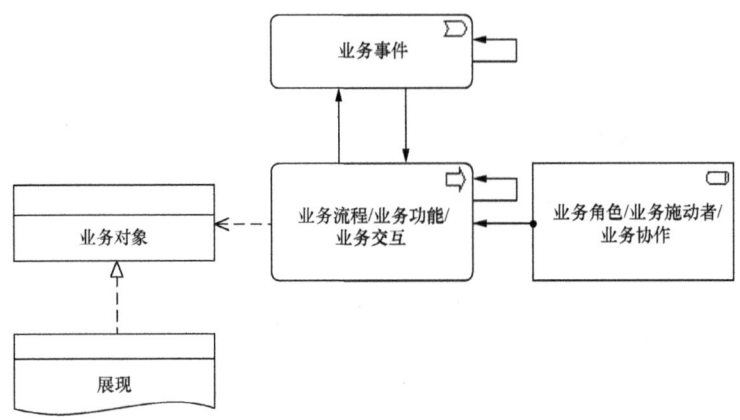

图3.62　业务协作视点（元模型）

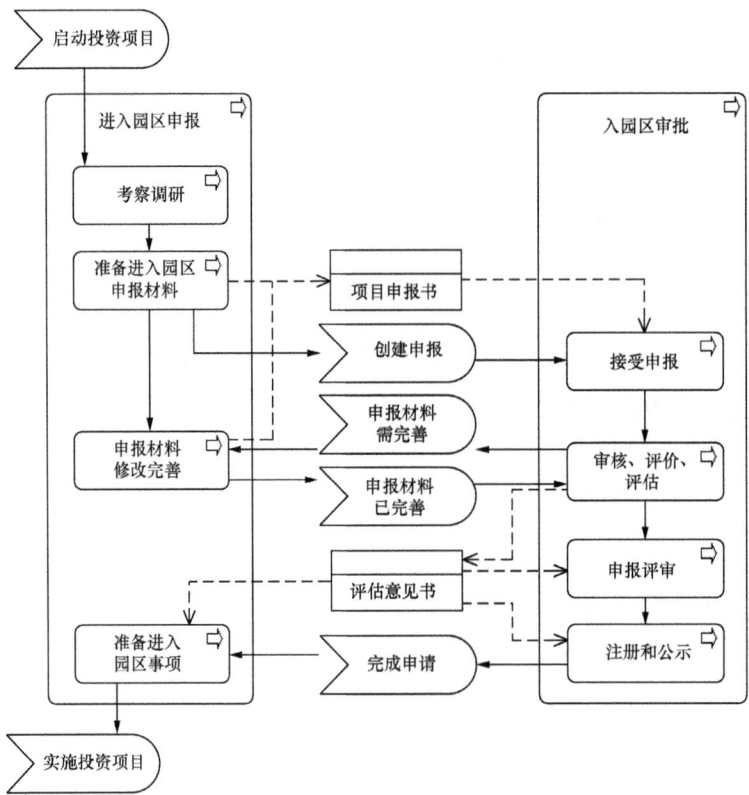

图3.63　业务协作视点（示例—企业入园区审批流程）

图 3.63 是从园区和企业视角分析入园区审批流程,与图 3.61 的不同之处是突出流程间交互内容。为了尽可能减少流程间耦合,申报和审批之间应基于事件和数据协同。

业务协作视点(示例—信息系统安全归类)如图 3.64 所示。图 3.64 是信息系统安全归类的示例流程,包括触发整体活动的起止事件、流程之间的触发关系、业务角色的参与情况。

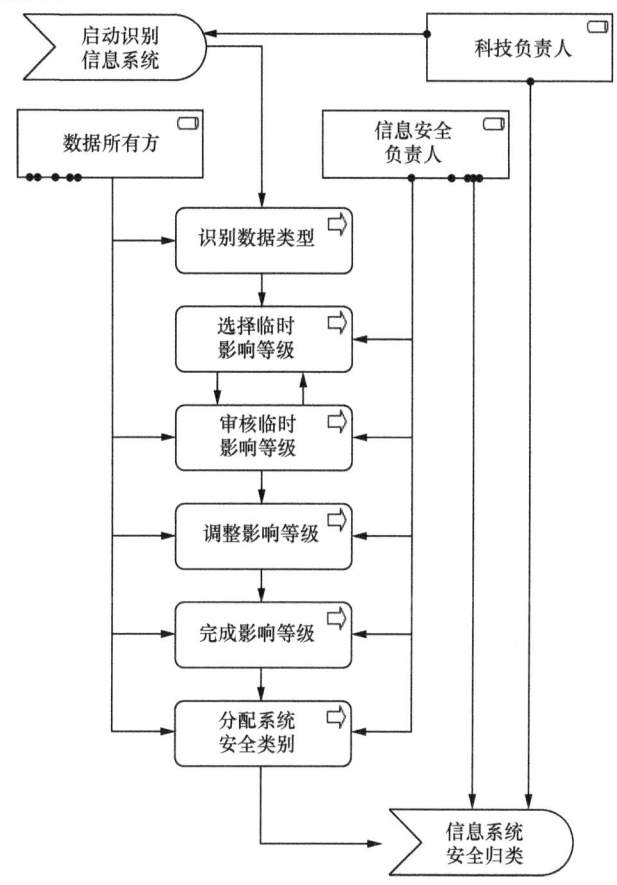

图 3.64 业务协作视点(示例—信息系统安全归类)

(6)产品视点

用户:业务架构师、流程分析师、产品经理[①]、开发人员。

领域:跨多个领域架构。

元素:产品、业务服务、业务对象、数据对象、制品相当于概念实体、逻辑实体、物理实体,应用服务,材料,合约。

用途:向数字政府供需双方展现最终产品,屏蔽内部实现细节,仅保留从外部

---

① 在数字政府范畴下,产品经理或产品开发者主要是提供该公共数字化产品的主要负责人。

可见的服务、数据及使用中应遵守的合约①。面向不同供需关系和受众，可以对服务、数据进行分类整合，包装成不同的产品。产品视点（元模型）如图 3.65 所示。产品视点（示例—园区产业平台）如图 3.66 所示。

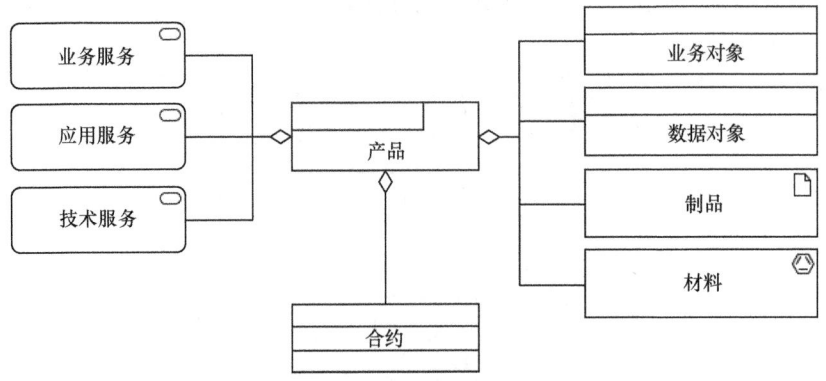

图 3.65　产品视点（元模型）

图 3.66　产品视点（示例—园区产业平台）

图 3.66 可用于对外招商引资时展示园区软硬实力，包括：

① 面向智慧农业、人工智能、半导体 3 个重点产业的孵化器，面向办事的"一站式"移动政务服务；

② 能够与园区内企业或外部干系方 IT 系统进行集成对接的统一证照服务；

---

① 注意：虽然可以加入更多元素，但为了聚焦，建议从简。应用、技术、物理架构元素见下文。

③ 面向中小企业科研需要，可以提供按需租用大型仪器设备协作共享平台；
④ 与孵化器配套的科研用地；
⑤ 对进入园区的企业在生产、生活方面实施配套政策。

（7）服务实现视点

用户：业务架构师、流程分析师、产品经理、运维负责人。

领域：业务架构、应用架构。

元素：业务角色、业务施动者、业务协作、业务流程、业务功能、业务交互、业务事件、业务服务、应用服务、业务对象、数据对象。

用途：从数字政府外部，分析业务服务是如何被业务架构的行为型元素及应用架构部分元素实现的，表达主要关系链条上的主要元素即可，并注意：

① 为了减少领域架构之间的耦合，建议涉及应用架构时，遵循 SOA 思路与应用服务关联；

② 业务对象和数据对象之间的复杂关系，可以通过数据架构的相关视点完成。

服务实现视点（元模型）如图 3.67 所示。

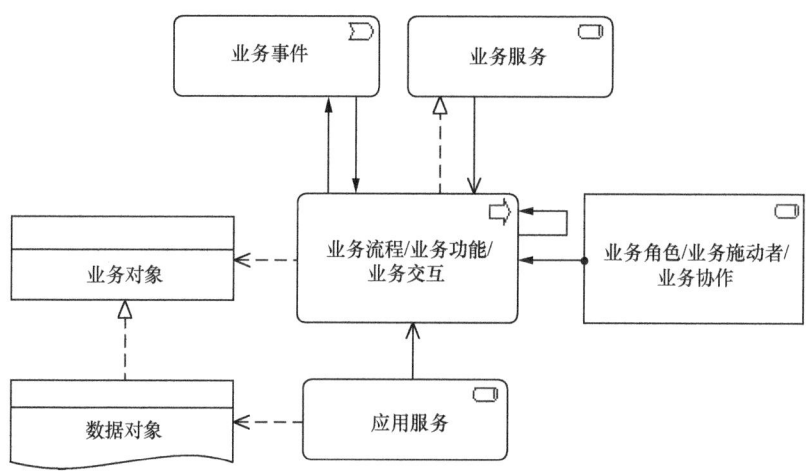

图 3.67　服务实现视点（元模型）

服务实现视点（示例—问卷征集调查）如图 3.68 所示。图 3.68 是对社会公众发布调查问卷，并对收回的问卷进行分析的实现过程。

① 综合办公部门是该事项的归口部门。
② 根据综合办公部门发布的通知启动问卷发放。
③ 截止日期前，参与的社会公众可以根据自身情况，更新自己的问卷内容。
④ 到达截止期限启动问卷汇总收集。
⑤ 上述各过程通过统一的应用服务支撑。

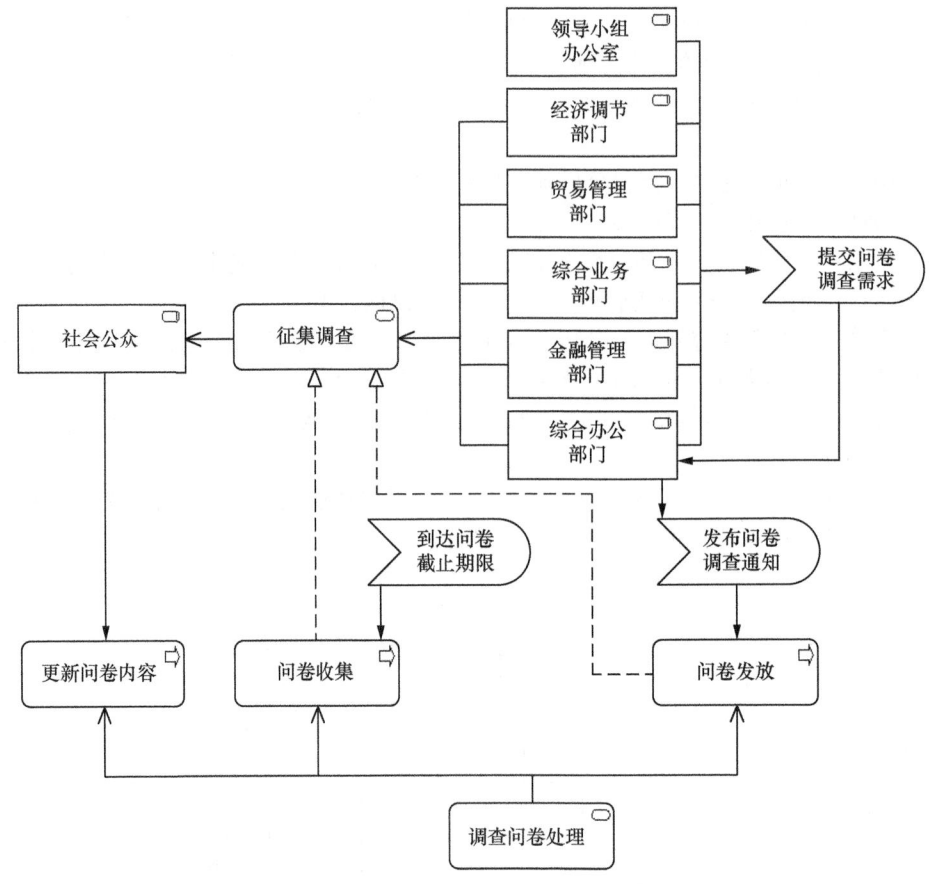

图 3.68 服务实现视点（示例—问卷征集调查）

（8）全景地图视点

用户：高层领导、科技分管领导、各部门主要负责人、架构负责人。

领域：业务架构、应用架构、技术架构及物理架构。

元素：核心元素。

用途：向领导介绍如何通过数字政府建设，整合各类元素，覆盖自身各领域各层级活动总体情况。

"全景"是相对的。事实上它涵盖了特定架构人员视野中的全部梗概，但从更上级的架构来看，所谓全景也只是从时长、宽度、颗粒度 3 个维度对总体架构进行切分，展示的也只是局部，即分块架构（Segment Architecture）[①]。例如，地区、部门的首席架构师看到的全景，在上级系统架构师的眼中只是总体架构在该地区、部门的剖面。

---

① 分块架构也被称为分区架构、分段架构、切片架构等。

"全景"是具体的。它是架构在特定场景、技术路线下的整体解决方案。例如，当国家之间进行数字政府联网合作时，可以用电子数据交换（EDI）方式实现双多边政府数据交换，也可以基于特定商业平台，实现G2B2G（政府—商业—政府）的数据合作，还可以采用将在"国际合作境外段架构设计"部分介绍的"双轨（Two Track）"跨境数据链方式……这时的"全景"代表特定技术路线下的整体解决方案。

全景地图视点（元模型）如图3.69所示。全景地图视点（示例—园区数字化全景）如图3.70所示。

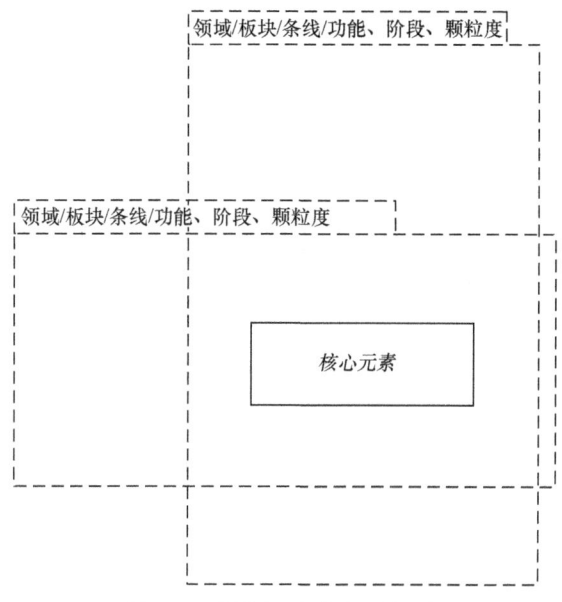

图3.69　全景地图视点（元模型）

图3.70从政务服务和园区建设两个方面按照企业在园区开展科研、生产活动的事前、事中、事后3个阶段，全景展示数字化支撑情况。尽管不同的规划、业务流程、应用、软件工具，以及设施、设备、网络都是预先建设就绪的，但它们作为不同类型的构件，有各自重点服务的阶段。

五、推进应用架构整合共享

1. 要点

广泛的数字化对数字政府提出了普遍的连接要求，现实中的人、机构、场所、商品、运输工具等，以及虚拟空间中的物品和服务，在未来几年将成为数字政府的连接对象。数字政府在应用整合共享的基础上推动政务系统共建共用，打破关键核心技术受制于人的情况，取决于在应用架构层中的设计。

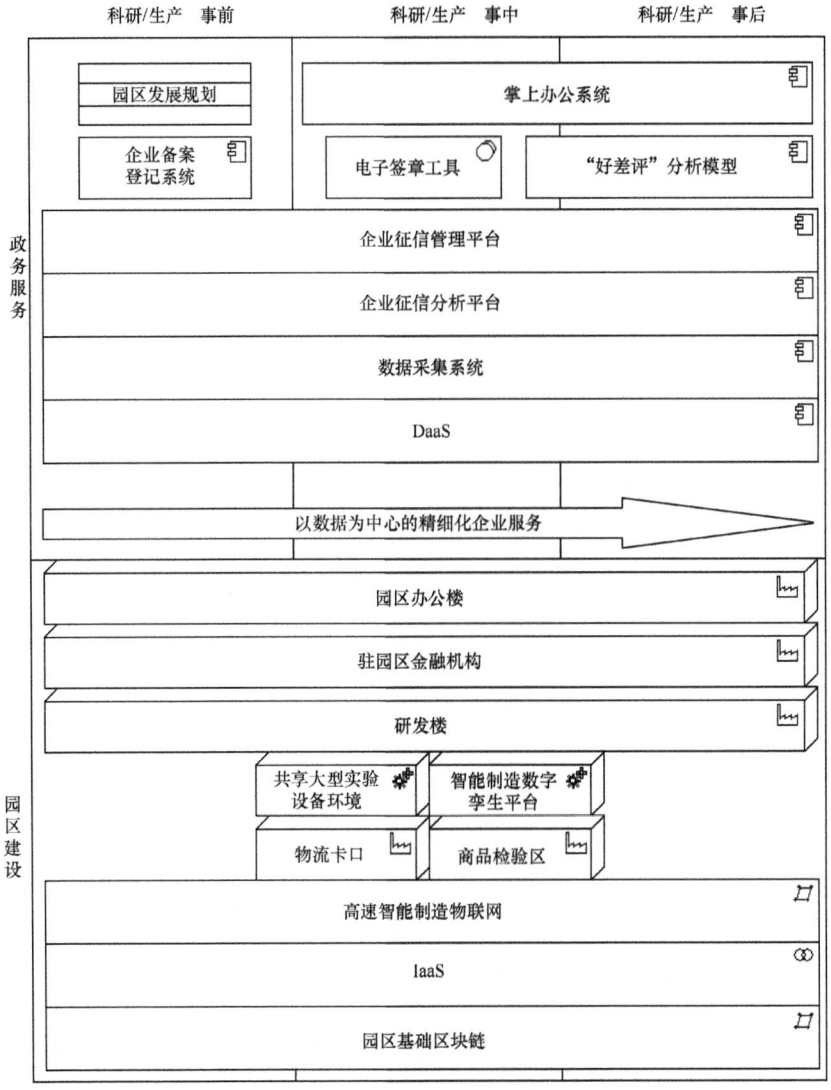

注：IaaS 全称为 Infrastructure as a Service，是基础设施即服务。

图 3.70　全景地图视点（示例—园区数字化全景）

随着各类政策文件的出台，应用架构近年来面临的压力逐渐增加，快速交付能力、灵活部署能力，以及针对不同人群、特定需求的适应能力从特例逐步常态化。应用架构还面临开发建设成本和运维成本持续缩减的压力。面对资源消耗和存储容量迥异的应用功能，在用户端还需要提供近似的响应效率和用户体验，这也对应用架构提出了严苛的要求。因此，近年来 SOA 和微服务架构日趋流行，为了尽可能避免持续修改迭代导致构件部署、装配困难，立足单一职责原则（Single

Responsibility Principle，SRP）的微服务架构流行渐广。这也对实施人员提出了新的要求。一方面要适应新的应用开发技术、工具、平台，另一方面要阶段性地探索新的风格。不管是SOA、微服务、微内核，还是传统分层架构，从架构扩展性、复用性考虑，应重视以下内容。

① 服务相互独立。这也是各类服务被更好地组装、复用，并将修改代价集中在局部的一个前提，以提升应用的效率。

② 保持资源自洽。每一个应用服务都会将自身所需的软硬件资源进行高内聚的包装，易于部署，同时也易于替换，尽可能降低应用构件对具体运行环境的依赖，同时也便于其他应用构件将其视为"黑盒"使用。

③ 开放标准互联。基于技术门槛较低、使用较为普遍的协议和标准开发接口（例如，HTTP/S、XML、JSON、EDIFACT等），与其他应用服务保持低耦合，便于重组和编排。

④ 自带监控措施。能够提供必要的运行监控信息，便于问题排查、风险分析和测度SLA等，增加应用架构的可管理性。

⑤ 分布式并行。支持需求、开发、部署、运行的并行处置[①]，最大可能动态利用分布式技术资源，满足吞吐量变化不确定的政务需要。例如，新的大范围改革措施，周期性集中办理的公共服务事项、公共应急事件等。

可能的情况下，各类政务应用还可以在架构管控下，体现其艺术感、设计感，面向不同受众、节目等特殊时期体现其自身特色，加强政民、政企互动。

2. 元素

对照图2.6和表2.3，应用架构需要对计算（包括应用逻辑、算法、指标、规则等）及计算之间的交互过程、触发机制等进行表述，应用架构元模型（对SOA基本部分的扩展）如图3.71所示，应用架构元素见表3.37。

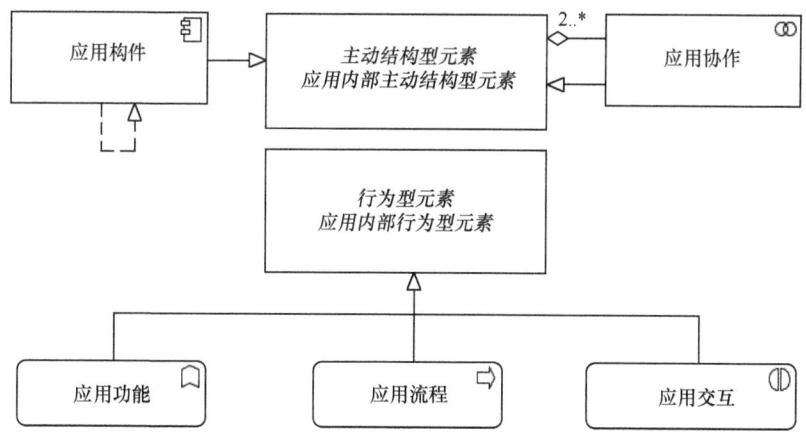

图3.71 应用架构元模型（对SOA基本部分的扩展）

---

① 参见ISO/IEC/IEEE 15288:2015。

表 3.37　应用架构元素

元素	说明	图例
应用构件	面向实施，可独立部署、替换或组装的封装载体	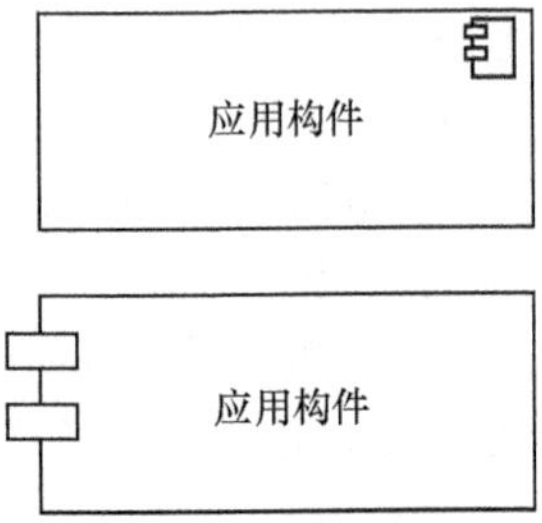
应用协作	体现整体论的元素。可类比表 3.27 中的"业务协作"。例如，套装办公软件、打印套件、事故线索分析软件包、航迹追溯和统计算法包等	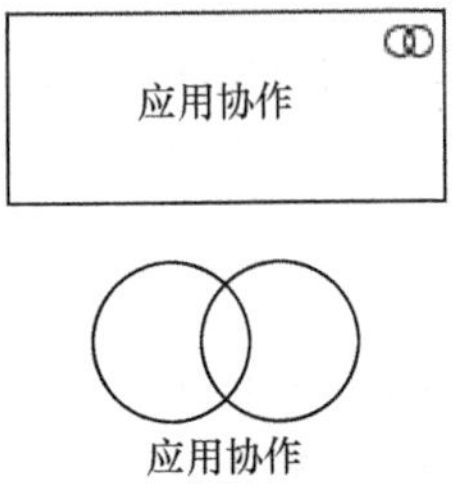
应用功能	能够被应用构件自动执行的行为	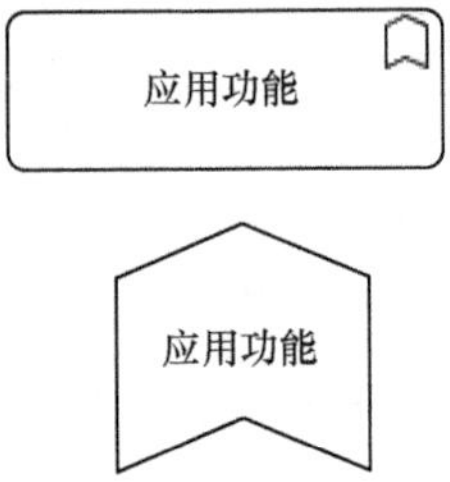
应用流程	实现特定应用结果的一系列行为	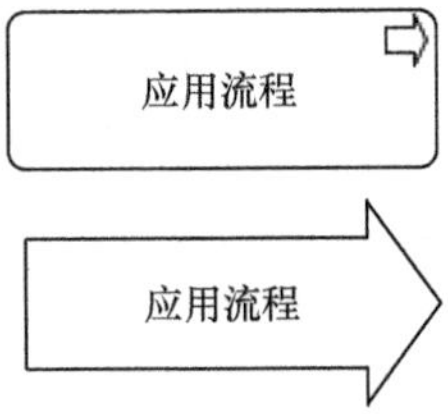

续表

元素	说明	图例
应用交互	体现整体论的元素。 可类比表 3.27 中的"业务交互"。 例如，多源数据画像、混聚模式（Mash-up）、区块链跨链、公钥基础设施（PKI）邦联	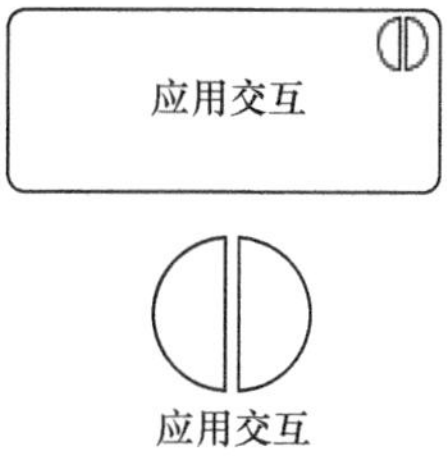 应用交互 / 应用交互
应用接口	访问应用构件的服务接入点	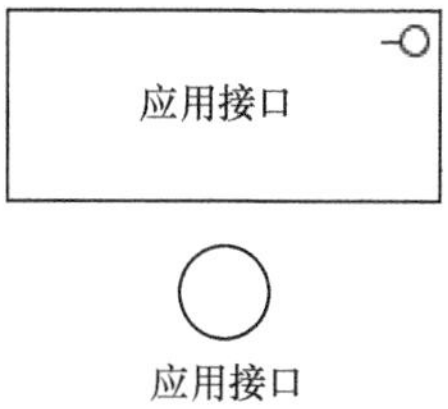 应用接口 / 应用接口
应用服务	应用内部主动结构型元素在应用环境中展现的行为	 应用服务 / 应用服务
应用事件	应用状态的变化	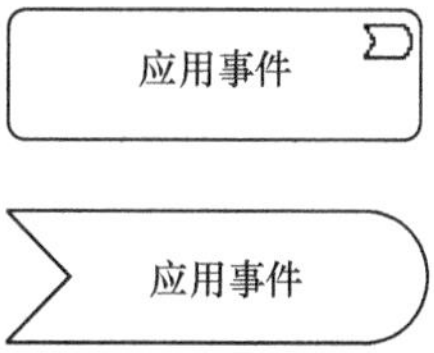 应用事件 / 应用事件

3. 制品

应用架构制品见表 3.38。

表 3.38 应用架构制品

制品		说明	主要元素
目录	应用清单 / 应用总目录 / 应用组合目录	所有应用系统及服务	应用服务、应用构件，参见表 2.10

续表

	制品	说明	主要元素
目录	应用接口目录	应用之间相互通信、集成的接口	应用接口，参见表 3.39
矩阵	应用/机构矩阵	应用与机构的关系。 注意： 1. 为了加强管理、整合共享，建议参见 RACI 模型分工合作； 2. 展示实体机构、实际职责之间应用协作	应用构件、业务施动者、业务协作，参见表 3.40
	角色/系统矩阵	• 业务角色与应用的关系； • 根据管理模型建立不同的矩阵，例如，RACI、CRUD	应用构件、业务角色、业务协作，参见表 3.40
	应用/功能矩阵	• 应用对业务功能的支撑关系； • 可以作为数字政府建设监控工具，查找未覆盖领域、跟踪推进情况等	业务功能、应用构件，参见表 3.41
	应用交互矩阵	• 应用之间的通信、交互关系； • 可以在应用变更（上线、下线、升级、回退……）、整合共享时，预判波及范围； • 矩阵中的单元格可以选择记录通信技术、接口版本、吞吐量上限等	应用构件，参见表 3.42 单元格记录通信协议
图	应用用例图	体现业务主体对于应用的供给、消费关系，可用于查找数字政府未覆盖的人群、机构	业务施动者、业务角色、业务协作、应用服务，参见图 3.72，各项社会公众服务均有业务部门、科技部门支持
	应用交互图	• 应用交互矩阵的图制品，更丰富直观； • 大量技术方案采用该制品展现应用架构	参见图 3.74
	总体管理能力图	• 从运维保障能力角度，分析应用架构（新技术、新产品、新项目、项目升级、系统完善、整合共享等）实施方案； • 由于运维保障能力以及可用性、可靠性要求存在差异，相同应用架构方案在不同地区、部门甚至不同时间点，可能采取不同的方式，但同时，不同的方案可能采用同一套成熟的管理措施实施	参见图 3.75、图 3.79
	流程/系统实现图	业务功能和服务的应用支撑关系	业务功能、业务服务、业务交互、业务接口、应用服务，参见图 3.77

续表

	制品	说明	主要元素
图	应用及用户位置图	业务主体使用应用的位置	业务施动者、业务角色、业务协作、应用构件、应用接口、应用协作、位置，参见图 3.79
	软件工程图	聚焦以下 3 个方面设计： 1. 根据部署的需要，对应用进行打包； 2. 从整合共享的角度，考虑如何在保证质量、降低成本的同时，满足新的变更需求； 3. 如何适应复杂多变的运行环境	参见图 3.79，其中： 1. 新建的园区大数据平台将相关构件做整体打包； 2. 针对技术市场变化，淘汰合并老系统，注意合理分配算力，将大数据分析功能部署在成本更有优势的西部地区； 3. 根据容灾和安全管控要求，选择不同的应用部署、用户使用位置
	应用迁移图	基线应用、目标应用之间的切换关系，并体现过渡阶段的临时性技术、管理措施	应用构件、应用接口、位置、业务施动者、业务角色、业务协作及应用协作视点相关的元素，参见图 3.75、图 3.79
	软件分发图	• 应用及用户位置图、软件工程图的组合； • 在实际方案中，通常会采用该制品，分析、展现用户端和系统平台部分的部署情况	参见应用协作视点
	应用结构视点制品		参见应用结构视点
	应用使用视点制品		参见应用使用视点
	应用协作视点制品		参见应用协作视点

应用接口目录（示例—园区自动化物流平台接口）见表 3.39。

表 3.39　应用接口目录（示例—园区自动化物流平台接口）

园区自动化物流平台接口	1 类元素：应用接口
物料成本导入接口	
生产计划更新接口	
工艺路线导入接口	
更新支持币种接口	
汇率转换接口	
收款核销接口	
发票导入接口	
供应方信息导入接口	
收货方信息导入接口	
创建/更新银行账户接口	
创建/更新交货号接口	
资产报废接口	
增加发运明细接口	
……	

应用/机构矩阵和角色/系统矩阵（示例—机器学习环境 RACI）见表 3.40。

表 3.40　应用/机构矩阵和角色/系统矩阵（示例—机器学习环境 RACI）

业务部门	业务角色	数据训练平台	算法建模平台	测试平台
大数据管理部门	行政管理人员	C	C	C
	数据治理委员会		C	
统计分析部门	统计分析负责人	R	R	
	机器学习工程师	A	A	A
	数据科学家	A	A	A
应用开发部门	应用开发负责人			R
	业务领域专家	A	A	
	软件工程师			A
云网调度部门	云平台管理员	A	A	A
	网络管理员	A	A	A
数据管理部门	数据系统管理员	A		
	数据安全管理员	I	I	I

应用/功能矩阵（示例—园区信息化督办表）见表 3.41。

表 3.41　应用/功能矩阵（示例—园区信息化督办表）

	授权和管理	行政办公	企业经营	主管部门	时限
企业备案登记系统	√	√		服务大厅	已完成
掌上办公系统		√		综合部门	<年/月>

续表

	授权和管理	行政办公	企业经营	主管部门	时限
企业征信分析平台	√			风控部门 法务部门	<年/月>
资信认证系统		√		风控部门 法务部门	<年/月>
数据质量控制系统		√		风控部门	<年/月>
数据加工平台		√		风控部门 科技部门	<年/月>
数据采集系统		√		风控部门	<年/月>

应用交互矩阵[示例—应用调用关系（消费方/提供方）]见表 3.42。

表 3.42　应用交互矩阵[示例—应用调用关系（消费方/提供方）]

	企业备案登记系统	掌上办公系统	企业征信分析平台	资信认证系统
企业备案登记系统	—		RPC JDBC COM+ HTTP/S	EDI XSD+XML
掌上办公系统	JSON	—	HTTP/S	
企业征信分析平台			—	
资信认证系统				—

注：RPC 全称为 Remote Procedure Call，是远程过程调用。COM 全称为 Component Object Model，是组件对象模型，而 COM+ 是 COM 更高层次的应用。

应用用例（示例—"一站式"政务服务）如图 3.72 所示。

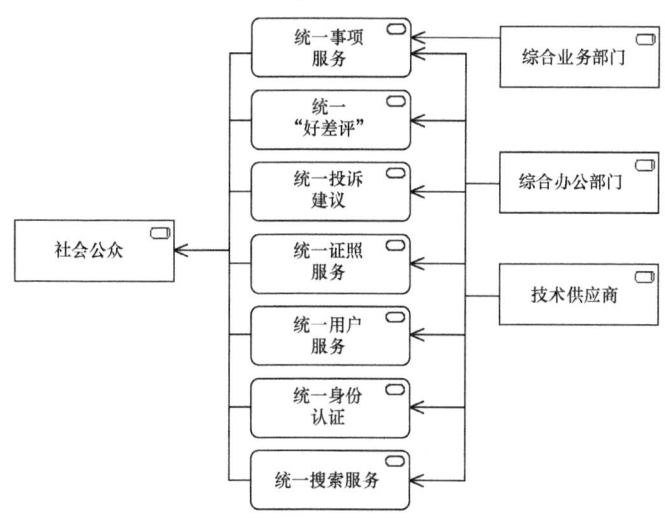

图 3.72　应用用例（示例—"一站式"政务服务）

4. 视点

数字时代应用规模、数量快速膨胀，应用类型日趋丰富，应用架构的重点、难点为整合共享。总体架构中需要确定诸多原则，相关领域架构的需求、技术要求，都需要在应用架构中——落实，因此实施难度很大。

整合共享需要打破思维惯性，存在并不一定是合理的。应用系统建设往往与特定时期、特定需求有关，但是随着内外部环境的变化，部分应用已经与实际需要脱节，需要围绕数据流动需求进行整合共享，并且按照费根鲍姆常数，在应用部分尽量将平台整合在 5 个以下，最大限度地降低互联互通的复杂度和运行风险。

（1）应用结构视点

用户：架构负责人、流程分析师、应用架构师、运维负责人。

领域：应用架构。

元素：应用接口、应用构件、应用协作、数据对象。

用途：描述应用系统（构件）之间基于应用接口的交互、集成关系。

注意：为了简化，可以忽略应用接口，只聚焦建模应用之间的关系，但从技术治理、应用集成角度，基于接口进行应用编排和组装更实用。建议应用系统（构件）之间基于接口关联。应用结构视点（元模型）如图 3.73 所示。应用结构视点（示例—园区应用系统集成）如图 3.74 所示。

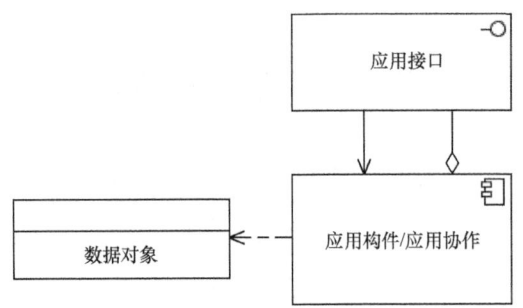

图 3.73　应用结构视点（元模型）

图 3.74 体现了园区内不同管理系统之间的集成关系，相互基于接口进行通信。各系统提供不同类型的接口，给下游应用提供更多集成选择的同时，也意味着较高的运行维护升级成本，因此企业征信分析平台和资信认证系统应考虑升级。

总体管理能力（示例—平台切换）如图 3.75 所示，考虑到现有的企业征信分析平台和资信认证系统使用的接口技术较旧，难以获得新的技术供应商支持，开发了基于成熟互联网应用协议的新平台，而企业备案登记系统因为上线较晚、技术较新，不需要升级。3 个系统进行故障排查比较困难，因此新版的企业征信管理平台具有原有企业征信分析平台和资信认证系统的功能，并根据政策要求，增加了新功能。在过渡阶段，企业备案登记系统需要同时支持新老两套系统、两套接口。

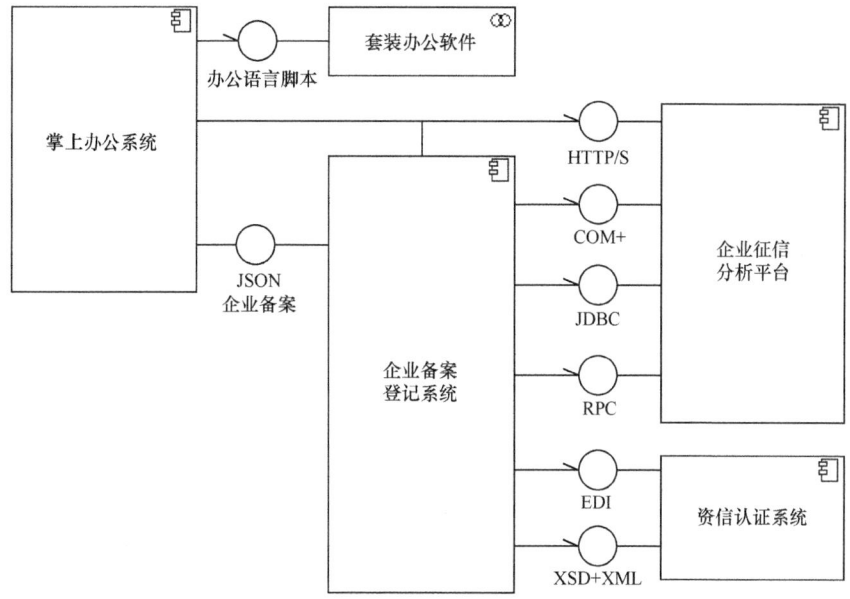

图 3.74 应用结构视点（示例—园区应用系统集成）

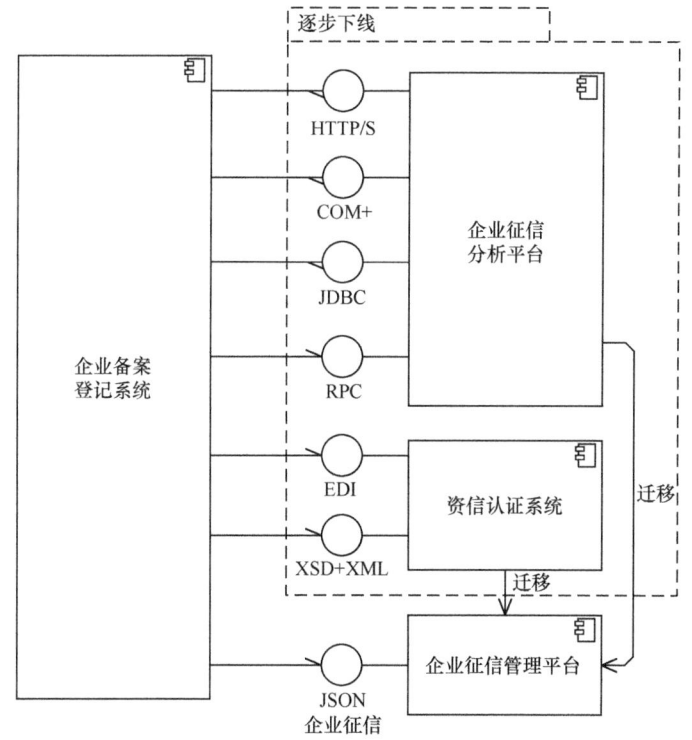

图 3.75 总体管理能力（示例—平台切换）

（2）应用使用视点

用户：架构负责人、流程分析师、应用架构师、运维负责人。

领域：应用架构、业务架构。

元素：业务流程、业务功能、业务协同、业务角色、业务协作；应用服务、应用接口、应用功能、应用交互、应用事件；业务对象、数据对象。

用途如下。

① 遵循 SOA，重点体现业务流程与应用关系。

② 主要描述两个方面的内容：应用服务如何支撑业务架构元素、上述应用服务如何被应用架构中的其他元素使用。

③ 数据架构的信息结构视点可以描述业务对象、数据对象关系，如果非特殊展示需要，不建议置于该视点。

④ 应用事件可以在应用架构的其他视点体现。

⑤ 为了避免机构职能变化对模型的影响，建议尽可能通过业务角色而非业务施动者建模。应用使用视点（元模型）如图 3.76 所示。应用使用视点（示例—企业进入园区备案的信息化支撑）如图 3.77 所示。

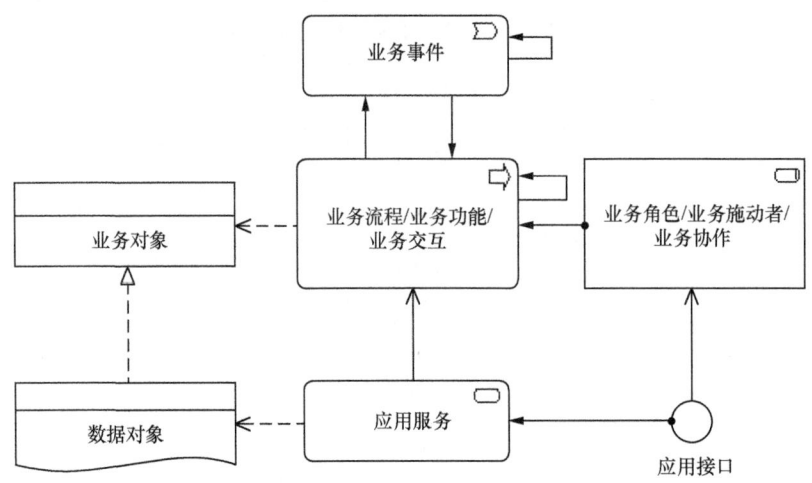

图 3.76　应用使用视点（元模型）

图 3.77 是对表 3.41 的延伸分析，重点体现以下几点。

① 园区的业务流程是否有相应的应用服务支撑。

② 园区的工作人员是否有工具（应用接口）开展工作，能否同时满足桌面和移动办公的需要。

（3）应用协作视点

用户：架构负责人、流程分析师、应用架构师、运维负责人。

领域：应用架构。

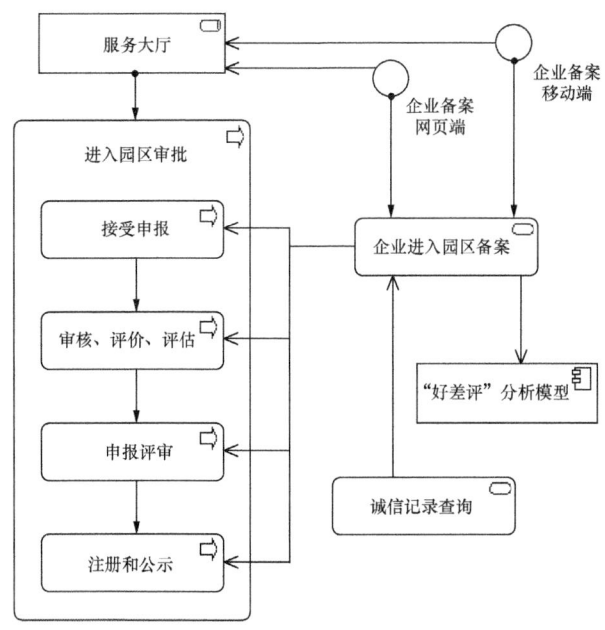

图 3.77 应用使用视点（示例—企业进入园区备案的信息化支撑）

元素：应用接口、应用构件、应用协作、应用功能、应用交互、应用服务、数据对象、位置。

用途：体现不同应用之间的交互关系、通信数据流向及其所在位置，同时也可以体现应用（或系统）内部不同应用构件之间的交互关系。应用协作视点（元模型）如图 3.78 所示。应用协作视点（示例—系统分布情况）如图 3.79 所示。

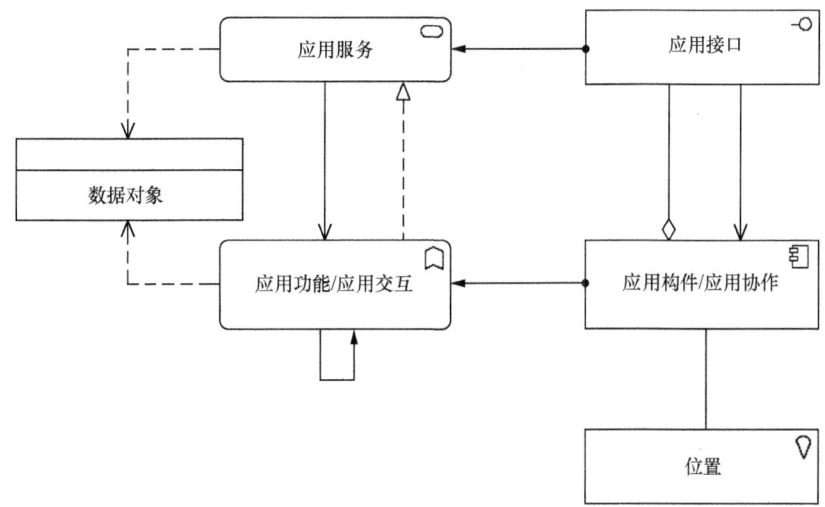

图 3.78 应用协作视点（元模型）

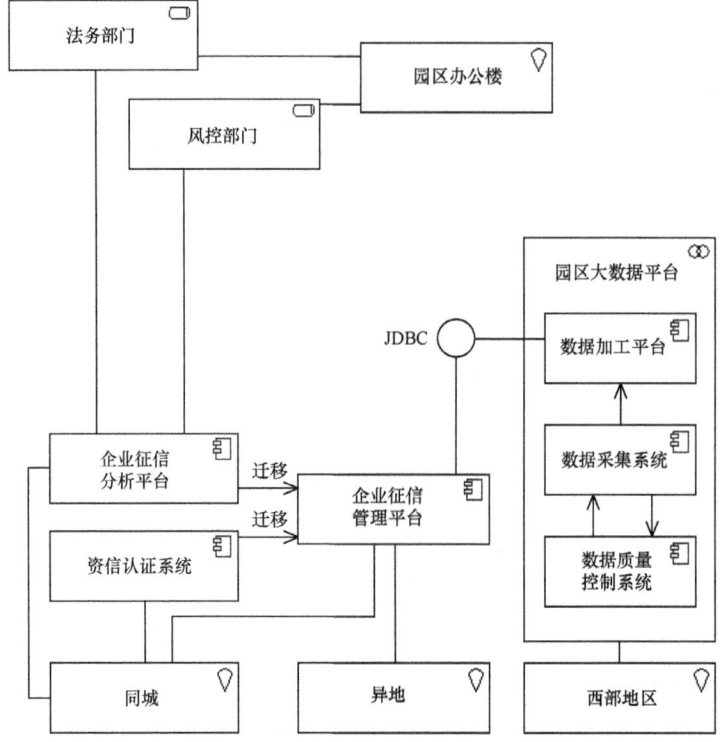

图 3.79 应用协作视点（示例—系统分布情况）

图 3.79 是对图 3.75 的进一步扩展。

① 企业征信分析平台和资信认证系统的数据分析存在部分重复建设，均部署在园区同城托管机房。

② 随着应用可靠性、安全性要求的不断提高，为了避免出现单点故障，整合后的新平台——系统企业征信管理平台增加了在异地托管机房的部署。

③ 引入大数据分析技术，作为一个独立的平台，企业征信管理平台为当前及未来相关应用系统的共享所使用。

④ 为了节省运行成本、满足减排降碳要求，将园区大数据平台部署在西部地区。

⑤ 作为扩展，根据表 3.41，企业征信分析平台的主要用户为法务部门、风控部门，模型中将这些用户的访问位置部署在园区办公楼。由于相关信息较为敏感，所以暂时不支持在其他位置（例如移动端）使用平台。

六、实现技术架构互联互通

1. 要点

近年来随着信息技术的快速发展，尤其是在各种营销宣传中，各方对于技术架构的预期越来越高，在这个过程中容易产生以下问题。

① 对于新技术的应用不满意。一方面希望获得营销中所展现的技术新特性，或者是非常好的体验感，但事实上，各方忽略了新技术对于既有业务流程和人员协作之间的影响，在打破既有习惯和使用新技术之间，往往会产生不适应，进而影响对于新技术的评价。

② 原有的架构体系缺乏弹性和灵活性，没有为新技术的引入打下良好的技术基础。技术架构在一定程度上会受制于应用系统的设计水平，加之政务系统对于数据连续性、可用性的要求较高，安全管控严格，因此在引入新技术的过程中，技术架构的设计常常是束手束脚的。但还是要把握数字政府的建设契机，将云计算、容器等技术更多地用于技术架构转型升级，使其始终保持在一个适中并且相对先进的水平。

③ 技术服务交付方式需要更加自动化。日趋严格的网络安全、数据安全要求，繁重的开发运维任务，以及对于数字政府预期的持续提升，会"层层加码"到技术平台，对最终交付部署能力提出新要求。复杂性不断提高、实施周期持续压缩，依靠人工配置交付，压力大、易出错，因此技术平台本身的自动化，即IT4IT，成为值得各方关注的架构思路。

④ 知识能力储备不足。技术架构的市场供给相对丰富，且更新换代快。在需求侧，对于技术架构中的新概念、新技术、新方法也非常旺盛。但对于实际承担技术架构建设的团队而言，有一种"乱花渐欲迷人眼"的感觉，团队自身水平是否过硬，对于甄别、组织、实施自身技术创新很重要。架构资产库、知识库、智囊团队及数字政府科研活动，是克服知识能力储备不足的重要来源。

⑤ 关注满意度的持续提升。评价技术架构的优劣，应充分参考最终用户的体验和意见，各种技术创新应用，不仅可用于政府外部行政，还可用于政府内部行政，要实现行政相对人和政府工作人员满意度同步提升的多赢局面。

技术架构对于数字政府的最终用户通常具有不可见性，因此建议在相关工作的早期，例如，规划、策划阶段，争取获得高层领导及负责项目资金的干系方支持，向他们说明技术架构的现状、问题，以及改造升级可能带来的业务收益。

此外，应该了解各部门的需求，提出技术架构改造升级的具体实施意见。由于政务信息化和数字政府建设的快速推进，技术架构的持续升级也成为常态，例如，从传统的应用集群向云计算迁移、数据库的整合、网络的迁移、引入区块链技术等，这些都会对技术架构的布局、关系、管理带来较大的调整，同时也会对科技部门的分工、技术供应商的市场销售产生影响，需要在技术架构和其他领域架构之间认真权衡。

各方对数据的认识演化也对技术架构冲击较大，大方向是集中，但近年来又趋于逻辑化，即逻辑上集中起来的数据，物理上分布在不同的地区或区域。随着权属意识的增强，数据"去中心化"、去系统化、去网系化也成为应对多方合作、建立数字互信新常态……这些对技术架构的适应性、灵活性和弹性不断提出新要求。

实施过程中,不仅要综合成本、合规、效益等因素,还应考虑以下几点因素。

① 加大自主知识产权的软硬件应用。

② 做好向国家电子政务内外网的迁移或互联。

③ 探索应用 5G、IPv6(第 6 版互联网协议)等新一代网络技术扩充网络保障服务能力。

④ 加强对机房、服务器、存储、网络等信息化资源的底账和效用管理,重点从核心业务、算法、算力、数据布局 4 个方面进行资源优化整合。

⑤ 优化预算编审工作,合理支出,加快预算执行,加强预算支出绩效评估和结果反馈。

2. 元素

对照图 2.6 和表 2.3,技术架构主要对 IT 基础设施资源的交互过程、触发机制等进行描述,重点针对云、网、仪器、设备、装备和操作系统、数据库等底层软件,以及部署上述软硬件的节点进行描述。技术架构元模型(对 SOA 基本部分的扩展)如图 3.80 所示。技术架构元素见表 3.43。

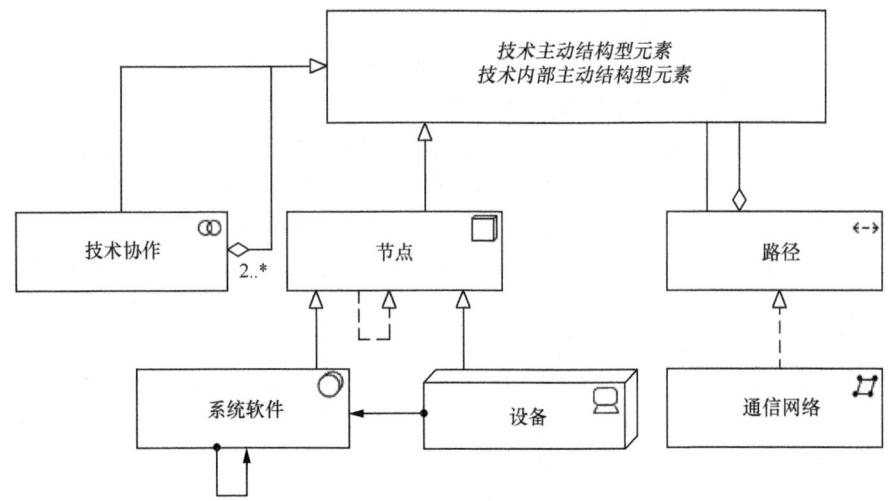

图 3.80 技术架构元模型(对 SOA 基本部分的扩展)

表 3.43 技术架构元素

元素	说明	图例
节点	可计算资源或者为可计算资源提供宿主、操作,以及与其他计算资源(及其配套物理资源)交互的物理资源。例如,机架、算力枢纽、中央处理器(CPU)	节点 节点

续表

元素	说明	图例
设备	实体IT资源,支持系统软件和制品存储、部署、执行。 例如,可编程控制器、手机、个人计算机、机器人、光电雷达、地感线圈、数字显微镜	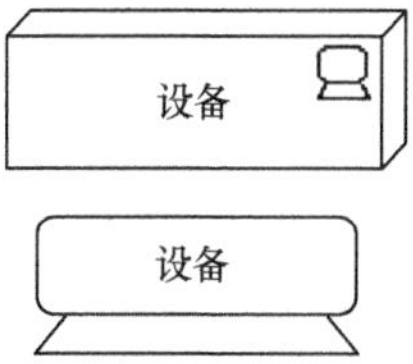 设备 设备
系统软件	为软件、数据的存储、执行、部署提供环境的软件。 一般应位于操作系统及以下层次,或者提供类似操作系统的运行环境。 例如,集成开发环境、操作系统、虚拟机软件、微服务容器、数据库引擎、网络协议包	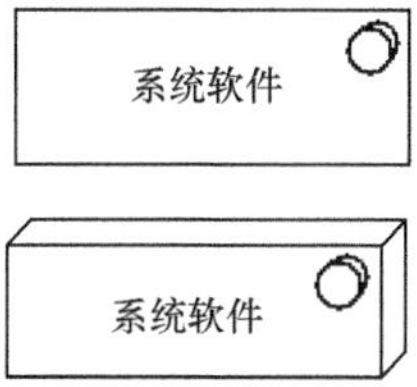 系统软件 系统软件
通信网络	连接一组节点的结构和行为,可以对数据进行传输、路由和接收,是具体的数据传输路径。 交换数据以外其他内容的路径,应尽量采用物理架构的分配网络	 通信网络
技术协作	体现整体论的元素。 可类比表3.27中的"业务协作"。 例如,软硬件一体机、无人机蜂群、自动驾驶汽车	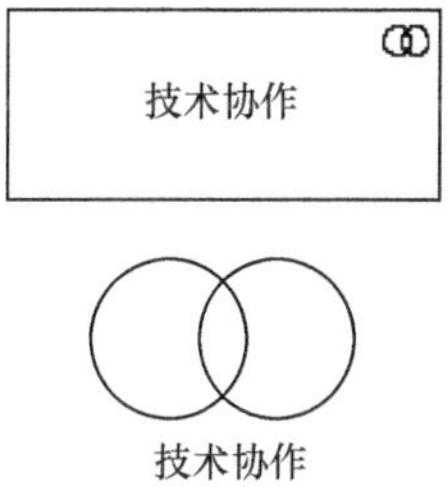 技术协作 技术协作
路径	两个或多个节点形成的逻辑链路,可以用来交换数据、能源、材料、料件等	 路径
技术接口	访问技术构件的服务接入点	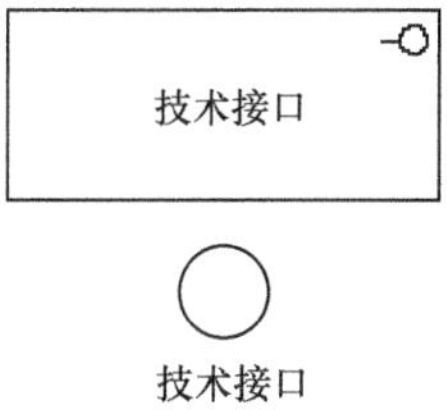 技术接口 技术接口

续表

元素	说明	图例
技术流程	实现技术结果的一系列行为	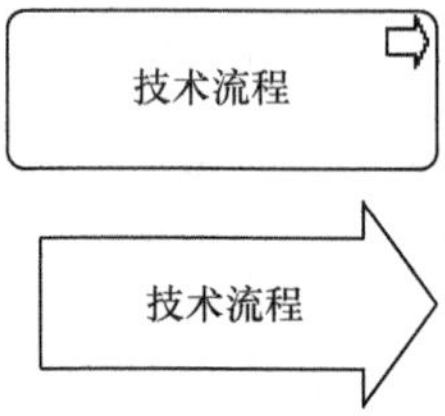 技术流程 / 技术流程
技术功能	能够被节点自动执行的行为	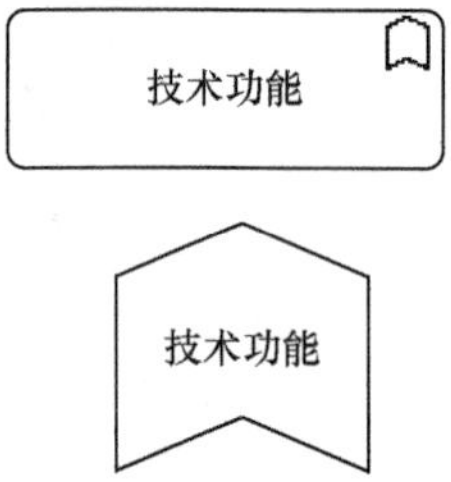 技术功能 / 技术功能
技术交互	体现整体论的元素。 可类比表 3.27 中的"业务交互"。 例如，IaaS、"陆-海-空-天"监测预警平台、智能会议系统、采编设备	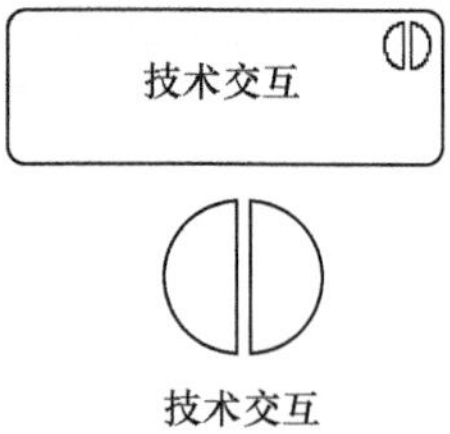 技术交互 / 技术交互
技术服务	开放的技术行为	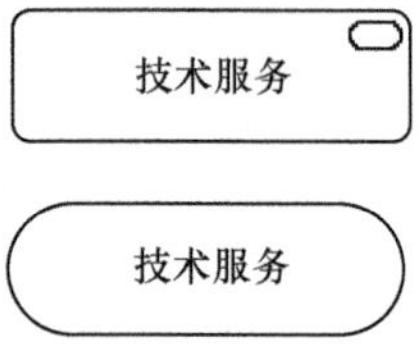 技术服务 / 技术服务
技术事件	技术状态的变化	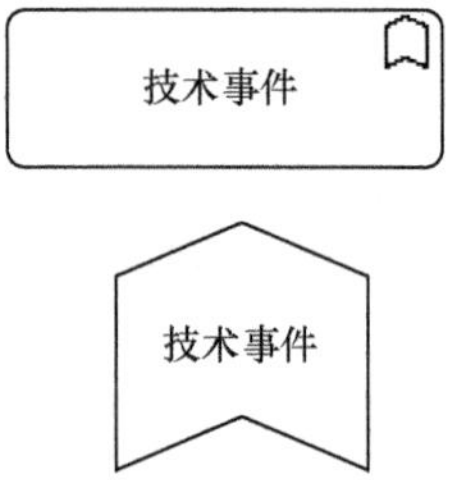 技术事件 / 技术事件

3. 制品

技术架构制品见表 3.44。

表 3.44 技术架构制品

制品		说明	主要元素
目录	技术清单、技术总目录、技术组合目录	列举本地区本部门所有技术架构元素。既可以是实际的技术构件，例如，网络设备、存储、服务器、数据中心等；也可以是逻辑或者概念层面的技术内容，例如，技术路线、网络设备分类、交换共享通道、数据备份策略等	技术架构元素，参见表 2.1
矩阵	应用/技术矩阵	技术架构元素对应用架构元素的直接支撑关系。 场景 1：如果主要为了分析跨领域架构的逻辑支撑关系，为了更好地实现 SOA 松散耦合，建议仅保留技术服务对应用架构元素的支撑关系，其他技术架构元素作为被封装的内容，不直接对外暴露。 场景 2：如果面向实际运维服务要求，需要与配置项（CI）进行更直接的映射，可以扩充更多的技术架构元素	应用架构元素、技术架构元素， 场景 1：技术服务、应用构件，参见表 3.45。 场景 2：各类技术架构元素、应用构件，参见表 3.46
图	平台分解图	各类技术服务如何支撑应用架构	参见技术视点
	处理图	1. 应用单元在技术架构宿主的部署； 2. 应用通过网络、路径完成的数据连接； 3. 应用非功能性需求设计（例如，吞吐量、容量、容灾、扩展性等）	
	网格图/网络计算硬件图	在分布式网络环境中，技术资源的逻辑部署情况。除了用于设计阶段，还可以用于： 1. 理解并开展问题和故障排查； 2. 推演基础设施升级方案； 3. 识别成本和效益可优化的领域； 4. 分析非功能性属性	
	通信工程图	1. 展示逻辑或物理区域之间的通信关系； 2. 明确网络边界、数据通信、实施措施； 3. 展示交互的数据内容、形态等	

续表

	制品	说明	主要元素
图	技术视点制品		参见技术视点
	技术使用视点制品		参见技术使用视点
	实施和部署视点制品		参见实施和部署视点

应用/技术矩阵（示例—应用平台支撑关系1）见表3.45，应用/技术矩阵（示例—应用平台支撑关系2）如图3.81所示。

图3.81是表3.45的等价制品。

表3.45 应用/技术矩阵（示例—应用平台支撑关系1）

应用平台支撑关系	2类元素：技术服务、应用构件				
	流式数据处理	内存计算	多模数据耦合分析	ETL	DaaS
经济运行风险预测平台	√	√		√	√
企业征信分析平台	√	√	√	√	

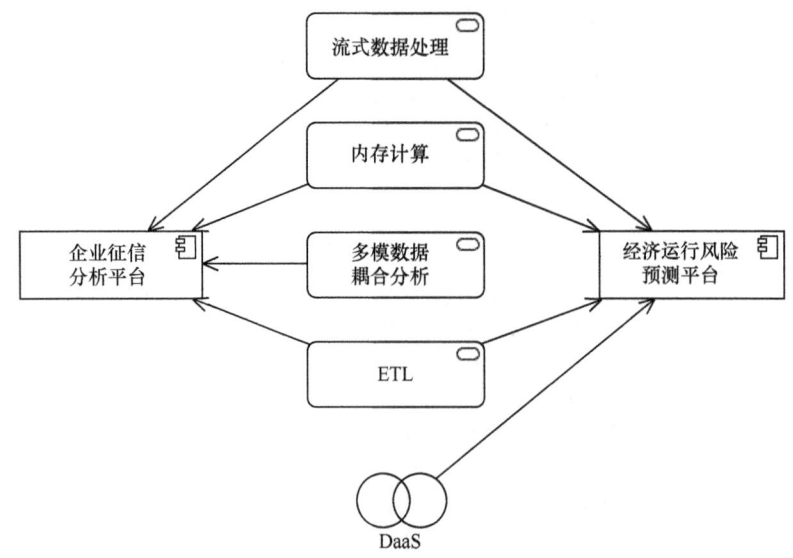

图3.81 应用/技术矩阵（示例—应用平台支撑关系2）

应用/技术矩阵（示例—应用平台配置）见表3.46。

表3.46 应用/技术矩阵（示例—应用平台配置）

应用平台支撑关系	4类元素：节点、系统软件、应用构件、应用接口		
	技术	访问路径	网段
经济运行风险预测平台	IaaS平台	政务外网	略
	分析数据库		
	数据主题库		
	数据专题库		
	内存计算软件		
	流式数据处理软件		
	DaaS接口	政务外网、地区专网、互联网	
	ETL工具	政务外网、园区专网、互联网	
企业征信分析平台	IaaS平台	政务外网、地区专网、互联网	
	分析数据库	政务外网	
	数据主题库		
	数据专题库		
	内存计算软件		
	流式数据处理软件		
	ETL工具	政务外网、园区专网、互联网	
	阶段算法软件包	政务外网	
	特征算法软件包		
	语义算法软件包		

4. 视点

（1）技术视点

曾用名：基础设施视点。

用户：基础设施架构师、运维负责人。

领域：技术架构。

元素：技术流程、技术功能、技术交互、节点、系统软件、设备、技术协作、技术接口、技术服务、制品、路径、通信网络、位置。

用途：描述技术架构元素的集成关系。

① 为了降低与应用架构的耦合性，体现 SOA 思路，建议突出技术服务，应用架构和技术架构之间以技术服务为关联，重点建模直接支撑技术服务的技术架构元素。

② 体现技术的稳定性、安全性、依存度及成本构成。

技术视点（元模型）如图 3.82 所示。技术视点（示例—园区技术基础设施集成）如图 3.83 所示。

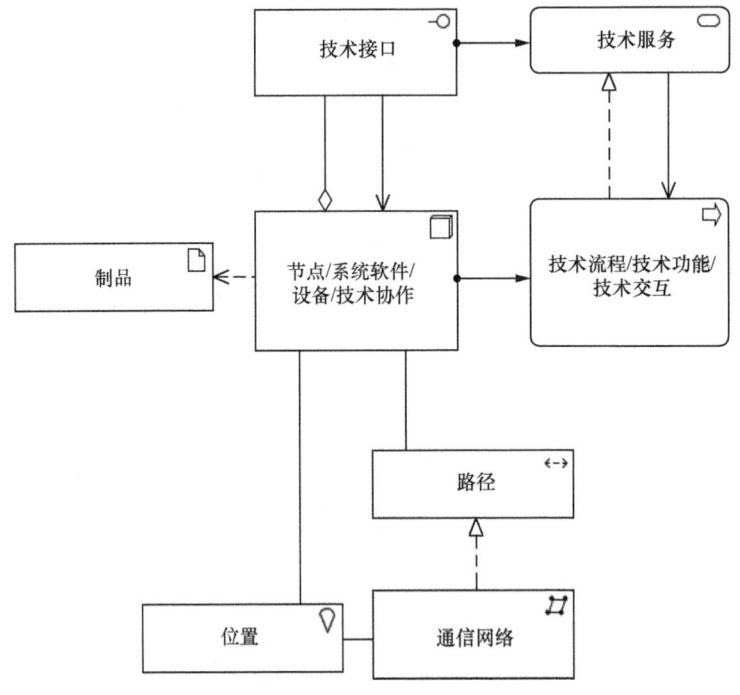

图 3.82　技术视点（元模型）

图 3.83 以图 3.79 为基础，设计技术支撑机制，具体内容如下。

① 数据分析所需计算资源峰值、弹性要求较高，因此选择使用 DaaS。它可将事务处理与数据分析节点分别部署，发挥不同类型软硬件设备特点，提高总吞吐量。

② 提供容灾备份。

③ 提供两种移动接入方式。

④ 按照应用部分的设计要求，确保移动接入与园区政务处理，通过必要的网络安全设备进行隔离。

⑤ 系统软件服务化，例如，数据库、电子签章、ETL。

⑥ 综合所传输数据及性能、安全性等需求，各信道采取了不同的通信协议。
⑦ 为了简化安全证书管理和使用，引入 PKI。

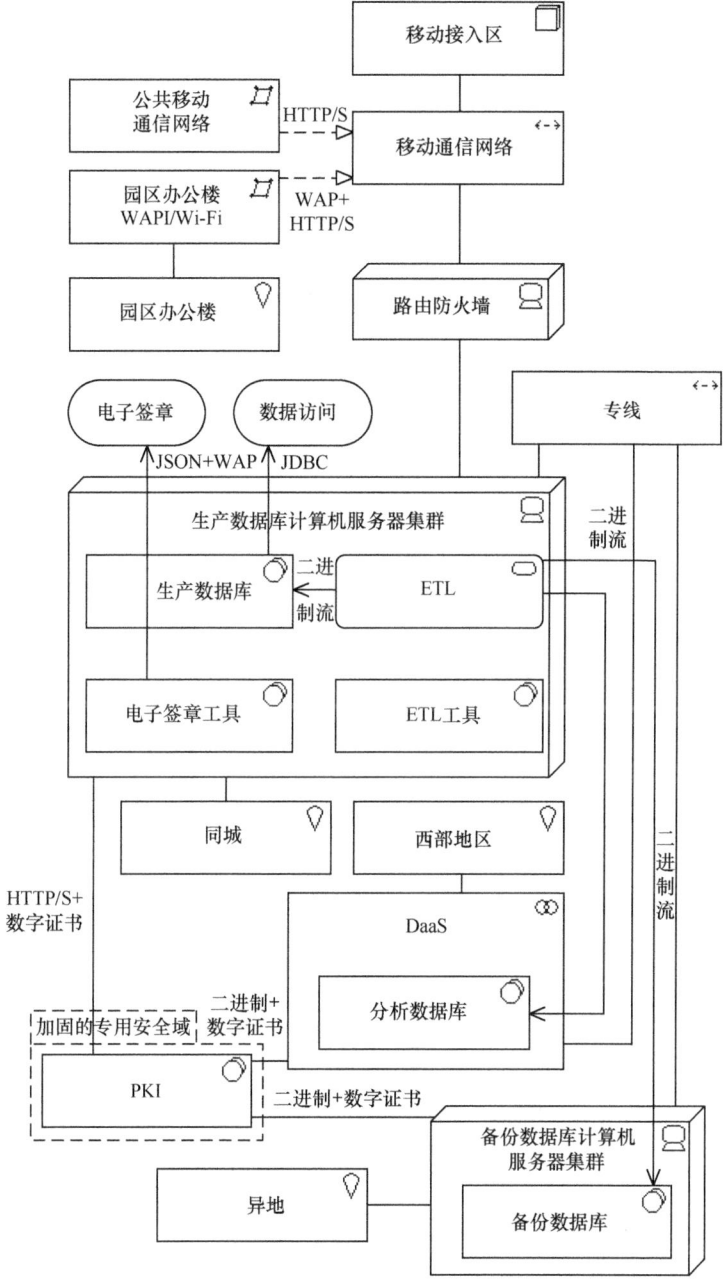

图 3.83 技术视点（示例—园区技术基础设施集成）

（2）技术使用视点

曾用名：基础设施使用视点。

用户：基础设施架构师、运维负责人。

领域：技术架构。

元素：应用构件、应用协作、应用功能、应用交互、技术接口、技术服务。

用途：描述应用架构、技术架构跨领域集成关系。

① 分析技术的依存度、性能、扩展性。

② 分析系统软硬件及设备如何支撑应用运行。

③ 建议按照 SOA 思路，跨领域集成仅保留技术服务和技术接口。

技术使用视点（元模型）如图 3.84 所示。技术使用视点（示例—园区应用支撑平台）如图 3.85 所示。

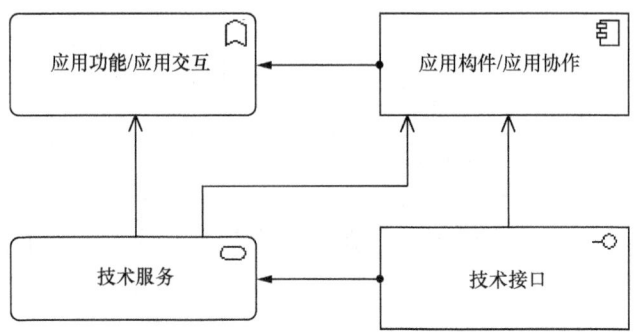

图 3.84　技术使用视点（元模型）

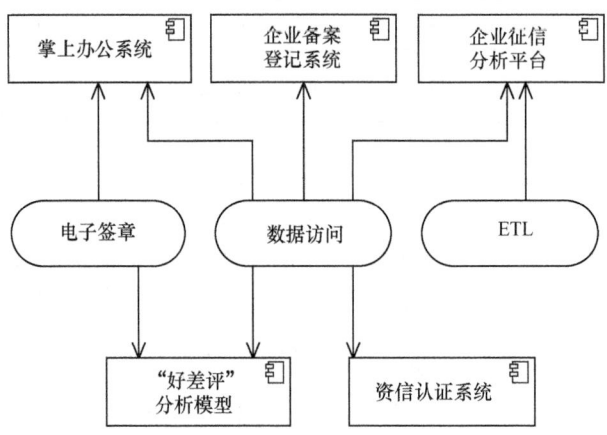

图 3.85　技术使用视点（示例—园区应用支撑平台）

图 3.85 以图 3.83 为基础，按照 SOA 思路，介绍技术服务对应用架构的支撑

关系。

（3）实施和部署视点

用户：应用架构师、技术架构师、数据架构师。

领域：技术架构、应用架构、数据架构。

元素：应用构件、应用协作、技术服务、节点、系统软件、设备、技术协作、路径、通信网络、数据对象、制品。

用途：描述应用是如何依托技术架构实现的，以及数据在技术架构上的分布。

① 重点强调静态结构非动态行为，虽然可以增加行为型的应用架构元素、技术架构元素和数据架构元素，但还是应该聚焦结构型元素。

② 技术服务可以通过对技术构件、技术接口或其他技术服务的包装实现。

③ 可以通过技术服务实现应用服务，而非技术服务不通过应用架构的直接服务业务架构。

实施和部署视点（元模型）如图 3.86 所示。实施和部署视点（示例—园区企业登记备案技术方案）如图 3.87 所示。

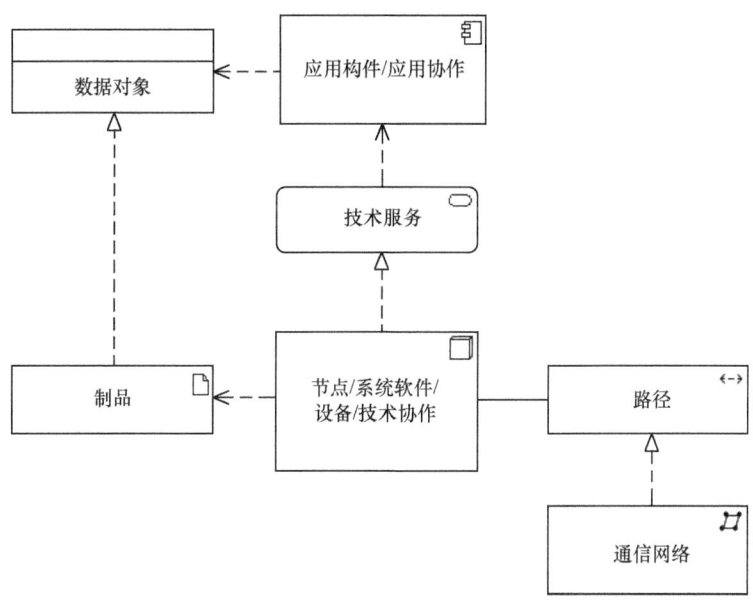

图 3.86　实施和部署视点（元模型）

图 3.87 介绍了技术架构软硬件对企业备案登记系统的支撑关系，以及企业备案数据如何在生产数据库、备份数据库和分析数据库中流转。

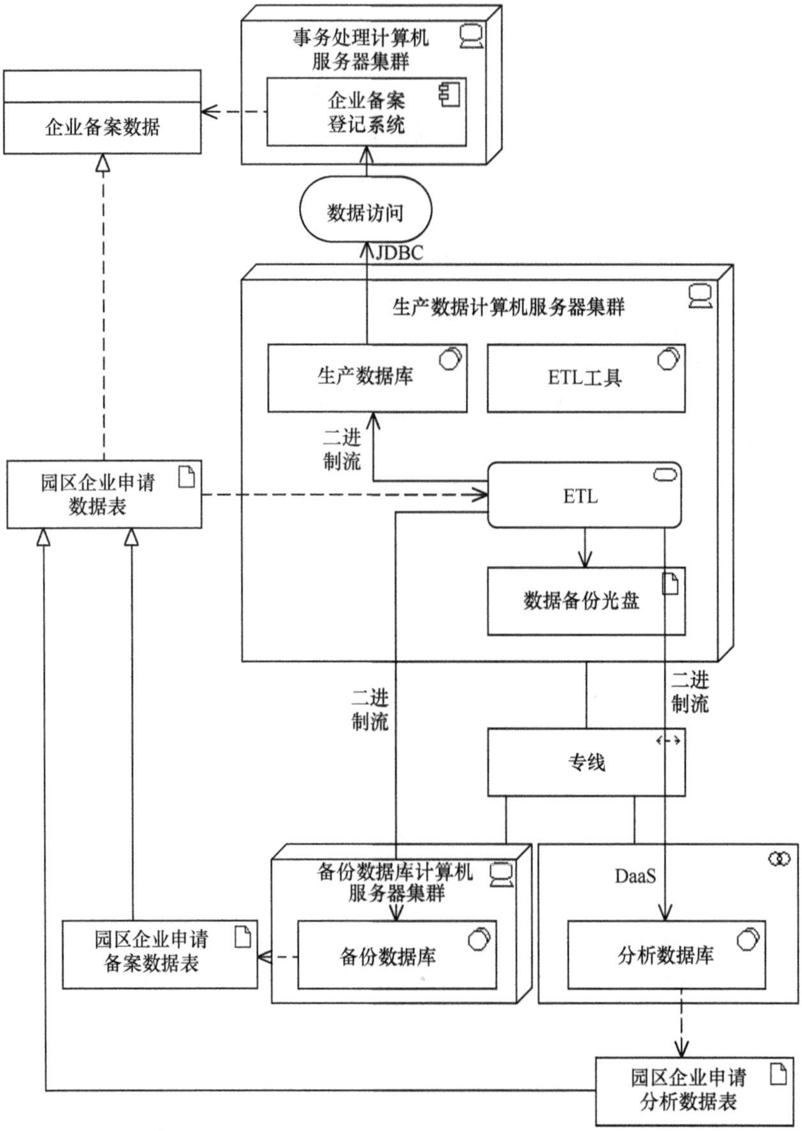

图 3.87 实施和部署视点（示例—园区企业登记备案技术方案）

七、优化物理架构设施布局

以能否直接加工处理数据为标志，我们将通常意义上的"基础设施"划分为技术架构和物理架构两个部分。但随着 ICT 的快速普及，具有数据处理能力的设施、装备逐步增多，为了建模准确，可以将提供 ICT 部分的技术架构元素（嵌入式操作系统、设备等)、应用架构元素(嵌入式应用软件、边缘算法等),与物理部分进行区分。

由于不同国家(地区)、城市甚至城市的不同区域之间,地理位置、设施条件、气候条件、功能规划等不同,因此,物理架构对于数字政府的建设运行成本、人力资源条件、可用性、稳定性、可维护性等影响较大。

以计算为例,西部地区在气候、环境、能源等方面具有优势,通过建立算力枢纽设施,依靠技术架构层面的云管理、云网协同等方式,可以为京津冀、长三角、粤港澳大湾区等东部算力需求集中地区,提供来自西部地区经济、可靠、低碳的算力保障。

1. 要点

与应用架构、技术架构中强调的高内聚低耦合不同,现实物理架构中的通道、网络的耦合性趋于增加。例如,某城市的机场高速公路上发生了一起交通事故,可能会影响城市另一端蔬菜水果的上架时间、中小学生运动会召开,也可能降低生命救援的效率。物理环境中,传感器采样频率远高于事务处理系统,而且地基、空基、天基、海基采样平台技术和制式存在较大差别,因此如何做好信号、数据、信息的同步,也需要在该阶段完成,尤其对于水、电、气、移动通信网络,需要确保关键节点、关键路径的数据链实时、高效地运行。

物理架构强调稳定性,对于指挥、资源调度、预案的自动处理的要求可能更高。例如,在数字系统中,短期出现2~3个数量级的作业负载,可以通过异步的队列、消息等方法逐步疏解,但在物理世界中,如果电压、水流、火势超过正常阈值一个数量级的负担,那么会导致物理设施的损毁。因此,保证物理架构整体系统的稳定运行较为重要。

物理架构数据的供给端通常还涉及多种信号、数据采集设备,除了常规的物联网设备,还包括多波长、窄频、多普勒、相控阵等雷达系统,进行较大空间范围内的数据采集。

物理架构数据的消费端、特定物理区域的数字化,也是物理架构的重要内容。对于城市、乡村、"陆海空铁"口岸作业现场、海外仓库等物理设施、原料/物料、供应链的数字化反映可以更好地支撑本地区本部门的规划、建设、管理、运营等工作。按照能力成熟度和技术水平,可以实现3个不同的映射层次,层次越高、数字世界与现实之间的融合越深入,对于可靠性、安全性的要求也随之增加。

① 初级:单向镜像。能够将现实世界呈现到数字政府配套管理系统中,将水利、建筑、交通、管线管廊、植被、耕地、热力给排水,道路、桥梁等以2D、3D模型展示。另外,可能需要配合数据架构、应用架构部分的模型和算法,结合镜像数据,提供缓冲区分析、空间拓扑分析、叠加分析等功能[①]。相关技术包括物联网、监控指挥中心、AI、规则引擎、流数据处理、可视化(例如信息图、数据可视化、数字沙盘等)、数字标识及寻址技术、高速互联网、虚拟现实、增强现实等。

---

① 参见CJJ/T 315—2022。

②　中级：双向镜像。能够在数字政府与现实世界之间、数字政府与关联系统之间，实现虚实世界之间的双向互动。在初级基础上，还应包括工业互联网工业控制器、智能装备设备、智能交通（物流）调度系统等。

③　高级：双向追溯。在双向镜像的基础上，还能够沿着时间轴线、叙事轴线、关系轴线（虚+实）进行追溯，并能够对拟推进事项、模拟事件进行演练和比选。在中级基础上，还应包括自学习沙盘、回放等功能。

物理架构需要在模型中体现数字和现实两个平行世界，并且要设计如何将两者形成一个紧密互联的整体。由于现实世界复杂多变，因此如何进行归集分类、标准化，并将元素特征融入数字技术的处理环境通常具有较大的挑战，加之需要在设施设计上，为人员、商品、货物、运输工具、原料、装备等的进出预留出变化的空间和并行处理通道，因此物理架构设计面临的现实问题很庞杂，并且可能存在以下典型风险。

①　时效风险。现实世界的数据采集和提取滞后、相关主题库与互联网感知数据之间的更新不及时、科层式的数据管理和联动都可能导致治理活动偏离。例如，观测天气数据更新不及时导致在暴雨天气启动城市绿地自动洒水。

②　中断风险。现实世界的资源流通调配对于数字化的依赖逐步深入，因此信息系统自身的可靠性，将对现实世界持续、有效运转带来重要影响。

③　资源风险。更精细的管理意味着几何级数的资源增加需求。随着数字技术被不断用于对现实世界的治理，可以预见相应的容量管理、第三方管理和人力资源管理要求会不断提高。

④　能力风险。发挥物理架构的管理效能在很大限度上依赖于对既往数据的分析总结提炼，因此配套的专家系统必不可少。跨界的专家资源需求，尤其是对现实世界进行AI建模学习的专家资源、具有前瞻性数字化规划设计的专家资源需求均较高。

⑤　认识风险。通常，模型仅提供单一或固定几个维度的建模分析。但现实是，随着对数字技术认知的不断深入，物理环境中相关管理要求、治理手段、服务内容持续增加，需要能够动态地扩展更多维度，例如，陆续增加消防、应急保障、疏解聚集性事件等维度。

⑥　材料风险。基础设施建设中采用的材料、工艺，无法满足高负荷作业和大型运输工具、工程机械的通行和作业需要。例如，某地区原有桥梁只适合轻型卡车通过，但随着地区电子商务、展览服务产业的快速发展和商品需求的快速增长，此地区桥梁无法满足重型货车甚至火车的通行需要。

⑦　在物理架构中还可以考虑安全生产相关内容的建模，突出技术管控措施，例如，对危险品、违禁品等区域的隔离防护措施。

2. 元素

连接数据架构的建筑信息模型（Building Information Model，BIM）、城市信息模型（City Information Model，CIM）数据，能够对2D、3D模型信息进行查询、绘制、剖切、测量、编辑等。

配套的数据可能包括配备了物联网感知设备的建筑、气象、交通、环境、市政设施、安防等内容,同时包括国土、水资源、房屋地产、地质等数据,以及法人、人员数量等数据。对于涉及能耗评估事项,还包括结构化的建筑、办公设备、空调、电梯(扶梯)、照明等数据[①]。物理架构元模型如图3.88所示。物理架构元素见表3.47。

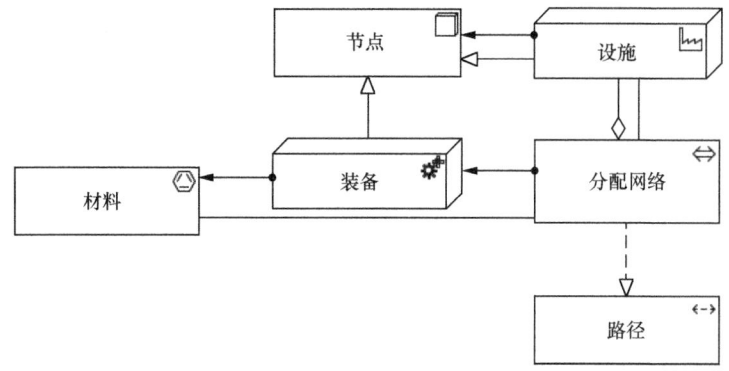

图 3.88　物理架构元模型

表 3.47　物理架构元素

元素	说明	图例
材料	有形的物质或能源。 例如,水泥、钢筋、纸、煤炭、食品及生活必需品、燃气、电能、水、汽油	材料 材料
装备	生产、使用、存储、移动、转换"材料"的物理机器、工具、仪器。 例如,眼镜、显微镜、火车、飞机、空调、水尺、仪表、投影仪	装备 装备
设施	物理结构或物理环境。 例如,城市基础设施、建筑物、构筑物、消防站、科研基地、水坝、机房、电厂、矿井	设施 设施

---

① 参见CJJ/T 315—2022。

续表

元素	说明	图例
分配网络	用于传输"材料"的物理网络。例如，物流网络、供应链、电网、水系、风光电太阳潮汐等能源、输油管道、高速公路、航线网络	分配网络 ⇔

3. 制品

实施和迁移制品见表3.48。

表3.48 实施和迁移制品

制品		说明	主要元素
目录	位置目录	即逻辑或物理的位置	位置，参见表2.16、表3.49
矩阵	容量矩阵	设施、装备、分配网络中的材料容量。容量指可承载、实际存储、潜在储量、生产、使用等	物理架构元素、位置及核心元素，参见表3.50
图	环境位置图	技术架构支撑应用的宿主位置	参见图3.83
	应用与用户位置图	可以与环境位置图配合，进一步向业务架构追溯，分析支撑业务主客体（包括业务流程、业务功能、业务交互；业务服务、业务接口；业务施动者、业务角色、业务协作等）实际运行的技术宿主位置 *随着国内外网络、数据相关法律的陆续出台，数字业务的运行位置和数据流经、流向，都是重要的法律因素，因此该制品格外重要	参见图3.79
	物理视点制品		参见物理视点

位置目录（示例—计算中心位置）见表3.49。

表3.49 位置目录（示例—计算中心位置）

计算中心位置	1类元素：位置

计算中心办公区
- 综合办公区域
-- 位置1
- 监控指挥中心
-- 位置1

续表

—— 位置 2
- 服务接待窗口
—— 位置 1
—— 位置 2
- 数据分析中心
—— 位置 1
—— 位置 2
—— 位置 3
- 研发中心
—— 境内
———— 位置 1
———— 位置 2
———— 位置 3
—— 境外
———— 位置 1
———— 位置 2
……

容量矩阵(示例—2020年主要能源消耗)见表3.50。

表 3.50 容量矩阵(示例—2020年主要能源消耗) 单位:千兆英热单位

2020年主要能源消耗	2类元素:物料(能源)、业务功能(产业)			
	居民	商业	工业	交通
石油	8.3	3.8	69.6	108.4
天然气	21.0	8.7	54.8	4.7
煤	4.1	1.6	63.1	0.0
电	22.2	17.7	36.5	1.7
可再生能源	1.4	0.2	17.9	

注:1英热单位 ≈ 1055.06焦耳。

4. 物理视点

用户:架构负责人、运维负责人、技术架构师、用户、主要干系方。

领域:实施和迁移。

元素:节点、路径、装备、设施、分配网络、材料。

用途:

① 介绍物理的工具、机械、装备、仪器、设备等制造、使用、转化各类材料的过程;

② 介绍相关生产要素(含数据要素)的关联情况;

③ 介绍发生物理活动的设施和位置。

物理视点（示例—园区规划）如图 3.89 所示。

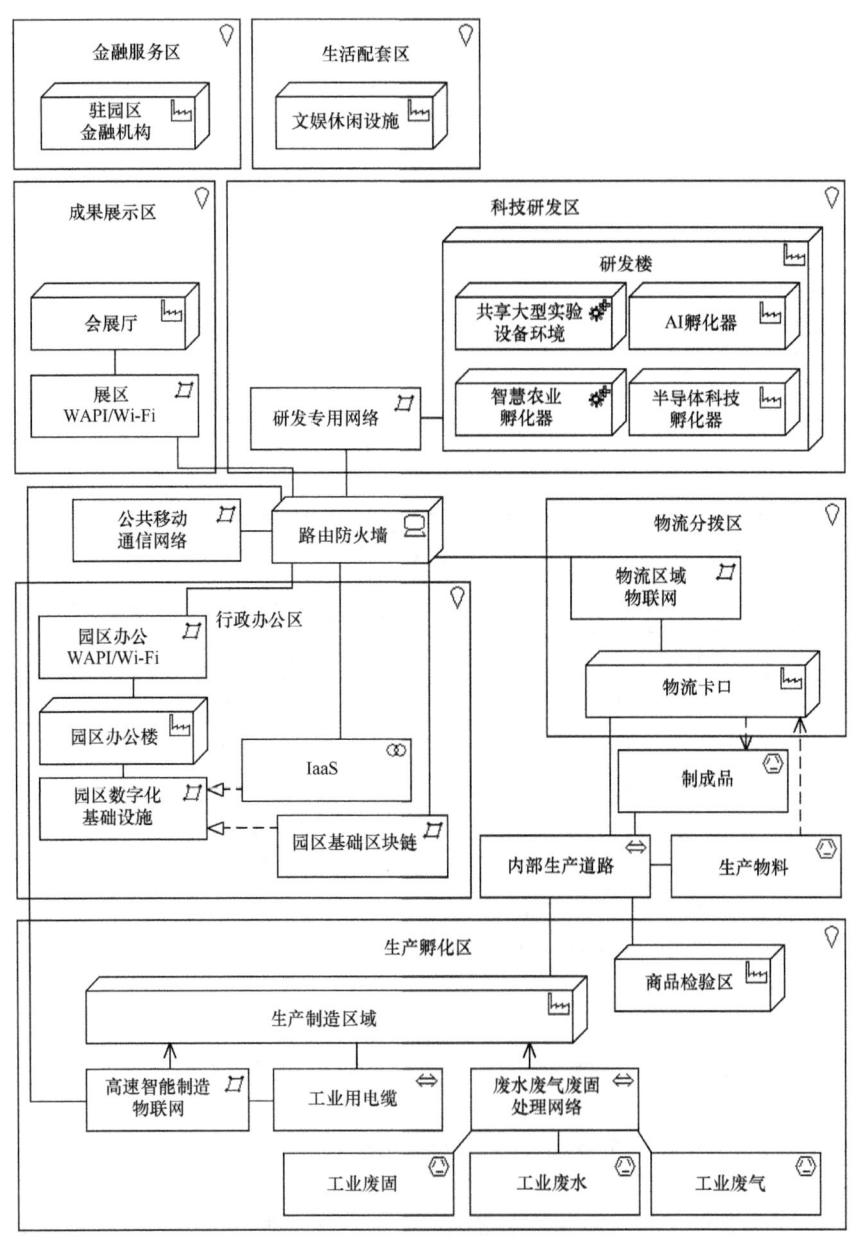

图 3.89 物理视点（示例—园区规划）

图 3.89 介绍了整个园区的规划情况，具体如下。

① 园区划分了科技研发、生产孵化、行政办公、物流分拨、成果展示、金融服务、生活配套等区域。
② 生产孵化区域内除了有专门电力供应，还针对工业生产中产生的废水、废气、废固设置专门的处理网络，为了方便生产，将厂房、车间等生产设施与商品检验设施置于同一区域。
③ 生产物料、制成品进出园区时统一经过卡口。为了不干扰园区其他的活动，物流分拨区与生产孵化区通过园区专门的内部生产道路进行连接。
④ 行政办公区设有办公楼，配有无线网络，且建立了专用的数字化基础设施，包括小规模的 IaaS 和区块链服务，为园区内企业，特别是处于孵化阶段的企业，提供低成本甚至免费的公共数字化服务。
⑤ 在科技研发区的研发楼中，针对园区的 3 个重点产业设置了孵化器，提供了大型科研仪器共享租用服务。另外，为了保证科研数据、科研资料的安全，单独设置了科研专用网络，配置不同的防病毒木马、访问控制、授权、安全等策略。
⑥ 成果展示区作为对外接待区域，使用独立的无线网络。
⑦ 金融服务区、生活配套区也建设了相应的设施。

八、确保安全架构主动防护

安全防护是保证数字政府高效平稳运行的技术底线。数字政府领域需要遵循规定的保护要求。以等级保护为例，从 1994 年开始进入酝酿期，至 2022 年经历近 30 年的发展，等级保护的技术框架、法律规则体系也在持续演进。规则演进视点（示例—等级保护制度的发展历程）如图 3.90 所示。

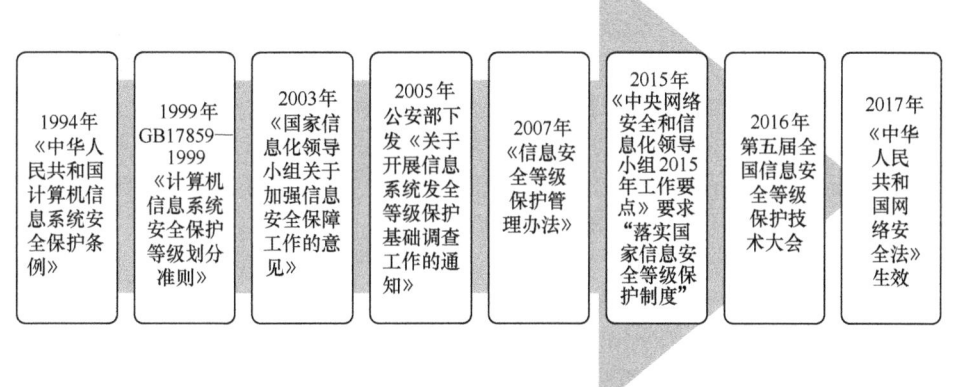

图 3.90 规则演进视点（示例—等级保护制度的发展历程）

数字政府的网络安全正逐步从被动防御向主动防御过渡，有条件的地区和部门应在法律、技术、管理、环境支持的条件下，尝试向震慑的层次迈进，这样不仅能够锁定攻击方来源和身份、阻遏攻击行为，还可以打断攻击方及其生态所构建的恶性产业链，逐步迫使现实或潜在的攻击方从不能有效攻击向不敢攻击，甚至放弃攻击转变。不过，这对于数字政府自身的风险分析能力、风险防控能力和对抗能力提出了更高的要求，正所谓"反者道之动，弱者道之用"，若要达到震慑的效果，需要自身经常处于一定烈度的"红蓝对抗"过程，经常处于一定规模风险中。

1. 要点

面对异常复杂的网络环境，不能依靠"打补丁"，在组织机构、制度规范、技术标准、安全方案、防护体系、运行评估等方面，需要与数字政府建设同步，甚至适当超前布局。

① 按照"零信任"要求建立网络安全体系。

② 深化密码技术、应用及身份管理系统、主机入侵检测等产品的应用。其中，密码是实施安全措施的关键技术，对于涉及面向公众的政务服务、面向国际合作的在线联网事项，要重点加强对于商用密码的分析、评估、验证和整改。

③ 定期开展网络渗透测试并整改漏洞，逐步缩小攻击面（暴露面）。

④ 加强对科技自身整个供应链的安全管理。

⑤ 为各类信息化资产建立系统特征码，强化基于特征码的运行维护精细化管理，特别是对于关键基础设施相关构件的安全性评估。

⑥ 对跨网络、跨域活动的穿透式跟踪、监控。

⑦ 突出准入准出环节的管控和审计。

网络安全态势严峻，我们应该注意以下风险。

① 未能对数据可能遭到的篡改、破坏、泄露，以及非法获取、非法获利等行为，提供必要的遏制、监控、阻断、消除影响等措施[①]。

② 未在产生、使用、交换过程中，对重点领域的数据与其他数据区别对待，并提供足够的防护措施，特别是涉及对外共享、跨境传输等环节的防护措施。

③ 缺乏应急预案，考虑自然或人为因素可能导致本地区本部门部分甚至所有骨干信息系统瘫痪，需要对数据、网络、应用、技术支持，以及运行管理资源进行必要的备份，确保可以在应急条件下保证基本的通信处理内容，并在影响因素排除过程中和排除之后逐步恢复正常。

④ 对于算法演化缺乏预判，应加强对算法参数选取、变量设置以及训练、演化、学习过程的管控，避免算法出现有违设计初衷的歧视性倾向和服务盲区。

⑤ 缺乏销毁机制，针对相对有限的预算和资源，为了保持数字政府自身更好的服务响应效果，需要设计软硬件和数据的销毁机制，明确责权和处理规则，做好记录。

---

① 参见《工业和信息化领域数据安全管理办法（试行）》（公开征求意见稿）。

2. 元素

对照图 2.6 和表 2.3，安全架构以风险管理为主线，遵循规定保护要求，参见 ISO/IEC 27000 系列标准，针对不同的安全域进行管控和分析[①]。根据技术标准对安全架构元素进行扩展[②]。安全架构元素扩展方式如图 3.91 所示，安全架构元模型如图 3.92 所示，安全架构元素见表 3.51。

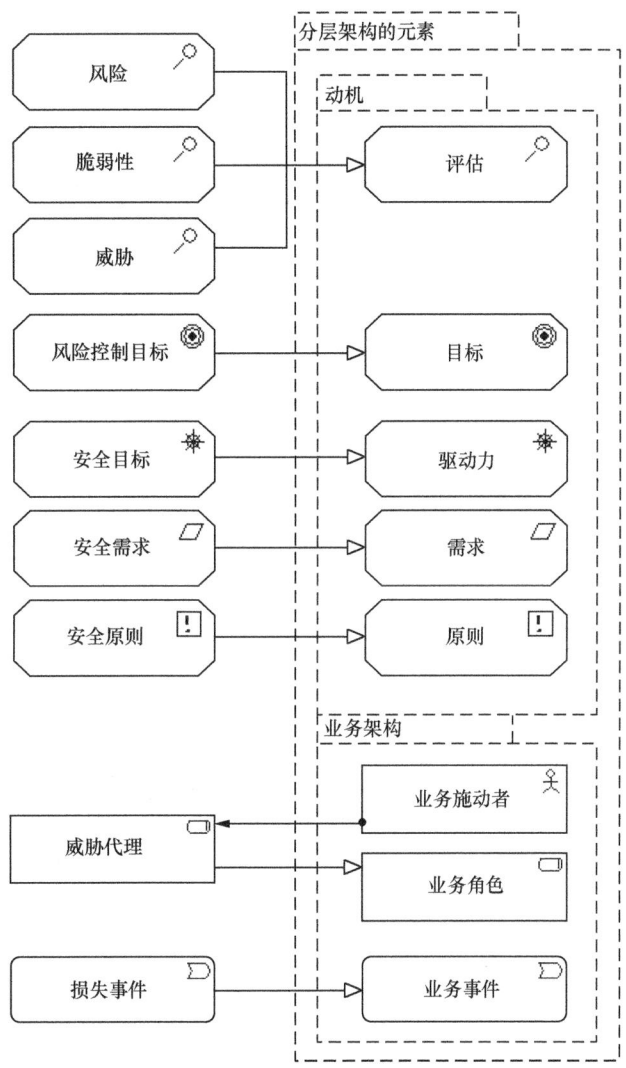

图 3.91　安全架构元素扩展方式

---

① 参见 ISO/IEC 27000:2018、ISO/IEC 27001:2013。
② 参见 ISO/IEC 27000:2018、ISO/IEC 27001:2013、ISO/IEC 27002:2013。

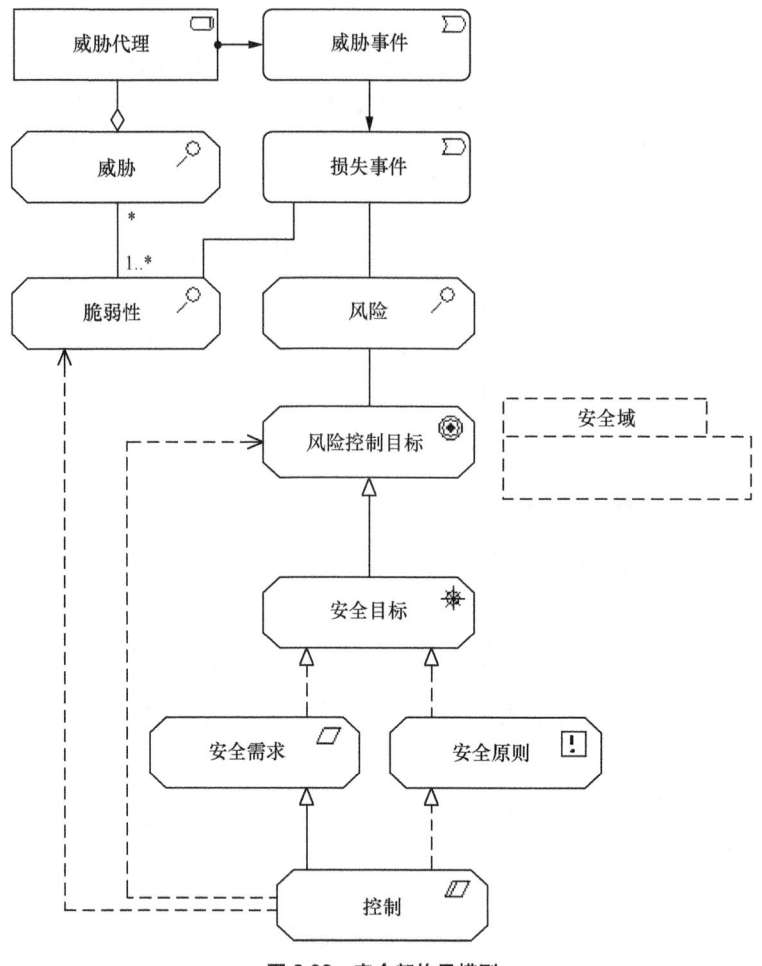

图 3.92 安全架构元模型

表 3.51 安全架构元素

元素	说明	图例
威胁	可能破坏资产的潜在攻击或事件	威胁 威胁
威胁代理	有能力导致资产损失的对象、物质、个人及团体	威胁代理 威胁代理

续表

元素	说明	图例
威胁事件	可能对资产产生不利影响的事件	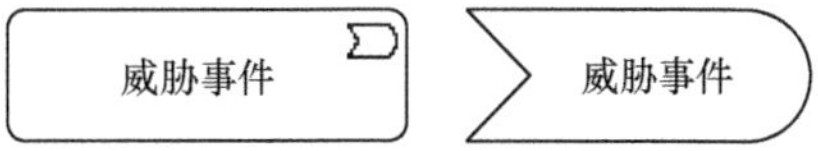 威胁事件 / 威胁事件
损失事件	资产丧失或损害的情况	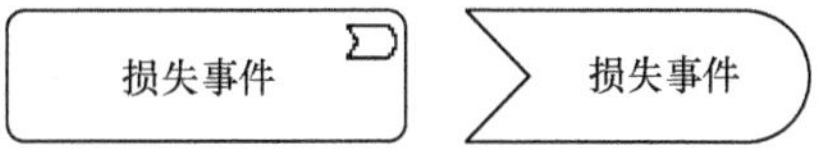 损失事件 / 损失事件
脆弱性	资产无法抵抗威胁代理相关行为的可能性，或者可以被攻击方用于威胁资产价值的弱点	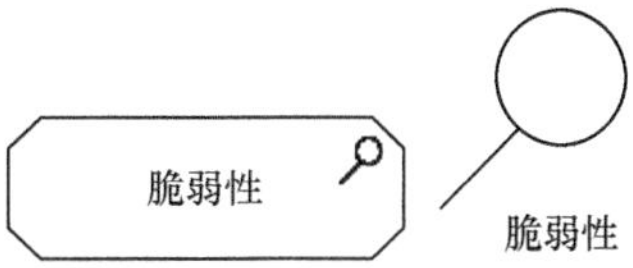 脆弱性 / 脆弱性
风险[①]	损害发生概率及影响程度的组合	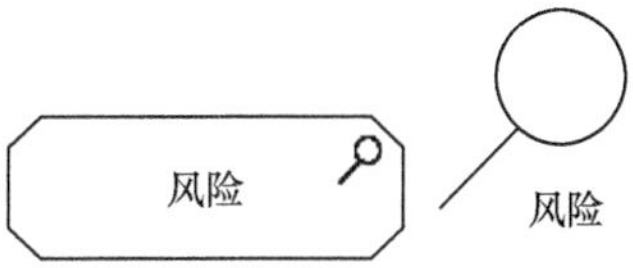 风险 / 风险
风险控制目标	对所识别风险的意向决策表达，例如，需求阶段风险点识别＞90%；上线时已知类型跨站脚本攻击为0；抵抗饱和式攻击＞4小时	 风险控制目标 / 风险控制目标
安全目标	资产安全性需要的属性或约束，属性或约束可以是多方面的，例如，CIA 模型	 安全目标 / 安全目标
安全需求	风险迁移决策的精练表述	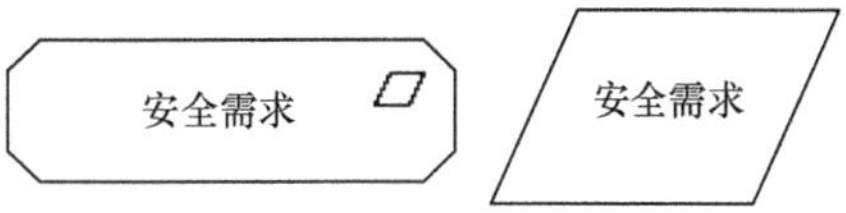 安全需求 / 安全需求

---

① 参见ISO 14971:2019

续表

元素	说明	图例
安全原则	系统适用安全属性的正式声明	安全原则　　安全原则
安全域	受到同一套安全策略管辖、具有相同安全级别的资产组合	安全域

注：CIA 指 Confidentiality, Integrity, Availability, 保密性、完整性、可用性。

3. 制品

安全架构制品见表 3.52。

表 3.52　安全架构制品

	制品	说明	主要元素
目录	安全原则目录	安全架构事项应遵循的原则	合约，参见表 3.53
	安全标准目录	遵从的安全技术标准	合约，参见表 3.54
	风险目录	所面临安全风险的记录	风险，参见表 3.55、表 3.56
	数据分类分级目录	从安全交付视角对数据进行分类分级。例如，《中华人民共和国数据安全法》中的核心数据目录、重要数据目录等；形式上根据《中华人民共和国个人信息保护法》，包括以电子及其他形式保存的记录	数据架构元素、材料，可以在表 3.18 中数据实体目录、数据构件目录的基础上，扩展安全分类分级属性、数据载体等
	安全策略目录	由于难以覆盖所有安全实施细节，为了简化安全管理，可以考虑采用基于策略的方式，明确要求而不是明确具体做法	约束（安全策略），参见表 3.57

续表

	制品	说明	主要元素
目录	账号目录	按照信息系统安全分类分级情况，梳理账号： 1. 账号本身是一类较为敏感的特殊数据； 2. 由于数字政府建设运行参与机构众多，运维阶段的生命周期通常大幅超过建设阶段，随着远程办公、移动办公的普及，在整个信息安全工作中，对账号的及时动态管理作用凸显； 3. 该目录是安全管控中的重要工具	数据对象（账号），参见表3.58
	安全资源目录	对专业部门或自身验证可靠的安全资源归集分类，包括机构、服务、产品、人员等	核心元素，参见表3.59
矩阵	活动/脆弱性/威胁矩阵	活动中呈现的脆弱性及可能面临的威胁。该内容应作为知识库的重要安全参考依据	业务流程、业务功能、业务交互、脆弱性、威胁，参见表3.60
	对策矩阵	应对威胁、风险的控制措施。 将自身及业界安全知识纳入知识库，可用于动态实施网络攻防推演、差距分析，并根据发现的差距，通过引入外援、开展科研攻关、实施加固等，及时补齐短板	威胁、风险、控制（措施）及核心元素，参见表3.61
图	脆弱性影响分析图	分析脆弱性跨领域架构的影响链条。 对政府而言，进行社会经济生活领域战略架构、业务架构的脆弱性分析，也是政策研究的重要内容，并为动机提供驱动力输入	安全架构元素、核心元素，参见图3.93、图3.94
	防控措施图	明确脆弱性产生原因，实施必要的控制措施，可以用于差距分析、查找并列明问题	脆弱性、控制、核心元素，参见图3.95
	防御型威胁建模视点制品		参见防御型威胁建模视点
	攻击型威胁建模视点制品		参见攻击型威胁建模视点

安全原则目录（示例—安全保护原则）见表3.53。

表 3.53　安全原则目录（示例—安全保护原则）

安全保护原则	1 类元素：合约
基本原则 - 自主保护原则 - 重点保护原则 - 同步建设原则 - 动态调整原则 架构设计原则 - 角色分离原则 - 权限互斥原则 实施原则 - 分等级保护原则 - 分等级监管原则 - 安全产品分等级管理原则 - 安全事件分等级响应原则 ……	

安全标准目录（示例—等级保护 2.0 主要标准）见表 3.54。

表 3.54　安全标准目录（示例—等级保护 2.0 主要标准）

等级保护 2.0 主要标准	1 类元素：合约
上位文件 -《网络安全等级保护条例（征求意见稿）》 等级保护 2.0 主要标准 - GB 17859—1999（上位标准） - GB/T 25058—2019 - GB/T 22240—2020 - GB/T 22239—2019 - GB/T 25070—2019 - GB/T 28448—2019 - GB/T 28449—2018 ……	

风险目录（示例—安全开发风险清单）见表 3.55。

表 3.55　风险目录（示例—安全开发风险清单）

安全开发风险清单	1 类元素：风险
安全开发 - 系统破坏 - 信息窃取 - 远程控制 - 诱骗欺诈 - 恶意扣费	

续表

- 资费消耗
- 恶意传播

安全生命周期
- 恶意程序
- 侵害用户权益
- 安全漏洞
- 规避安全检测
……

风险目录（示例—安全风险事件）见表3.56。

表3.56 风险目录（示例—安全风险事件）

安全风险事件	1类元素：风险
类别	说明
恶意程序	蠕虫、木马、僵尸网络、病毒等
网络攻击	漏洞、网络钓鱼、技术后门、拒绝服务等
数据破坏	数据篡改、泄露、窃取等
非法内容	违规内容、煽动炒作敏感问题、破坏社会稳定和公共安全等
设施设备	硬件设备、物理设施、工作环境的破坏、损坏等
自然灾害	
其他	

安全策略目录（示例—云服务安全访问策略清单）见表3.57。

表3.57 安全策略目录（示例—云服务安全访问策略清单）

云服务安全访问策略清单	1类元素：约束（安全策略）

1 用户启用多重身份认证
1.1 所有特权用户启用多重身份验证
1.2 所有非特权用户启用多重身份验证
1.3 没有访客（Guest）用户
2 所有用户实施密码重置管控
2.1 确保重置口令所需因素个数=2
2.2 密码重置时通知用户
2.3 管理员重置自身密码时通知所有管理员
3 所有用户邀请实施安全管控
3.1 只有管理员可以邀请其他用户加入
3.1.1 成员不可以邀请其他用户加入
……

账号目录(示例—账号分类分级清单)见表 3.58。

表 3.58 账号目录(示例—账号分类分级清单)

账号分类分级清单			1 类元素:数据对象(账号)			
等级	领域架构	账号	资源部门/业务部门	系统管理部门	安全管理部门	审计管理部门
三级	应用	企业备案登记系统用户账号	服务大厅			
		企业征信管理平台用户账号	风控部门、法务部门			
	数据	数据加工平台用户账号	研究部门			
		数据加工平台系统账号	科技部门			
		生产数据库管理员账号	科技部门			
		生产数据库查询账号	科技部门			
		备份数据库管理员账号	科技部门			
	技术	ETL 工具用户账号	科技部门			
二级	应用	掌上办公系统用户账号	全员			
		企业征信分析平台用户账号	风控部门、法务部门			
		资信认证系统用户账号	风控部门、法务部门			
	数据	数据质量控制系统用户账号	风控部门			
		数据采集系统用户账号	风控部门			
	技术	电子签章工具用户账号	全员			
		电子签章工具管理员账号	综合部门			

注:根据表 3.41 扩展。

安全资源目录(示例—安全评测公告)见表 3.59。

表 3.59 安全资源目录(示例—安全评测公告)[①]

安全评测公告			1 类元素:业务施动者			
安全领域	安全板块	等级	名称	认证时间	有效期	状态
安全服务机构	安全工程	一级				
		一级				+
		一级				
		二级				#

---

① 参考中国信息安全测评中心服务资质测评公告附表格式。

续表

安全领域	安全板块	等级	名称	认证时间	有效期	状态
安全服务机构	安全工程	二级				
		二级				
		三级				
	风险评估	一级				
		二级				
		三级				
	安全开发	一级				#
		二级				#
		三级				+
认证安全人员	安全工程					+
						+
	安全开发					+
						+
						+
	安全治理					+

注：状态参见 ISO/DIS 9735-10:2021。

活动/脆弱性/威胁矩阵（示例—数据生命周期脆弱性矩阵）见表 3.60。

表 3.60　活动/脆弱性/威胁矩阵（示例—数据生命周期脆弱性矩阵）

数据生命周期脆弱性矩阵	2 类元素：业务流程、脆弱性				
	未分类分级	无规范流程	无操作记录	未加密	能力不足
采集	√	√	√		
传输		√		√	√
存储	√	√	√		√
分析		√	√		√
交换	√	√	√	√	√
销毁	√				

对策矩阵（示例—移动办公残余风险跟踪）见表 3.61。

表 3.61 对策矩阵（示例—移动办公残余风险跟踪）

移动办公残余风险跟踪表		2 类元素：风险、控制		
安全域	风险	控制	状态	完成时限
安全开发	诱骗欺诈	会话安全		已完成
		传输过程安全		已完成
		身份鉴别	#	<年/月>
		权限管理		已完成
	第三方风险植入	发布安全	#	<年/月>
	集成漏洞	异常处理		<年/月>
		第三方组件安全审查	+	<年/月>
		软件白名单		已完成
安全生命周期	规避安全检测	发布审核		已完成
	侵害用户权益	需求评审	+	<年/月>
		威胁建模	|	<年/月>
		安全测试	+	<年/月>
		代码版本管理	#	<年/月>
		安全更新	|	<年/月>
		运行状态检测		<年/月>

注：状态参见 ISO/DIS 9735-10:2021，"|"表示修改描述。"+"和"#"的含义见表 3.19。

作为一个纵向架构，安全架构除了可以使用表 3.51 中的本领域元素，还可以结合相关领域架构，针对威胁、脆弱性、风险、控制、目标、需求、原则等内容进行建模。脆弱性影响分析（示例—园区安全加固需求分析）如图 3.93 所示。

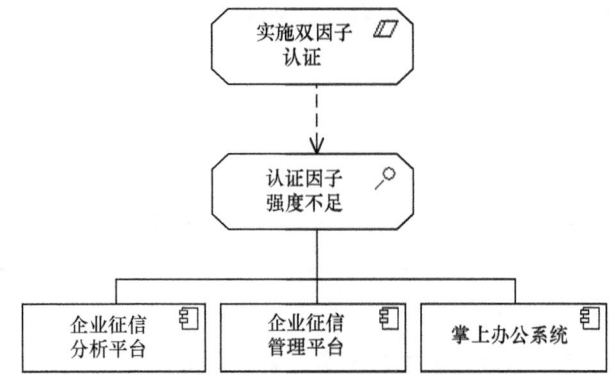

图 3.93 脆弱性影响分析（示例—园区安全加固需求分析）

脆弱性影响分析图（示例—园区半导体产业链分析）如图3.94所示，分析了园区的半导体产业链的脆弱性。

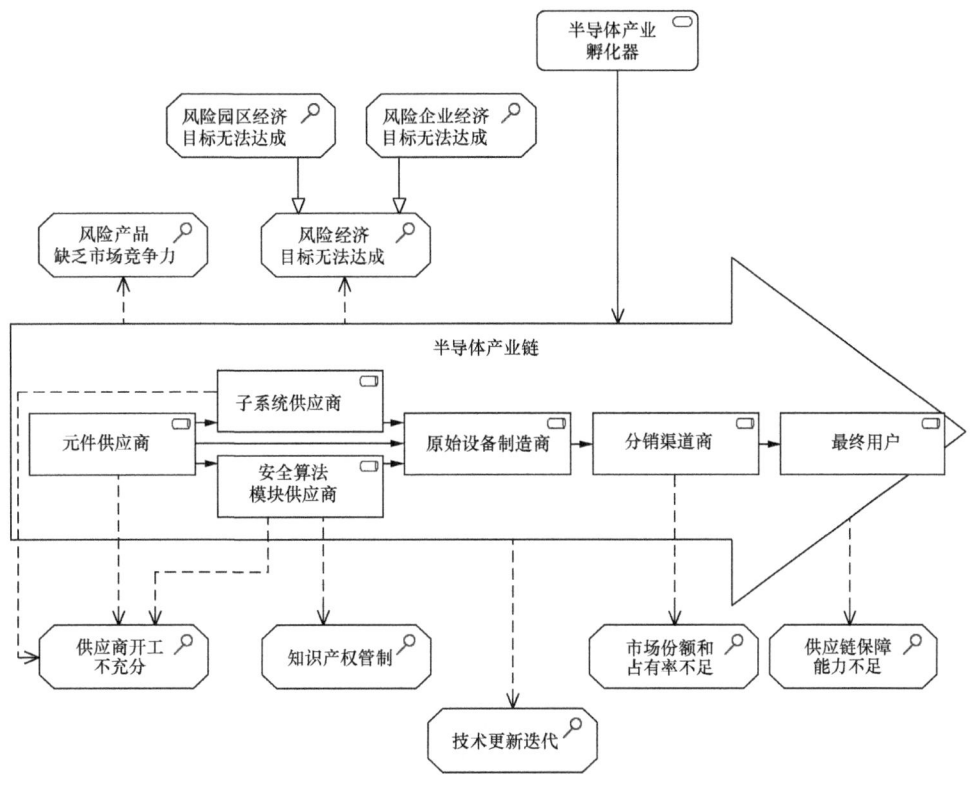

图3.94 脆弱性影响分析图（示例—园区半导体产业链分析）

① 供应商及原始设备制造商均存在开工不足的情况。
② 安全算法因为知识产权面临管制。
③ 市场份额和占有率不足，供应链整体脆弱。
④ 技术升级换代始终是较强的外部威胁。

上述威胁可能会导致产品缺乏市场竞争力，经济目标无法达成。园区的半导体产业孵化器需要针对这些脆弱性，为进入园区的企业提供信息和市场方面的支持。

防控措施（示例—园区系统安全加固分析）如图3.95所示，是园区内部信息系统的脆弱性分析及对应的防控措施，包括以下内容。

① 为实现"进不来""看不到""跑不掉""带不走"的安全目标，通过设置进出双向的指纹门禁系统进行防控。
② 门禁的技术防控手段，部分应对了园区办公楼周边环境复杂、保卫力量不足的问题。

③ 征信分析平台防护需求较高，启用双因子认证。

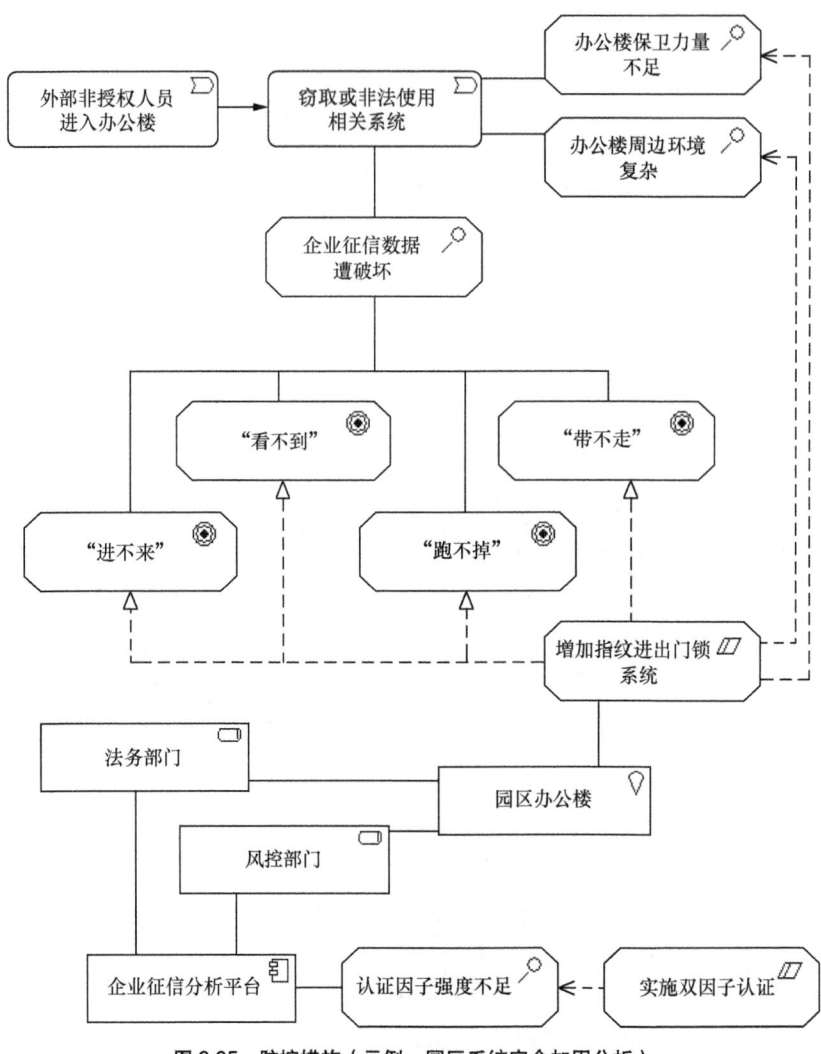

图 3.95　防控措施（示例—园区系统安全加固分析）

4. 视点

考虑到安全架构的大部分内容是围绕其他领域架构的成果约束和符合性检查，因此视点部分重点介绍了结构性威胁发现技术——威胁建模，它包括 5 个闭环步骤。业务流程视点（威胁建模迭代过程）如图 3.96 所示。

根据防护场景，威胁建模分为两类。

① 防御型威胁建模：主要采用 CIA 模型，借助图 3.72 的用例图（Use Case Diagram）或应用架构、技术架构部分相关视点等，对需要保护的 IT 资产进行防护，

它通常基于可控的环境，从防御角度考虑可能存在的威胁。

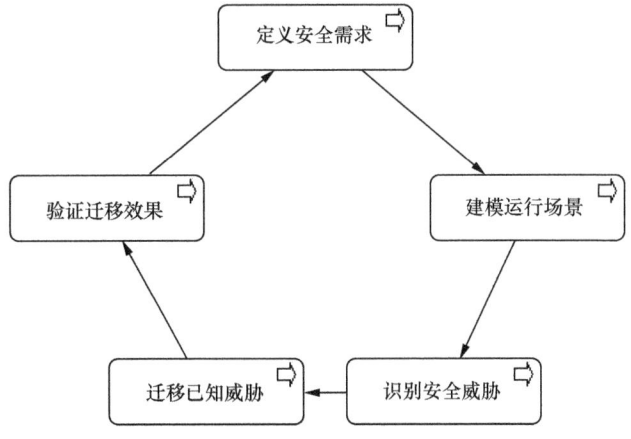

图 3.96　业务流程视点（威胁建模迭代过程）

② 攻击型威胁建模：主要采用数据流图（Data Flow Diagram，DFD），从双向的数据流角度，更多借助专家系统和分析团队的经验进行分析，它不对 IT 系统的运行环境、运行状态做任何既定假设，而是更多地考虑假设 IT 系统已经完全在攻击者控制、剖析、解构的前提下，如何确保不泄露关键信息。

比较而言，防御型威胁建模更适合政府自主建设并在政府自身 IT 环境中运维的系统，或者是安全等级、运行保障等级要求不是非常高的项目，通常处于常规工作环境的场景。攻击型威胁建模可能更适合产品型的政府系统，成果完全交付在未知类别用户环境中，或运行于应急、特殊场景下，具有很高的安全要求的系统。对进行建模的人员而言，后者能力可能要求更高，因为它完全采用攻击者视角，从破坏和关键信息提取的角度思考问题。

（1）防御型威胁建模视点

用户：架构负责人、安全架构师、相关领域架构师、用户、主要干系方。

领域：安全架构。

元素：威胁代理、威胁事件、核心元素。

用途：

① 简化、抽象化目标场景；

② 与专家进行沟通、论证；

③ 识别安全威胁并探索可能的迁移方案。

在数字政府实践中，防御型威胁建模之所以能够识别威胁，并对威胁迁移提出建议，背后的原理基于以下假设。

假设 1：应用的技术相对普及。

假设 2：交互方式相对常规。

假设3：运行环境相对常规。

假设4：自己不是全世界首先遇到这个威胁的，之前专业人员已经"吃过螃蟹"，也出具了解决方案，参考即可。

因此，只要能把自己的运行环境描述出来，大致就可以从业内找到现成的解决方案，进行威胁迁移（改造、加固、减少功能等）。防御型威胁建模视点（元模型）如图 3.97 所示，防御型威胁建模视点（示例—基于 Web 服务的目录浏览）如图 3.98 所示。

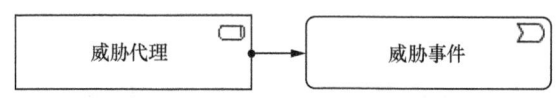

图 3.97　防御型威胁建模视点（元模型）

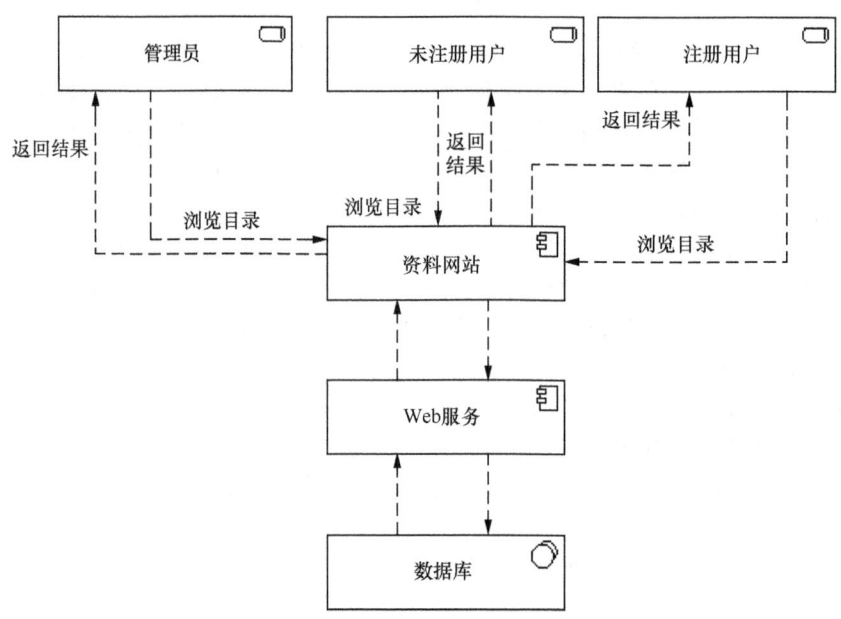

图 3.98　防御型威胁建模视点（示例—基于 Web 服务的目录浏览）

由于采用的是 Web 方式访问，图 3.98 中未明确标注任何安全防护措施，数据库、Web 服务、资料网站也未明确说明采用的实际技术，所以从通用性角度，借助具有威胁知识库的防御型威胁建模工具，可以获得威胁分析结果，防御型威胁建模视点（示例—威胁清单和处置建议界面）如图 3.99 所示，不仅列举了可能的威胁及产生原因，还提示相应的修改建议。

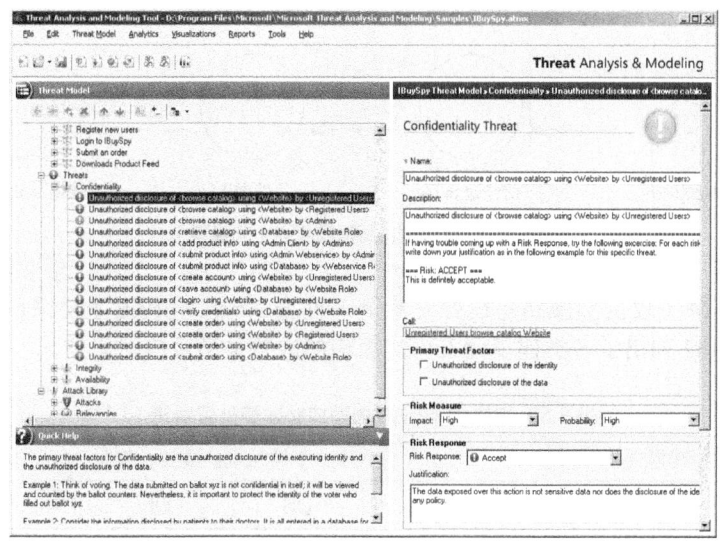

图 3.99　防御型威胁建模视点（示例—威胁清单和处置建议界面）[1]

（2）攻击型威胁建模视点

用户：架构负责人、安全架构师、相关领域架构师、用户、主要干系方。

领域：安全架构。

元素如下。

① 外部实体（External Entity，EE）。信息系统之外控制、执行、使用信息系统的实体，既可以是人、机构，也可以是信息系统，主要是各类结构型核心元素。

② 处理（Process，P）。可执行的内容包括业务/应用/技术/功能/流程/交互，意向阶段也可以使用动机元素。

③ 数据存储（Data Store，DS）。临时或持久存放数据的实体，包括数据架构元素、技术架构中的节点及其子类。

④ 信任边界（Trust Boundary，TB）。区分不同信任等级、部署环境、所有者等内容的边界。根据分析对象，可以采用图 2.22 中标注的外部主动结构型元素——接口（业务/应用/技术），也可以采用技术架构中阶段元素及其子类、物理架构中的各个元素。

⑤ 数据流（Data Flow，DF）。对象之间不同流向、不同技术措施的数据交互。

用途：与防御型威胁建模相同。

攻击型威胁建模视点（元模型）如图 3.100 所示。由于涉及的元素类型较多，为了简化元模型，图 3.100 仅保留 5 类元素，其中所有关系为数据流，攻击型威胁建模直观上相对简化，但在分析技巧方面通常比防御型威胁建模要求更高。

---

[1]　基于 Microsoft 的 Threat Analysis & Modeling 工具分析。

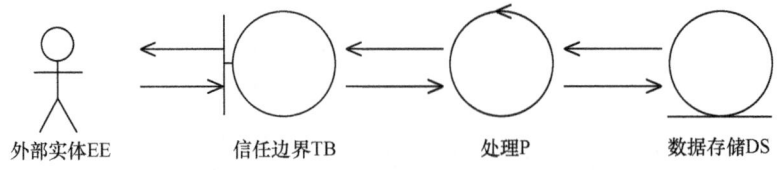

图 3.100 攻击型威胁建模视点（元模型）

对策矩阵（攻击型威胁建模处置对策）见表 3.62。分析时主要采用 STRIDE[①] 方法，表 3.62 列出了各类建模元素可能面临的威胁类型及应对思路。

表 3.62 对策矩阵（攻击型威胁建模处置对策）

攻击型威胁建模处置对策	2 类元素：威胁、控制				
	EE	P	DS	DF	措施
S	√	√			身份认证
T		√	√	√	完整性校验
R	√	√	√*		防抵赖
I		√	√	√	保密性
D		√	√	√	可用性
E		√			授权及访问控制

注：*表示存储的数据可能因无法证明写入主体而遭到否认。

为了进一步建立详细和完备的对象关系，还需要借助 Robust 回归分析（稳健性回归分析），查补缺失对象及关系，按照元素类别，允许和禁止的交互如图 3.101 所示。

结合图 3.98、图 3.101，原有模型虽然是工程中经常采取的表述方式，但严谨性不足，包括以下几点。

① 3 类用户借助客户端跨网访问时，需要有本地的客户端程序与服务端通信，客户端通过类似浏览器（边界类）等软件、服务端提供对应的协议端口（处理类）。

② 客户端、服务端之间互不信任、互设信任边界。

③ Web 服务访问后台数据库时，数据库通常处于更高的保护条件，两者之间也存在信任边界，例如，路由器、防火墙、访问控制规则等。

---

① STRIDE：仿冒 Spoofing、篡改 Tampering、否认 Repudiation、信息泄露 Information Disclosure、拒绝服务 Denial of Service、特权提升 Elevation of Privilege。

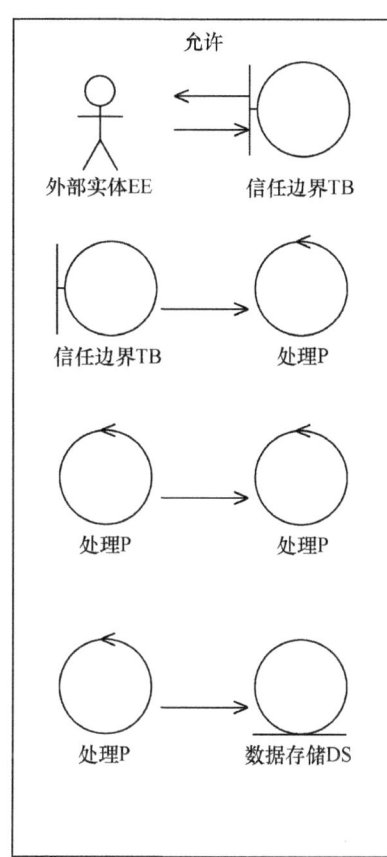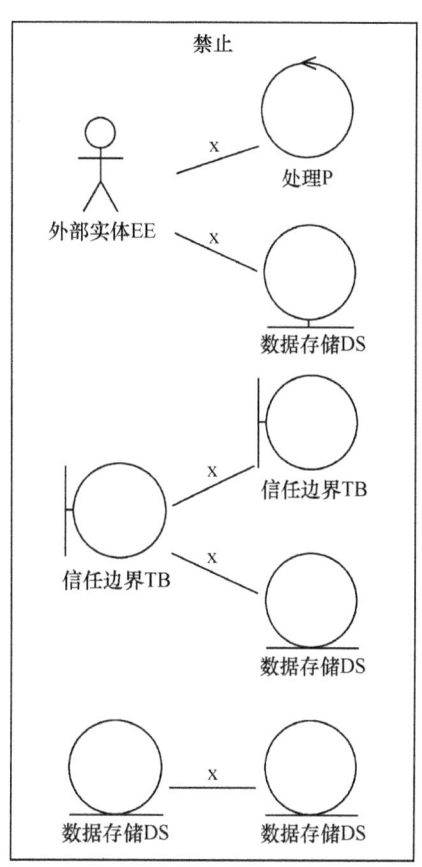

图 3.101　允许和禁止的交互

④ 数据库应通过专门的数据库管理系统（Database Management System，DBMS）访问实际保存数据的存储。

因此，通过 Robust 回归分析之后，图 3.98 应被完善为图 3.102，配合必要的知识库，可以获得图 3.103 的分析结果，事实上不难发现由于技术的开放性，分析结果也相对宽泛，需要更多地依靠组织级的知识库，对于一些新攻击手法、新攻击路径，可能也需要依靠分析人员的个人经验，甚至是灵感，探讨更广泛的攻击手段和威胁迁移措施。Robust回归分析后的攻击型威胁建模如图 3.102所示。攻击型威胁建模视点（示例—威胁清单和处置建议界面）如图 3.103所示。

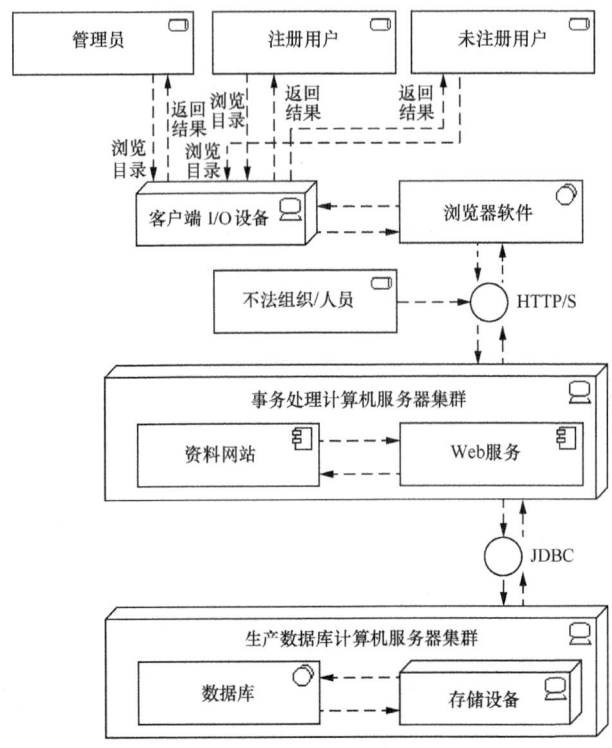

图 3.102　Robust 回归分析后的攻击型威胁建模

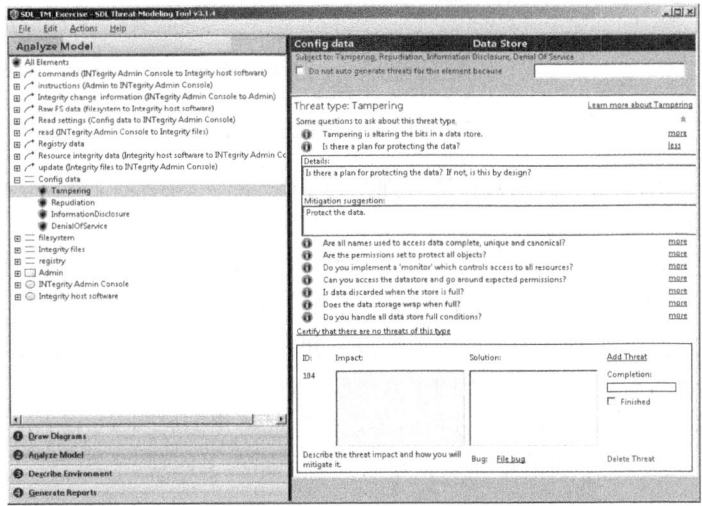

图 3.103　攻击型威胁建模视点（示例—威胁清单和处置建议界面）[①]

---

① 基于Microsoft的SDL Threat Modeling Tool分析。

九、覆盖生命周期运维服务

1. 要点

随着整个经济社会对数据和数字技术依赖程度的不断加深,与之相关的运维覆盖率、质量、绩效等需求也随之增长。近年来,信息系统运维有逐步向运营过渡的趋势。数字政府作为数字生态的组成部分,运维工作从单纯"消防员"的角色,也逐步向"保健医生"甚至"生育顾问"的角色转变,这本身需要遵循方法论并持续改进。

本书主要结合业内典型的信息技术基础架构库(Information Technology Infrastructure Library,ITIL)方法,与前面提到的 TOGAF、FEA 类似,ITIL 可视为关注如何管理和交付高质量 IT 服务的架构框架,可以嵌入 TOGAF、FEA 用于特定的运维架构,或者并行采用。架构方法论与运维实践集成如图 3.104 所示。从更广的视角看,TOGAF、FEA 等架构方法论与 ITIL 等运维方法论可以视为耦合日趋紧密的系统,双螺旋持续升级。

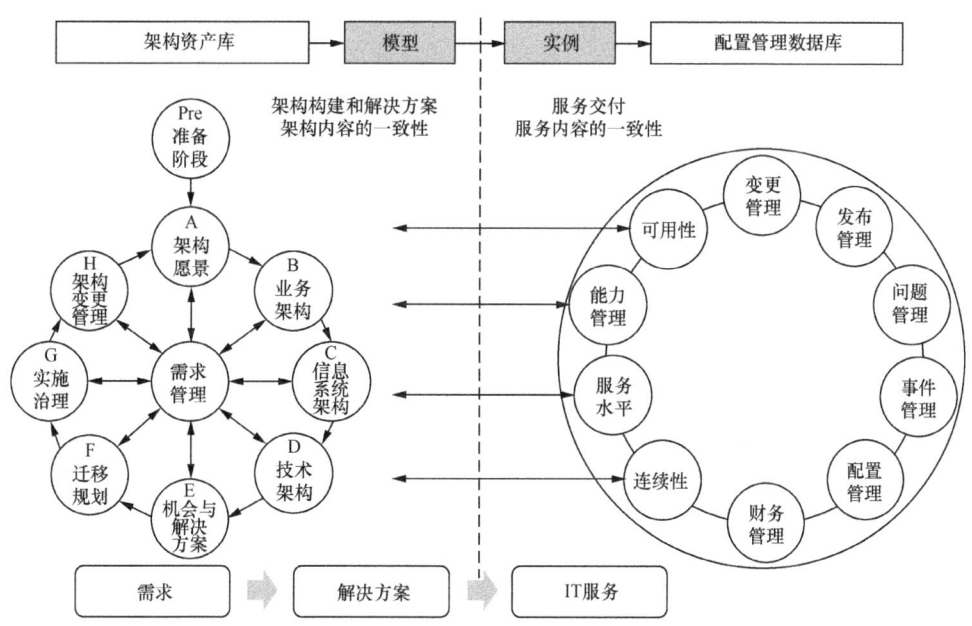

图 3.104 架构方法论与运维实践集成

架构方法论与运维实践集成的体现如下。

① 架构资产库保存着构件之间的关系模型,而配置管理数据库(Configuration

Management Database，CMDB）除了记录关联关系，还包括更详细的属性信息，它的内容可以视作是相关模型的实例，用来直接关联实际运行中的各种CI。

② 架构在抽象的层面整合需求，充分利用机会和解决方案，尽可能整合既有资源，识别并减少冗余内容，提升实施效率，形成更优的解决方案之后，再向运维提出相对全面、合理的"一揽子"服务请求。

③ 通过架构方法论，确保在领域架构内部、跨领域架构之间及总体架构层面，通过模型和实例映射的方式进行架构的一致性传导，实现运维阶段IT服务的一致性。

④ 在二者完成集成的基础上，可以进一步将图2.26中的构建块（ABB或SBB）作为CI纳入配置管理，从构建块层级，而非具体CI层级管理IT服务，更适应于越来越广泛使用的云计算、微服务等方式，从以往复杂的微观配置，变为更多以构建块为单位的快速部署①。

⑤ IT服务需要分工和管理，因此关于服务承诺的指标也应该采取"包干"的方式，对跨领域架构和信息系统全生命周期的运维指标分解分工，并且在业务架构甚至更早期的战略架构阶段确定SLA水平，便于评估运维成本，做出可持续的服务承诺，并据此确定相关领域架构的OLA水平，建立科技部门之间的协作和服务承诺。

对于数字政府而言，通常需要运维敏感和普通这两套政务系统，它们关于人员机构资质、应用、基础设施、客户端/终端有不同的运维保障要求（SLA+OLA）及合规性措施，需要建立有效的联系机制和长效的会商机制，根据运维保障、监督检查、经费预算等要求，对于自身科技部门及外包的技术供应商进行集约化评估管理，严格账号、人员、授权等关键CI的清单（事项清单、审批清单等）式管控，参见表3.53体现角色分离、权限互斥原则。

2. 元素

考虑到IT服务管理的大部分配置内容，也就是保存在CMDB的大部分CI，已经在其他领域架构里面进行了定义，因此运维架构聚焦于服务管理本身，主要包括3个元素，也就是OLA、SLA和CI，分别使用构造型OLA、SLA、CI标识。其中，SLA主要关联了业务架构、应用架构、技术架构的部分关键元素；而OLA体现的是不同IT板块或部门之间的服务承诺，特别是IT建设部门、IT建设服务的技术供应商等对于IT运维部门的服务承诺；而CI可以是核心元素。运维架构元模型如图3.105所示。运维架构元素见表3.63。

---

① 典型CI可以包括：硬件设备，网络及相关设备，业务系统，软件包，数据库产品，保存物理实体的数据库，运行环境，数据库，应用，信息交互之间反馈链路，配置基线，发布的软件，配置文件（技术规范文档、协议、SLA承诺等），变更文件，其他资源（用户、供应商、合同等），其他文档（IT服务自身的处理、作业流程等），网络构件，服务管理构件及相关记录。

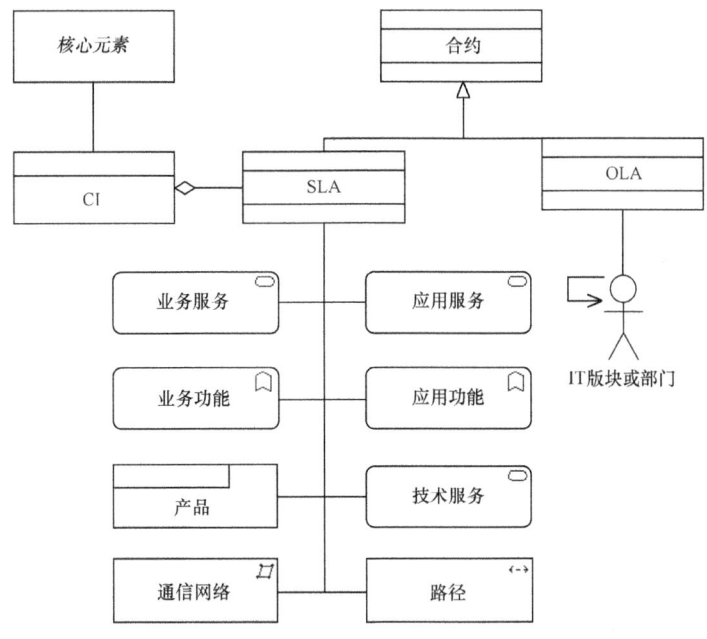

图 3.105　运维架构元模型

表 3.63　运维架构元素

元素	说明	图例
CI	在现在和未来基础设施中用于管控的构件； 这里基础设施的概念适用于各个领域架构，不仅仅是狭义的技术架构内容； 本书采用构造型 CI 标识	CI
SLA	本书采用构造型 SLA 标识	SLA
OLA	本书采用构造型 OLA 标识	OLA

3. 制品

运维架构制品见表 3.64。

表 3.64　运维架构制品

制品		说明	主要元素
目录	配置清单	运维管控设定的配置内容	CI、SLA、OLA，参见表 3.65

续表

制品		说明	主要元素
矩阵	资源矩阵	针对配置管理需要，基于运行维护的各类资源（资产），以数据、交易、性能、安全性等关键属性为标识，对资源进行归集描述。 1. 数据属性：数据元、数据标识、格式、媒介、准确性、度量、数据模型及标准等。 2. 交易属性：交易类型、触发事件、互操作等级、关键程度等。 3. 性能属性：周期、时间线、吞吐率、规模等。 4. 安全性属性：访问控制、可用性、私密性、完整性、保护等级、安全标准等	核心元素，参见表3.66，选取性能属性建立矩阵
图	运维管理图	综合展示运维与目标系统之间的服务关系	运维架构元素、核心元素，参见图3.106
	运维资源视点制品		参见运维资源视点

配置清单（示例—银行数据中心安全要求）见表3.65，运维管理（示例—银行数据安全要求）如图3.106所示，资源矩阵（示例—园区数据保存期限）见表3.66。

表3.65 配置清单（示例—银行数据中心安全要求）

银行数据中心安全要求	3类元素：CI、SLA、OLA		
领域架构	CI	SLA	OLA
数据架构	CI-DAT 银行应用系统日志； CI-TEC 银行数据库系统日志	SLA-DAT 操作日志至少保留6个月	
业务架构	CI-BIZ 银行数据中心管理部门； CI-BIZ 银行系统开发承建单位； CI-BIZ 银行系统业主部门		
应用架构	CI-App 银行应用系统		
技术架构	CI-TEC 银行数据中心； CI-TEC 银行数据库系统	SLA-NET 网络可靠率≥99.995%； SLA-TEC 连续故障时间<2小时	
物理架构	CI-PHY 银行数据中心供电系统	SLA-PHY 双路供电； SLA-PHY 保障不间断供电≥4小时	
实施和迁移	CI-PRJ 银行应用系统模拟运行阶段； CI-PRJ 银行应用系统试运行阶段	SLA-DAT 操作日志至少保留6个月	OLA-App 模拟运行≥1个月； OLA-App 试运行≥3个月

第3章 数字政府架构实施参考

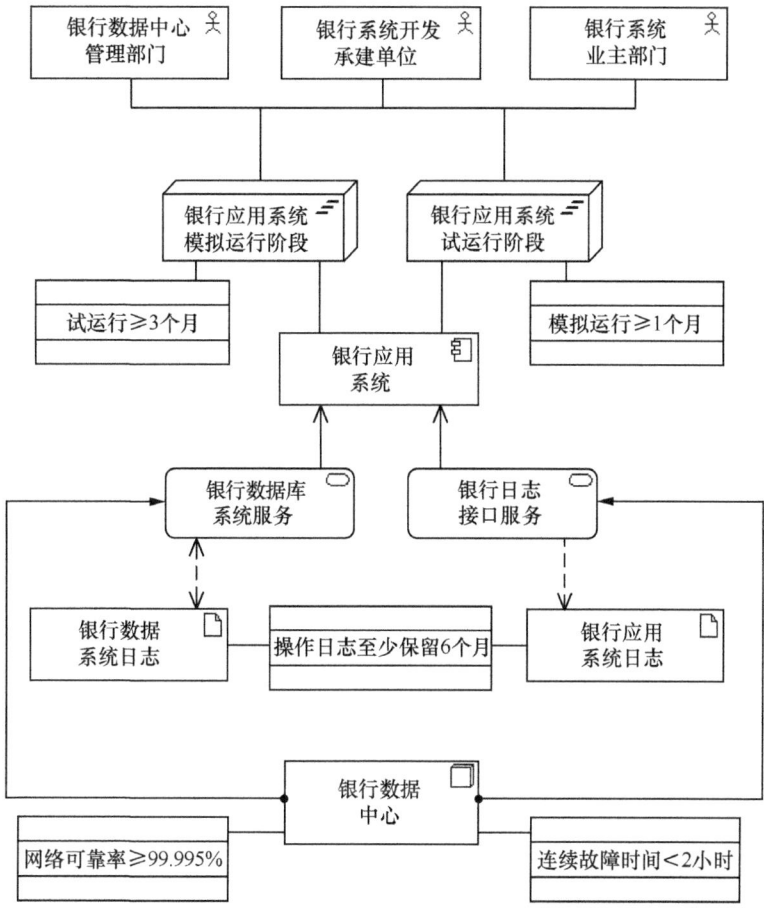

图 3.106 运维管理（示例—银行数据安全要求）

表 3.66 资源矩阵（示例—园区数据保存期限）

园区数据备份期限		1 类元素：业务对象、位置			
编号	数据	2 周	1 年	10 年	长期
01	园区政务运行数据	本地	异地		算力枢纽
02	园区企业运行数据		本地		算力枢纽
03	园区产业科研数据				本地
04	园区场所运行数据	本地	异地		
05	预定下发政务数据		本地	异地	
06–01	外购数据				算力枢纽本地
06–02	外购资料库				本地

4. 运维资源视点

由于运维架构是一个纵向架构，因此可以使用各分层领域架构的视点，也可以使用其他纵向领域架构的视点，但需要在其中补充运维架构的元素并建立关系。在实际建模中，可以结合 ITIL 等运维实践的制品和交付物要求，遵循图 3.104 的映射关系，按照本地区本部门运维架构的覆盖范围，确定本领域架构的视点要求。

用户：高层领导、业务管理人员、技术负责人、架构负责人、运维架构师。

领域：运维架构。

元素：CI、SLA、OLA、能力、资源、位置。

用途：

① 由于实现不同 CI（或相应的核心元素）所需的资源和能力不同，所以需要先建立与 SLA、OLA 的关联；

② 明确实现 SLA、OLA 的能力或资源；

③ 标注相关能力或资源的位置。

运维资源视点（元模型）如图 3.107 所示。运维资源视点（示例—大数据源运维资源评估）如图 3.108 所示。

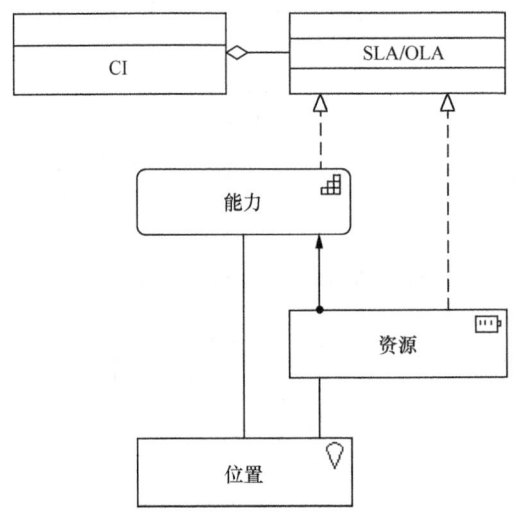

图 3.107　运维资源视点（元模型）

分析 DaaS 实现 3 个 SLA 目标的资源保障情况，目前只识别出人和物两类，分别是专业运维团队及租用的核心算力枢纽、高标准网络机房，但没有识别出必要的资金保障内容，可能存在的原因有以下几点。

① 客观原因。DaaS 运维未纳入财务预算科目或财务计划，应纳入相应管理。

② 主观原因。应该扩充建模范围和内容，确保从运维资源保障角度，人、财、物分析不漏项。

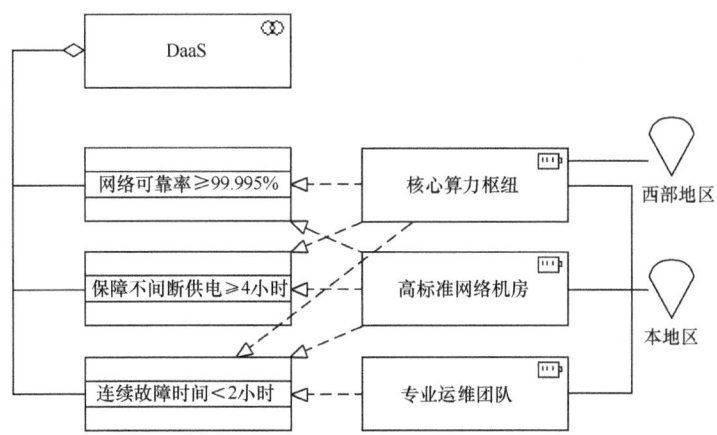

图3.108　运维资源视点（示例—大数据源运维资源评估）

十、融入合法、合标、合规要求

近年来，网络、数据及信息化、数字化方面的法律法规、技术标准的制定和出台持续加速，尽管与法律相配套的司法解释、判例相对其他部门法仍存在差距，但《中华人民共和国网络安全法》《中华人民共和国数据安全法》《中华人民共和国个人信息保护法》"三驾马车"的法律框架已经颇具规模，为适应数字政府快速推进的需求，从架构视角，应在具体进行动机、战略、业务、应用等架构分析之前，要先理解法律法规的价值诉求，尤其是政府、企业、个人这3类典型的主体的诉求。多层次的规范体系如图3.109所示。基于图3.109中的多层次的规范体系，再发掘核心客体，理解主客体关系之间的侧重，然后应用架构思维，可能更易于理解架构脉络，并完成数字化表达。

在数字政府相关的整个规则架构体系中，基点是数据分类分级，在此基础上以数据为线索，串联起诉求的主体和客体。以个人信息为例，近年来我国陆续出台一系列法律，由于各项法律诉求主体不同，对于个人信息这一客体的认识、关注度和定位不同，所以权力、责任、义务及措施方面的侧重点各异，只有认识到这些，才有可能在后续设计中做到合法合规。

与此同时，与数字政府相关的标准体系紧密集成、国内国际互联互通也在全面提速。标准的生命在于应用，例如为了促进国内跨境电子商务的发展，需要支持万国邮政联盟（Universal Postal Union，UPU）的CN22和CN23电子表格标准，与境内外电子商务仓库园区、物流承运方及相关市场干系方基于ISO、WCO、UN/

CEFACT[①]等各类技术标准进行对接，这些标准可以视为技术领域的法律，对协作流程、数据模型、技术接口及各领域架构的内容进行规范。

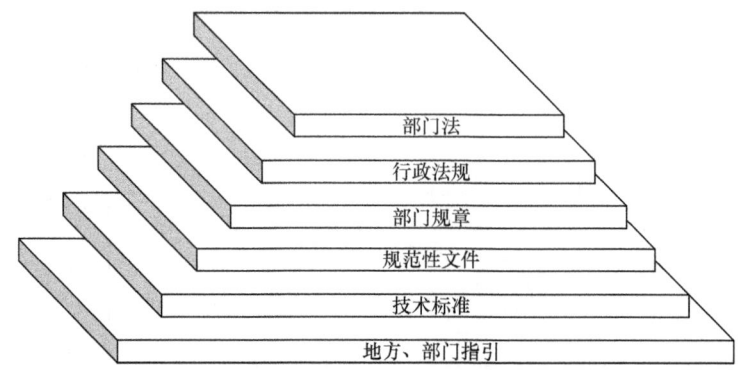

图 3.109　多层次的规范体系[②]

1. 要点

数字化领域相关规则，特别是法律的陆续出台对政务信息化、数字政府建设不断提出"新考题"。

① 个人信息位置突出。《中华人民共和国个人信息保护法》的立法依据是《中华人民共和国宪法》，与《中华人民共和国民法典》法律位阶平行，处理的是人民群众直接关心的现实数据利益问题，明确个人信息是大数据的核心和基础，在《中华人民共和国民法典》之外，赋予自然人更多的权利和义务，在数字政府建设中需要特别关注。

② 物理架构的重要性。以往，物理架构是一个容易被忽视的方面，但随着行业分工的成熟，物理架构的作用、投资、挑战都在增加。不仅是《关键信息基础设施安全保护条例》中关于关键基础设施运营者的责任要求，在《中华人民共和国数据安全法》《中华人民共和国个人信息保护法》中，也强调了数据和信息保护。

技术标准的快速融合、版本迭代似乎始终落后于技术和应用的发展，同时，标准的合规管理滞后通常更为严重，一些工作需要在规则架构层面解决。

① 通过架构分析识别标准建设的不足。例如，查找区块链、大数据、人工智能等领域的管理制度盲区，在制度中突出技术的专业性，同时避免标准与实际应用脱离或盲目追求高标准，避免制约自身数字政府建设工作。

② 发现标准自动化的短板。完善技术标准，完成技术标识、标签的适配改造，动态跟踪标准的兼容情况。

---

① UN/CEFACT是联合国贸易便利化与电子业务中心。
② 参见环球律师事务所《2021年网络安全与数据合规新规评论文章集锦》。

③ 克服标准管理形式大于内容的误区。强化领导层对于标准化的认识，突出技术工作中标准的权威性，力争将标准制/修订与自身的先行先试做动态匹配。

④ 将标准内化为数字政府能力。充实内部标准培训机制，完善标准监督、合规、一致性管理措施，做好与标准配套的技术认证、技术职称和技术培训。

2. 元素

规则架构元素主要包括"法、规、标、制"4类（法律、法规、标准、制度），元素统一采用合约。规则架构元模型如图 3.110 所示。规则架构元素见表 3.67。

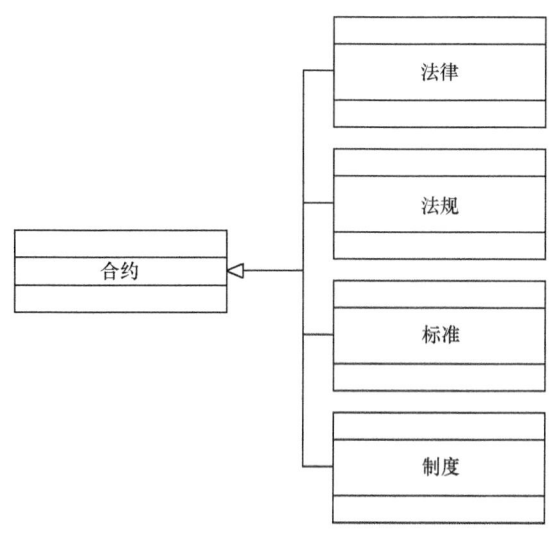

图 3.110　规则架构元模型

表 3.67　规则架构元素

元素	说明	图例
合约	供需双方正式或非正式的规范，并可能明确权利和义务，建立了功能和非功能参数。 本书主要针对法律、法规、标准和制度 4 类	合约

3. 制品

规则架构制品见表 3.68。

表 3.68　规则架构制品

制品		说明	主要元素
目录	法律法规目录	法律法规包括各部门法。 本书将多边和双边国际条约视为部门法的补充内容，建模时也可以列入	合约， 参见表 2.13

续表

制品		说明	主要元素
目录	标准目录	技术标准	合约，参见表 3.54、表 3.69
	规则制度目录	其他需要遵循的制度等	合约，参见表 3.69、表 3.70
	度量/测度目录	与各领域模型结合，测量、评价特定活动及其主客体的方法	合约，参见表 3.71
	软件许可清单	为了合法合规地使用相关的应用软件、中间件、平台产品，建立针对各类软件许可的清单，进行动态集中管理，并用于服务架构合规	合约，参见表 3.72
矩阵	数据法律/法规/标准/制度矩阵	数据处理的适用规则	合约、数据架构元素、核心元素，参见表 3.73
图	规则协作视点制品		参见规则协作视点
	规则演进视点制品		参见规则演进视点

标准目录（示例—智能制造标准体系目录）见表 3.69。

表 3.69　标准目录（示例—智能制造标准体系目录）[①]

智能制造标准体系	1 类元素：合约

智能制造标准体系
A. 共性基础
- 通用
- 安全
- 可靠性
- 检测
- 评价
- 人员能力
B. 关键技术
–BA. 智能装备
—— 传感器与仪器仪表
—— 自动识别设备
—— 控制系统
–BB. 智能工厂

---

① 参见《国家智能制造标准体系建设指南（2021版）》图2、图3。

续表

-- 智能工厂设计
-- 智能工厂交付
-- 智能设计
-- 智能生产
-- 智能管理
-BC. 智慧供应链
-- 供应链建设
-- 供应链管理
-- 供应链评估
-BD. 智能服务
-- 大规模个性化定制
-- 运维服务
-BE. 智能赋能技术
-- AI
-- 工业大数据
-- 工业软件
-- 工业云
-- 边缘计算
-- 数字孪生
-- 区块链
-BF. 工业网络
-- 工业无线网络
-- 工业有线网络
-- 工业网络集成
-- 工业网络资源管理
C. 行业应用
……

规则制度目录（示例—政策文件）见表3.70。

表3.70 规则制度目录（示例—政策文件）

政策文件	1类元素：合约

《国务院关于加强数字政府建设的指导意见》
《国务院关于加快推进政务服务标准化规范化便利化的指导意见》
《关于加快推进城镇环境基础设施建设的指导意见》
《"十四五"数字经济发展规划》
《"十四五"信息通信行业发展规划》
……

度量/测度目录（示例—园区指标目录）见表3.71。

表 3.71 度量/测度目录（示例—园区指标目录）[①]

园区指标	1 类元素：合约
园区运行指标 - 经济指标 -- 收入法经济总量 --- 工资 --- 利息 --- 利润 --- 间接税 --- 企业转移支付 --- 折旧 -- 支出法经济总量 --- 居民消费 --- 企业投资 --- 政府购买 --- 净出口 ---- 进口 ---- 出口 - 园区基础设施绿色化指标 -- 人均道路面积 -- 公共交通站点 300 米覆盖率 -- 中水回用企业 - 创新能力指标 -- 研发经费内部支出/营业收入 -- 发明专利申请数/研发经费 ……	

软件许可清单（示例—软件资产登记表）见表 3.72。

数据法律/法规/标准/制度矩阵（示例—数据法律适用）见表 3.73。

表 3.72 软件许可清单（示例—软件资产登记表）

软件资产登记表		1 类元素：合约				
类别	名称	许可/个	安装日期	价格	主责部门	使用部门
开源	可视化控件	不限	-	-	-	-
	机器学习开发工具	不限	-	-	-	-
商业	数据采集系统	5	-	-	-	-
	ETL 工具	2	-	-	-	-
	数据质量控制系统	1	-	-	-	-
自建	企业征信分析平台	不限	-	-	-	-
	企业征信管理平台	不限	-	-	-	-

---

① 参见《国家高新技术产业开发区综合评价指标体系》及 GB/T 38538—2020。

表 3.73 数据法律 / 法规 / 标准 / 制度 矩阵（示例—数据法律适用）

数据法律适用	2类元素：合约、业务对象	
	公民个人信息	跨境数据流动或境外数据处理
《中华人民共和国刑法修正案（十一）》	√	
《中华人民共和国国家安全法》	√	
《中华人民共和国网络安全法》	√	√
《中华人民共和国电子商务法》	√	
《中华人民共和国民法典》	√	
《中华人民共和国数据安全法》	√	√
《中华人民共和国个人信息保护法》	√	√
《中华人民共和国生物安全法》		√（例如，人类遗传资源信息）

注：是否涉及跨境数据流动或境外数据处理，可以基于关键词（跨境、境外、出境）检索。

数据法律 / 法规 / 标准 / 制度矩阵（示例—App 必要数据）见表 3.74。在保障基本功能运行的同时，表 3.74 明确了不同类型应用最小使用的数据内容。

表 3.74 数据法律 / 法规 / 标准 / 制度 矩阵（示例—App 必要数据）

App 必要数据	2类元素：业务对象、应用构件					
	导航	网络约车	即时通信	网络支付	网上购物	外卖
个人位置	√	√				
出发地	√	√				
到达地	√	√				
行踪轨迹		√				
支付时间		√			√	√
支付金额		√			√	√
支付渠道		√				
注册人移动电话		√	√	√	√	√
即时通信账号			√			
即时通信联系人			√			
用户姓名				√		
证件类型				√		
证件号码				√		
证件有效期				√		
银行卡号码				√		
收货人姓名					√	√
收货人地址					√	√
收货人联系电话					√	√

4. 视点

（1）规则协作视点

用户：高层领导、业务管理人员、技术负责人、业务架构师、主要干系方。

领域：规则架构。

元素：合约。

用途：说明规则之间的协作关系。作为数字政府建设中的重要知识库，也可以采取知识图谱、思维导图等方式建模。规则协作视点（元模型）如图 3.111 所示。规则协作视点（示例—关于个人信息局部分析）如图 3.112 所示。

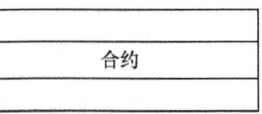

图 3.111　规则协作视点（元模型）

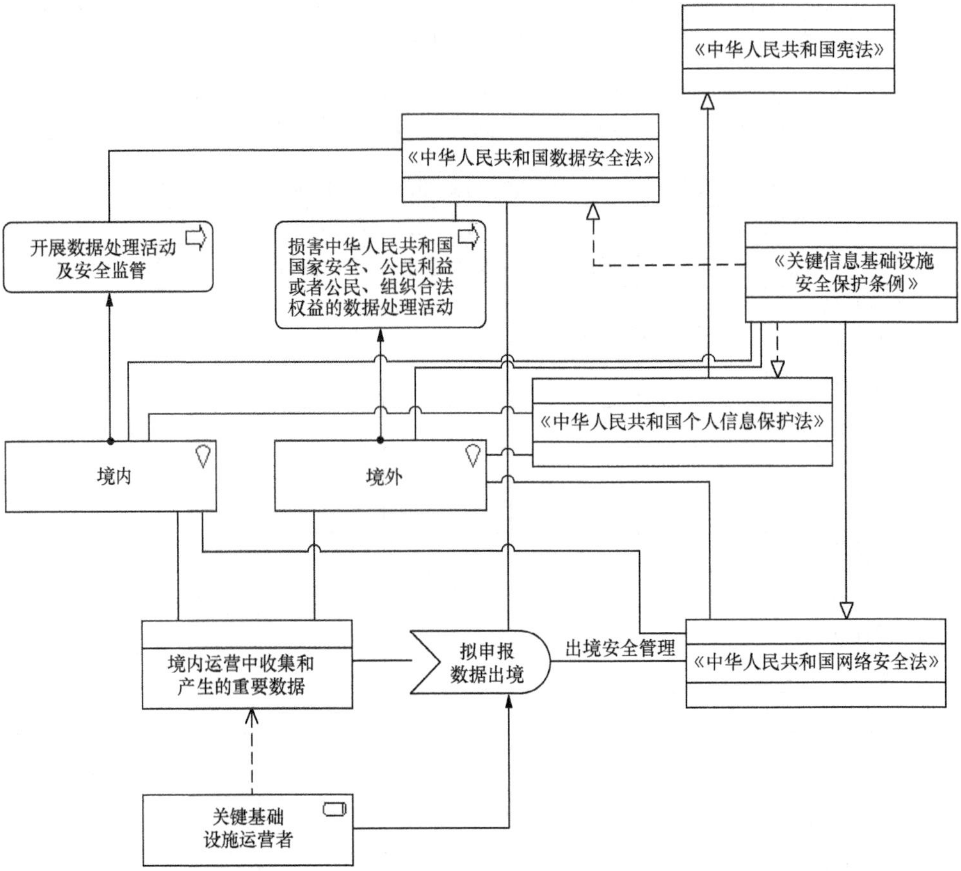

图 3.112　规则协作视点（示例—关于个人信息的局部分析）[①]

---

① 参见《中华人民共和国网络安全法》《中华人民共和国数据安全法》《中华人民共和国个人信息保护法》及《关键信息基础设施安全保护条例》。

图 3.112 主要以个人信息保护为主题，通过对《中华人民共和国网络安全法》《中华人民共和国数据安全法》《中华人民共和国个人信息保护法》及《关键信息基础设施安全保护条例》的分析，勾勒主要法律法规的协作关系。

① 规定了境内、境外部分的内容。以《中华人民共和国数据安全法》为例，其不仅适用境内数据处理及安全监管，而且对在境外开展的关乎国家安全、公民利益、公民和组织合法权益的数据处理活动做了规定。

② 按照各自总则，《中华人民共和国个人信息保护法》依据《中华人民共和国宪法》制定，《关键信息基础设施安全保护条例》依据《中华人民共和国网络安全法》制定。

③《关键信息基础设施安全保护条例》第十五条第六款规定专门安全管理机构履行个人信息和数据安全保护责任，建立健全个人信息和数据安全保护制度。

④《中华人民共和国数据安全法》第三十一条提及，关键信息基础设施的运营者在中华人民共和国境内运营中收集和产生的重要数据的出境安全管理，适用《中华人民共和国网络安全法》的规定。

规则协作视点（示例—园区智慧农业质量标准体系）如图 3.113 所示。图 3.113 在图 3.66 的基础上，进一步分析了其需要遵循的 3 套智慧农业产业质量标准体系，同时也是可能面临的技术性贸易措施。

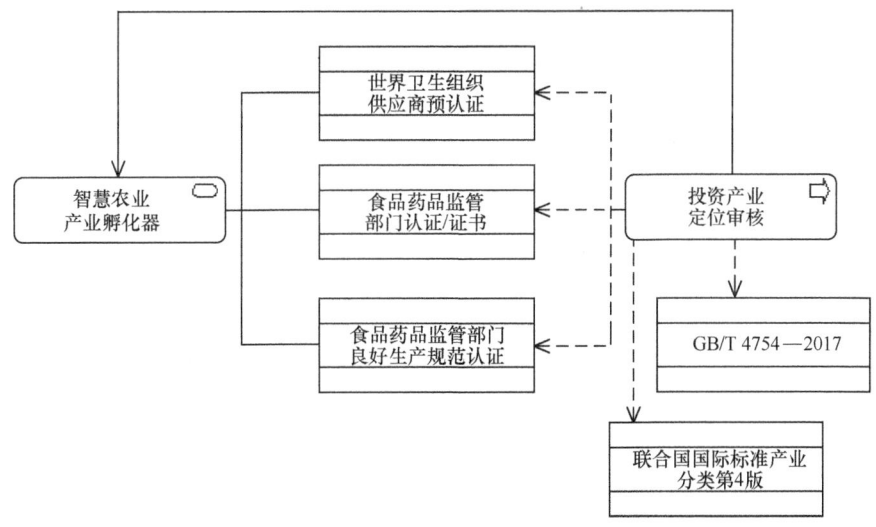

图 3.113　规则协作视点（示例—园区智慧农业质量标准体系）

（2）规则演进视点

规则具有现实性。"法、规、标、制"可以与流程、风险、内控等要求相结合，将自身作为控制点，在定义其他领域模型时，确保机制设计具有一定刚性，也能够在模型层面推演是否存在流程和关键环节上的盲点和隐蔽通道。

规则具有历史性。通常情况下,"法、规、标、制"不回溯既往,活动是否合法、合标、合规,应结合当时的规则要求进行判断。为了便于参与数字政府的各方了解发展脉络,应配合必要的视点介绍。

用户:高层领导、业务管理人员、技术负责人、业务架构师、主要干系方。

领域:规则架构。

元素:合约、业务事件及核心元素。

用途:

① 从历史和现实两个角度看待规则及适用对象;

② 结合时间线、管理层级和部门更迭、产品和服务变更、技术发展等,描述配套规则的变化;

③ 促进各参与方理解、交流并遵从相关规则;

④ 着眼未来,服务后续规则设计。

规则演进视点(元模型)如图 3.114 所示,规则演进视点(示例—欧盟数据保护)如图 3.115 所示。

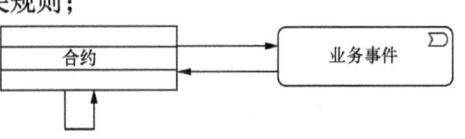

图 3.114 规则演进视点(元模型)

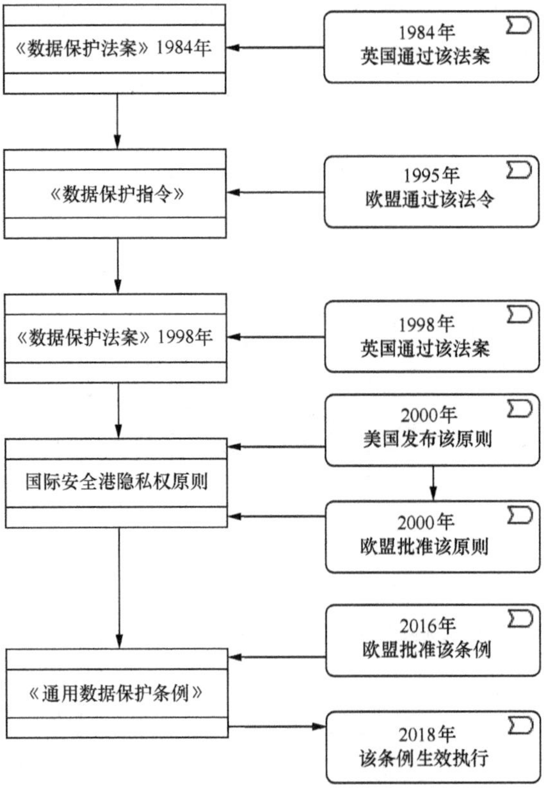

图 3.115 规则演进视点(示例—欧盟数据保护)

十一、合理安排架构实施和迁移

架构发生效力,需要将模型、治理手段等最终落实在实际的工程项目及科研、宣传、科普、培训、公关、外事等活动中。

1. 要点

架构与工程之间的边界要明确,将架构作为工程关键节点设计参考和质量把关的技术手段,在招标采购、方案编写、应用上线和重大变革 4 个关键环节提供架构服务和指导。架构资产库是架构合法、合标、合规性检查的主要参考依据,也为领域架构不同的建设内容提供不同颗粒度的设计素材和参考模板。

① 工程项目管理方法通常强调过程和质量管控,架构突出技术管控,应注意业务架构层面的信息流设计,为不同角色的人员开展协作提供指导。

② 鼓励应用架构资产库的既有构件,以及总结归纳构件成果入库,并将构件化成果与工期、成本、预算建立直接度量关系,体现该阶段的效益。

③ 应注意收集工程实践中的基线数据、成熟度指标,客观评估自身架构能力的纵向进展,并做好与其他地区其他部门的横向比对,找差距、补短板。

2. 元素

对照图 2.6 和表 2.3,实施和迁移部分可以立足架构资产库,结合项目、项目集、项目组合等标准过程,针对新老架构之间的差距,对资源、任务、优先级和主要交付采用建模的方式进行设计,通过可视化的模型,便于各方评价、研判、决策,更有利于对数字政府的布局、推进、施工进行科学合理安排。实施和迁移元模型如图 3.116 所示。实施和迁移元素见表 3.75。

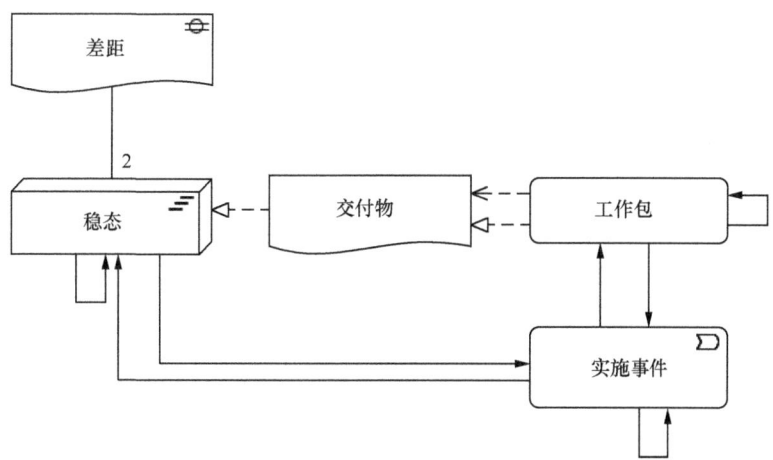

图 3.116 实施和迁移元模型

表 3.75 实施和迁移元素

元素	说明	图例
实施事件	实施或迁移状态的变化。例如，已立案、已开工、已清偿、已签署、已恢复、将验收、将开通、待拨付、公示结束	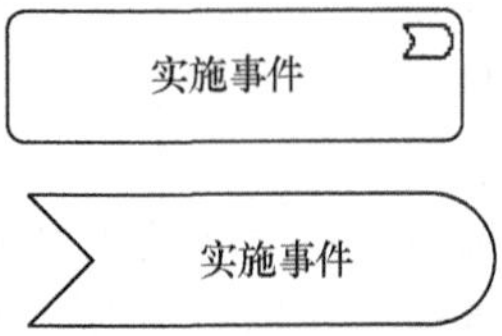 实施事件 / 实施事件
工作包	为获得特定结果，在资源、工期等约束下的一系列活动	 工作包
交付物	工作包的产出	 交付物
稳态	阶段性工作结束，将在一定时段内处于相对稳定的状态。例如，1.0 版、基线、竣工、合拢、生效、断交、转隶、并网	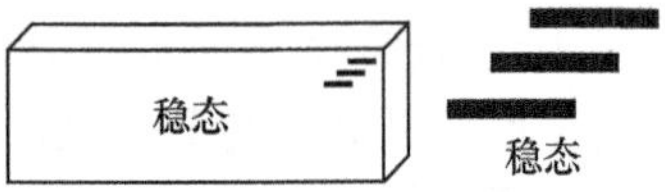 稳态 / 稳态
差距	两个稳态之间的差别	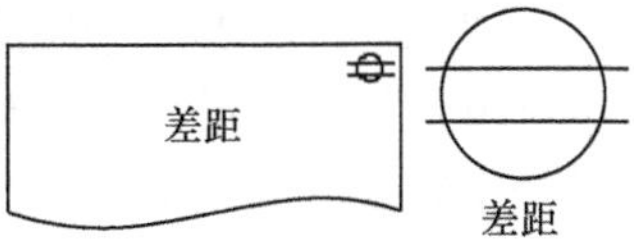 差距 / 差距

3. 制品

实施和迁移制品见表 3.76。

表 3.76 实施和迁移制品

制品		说明	主要元素
目录	时间轴（总进度）	实施和迁移的主要时间节点	实施事件，参见表 3.77
矩阵	工程能力矩阵	分析对工程任务的能力胜任情况；定性分析能力符合等级	工作包、能力，参见表 3.78
图	项目背景图	分析项目主要干系方、事项，以及与各领域架构中相关元素的关系；在数字政府背景中，项目的范围可以是工程项目、科研项目、政研项目，也可以是政策文件、法律法规、基础设施建设、宣传推广等活动	核心元素，参见项目视点、迁移视点
	项目视点制品		参见项目视点

续表

	制品	说明	主要元素
图	迁移视点制品		参见迁移视点
	实施和迁移视点制品		参见实施和迁移视点

时间轴（示例—2007—2014年"探月工程"大事记）见表3.77。

表3.77 时间轴（示例—2007—2014年"探月工程"大事记）[①]

"探月工程"大事记			2类元素：实施事件、稳态	
阶段	名称	节点	重要事件	时间
一	"绕"月探测	2007年	成功发射"嫦娥一号"	2007-10-24
二	"落"月探测	2013年	成功发射"嫦娥二号"	2010-10-01
			"嫦娥二号"拓展试验	2011-04-01
			"嫦娥二号"成功变轨	2012-06-01
			"嫦娥三号"直接进入地月转移轨道	2013-12-02
			"嫦娥三号"在月球面软着陆	2013-12-14
			成功发射首颗月球中继星"鹊桥"	2018-05-21
			发射首次在月球背面着陆的"嫦娥四号"	2018-12-08
三	采样返回	2020年前	"嫦娥五号"再入返回飞行试验器升空	2014-10-24
			试验器返回着陆	2014-11-01

工程能力矩阵（示例—园区供应商资格条件）见表3.78。

表3.78 工程能力矩阵（示例—园区供应商资格条件）

园区供应商资格条件	2类元素：工作包、能力		
	企业征信管理升级项目（信息化部分）	企业征信管理升级项目（培训部分）	数据分析平台项目
网络安全等级测评与检测评估机构服务认证证书	√		√
信息安全应急服务支撑单位证书	√		√
CMMI 3级以上	√		√
ISO 9001质量管理体系	√	√	√

---

① 参见中国探月与深空探测网《中国探月工程概览》。

4. 视点

（1）项目视点

用户：架构负责人、运维负责人、技术架构师、用户、主要干系方。

领域：实施和迁移。

元素：工作包、实施事件、交付物、业务角色、业务施动者、业务协作、目标、产出。

用途：从中长期发展的角度，论述项目立项依据，为决策提供参考。

① 提供较长时间跨度下的总体推进思路。

② 实施应尽量立足自身既有的职能与分工。

③ 能够对可预见的风险及应对措施有一些预判。例如，使用一些当前尚不成熟的技术，遵循一些比较严苛的标准，采用一些新的项目管理、监理过程方法，在不熟悉的实施环境与不熟悉的合作方开展项目合作。

④ 相关项目的实施可能会对自身、主要干系方的管理流程，以及人事、财务、法务、科研、采购等带来变化。

项目视点（元模型）如图 3.117 所示，项目视点（示例—园区企业征信管理升级项目）如图 3.118 所示。

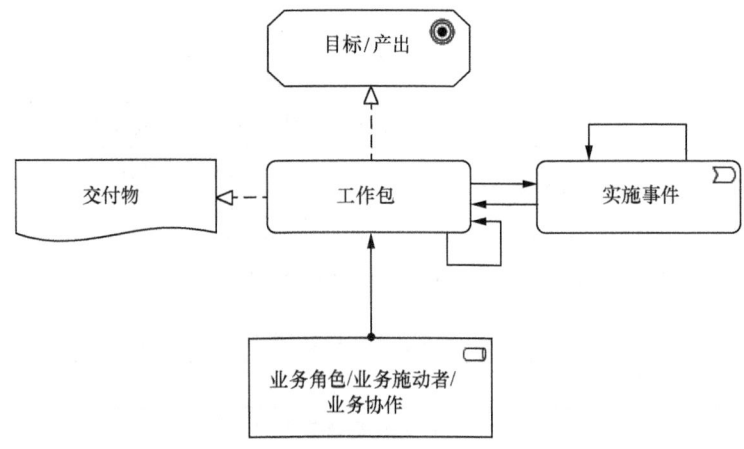

图 3.117 项目视点（元模型）

图 3.118 以图 3.9、图 3.79 为基础，分析了企业征信管理升级项目。

① 此项目是落实市里和园区经济发展目标的科技举措。

② 由园区工作推进领导小组决策，园区管委会组织协调，领导小组办公室招标外部技术供应商来具体实施，按照"开工令"启动执行。

③ 技术上包括系统立新换旧；能力上涉及园区干部培养、企业培训；宣传上涉及新闻报道。

④ 该升级项目也与园区二期开发项目关联。

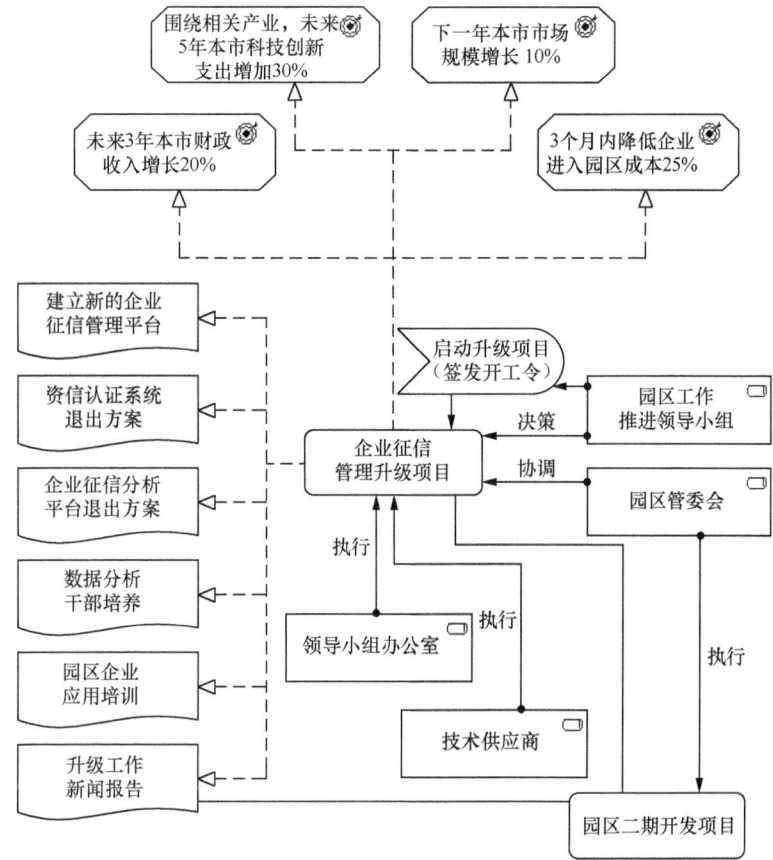

图 3.118 项目视点（示例—园区企业征信管理升级项目）

（2）迁移视点

用户：架构负责人、业务流程负责人、应用架构师、技术架构师、业务架构师、用户、主要干系方。

领域：实施和迁移。

元素：稳态、差距。

用途：为项目划分实施阶段。迁移视点（元模型）如图 3.119 所示，迁移视点（示例—园区企业征信管理升级项目工期划分）如图 3.120 所示。

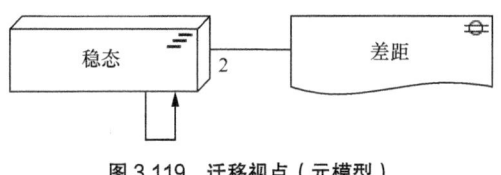

图 3.119 迁移视点（元模型）

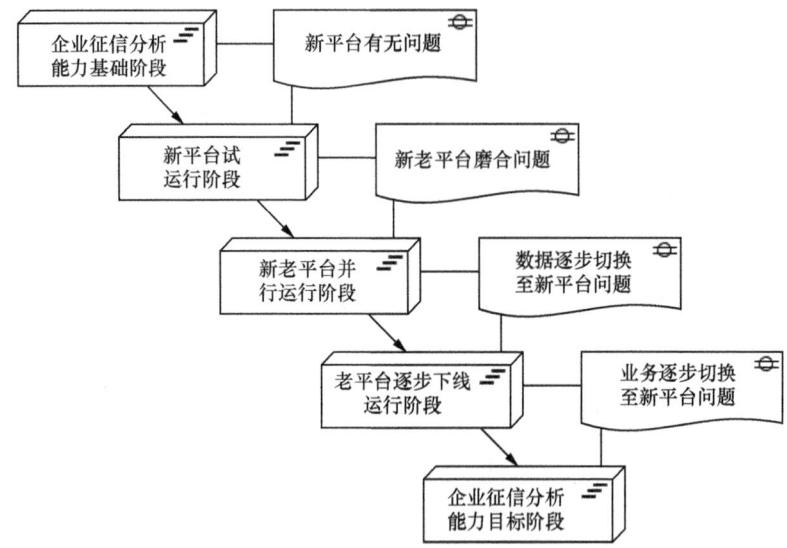

图 3.120　迁移视点（示例—园区企业征信管理升级项目工期划分）

图 3.120 以图 3.118 为基础，采取较为稳妥的分步切换方法。

① 一边运行、一边建设，现有征信分析不中断。

② 逐步建立新平台，先切换数据，再切换业务。

③ 最后完全由新平台承担全区所有的企业征信分析，完成从基线架构向目标架构的迁移。

迁移视点（示例—国际技术标准制定）如图 3.121 所示。随着各类工程、科研活动的陆续推进，更多的事件和节点也不断加入模型。图 3.121 中显示了一个时限为 3 年的国际标准制定计划和推进情况，其中包括必要的审批、会议、阶段划分、交付物等内容。

（3）实施和迁移视点

用户：架构负责人、运维负责人、技术架构师、用户、主要干系方。

领域：实施和迁移。

元素：目标、产出、需求、约束、工作包、交付物、稳态、差距、业务角色、业务协作、业务协作、位置、核心元素。

用途：该视点可以作为数字政府建设牵头部门"操盘"全局的一个重要手段。建立项目、项目集与架构的一致性关系，为更高层的项目组合提供可靠的参考依据。

① 业务战略目标在实际项目中的覆盖度。

② 发现重复和冗余的内容，优化资源投入。

③ 将在还原论指导下解构的各个领域架构，再次按照总体论的方式收敛，建立"想法"和"做法"之间的桥梁。

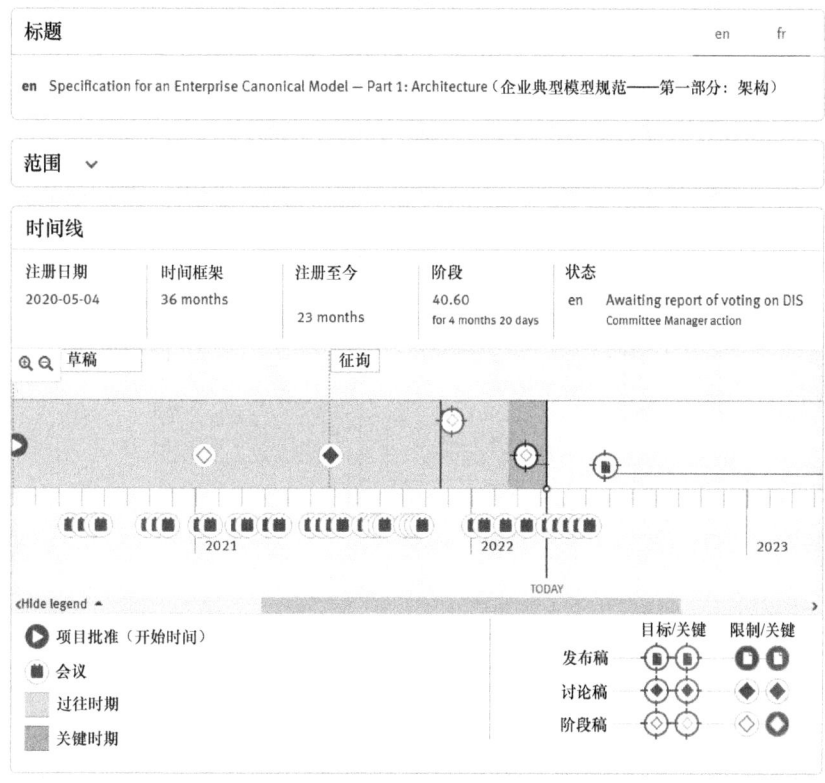

图 3.121　迁移视点（示例—国际技术标准制定）

实施和迁移视点（元模型）如图 3.122 所示。实施和迁移视点（示例—园区企业征信管理升级项目系统集成）如图 3.123所示。

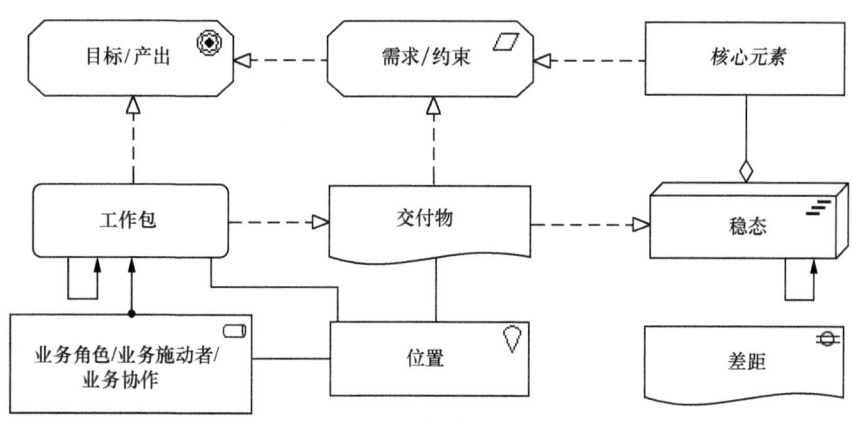

图 3.122　实施和迁移视点（元模型）

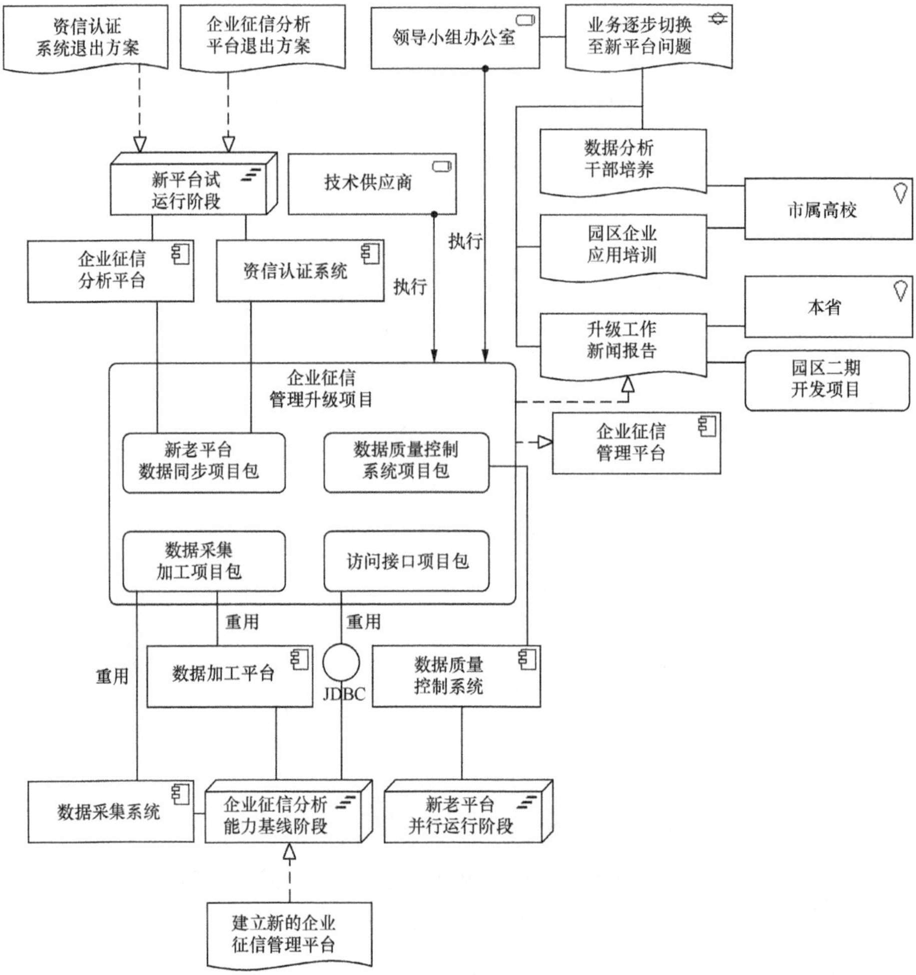

图 3.123　实施和迁移视点（示例—园区企业征信管理升级项目系统集成）

图 3.123 综合了图 3.79 的技术方案、图 3.118 的工程内容和图 3.120 的推进计划，具体包括以下 4 个方面。

① 将升级工作包进一步分解为 4 个工作包。

② 数据接口、数据采集、数据加工都复用基线架构的既有构件。

③ 尽可能高效地使用开发团队，待新平台完成开发进入试运行阶段后，开发团队将立即开展新老平台数据同步的任务。然后在新老平台并行运行阶段，开发团队开展新平台质量控制系统的开发。与此同时，交付物也在不同阶段逐步形成。

④ 其中 3 个非技术性的交付物——数据分析干部培养、园区企业应用培训、升级工作新闻报告由领导小组办公室负责。前两项任务计划安排在市属高校进行；后一项工作计划在省内的新闻媒体发布相关报道，与园区二期开发项目的宣传报道一并推进。

第 4 章

政务科技创新与先行先试

一、为什么需要科研

以往,政务信息化往往与科研走在两条并行的道路上。政务系统突出政府服务和监管创新,但在新技术应用和技术突破上,通常相对于互联网头部企业存在一定的滞后性。用户能够最直接地感受到政务系统好不好用,这不是单纯的用户体验问题,关键在于如果创新链中科技创新这一环节缺失或者较弱,就会直接或间接影响用户体验。数字政府的创新链如图4.1所示。

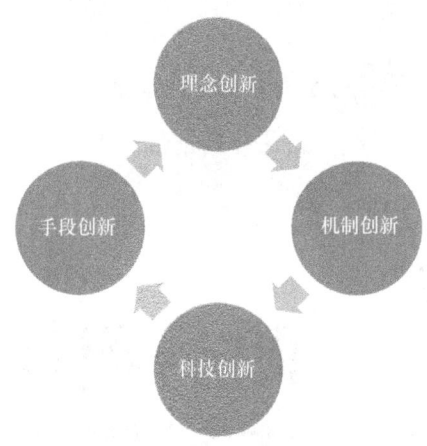

图 4.1　数字政府的创新链

与数字政府快速发展同步,经济、贸易、民生领域的数字化进程也在持续推进。由于政府掌握着价值密度较高的经济民生数据,又直接面向各类办事主体,提供庞大、繁杂的公共服务,因此数字政府要想弥补科技创新短板,应该通过整合"政、产、学、研、用"各方资源,持续跟踪全球科技发展趋势,从被动支撑变为主动引领,贯通数字政府创新链。政府在履职过程中,涉及科学研究的内容也在增加,除了专门的科研项目,计量、标准、检验、检测、认证、认可等本身就具有较强的科研属性。打通各学科领域,强化既有科技资源的应用和发掘,共同服务数字时代的政府履职,本身就会涉及较多的跨学科研究。

业内新技术迭代较快,如何把握趋势,将"管用、实用、好用"的新技术用于数字政府建设,还应回归到"是什么、为什么、怎么用"的基本范式,同时尊重科学规律,按照科研思路,将信息科学、自然科学及人文科学的最新成果以数据为纽带串联,瞄准政务应用的急迫需求和技术瓶颈,在理论、方法和示范应用方面做好科技攻坚和预研。

二、引进应用新技术

面对数据不断激发的新产业、新模式、新业态,政府既要"管好",又不能"管死",在有限的行政资源条件下,这就需要向新技术要生产力,已经到了"不应用不行、应用慢了也不行"的程度。

1. 新技术的生命周期

技术也像人一样,是有生命周期的。以"数据仓库"为例,20世纪80年代末,人们开始将分散在各处的数据收集在一起,针对统计、分析等需要建立数据组成的仓库,根据当时的技术条件形成相对体系化的技术栈,一并产出的还包括沿用至今的众多数据科学术语,例如,元数据、主数据、ETL、近线/离线数据、数据清洗、数据主题等。不过时过境迁,虽然很多概念今天还在使用,但在数字政府领域,我们听到更多的还是大数据、数据科学等名词。

一个新技术从出现在实验室,到获得媒体和市场的高度关注,再到被用户广泛使用,成为大家习以为常的技术,最后成为落后、被淘汰的技术,这个过程构成一个技术的生命周期。一般的技术会沿袭这个"萌芽—兴盛—普及—逐步退出"的生命周期,但有的技术也会"逆袭",例如机器学习。1950年,图灵提出了机器学习的可能;20世纪六七十年代,虽然理论和实验成果不断推进,但受限于算力影响,机器学习一直停留在科研领域;1984年,在达特茅斯举办的一次重要研讨会及专业学术杂志《机器学习研究杂志》的出版,使机器学习的研究重新兴起;直到2000年年初,机器学习的应用又重新回到发展快车道。相对"数据仓库"的生命周期,"机器学习"的生命周期几经沉浮,也更漫长。

2. 圈选适用新技术

本节之所以用"圈选"而不是"选择",是因为新技术的发展和探索创新存在不确定性,不确定性是工程建设和科研之间最大的区别,既是风险,也是机遇。

为了数字政府建设能够形成建设一代、预研一代、论证一代的技术阶梯,在条件允许的情况下,可以考虑同时开展几个重点技术的科研工作,并对类似技术进行比选,例如,为了调整优化跨部门协作关系,可以考虑对区块链、Handle两个技术进行对比;为了简化部署,可以对共有云、混合云和私有云,结合典型政务服务场景进行对比,以自身和协作生态为中心,获得更有针对性的科研结果。不过在"圈选"前,我们也应结合技术生命周期,先找到具有前景的技术,做到有的放矢。

区块链技术是目前数字政府建设中经常涉及的一种新技术。但面对市场中众多的区块链方案,从长远发展的角度,我们需要具备甄别的能力,毕竟部分技术从概念到广泛可用,需要5~10年的周期,在此期间业内可能会有更合适的技术出现。

截至 2020 年 7 月区块链技术生命周期曲线如图 4.2 所示。

图 4.2 以成熟度为指标，它将新技术的生命周期进一步细分为 5 个阶段。

阶段 1：萌发期。该技术已经在实验室出现，可在解决特定领域问题时体现亮点，无论是提高生产力、简化劳动、加强管理，还是优化生产关系等，技术概念（甚至是故事）已经获得媒体和公众的关注，但暂无成型的商业化产品，商业可行性也需要验证。

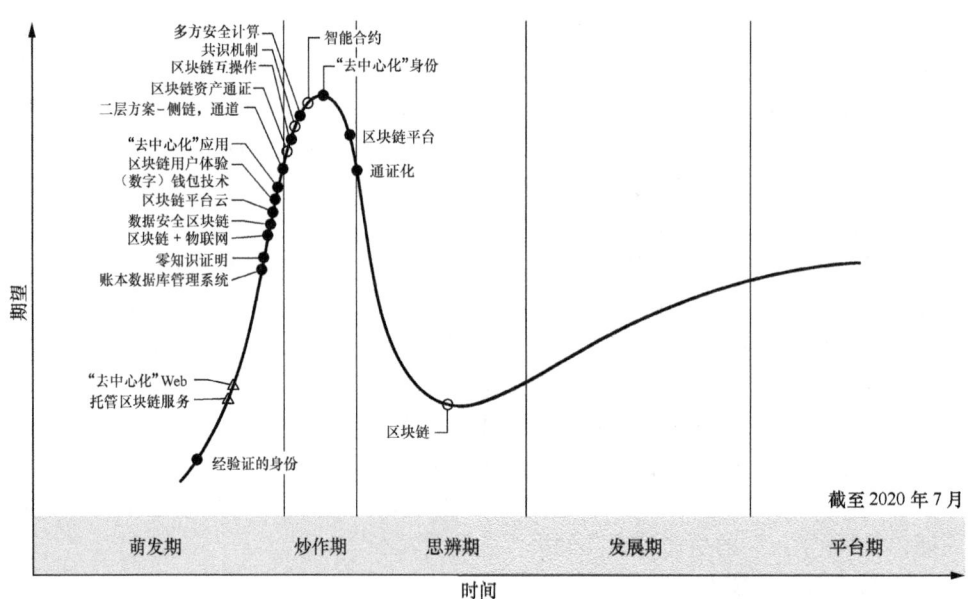

资料来源：Gartner

图 4.2 截至 2020 年 7 月区块链技术生命周期曲线

阶段 2：炒作期。经历阶段 1 后，商业企业和公众对于该技术演绎出更多"成功"故事，随着互联网和社交网络、短视频的普及，某些技术的优势甚至可能被传奇化。市场和公众对于该技术的期望不断高涨，直达高点。

阶段 3：思辨期。越来越多的实验室结果和商业场景出现失败，公众和媒体对该技术的兴趣逐渐减弱。部分先期进入的投资人和科研机构失败或出局，幸存者把握有限的市场，通过不断改进产品和技术，才能持续得到投资。当然新技术也可能在这个阶段就"夭折"了。

阶段 4：发展期。大浪淘沙之后，技术市场也逐步成熟，部分存活下来的机构通过该技术获益，个别成功案例也被公众和媒体广泛了解，存活下来的机构不断扩大市场版图、持续推出升级产品，更多企业也开始涉足该技术领域。

阶段5：平台期。该技术的产品和服务成为主流，产品的竞争集中在比拼成本、价格和市场份额的"红海"状态，逐步从新技术变为常规技术。

在明确各阶段的含义后，我们来解读图4.2中区块链技术的生命周期。区块链技术生命周期情况见表4.1。

表4.1 区块链技术生命周期情况

阶段	主要技术	应用建议
萌发期	托管区块链服务、零知识证明、区块链用户体验……	• 保持关注； • 选择场景论证； • 有科研支撑的认识论
炒作期	区块链资产通证、区块链互操作、共识机制、多方安全计算、智能合约、"去中心化"身份……	• 选取部分重点技术，与科研机构、头部企业合作开展预研； • 对预研后有效的技术，尝试结合典型场景，开展示范应用； • 有科研支撑的方法论
思辨期	区块链、通证化	• 扩大具有推广意义的概念验证，总结正面和反面经验； • 科研成果转化，部分成果用于工程； • 深化认识论与方法论
发展期		• 投入产出效益； • 适用场景推广； • 逐步进行技术替代； • 形成配置模板、审核清单等常规管理工具
平台期		• 从新技术中"销号"； • 常规化管理

资料来源：Gartner

与单一工程建设模式不同，进入数字政府建设阶段，由于数字政府与整个经济社会广泛进行数据连接，应预先树立这种论证、预研、建设的接续推进模式，与直接实施"拿来主义"或仅根据咨询报告就决定应用新技术不同，表4.1的步骤强调先采取低投入、小切口的科研，一方面试错，另一方面不耽误抢抓发展时机，为工程化应用提供实实在在的可行性依据。随着生命周期曲线的变化，新技术的"应用建议"也应该动态调整。

表4.1适用于比较积极创新的单位，尤其是那些面临较为严峻的内外部竞争的地区、部门、产业，数字政府需要快速迭代响应。考虑到数字政府建设现阶段在部

分地区、部门仍处于探索期，因此机构可以根据自身的风险或投入产出要求，在科研攻关节奏上，对照表 4.1 各阶段顺延 0.5 个甚至 1.5 个阶段，考察重点也从保持领先转为看重投入和产出，并做好风险评估。

① 为了更快体现数字政府建设中的科技创新亮点，是否应该尽早行动。

② 能否提供合适场景，能否找到愿意共担风险的科研机构共同参与，示范案例、技术标准及专利等知识产权能否成为创新的合作基础。

③ 在新技术风险尚未被国内外政务或非政务领域类似场景充分暴露的情况下，能否找到一些更稳健的替代方案或补救措施。

④ 新技术是否有合适的法律、舆论、市场氛围。

⑤ 兜底措施是什么。

事实上，技术生命周期作为一种分析方法，是基于大量案例和调查问卷的。我们在实际中可以根据 GB/T 24353—2009、ISO 31000:2018 等标准，结合其他分析方法综合运用。

3. 灵活引入新技术

新技术、新材料、新工艺都具有风险和未知性，即使其他国家、地区、部门有众多成功的先例，也并不代表自身引入过程顺利、成果显著。但我们不能因噎废食，毕竟新技术有时不仅能解决生产效率问题，甚至还能实现质变，解决"能不能"的问题。

对于数字政府而言，它不是一个桌面版的文字处理软件，它要通过数据连接各个方面，而且要根据自身中心任务不断完善，因此我们需要用运营、技术、资源的综合思维来考虑引入新技术。

我们要将新技术与内外的资源整合在一起，并实现技术与非技术之间的相互支撑。

① 顺应时势。我们不是为了使用新技术而使用，而是现有技术遇到了很难绕开的瓶颈，是时势选择了新技术。

② 步步为营。突出新技术的示范应用效果，从多角度思考问题，多方面充实新技术应用方案。

③ 多快好省。新技术自身的生产率提升、生产关系优化并不代表它的投资、工期都是最优的，必须结合实际情况比选出更省钱、更快的实施方案。

④ 突出"首秀"。新技术在"首秀"中展现标志性成果，并引导相关人员认同新技术的价值，通常比后续的宣传报告更有说服力。

⑤ 保持竞争。新技术的应用成效如果仅有纵向对比，容易陷入自我满足中，必须做横向对比，才会形成持续创新的动力。

三、核心技术认识论

1. 核心技术认识论

在完成对新技术的"圈选"之后,我们还需要结合自身数字政府创新需要,剥离附加在技术方案上过度商业化包装的功能,回归各类技术的定位初衷,分清主次、突出重点,关注政务创新、改革先行先试的全局共性技术。

近年来,数字政府建设中较多涉及的新技术有 4 个,即人工智能、区块链、云计算和大数据。核心新技术应用的认识论如图 4.3 所示。

① 人工智能(A)。人工智能从理论设计之初就面向用机器代替人类的劳动甚至思考,因此主要用于解决生产力低下和重复的问题。

② 区块链(B)。区块链用于协调各方,解决数字化生产关系问题。通过数字化信任,实现内外部高效协同。由于区块链技术总体较新,目前存证、追溯、验真等场景对于区块链平台和分布式记账这两个基本技术的应用较多。

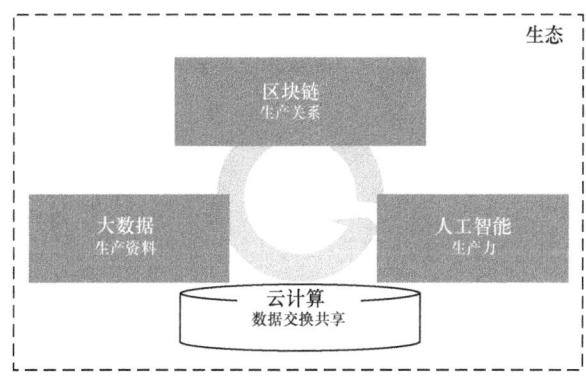

图 4.3 核心新技术应用的认识论

③ 云计算(C)。云计算是政府数字化转型的重要支撑技术。云计算一方面为各类政务应用提供充足的算力;另一方面屏蔽信息交换、高可用等复杂的技术处理,提供灵活的信息交换能力。该类技术推出较早,具体技术也较多,包括 IaaS、SaaS、PaaS、云安全评估、云原生应用、公有云数据存储等。

④ 大数据(D)。当前,大数据技术的边界范围被不断放大,甚至在一些科研机构的报告中,将云计算、人工智能以及各类冠以"智慧"的应用内容也统一纳入大数据技术的范围。这样反而容易混淆该技术的发展重点。从本质上看,大数据技术的特征是以数据为本体的,因此从数字政府角度来看,大数据技术主要解决数字化生产资料问题,提供数字政府运行所需的高质量数据要素。现阶段,在大数据技

术家族中，边缘分析、知识图谱、实时分析、事件流处理、数据湖等技术值得数字政府科研领域关注。

⑤ 生态（E）。生态本身不是一门新技术，但它是实现数字政府创新的可持续性，确保数据与业务和技术充分集成的"土壤"。数字政府建设必须有配套的科技生态支持，需要适宜的外部科技力量。此外，它也需要来自宣传等非技术领域的生态支持。

为了便于记忆，上述内容可以简单地概括为 ABCDE，从夯实基础、一网联通、共享协同、一体服务等方面，重在实现政务工作的"三融五跨"，也就是实现技术融合、业务融合、数据融合，并以数据为线索，完成跨层级、跨地域、跨系统、跨部门、跨业务的政府治理服务协同[①]。

2. 新技术集成创新

① 在深入推进政务服务"五跨"通办的基础上，通过大数据、云计算等技术，配套各类安全加密、电子签章等办文、办事技术，构建政务数字服务体系。

② 吸收先进地区的经验，推行政务服务集成改革，采用新一代移动通信技术、地理信息技术，以及该政务服务领域特色的新老技术，打造面向个人、企业全生命周期的专属服务，提升利企便民的全流程服务水平。

③ 打造数字化生活网络。实现多元主体参与、资源配置有效、功能设施完备、居民生活便捷，全面提升服务民生的水平。

四、主要技术方法论

1. 关注重点

在厘清认识的基础上，我们还应关注政务科研本质上是一种探索性、创新性的政务活动，区别于纯科技研究，需要强调时效性，因此关注重点在以下几个方面。

① 系统观念。我们要将系统观念作为数字政府建设基础性的思想和工作方法，加强前瞻性思考、全局性谋划和战略性布局，充分调动"政、产、学、研、用"各方的积极性。

② 跨学科数字化。各研究学科之间以数据为纽带，加强数据汇聚，充分发挥数据要素的叠加效应，不断提高政府决策的科学性和管理服务效率。

③ 聚焦主题。数字政府相关的科研主题始终围绕在公民权益，数字社群和数字身份，沟通和关系，健康福祉，经济和可持续发展，数据及其呈现、治理、安全等基本领域，并且这些领域相互交织。

④ 需求牵引。由于数字领域研究的普遍跨学科性，以及数字技术、数字媒介本身的持续变化，参考文献来源、数量及研究工具持续增长，为避免迷失方向，研究必须在调查研究的基础上以问题为导向，最终解决问题才是关键。

---

① 参见《国务院办公厅关于印发"互联网+政务服务"技术体系建设指南的通知》。

⑤ 安全可控。发挥新技术效能的同时，不忘同步开展配套网络安全、数据安全科研攻关，按照政务服务高等级安全要求，为数字政府提供全面、实战化的安全防护。

2. 科研成果转化

在实施过程中，可以结合政府职能，以图4.3中的4类基础共性的技术为主干，按照集约化思路，通过自建或政府购买服务的方式，构建集中的人工智能、区块链、云计算、大数据平台，支撑经济调节、市场监管、社会管理、公共服务、生态环保及政府自身运行的需要。

重点新技术应用的方法论如图4.4所示。

与图4.3的认识论相配套，方法论也可以简化为图4.4所示的ABCDE。

① 是否必须人工参与。能否采用机器设备替代或部分替代人工，例如，问询服务、常规交通流量疏导、天气播报、旅客行李扫描图像识别等。

② 是否必须人与人协同，能否完成机器和系统之间的协同。可以考虑采用达成共识的智能合约，以及多种跨链技术，在较大的范围内不断扩展自动协同关系。例如，发放小额贷款、审批"汽车上路"等。

③ 为实现系统之间"三融五跨"，从降低技术复杂度、加速政务服务上线的角度，可采用IaaS、PaaS、SaaS、DaaS等云计算技术，例如，开具发票、办理公证等。

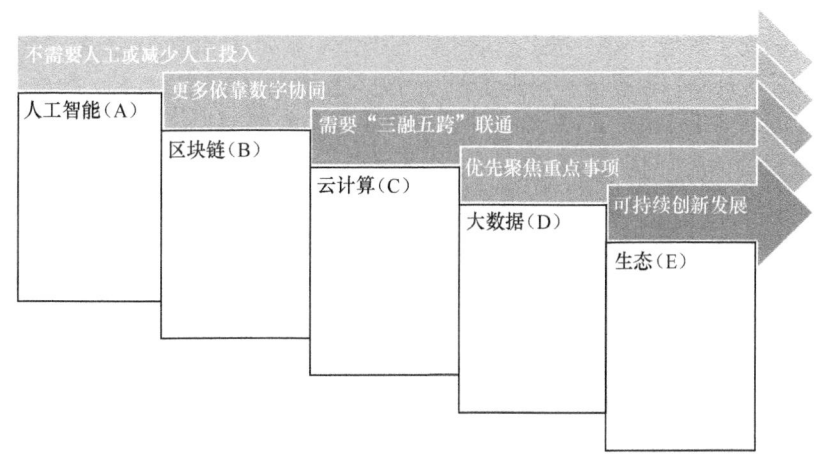

图4.4 重点新技术应用的方法论

④ 如果必须由人工完成，在行政资源相对有限的情况下，应该聚焦必须依靠人际沟通，而且优先级靠前的事项。基于大数据筛选风险，提高风险的命中率，降低误报率。在风险可控的前提下，简化服务监管流程。

⑤ 注意在各步骤进行电子记录和关联，主动排查问题和堵点，从整体生态的

角度处理问题。

3. 实施特定技术的方法论

除了以上 4 类新技术有整体方法论，特定新技术也具有自身特点的方法论。以数据科学为例，数据科学的三大核心如图 4.5 所示，整体上是三大类技术的结合体，它也有较为系统的方法论路径。

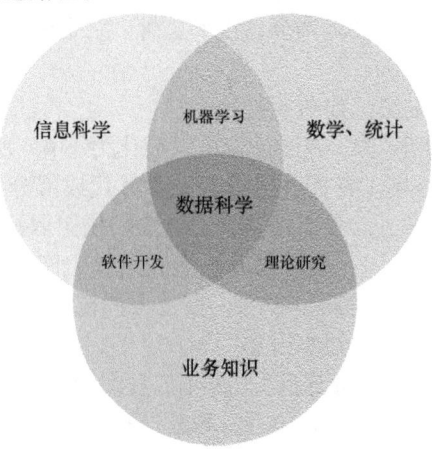

图 4.5　数据科学的三大核心

典型的人工智能（AI）技术应用也需要遵循一系列技术路径从而逐步实现，从基础知识、统计学、编程技术到机器学习、文本挖掘和自然语言处理、数据可视化、大数据、数据采集和接入，然后依托数据整理以及数据加工、处理、分析工具箱，开展大规模的 AI 协同项目。

其中，特别需要注意的是，AI 对于数字政府的发展和影响可能更加深远。相同的政务应用，有没有 AI 支持、算法是否成熟，可能会带来应用处理效率 2～3 个数量级的差距。尽管模型训练早期可能存在漏报、误报、分析精度不高等情况，但随着数据的积累和持续训练，这些情况有望得到改善。例如，我们开始只能了解 AI 的一些基本内容，对于事物的看法也不是非常准确和全面的，但是随着学习和个人阅历的积累，算法可以持续完善和成熟，相对于普通的统计回归、常规的大数据关联分析，AI 具有学习能力的算法将会应用于政务领域。

五、政务类科研创新

从数字政府领域的科研氛围来看，可能还存在科研团队小、力量分散、自主创新能力弱等现实问题，因此仅仅有了认识论、方法论还是不够的，还应注意结合大型工程项目建设，同步培养科研力量。政务类科研创新通常有明确的指向性，更突出社会效益，政务科研创新不是单纯的技术创新，它需要围绕公共治理、服务能力等方面开展,包括但不限于以下4个方面。

① 提高覆盖面,打造泛在可及的服务体系。

② 提高服务主动性。充分运用数字技术赋能政务服务模式创新,提高主动服务、协同服务、精准服务、智慧服务的能力。

③ 实现民生服务的普惠。采取新技术手段,提高基础性、兜底性服务能力,同时,数字政府自身能够与数字社会、数字经济平台对接,打造参与主体多元、资源配置有效、功能设施完备的便捷数字化生活网络。

④ 提升对企业服务的质量。深化"证照分离"、税收、跨境、普惠金融等改革,通过数字化手段强化对企业全生命周期服务,构建更适于市场化、法治化、国际化的营商环境。

开展创新实践时,一方面紧盯数字技术、数字政府方面的科技发展前沿;另一方面采取低投入、小切口的方式,综合发挥不同类型的研究特点,突破创新要点,阐明自己的创新思路,争取"政、产、学、研、用"不同层级参与方的支持。

数字政府可以采取递进式的政务创新实践模式,从成本代价较低的政策研究开始,先获得上级管理部门及本级单位内部的理解和支持,根据反馈情况调整、完善,再进行政务科技研究、示范项目和工程项目的推广,实现科技创新和制度创新的"双轮驱动",递进式政务创新模式如图4.6所示。

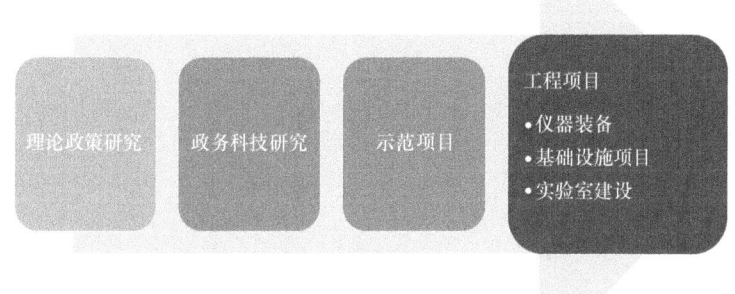

图 4.6 递进式政务创新模式

① 推动数字政府把建设实践上升为理论成果,鼓励高校、科研机构等社会力量广泛参与,围绕数字政府未来形态、数据伦理与算法伦理、国际竞争与合作规则等前沿领域开展研究。

② 科研可以包括基础研究与应用基础研究、技术和产品开发、应用示范这3种形式,数字政府研究应该在课题设立、研究内容等方面,把握新技术趋势,突出

数字政府支撑履职的新思路。

③ 强调科研成果转化，坚持试点先行、总结经验的工作方法，及时验证理论政策研究和科研成果。积极宣传推广成熟度、认可度较高的实践经验，形成"一地创新、各地复用"的模式。

④ 形式上可以考虑采用创新案例征集、工程"微创新"等管理创新的方式，在同级评审、专业论证、资金拨付、项目验收、成果转化等阶段明确管理职责规范，同时鼓励申请关联科研项目、联合科研项目，将"开门搞创新"和严格管理相结合，并且突出对领军人物、重要科技成果等的宣传力度。

⑤ 注重培养创新基础，拓展科普工作渠道。采取演讲比赛、短视频、直播、公众号等形式，让参与数字政府科研攻关的人员讲述背后的故事，推广科技成果。

此外，还应注重多双边科技合作交流，加强向相关国际组织选送、推荐优秀的科研人员，并且注意相关科研经费的使用情况。

第5章

架构实施工具及管控措施

架构能力禀赋既是当前团队在实际项目中体现的，也是历史工作的积累，既体现为实质的技术内容，也体现在能力和意识方面。能否管好、用好架构，不仅需要发挥人的主观能动作用，还应该把自身经验与外部引智相结合，内化为工具和手段，提高架构管控的生产力水平，体现着从看重建设、投入和数量，转变为关注管理、绩效和质量。

对于具有较强业务发展经验、能够准确提出需求的地方、部门，配合必要的工具支持，架构管控还可能形成一种周期更短、水平更高的数字政府创新实践，即"需求牵引＋技术牵引"的快速迭代模式。

一、度量指标

1. 领域划分

从数字政府的角度，度量领域划分为两种：一种是交互领域，度量政府与个人、企业的交互情况；另一种是要素领域，度量如何发挥各类生产要素的作用，通过数字化技术，更好地服务政府履职和自身高效运行。度量板块如图 5.1 所示。

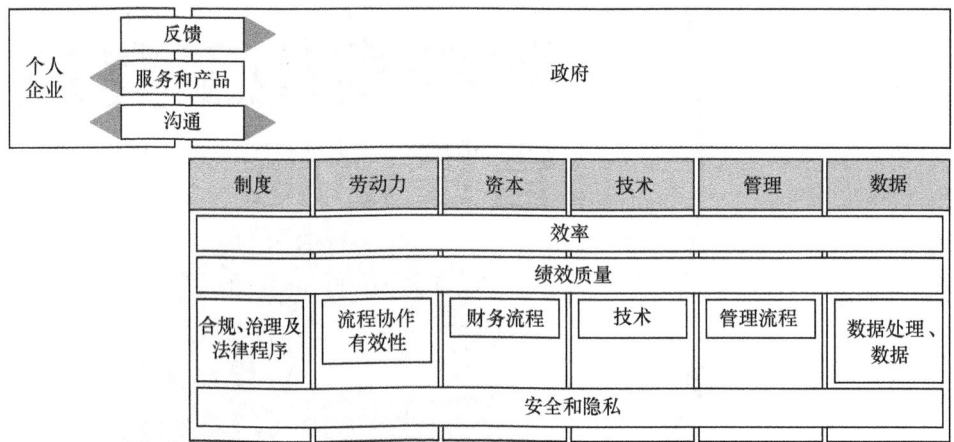

图 5.1　度量板块

交互领域包括以下 3 个度量板块。

① 政府向个人、企业提供的公共服务和产品。

② 个人、企业向政府的反馈，类似商业中的客户关系管理。

③ 个人、企业、政府三方的沟通交流。

要素领域包括 10 个度量板块。随着生活水平的不断提高，生产要素的种类也在不断扩充，除了土地、劳动力、资本、技术、数据，在不同语境中还包括管理等。考虑到在数字政府语境下，强调依法行政——法定职责必须为、法无授权不可为，若将规则架构等制度性要素纳入，则土地无法直接被信息系统使用，因此要将土地要素替换为制度要素。6 类要素对应的度量板块分别为以下内容。

① 制度要素：合规、治理及法律程序。
② 劳动力要素：流程及协作有效性。
③ 资本要素：财务流程。
④ 技术要素：技术。
⑤ 管理要素：管理流程。
⑥ 数据要素：数据处理、数据。

整体上还要对各类要素运行中的效率、质量进行监控，并确保安全和隐私底线，督促建设单位从关注有没有、做没做，向好不好转变。

2. 前期准备

为实现评价模型客观、公开、公正，需要首先确保数据质量，更好地发挥指标的评价、监督、改进效果。

① 持续提高基础数据质量。尤其是涉及评价指标数据时，要确保审核和对质量的控制，并且可以通过纪检监察、审计、执法检查等方式，确保基础数据的质量。

② 持续聚焦重点痛点领域。绩效指标应注重对各领域架构和总体架构的短板内容的持续监测。例如，针对跨部门协同、App 易用性、数据质量、数据安全、网络攻防等重点领域的关键构件，进行识别评估和改造升级指导。

③ 持续完善配套基础工作。建立部门间数据及说明材料的通报制度、基于评价指标的监测制度、根据指标进行调节调度的管控制度，并且依托总体架构和领域架构，动态完善数字政府的技术处置及变更制度。

④ 持续创新对创新的评价机制。从长远来看，数字政府只有进行时，没有完成时，度量指标需要与时俱进，充分发挥各地区各部门的特色创新思路，用最常规的评价指标，甄选出最具实效、有持续性的创新举措。

⑤ 持续提升评估自动化水平。强调用信息化手段改进数字政府评价方式，尽可能将周期性、事件性的数据采集、归集汇聚、模型分析等，以技术侵入性最低的方式，融入数字政府的运行过程中，实现 IT4IT。

3. 度量框架

为了实现本地区本部门的数字政府建设能够横向、纵向比较，评估所用的度量指标应消除特定地区、部门的专有特征，转而采用相对中立的内容，参考度量框架见表 5.1，从交互领域、要素领域分别进行评价。

值得注意的是，在指标框架的基础上，还需细化指标类别（条线）、确定具体指标的内容。此后，更复杂的是设定指标权重，它体现被考核对象的关注要点和重点。

表 5.1 参考度量框架

领域	板块	参考内容
交互	反馈	用户的预期、抱怨/投诉、问题解决、影响、负担、保有量、指导性以及其他使用情况
交互	服务和产品	在线服务覆盖率、在线服务质量、可用性、相应效果、价值以及对用户的影响/负担等
交互	沟通	与公众、立法部门等的沟通
要素	合规、治理及法律程序	监管合规、政策、风险、治理、法律等制度供给
要素	流程有效性	计划、里程碑安排以及资源配置、消耗等
要素	财务流程	公共服务及产品的成本以及成本节流、规避等
要素	技术	技术可靠性、可用性、能力及响应时间、脆弱性等
要素	管理流程	监管、法规、公共财产、战略、绩效、财务、人员、采购、IT技术、资产、物料、库存等管理流程
要素	数据处理	数据共享、分析、管控等
要素	数据	数据质量、数据完整性等
要素	效率	投资回报率、税收、生产率以及资源利用率等
要素	绩效质量	投诉、建议、错误、改进、创新、质量保证等
要素	安全和隐私	数据、设施、人员安全及隐私保护等

4. 常见问题

度量工作本身应该是智能的，也就是有明确时限、交付物、指标要求的，绩效指标的分析、设计、采集、研判、改进、应用，应该采取"包干"的方式，通过正式公文、制度、合同、军令状等形式确定，而且为了最大可能消除信息的不对称性，绩效指标不仅要面向数字政府涉及的政府机构、政府工作人员，也应该有针对行政相对人的绩效指标，但存在以下3个难点。

① 指标采集方与指标有较强的利害关系。容易导致数据隔阂和信息不对称，尤其是面对督查、审计等情景中可能用到的指标，该情况可能会更加严重，或者是个别管理人员对指标认识不足，样本与预期的采集对象不匹配等多方面原因影响指标的实际效果。

② 指标设计存在水土不服的情况。通常很多数字政府的先行先试经验会集中在信息化条件相对发达的地区，指标设计也是在先行先试的总结阶段产生的。但是，对于基础设施水平、人力资源条件、知识经验储备存在差距的地区，相关指标是否适用，时机是否合适，也是需要考量的。另外，还可以通过分类分级将横向大排名集中在指标的交集部分。

③ 指标的挖掘评估不足。不应仅停留在从数字到数字的层面，而应剖析数字背后的原因。否则，对于如何改进数字政府的"规—管—建—用"，也就容易出现南辕北辙的情况，难以将专家、资金、技术等资源准确投向短板环节，效益不显著。

二、能力体系

架构工作最终需要组织不同能力和知识背景的人员完成，由于架构工作涉及广泛，因此需要配套能力体系支撑。需要注意的是，这些能力并不限于科技部门，也不限于本地区本部门，应该根据架构"规—管—建—用"的需要汇聚各方资源。

数字政府建设始终在路上，对于好的架构团队和优秀人员的需求是无止境的，但资源是有限的，因此能力体系本身就需要对立项（及下线）、优先级和绩效做整体安排，也就是要做项目组合管理，这些都需要决策机制，因此与架构相配套的能力体系也是有管理的。

1. 工作组织结构

架构管控与数字政府工程建设、科研活动紧密联系，根据规模和发展沿革，可以采取不同的组织架构。参考主流架构方法论，对于计划全面实施数字政府建设的地区、部门，可以组建独立的架构委员会，辅助本级负责科技工作的主要领导。该委员会作为专门的议事协调机制，负责全面推进架构工作，根据国内外大型机构的经验，一般建议维持4～5名常设人员（不超过10名），由负责科技工作的高层领导、主要业务领域承担数字化转型职责的高层领导以及首席架构师组成。

架构工作组织结构如图5.2所示。架构委员会根据科技工作主要领导的授权，参与项目组合和科研专项层级的工作。首席架构师作为架构委员会成员，还承担总体架构的建设、运行和团队管理工作，并对各领域架构的牵头人和项目集进行技术指导；另外，可以根据授权和数字政府科研工作的需要，对相关科研项目进行数字化方面的指导，甚至承担或兼任首席科学家的角色。各领域架构在牵头人组织下，负责领域架构的建设、运行和参考架构的开发工作，并根据工程、科研工作的需要，选派人员作为架构顾问，作为项目集/项目经理、技术经理、科研项目/课题负责人等，完成相关工程、科研工作。

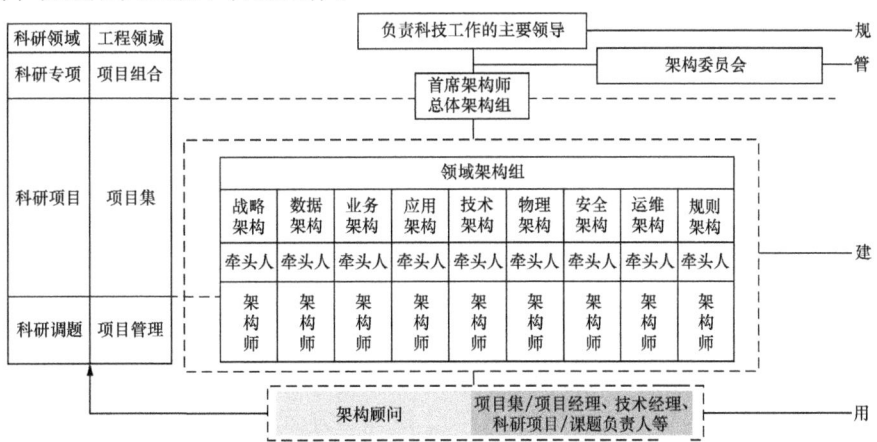

图 5.2 架构工作组织结构

架构师不是工程、科研的旁观者,也不能只是负责传递模型、工具、方法;事实上,架构师应该置身工程、科研中,解决实际问题、收集提炼构件,并把关审核提交内容,将架构管控要求和各种架构资产落实在具体工作中,为工程、科研活动的负责人做好技术顾问、为实施团队做好现场服务。

2. 专家资源管理

随着专业分工的不断细化,越来越多的新职业、新领域被充实到数字政府建设中,以最直观的用户交互为例,包括产品经理、用户调研分析员、用户体验架构师、交互设计师、2D/3D 美术设计、前端开发工程师、交互测试经理等岗位共同组成用户交互体验团队,专业团队易于交付产品化的设计、建设成果,通常具有较好的可复制、可推广能力,适合作为构件在本地区本部门共享。因此,做好专家资源及相应成果的管理是非常重要的。

3. 技能资格矩阵

技能资格作为能力架构的一部分,整体被纳入战略框架中。从领域上可以包括通识技能、业务技能、总体架构技能、项目管理、IT 技术和规则技能。

① 通识技能。通识技能集中在沟通协作方面,包括领导力、团队协作、人际关系、口头和书面沟通、干系方管理和风险管理等。

② 业务技能。业务技能的要求相对全面,不仅包括业务场景和需求分析,通常还包括流程、战略规划、预算、愿景、作业习惯和文化、投资、绩效、职能等方面。

③ 总体架构技能。总体架构技能通常涉及的领域较宽泛,包括业务建模、流程、岗位、数据、应用、系统等基于 SOA 思路的服务设计,另外还要确定相关的架构原则,为各个领域架构制定规矩,并且协商确定可复用的构件技术规程,以确保有效获得收益,并对项目集、项目进行必要的管控。

④ 项目管理。架构师应能够驾驭项目集、项目两个层次,提供较为全面的技术服务、咨询和管控,同时应成为项目集经理、项目经理的有力助手。项目管理的主要工作包括项目集管理、项目管理、变更管理、收益管理。

⑤ IT 技术。IT 技术包括本级数字政府建设运行中涉及的应用、数据、基础设施以及配套的物理设施技术,而且还应该掌握技术发展动态,对于处于技术生命周期靠前阶段的一些新技术,有必要的认识和见解,甚至在多数情况下,架构师应该是数字政府实施团队的技术核心、知识导师。同时,架构需要论证或者通过原型展现并验证,能够将成果用于说服高层领导,因此,架构师还承担着"军师"和"先锋官"的角色。

⑥ 规则技能。在数字政府的背景下,"法、规、标、制"方面的技能也显得非常重要,依法行政不仅体现在业务工作中。而且应该内化为参与数字政府建设的架构和技术团队中。例如,针对商业、合同、欺诈等方面的法律知识,也包括数字领域快速涌现的各种法律法规,以及相关的技术标准、规章、制度等。

根据对每个技能的掌握程度，可划分为以下4个等级。

① 了解背景。了解背景并不要求掌握相关技能，只是对该技能的主要内容、典型问题和应对方式有知识性了解。

② 具备意识。在了解背景的基础上，能够对该技术的发展和使用具有清晰的判断，并能够向其他干系方、用户推荐或介绍相关技能。

③ 掌握知识。详细了解该技能的主要适用领域、方法、工具，能够与架构工作的其他部分衔接，让技能发挥实际作用。

④ 专家见地。具有广泛、充分、可持续的知识经验，能够持续探究，应用技能以应对突发、未知情况。

4. 人员成本计核

在进行能力体系建设过程中，成本也是必须要考虑的因素。劳动力要素的时薪水平，是建设数字政府时需要充分考虑的一个因素。由于在招投标过程中参考基数通常相对刚性，因此在选用人员时，可以借助部分统计学上的客观因子评估劳动力成本溢价，尽可能获得物超所值的人员，客观因子评估包括以下内容。

① 受教育程度、专业职称。

② 本领域工作年限。

③ 工作场所。是外协、驻场、咨询顾问，还是灵活选择等多种方式。

④ 机构规模。

⑤ 项目类别。项目类别包括办公自动化、人财物管理、行政执法及监管、刑事执法、民生服务、公共服务、经济调节、计量认证认可、标准化、跨境/国际政务合作等。

⑥ 技术领域。具有"核高基"等科研属性的数字政府项目、新技术生命周期中处于"技术触点""期望峰值"阶段的技术、大规模应用的新技术、常规技术等。

⑦ 安全和背景调查。

⑧ 合作期限。

除了上述因子，不同地区或部门还可以根据实际需要扩充更多客观因子，或者将主观因子量化，赋予权重后将上述因子工具化，为选用人员提供底账。例如，选取以下客观因子：本科及以上学历，5～15年工作经验，工作场地灵活，参与过办公、交通物流、安全防护、科研管理等项目，期望薪资处于整体水平左偏分布区间等。项目可以据此参考选用人员。

三、成熟度模型

1. 架构总体评估

不论是度量指标还是能力体系，从外部而言还是比较复杂的，如果用更具象的单一指标呈现自身数字政府发展的总体情况，可以考虑使用成熟度。

对于数字政府而言，在政务活动中，数据的加工和使用能力是最重要的标志，因此可以以数据为主要考察指标。

① 通常在初始级别，数据的使用是"孤立"的。

② 随着数字技术应用的深入，履职服务透明度的不断提高，数据从封闭逐步转为开放。

③ 聚焦数据为中心，以数据的采集、使用和交付为主线构建政府的主要运行模式，并结合内外部驱动力和需求，持续优化政府自身的业务流程。

④ 在此基础上，政府将自己作为整个经济社会运行的一个构件，政务服务变成开放 API。

⑤ 在数据和接口同步开放的基础上，经济社会的数字化创新可以集成政府开放 API，通过多源数据汇聚，交付更多的新业态、新模式，甚至创造新产业。

事实上，针对不同领域架构，也可以采用特定的成熟度模型，对数据、开发、运维、基础设施等领域进行总体评估。例如，评估软件能力成熟度的能力成熟度模型集成（Capability Maturity Model Integration，CMMI）体系，甚至在开发、集成的细分领域，还可以构建针对集成产品、人员能力、软件采购、系统工程等成熟度模型，对于数据、安全等领域也有类似的成熟度模型，度量/测度目录（成熟度目录）见表 5.2，可以用成熟度目录指导本地区本部门不同领域架构的发展。

表 5.2 度量/测度目录（成熟度目录）

成熟度	1 类元素：合约
数字政府 – 架构能力 – 数据管理 –– 主数据管理 – 数据分析 – 业务协作 – 网络安全 – 运维管理 – 软件能力 –– 集成和产品开发能力 –– 人员能力 –– 软件采集能力 –– 系统工程能力 ……	

2. 成熟度推动改进

每一个成熟度等级代表的是一组打包好的指标以及权重，指标和权重通常是以业内综合性内容所设定的。从信息论的角度来看，使用成熟度模型的最大优势是破解信息不对称性。可以克服产业、地区、部门之间个性内容，为跨技能、跨部门、跨地区、跨产业甚至跨国家（地区）之间的数字政府发展与合作，提供可横向比较的指标。对于机构自身而言，也可以将提升成熟度作为本级数字政府建设能力的一个重要标识，当然根据内外部要求的侧重，可以阶段性选取业内广泛认可的特定成熟度指标作为架构改进、完善、提高的指引。

以数据管理成熟度模型为例，包括8个领域（过程域）、28个板块（过程项）、441项评价指标（功能）的度量/测度目录（GB/T 36073—2018 指标目录）见表5.3。包括初始级、受管理级、稳健级、量化管理级、优化级，相关指标不仅可以作为成熟度的评估依据，也可以为数据架构设计提供指引。

表5.3 度量/测度目录（GB/T 36073—2018 指标目录）

GB/T 36073—2018 指标目录	1类元素：合约	
过程域（8）	过程项（28）	评价指标（441）
数据战略	数据战略规划	略
数据战略	数据战略实施	略
数据战略	数据战略评估	略
数据治理	数据治理组织	略
数据治理	数据制度建设	略
数据治理	数据治理沟通	略
数据架构	数据模型	略
数据架构	数据分布	略
数据架构	数据集成与共享	略
数据架构	元数据管理	略
数据应用	数据分析	略
数据应用	数据开放共享	略
数据应用	数据服务	略
数据安全	数据安全策略	略
数据安全	数据安全管理	略
数据安全	数据安全审计	略
数据质量	数据质量需求	略
数据质量	数据质量检查	略
数据质量	数据质量分析	略
数据质量	数据质量提升	略

续表

过程域（8）	过程项（28）	评价指标（441）
数据标准	业务术语	略
	参考数据和主数据	
	数据元	
	指标数据	
数据生存周期	数据需求	
	数据设计和开发	
	数据运维	
	数据退役	

流程/事件/管控/产品目录（数据管理成熟度产品）见表5.4。

表5.4　流程/事件/管控/产品目录（数据管理成熟度产品）

数据管理成熟度制品	2类元素：合约、产品				
	数据战略	数据质量	数据运维	平台和架构	数据治理
数据战略		质量需求 质量战略	干系方协同	科技业务协同发展	实施监督 实时协作
数据质量			业务流程 数据需求 质量规则 质量标准	质量需求 质量方案	元数据监督
数据运维				数据基础设施	指导与合规
平台和架构					基础设施监督
数据治理					

发展数字政府可以将关注的主要成熟度模型叠加、一体推进，例如，从管理和评估角度，将本地区本部门成熟度体系设定为"智慧××"，重点关注数字政府整体及风险管理、工程项目管理、科研项目（信息技术类）管理和数据管理4个方面的成熟度，度量/测度目录（成熟度体系跟踪）见表5.5。确定当前等级和目标等级，并按照还原论剖析分项度量内容，开展持续改进。

表 5.5 度量/测度目录（成熟度体系跟踪）

成熟度体系跟踪	1 类元素：合约				
模型/等级	1	2	3	4	5
数字政府整体	初始*	开发	已定义#	已管理	优化
风险管理	初始	管理*	定义	量化#	优化
工程项目管理	初始	管理*	定义#	量化	优化
科研项目（信息技术类）管理	初始*	管理#	定义	量化	优化
数据管理	初始*	管理	稳健	量化#	优化

注：*代表当前水平；#代表目标水平。

需要注意的是，仅着眼于本地区本部门自身数字政府整体或分项成熟度目标是不够的："点"的成熟度提升仅改善了图 3.30 中自身价值流的竞争力；"独行快、众行远"，为了数字政府发展的可持续性，还应该参见图 3.32，促进上下游配套产业以及合作地区、部门成熟度的提升，合作共赢，但是这也仅完成了"线"的成熟度提升；进一步，由于数字政府内生具有"三融五跨"的潜在需求，应把握合作主题（例如，减排、食品安全、乡村振兴、经济安全等综合性内容），加强与不同条线、层级、技术领域之间的数字政府合作，同时注重培养相关专家、劳动力和行政相对人的数字化素养，促进在"面"甚至"网"的范围内，持续改进和提升数字政府的成熟度。

以"点、线、面、网"的方式提升数字政府成熟度如图 5.3 所示。

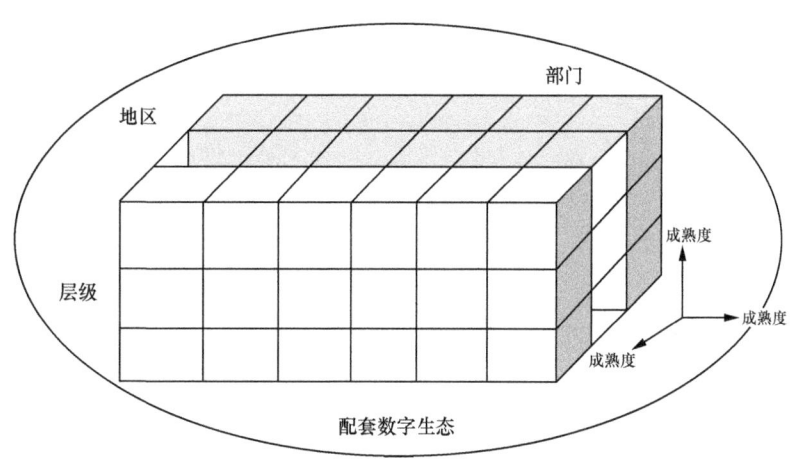

图 5.3 "点、线、面、网"的方式提升数字政府成熟度

3. 技术升级和迁移

技术升级和迁移应尽量避免颠覆性变更。对于数字政府，安全、可靠还是要必须优先确保的，毕竟升级、迁移是从一个稳定态向另一个稳定态跃迁的过程，容易出现故障。

升级和迁移似乎更应该采取类似太极图中"双鱼"的形式，新旧技术可以类比两条追逐的鱼，始终是一个相对的概念，新旧技术之间的切换也不是骤然而起、戛然而止的，新技术中有旧技术、旧技术中有新技术，甚至升级后发现不合适，还可能要考虑回退，采取这种二元辩证方式，而不是非黑即白的二元对立方式，可能是一个相对稳妥并且更加可持续的过程。

对于复杂系统而言，局部发生个别问题是正常的，不发生问题反而是小概率事件，重要的是在发生问题的时候，如何确保数字政府支撑服务以及保持业务服务的连续性。

第 6 章

国际合作境外段架构设计

随着各方对网络空间及数据主权的不断强化，安全和基础设施的建设与保护成为数字政府国际合作中绕不开的要点和难点。

在境外段的设计中，有一个非常稳定的三角形关系是可以参考的，人、技术、制度互联互通三角形如图 6.1 所示。其中有 3 个支柱或者立足点，分别是人、制度和技术，类似图 2.11 的项目管理三角形，3 个支柱互相弥补，但又不能完全替代。

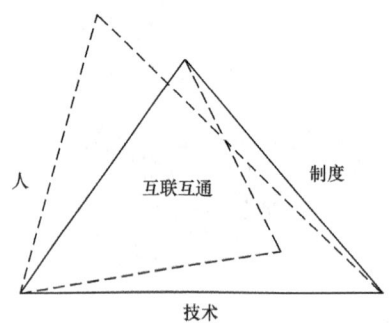

图 6.1 人、技术、制度互联互通三角形

① 如果有充足的高素质的技术队伍，即使当前存在一定的制度性不足、技术条件不完备，但是可以通过人的主观能动性，实现一个较好的境外段技术环境。

② 当人员和技术不足时，良好的制度框架配合现有的其他措施（例如，法律、外交/外事、经济、文化等手段），也可以创造技术环境。

③ 在人员和制度无法满足的条件下，如果有管理和技术自洽性较好的手段，也可以较好地解决境外段数字政府合作问题，营造一个比较好的数字化生态。

一、跨境政务数据梳理

数字政府合作的交换载体是数据，因此哪些类别的数据适合交换、数据如何定义、交换规程如何定义，这些都是需要共同讨论的重要事项。

1. 分析交换内容

数字政府国际合作是各国数字生态在境外段的延伸。政府间跨境数据交互、业务互通、监管互认、服务共享等有利于建立起国家间合作的高效机制，为各国共同应对可持续发展的相关问题，以及积极参与数据流动、数据安全、数字货币、数字经济税收等国际规则和数字技术标准制定提供基础[①]。在我国，数字生态主要由数字经济、数字社会和数字政府 3 个部分构成，数据要素跨境可行性概要分析见表 6.1。分析可知，实际可用于跨境交换的数据类别较少，包括商业主体向东道国监管部门

---

① 参见国家发展和改革委员会《数据基础制度若干观点》。

申报的进出口数据,以及根据市场监管的需要在合法、自愿、对等的原则下对监管数据的跨境交换,如何确保这两类交换能够各司其职并形成合力,不仅需要讨论传统的商业、行政措施,更需要结合表1.1的数据要素特征精准施策。

表6.1 数据要素跨境可行性概要分析

来源类别	分类方法	一级子类	评估	说明
数字经济	支出法	消费	N	隐私 商业秘密
		投资	N	安全 商业秘密
		（出口-进口）	P	
数字社会	政策文件:《国家基本公共服务标准(2021年版)》	幼有所育 学有所教 劳有所得 病有所医 老有所养 住有所居 弱有所扶	N	隐私
		优军服务	N	隐私 安全
		文体服务	N	隐私 安全
数字政府	政策文件:2018年《中共中央关于深化党和国家机构改革的决定》	经济调节	N	安全
		市场监管	P	
		社会管理	N	隐私 安全
		公共服务		
		生态环保		
		政府运行	N	内部 安全

注:P代表部分可行,N代表总体不具备可行性。

需要注意的是,在跨境数据合作时,如果在数据处理过程中的任一环节存在明显合规瑕疵,将可能面临较高的罚款或其他不利情况,即使采取补偿措施,代价也是比较高的,包括支付调查数据泄露所需的程序费用和法律费用、声誉损失、用户信心的丧失、税费等收入的损失等。

在具体交换层面,近年来主要经济体密集出台了一系列法律法规(包括征求意见稿和已发布尚未生效的内容),制度性约束日趋严格、规定也更具体,因此,评估数据合作之前,应预先明确评估原则,原则目录(示例—数据跨境交换原则)见表6.2。

表 6.2 原则目录（示例—数据跨境交换原则）[①]

领域	编号	原则	状态
规则架构	RP0	合法性原则	
	RP1	数据主体明示同意原则	+
	RP2	主管部门审批同意原则	+
	RP2-1	累积阈值报请主管部门审批同意原则	#
	RP3	数据跨境必要性原则	+
	RP4	数据跨境正当性原则	+
	RP5	接收方主体审查结果匹配原则	+
数据架构	DP1	交换频率最小化原则	
	DP2	交换内容（数据元/字段/数据项）最小化原则	+
业务架构	BP1	与相关业务功能直接关联数据原则（间接关联排除性原则）	+
运维架构	OP1	技术保障能力等级匹配原则	#
	OP2	管理保障能力等级匹配原则	#

注：状态参见 ISO/DIS 9735-10:2021。

事实上，架构设计在很大程度上决定了数字政府项目能否满足数据跨境合规的要求，以及适应未来法律、法规、标准、制度等各方面变化的灵活性和可扩展性。

2. 协调数据元集合

"对数据要素再认识"部分提到，对于政府而言，数据的生命周期起点应从确定规则开始，也就是从数据如何表达——定义数据模型开始作为整个数据生命周期的起点。由于能够参与数字政府的各国（地区）或国际组织，已经具备了一定的数据化基础，因此，数据建模的起点又聚焦在有哪些数据内容，也就是数据元的汇总。由于各方语种、术语、风俗、习惯、政务和商业环境、技术路线、技术标准体系等差异，在缺乏统一技术标准的条件下，数据元的表达可能差异较大，因此，协调各方的数据元集合（简称"协调数据集"）就成为一个绕不开的基础工作。一个基本原则是标准化优先，即有标准缺位的尽可能基于标准扩展，当标准、语种出现冲突时，建议优先考虑各方共同认可的国际标准或者是牵头国家（地区）的标准，并按照各方可接受的语种、数据规格协调数据元。协调数据集（示例）见表6.3。

[①] 参见国家互联网信息办公室《数据出境安全评估办法》。

表 6.3 协调数据集（示例）

编号 (numéro ID)	实体 (entité Entity)	属性 (attribute Attribute)	格式 (format Format)	代码表 (liste de codes Cost List)
G002	ContactOffice	Government contact office, coded	an..17	UN/LOCODE (an..5) + user codes (an..12)
G003	PaymentOffice	Government payment office, coded	an..17	UN/LOCODE (an..5) + user codes (an..12)

协调行政规程时，选取法英双语作为工作语言，法文优先，在法文编制协调规程的基础上等同翻译为英文，表头部分保持一致；在数据元方面，由于政府、企业、个人都会涉及，因此采用英文命名和排序，表体部分保持一致。其中，尽管各国（地区）、国际组织参与联系协调该合作事项和资金拨付使用清算的机构名称、事权、称谓各异，但协调后统一称为联系机构（ContactOffice）、支付机构（PaymentOffice），编号规则均为 17 位字符型，包括联合国发布的 5 位地区代码（UN/LOCODE an..5）和内部自定义的 12 位代码（user codes an..12）。

需要注意的是，为了便于合作各方交流，可将法律法规、业务规则转化为数据元，这样更加顺畅，数据元定义更加趋于自然语言表达。在计算机技术早期，限于内存、处理器效率，通常数据元定义更贴近机器处理；随着技术的普及，数据元呈现也更加接近人。因此，在数据元定义上，可以参考"架构分层和领域架构分层和领域架构"部分提及的"5W1H"模型，在协调数据集基础的内容中，补充自然语言元素，利于相关产出的使用和交流。

3. 构建数据模型

在以数据为中心的合作事项中，数据模型代表着合作涉及的业务内容和合作模式。在数据模型实现技术方面，目前主要采取以下 5 种方式。

① 扁平文本方式。合作各方仅需要约定需要交换的数据元，数据元不包含层次，参见表 3.19。

② 层次文本方式。数据元本身具有层次性，该方式在数据模型复杂度不是非常高、主要针对单一产业的合作场景中获得普遍应用，能够与其他层次文本方式定义的数据模型进行单向或双向的映射，扩展应用范围。例如，UN/EDIFACT、XML+XSD、JSON 等技术主要采用该方式定义数据模型，图 3.39 将航班信息报文（FLIRES）映射为一个自定义的简化航班信息 XML 报文。第一种方式可以视为该方式的特例。

③ 实体关系方式。该方式采用与主流事务处理数据库一致的模型，通过具有较强刚性定义的实体以及实体间关联构成。例如，在表 3.40 中，部门、角色与机器学习环境中各系统的关系，采用的就是图 3.53 中的实体关系定义。该方式普遍用于后台数据库建模，但在数据交换层面，通常用于呈现结果，而定义模型则主要采用前

两种方式。

④ 多维数据方式。该方式主要针对同时有多个维度变化的情况，多维数据模式中模型结构可能出现环路，也就是需要用有向图表现数据模型构成。方式 2 可以视为该方式的一个特例。多维度数据（示例—患者数据）见表 6.4。例如，患者数据包括 6 个维度，每个维度记录的内容又具有不同的层级，甚至在"出生时间"这单一维度下，也有周和"年代、年、季度、月、日"两套层级，由于变化维度、层次结构存在复杂性，因此采用多维数据方式。

表 6.4 多维度数据（示例—患者数据）

维度	层级	
年龄	10 年	
	5 年	
组别	诊断组	
	家庭	
出生时间		周
	年代	年
		季度
		月
		日
居住地	省	
	市	
姓名		
社保编号		

⑤ 面向对象方式。对于复杂度接近代码表达程度、变化更加频繁、经常需要与其他模型集成的数据模型，应考虑采用面向对象方式建模，借助封装、继承、多态等特性，封装数据内容，根据不同类别的场景进行泛化，并在具体应用场景进行实例化。例如，图 3.35 的内容如果采用图 3.36 面向对象方式，定义可能更简化。

以 UN/CEFACT CCTS（核心构件技术规范）和 WCO DM（数据模型）为例，前者覆盖 20 个领域、后者覆盖 4+1 个领域，向下覆盖更多的板块、条线[1]，而且随着数字政府、数字经济、数字贸易、数字生活的快速融合发展，各领域内部不同

---

[1] UN/CEFACT CCTS包括会计和审计、渔农及食品、跨境管理、电子数据管理、环境管理、金融和支付、健康和保险、规范、供应链和采购、贸易便利化、运输和物流、旅行和旅游等；WCO DM覆盖4个业务领域和1个工具方法领域，分别为贸易、物流、金融、监管及科技。各领域下包括多个板块，通常以工作机制划分，UN/CEFACT称之为计划发展板块（Programme Development Areas，PDA），WCO称之为专班（Focus Group，FG）。

板块（例如，金融中的银行、保险、信托，物流中的仓储、寄递……）的数字化都处于较快的发展阶段，为了更好地应对复杂性，选择采用面向对象建模的方式。例如，根据 UN/CEFACT CCTS，为了通过 PEST（Political, Economical, Social, Technological，政治、经济、社会、科技）方法分析数字政府合作事项的背景，从政治、经济、社会、科技 4 个方面查摆问题，可以采取面向对象数据建模方式（示例—合作项目背景 PEST 分析）定义数据模型，具体如图 6.2 所示。

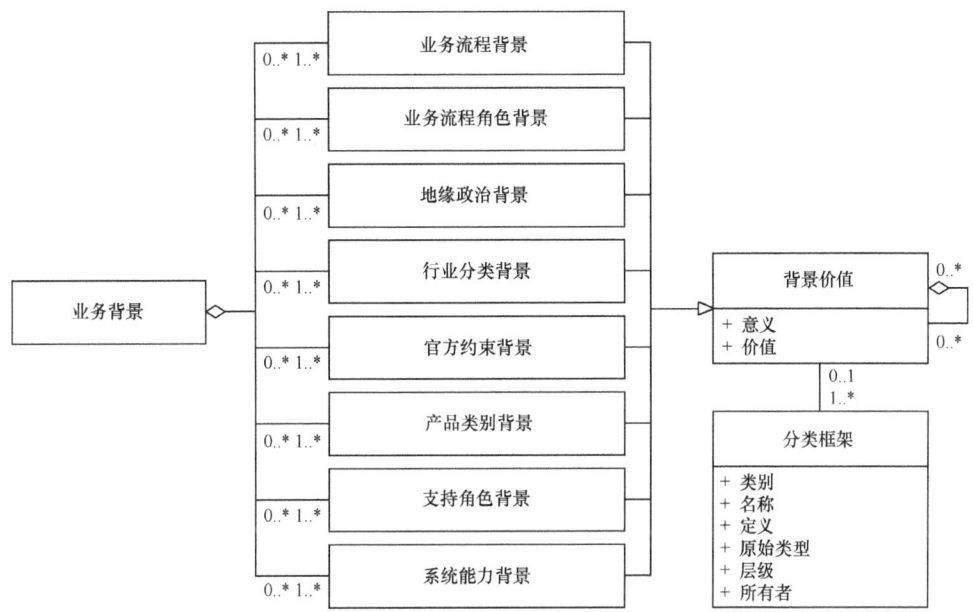

图 6.2　面向对象数据建模方式（示例—合作项目背景 PEST 分析）

4. 设计信息包

现有的计算机体系主流采取的是冯·诺依曼体系结构，也就是将算法和数据分离、软件和硬件分离。今天，随着以数据为中心的运行方式日益深入，算法和数据一体融合的趋势似乎更加明显，不仅体现在深度学习等分析领域，也体现在互联互通环节。对于部分开展合作的地区和部门，根据项目需要定义数据模型即可，磋商形成的数据模型是偶然性和必然性的结合体。但是，随着国家（地区）间经贸往来以及配套数字化合作的日趋频繁，为了减少重复劳动，集约化使用技术专家资源，并尽可能降低后续合作事项和新加入成员的技术门槛，一个较新的思路就是信息包（Information Package，IP）机制。

面向对象数据（信息包基本结构）如图 6.3 所示，它将业务、算法、数据采用面向对象方式封装，尽可能通过标准化技术处理，降低数据定义和使用的偶然性，强化必然性，包括以下内容。

① 针对合作主题，对于实体（类）、属性以及数据模型进行裁剪，实用、够用即可。

② 补充数据规则和初步使用方法，结合业务需要，确定不同数据元在各个阶段的内容规格、填写次序和引用等，定义不同业务角色对于数据的 CRUD 关系等。

③ 明确 XML、JSON 等平台无关的数据交换接口。

④ 将上述封装为数据组件，明确打包、加载、分发、更新等规程。

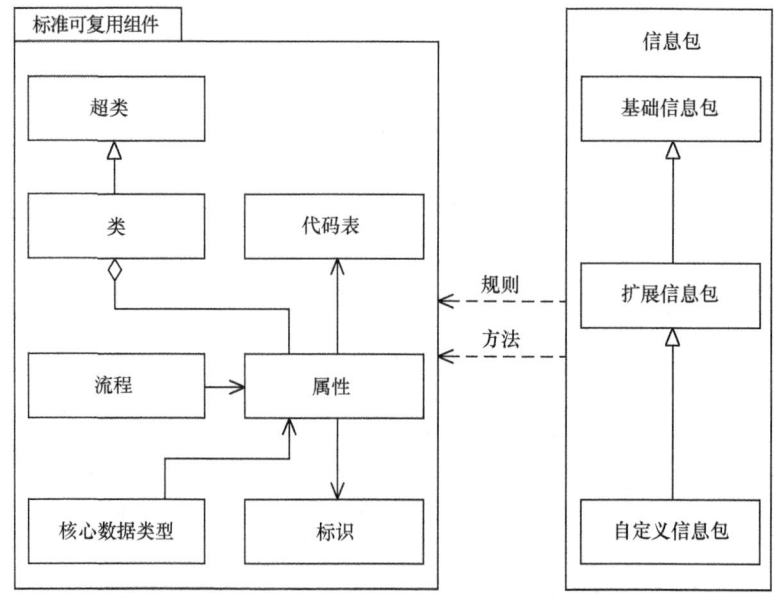

图 6.3 面向对象数据（信息包基本结构）

信息包概括为两大特征——标准化和面向对象。

① 标准化。由于信息包从最细颗粒度的单元——数据元就尽可能遵循标准化的原则，尽可能使用国际标准代码表，因此 IP 的适应性较强，不仅利于多边合作中的数据协定、倡议的快速落地，即便是在双边合作时，也利于进一步裁剪。

② 面向对象。IP 通过封装简化了外部使用，尽可能降低技术门槛、压缩技术协调周期。信息包自身也可以通过继承机制扩展。使用时，可以先确定一个基础信息包（Base IP），然后结合自身主要领域或者是重要板块定义扩展的信息包（Derived IP），然后对于相对个性化的场景、项目、项目集，设计自定义信息包（My IP）。

由于直接从协调数据集开始编制信息包，实施周期相对较长，考虑国际合作中区域贸易协定、产业和行业规范、法律法规体系相对业务变化频率较低，IP 延续面向对象设计理念，可以在自定义 IP 的基础上，针对国家、区域、产业甚至具有较大影响力的跨国机构进一步扩展自定义信息包。面向对象数据（示例—信息包扩展机制）如图 6.4 所示。

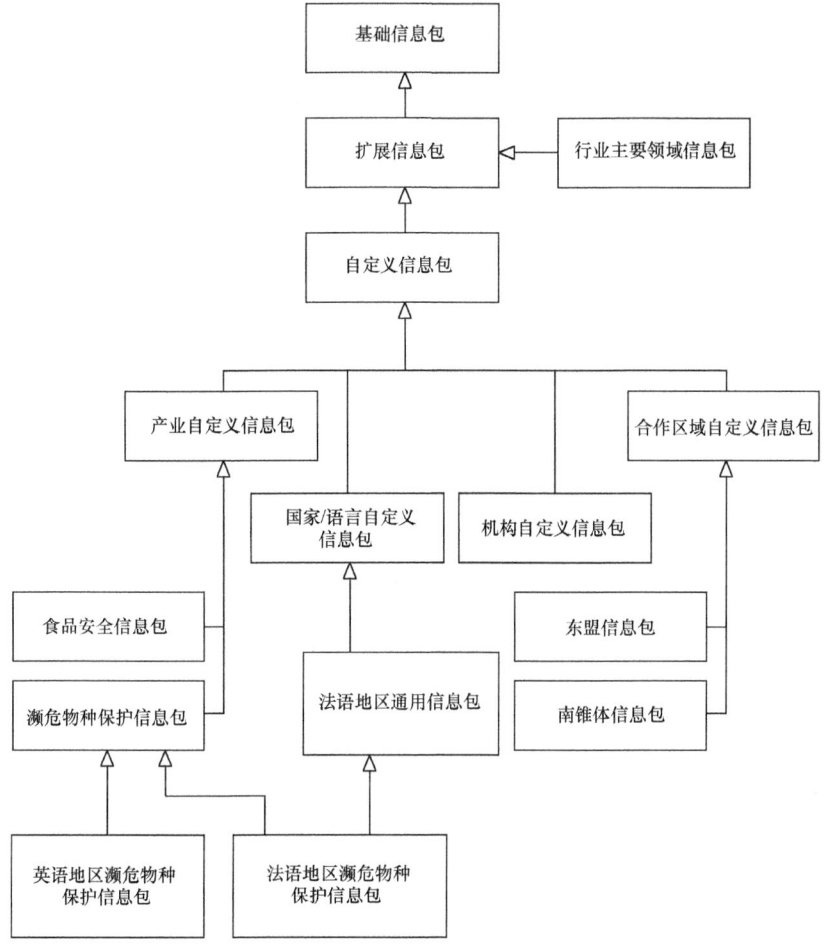

图 6.4 面向对象数据（示例—信息包扩展机制）

二、基础设施预先布局

确定数据合作的内容和业务、技术特征后，就要在国际互联网环境中为合作开辟专门的交换通道。政府境外段数字基础设施的供给质量，也会对数字政府国际合作成效带来直接影响，从长期来看，这将成为影响数字政策路径依赖的重要因素，甚至成为关键因素。

1. 遵循法律法规[①]

由于不同经济体的法律诉求存在多元性，在数字政府国际合作中，法律法规内

---
① 为了具象表述，本节的"法律法规"仅包括狭义概念的法律、法规及调节国家间关系、具有法律约束力的有效条约。

容更加复杂。以相对简单的双边合作为例,在共同开展合作方案磋商时,通常涉及3套法律体系——双方各自的法律体系+国际条约,也就是2+1的情况。特别是数据,只有做到遵循参与各方的法律法规共识,才可能具有法律效力。法律法规目录(示例—部分数据安全法律法规)见表6.5。

表6.5 法律法规目录(示例—部分数据安全法律法规)

数据安全法律法规	1类元素:合约	
国家/地区	法律法规	生效时间
中国	《中华人民共和国保守国家秘密法》	2010年10月
	《中华人民共和国国家安全法》	2015年7月
	《中华人民共和国网络安全法》	2017年6月
	《中华人民共和国刑法》(含刑法修正案(十一))	2021年3月
	《中华人民共和国数据安全法》	2021年9月
	《中华人民共和国个人信息保护法》	2021年11月
美国	《2018年加州消费者隐私保护法案》(CCPA)	2018年6月
欧盟	《个人数据保护条例》(DPD)	1998年10月
	《通用数据保护条例》(GDPR)	2018年5月
加拿大	《个人信息保护和电子文件法》(PIPEDA)	2002年1月
日本	《个人信息保护法》(2020年修正)	2020年6月

注:仅列出部分经济体主要法律法规。

目前,主要经济体关于网络和数字技术的法律法规中,数据处理位置、存储位置、过境位置、采集源头和采集主体身份等,通常是界定适用范围、权利、责任、义务等法律判断的主要依据,因此,在数据架构的采集、分发设计中,多种交换模式及其组合如下。

① 点对点写入(I)。双方(甚至多方)按照协定向指定目的方写入数据。

② 点对点读取(II)。双方(甚至多方)按照协定向指定目的方开放数据共享,供对方读取。

③ 独立采集分发(III)。采集、分发由独立的第三方(国家、地区、国际组织)完成。

④ 采集—中转—分发(Collect Transit Distribution,CTD)(IV)。对于制度性要求更复杂的情形,需要将采集、分发分离,采集、分发之间设置若干中继方。

⑤ 多播转发(V)。区分主要参与方和其他方两类主体,由独立的第三方在两类参与主体之间进行采集、分发,例如,一些政府间的科研合作,仅限于科研条件等,主要由部分国家承担,但其结果能惠益更多的国家。

数据传播(示例—部分典型数据采集、分发模式)如图6.5所示。

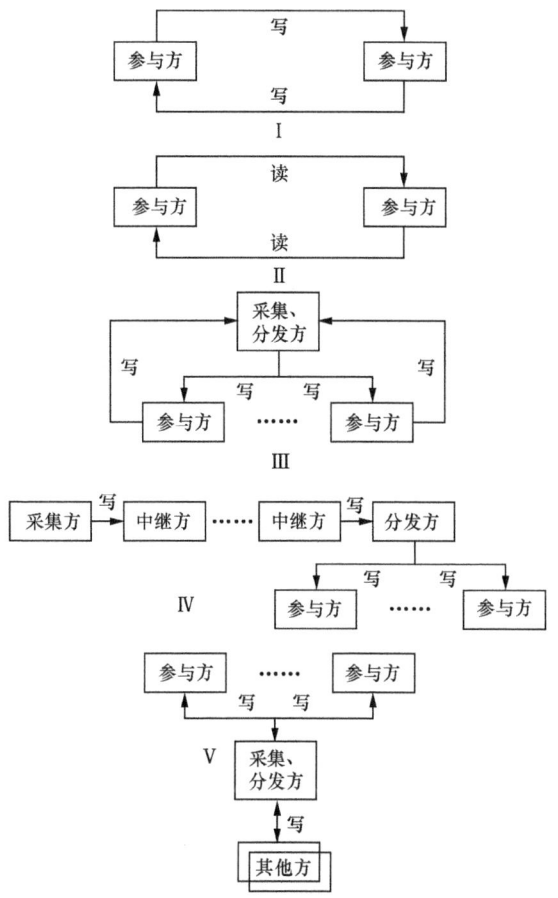

图 6.5 数据传播（示例—部分典型数据采集、分发模式）

2. 基础设施难题

尽管主要经济体内部的数字生态均颇具规模，但实施监管数据跨境交换存在现实难题。目前，对照表 1.1 的数据要素特征，技术和政策层面都存在一定的制约因素，影响推进数字政府国际的合作：在技术层面，挑战主要来自境外段数字基础设施，发达国家和发展中国家之间、陆海国家之间的资源分布差别较大；在政策层面，挑战主要来自经济体之间数据跨境流动政策差异，法律、法规、程序、安全、研发、就业方面的制度壁垒也在不断被提高。

在全球海底光缆的布局中，亚洲、美洲、欧洲是全球数字基础设施的主要交汇点。从跨境数据链分析来看，总部位于亚太的头部企业运营的数据中心承载着全球主要的数字业务，与此同时围绕数字核心技术（例如，AI、半导体）的收购和研发也主要集中在该区域的主要经济体，但是境外段数字基础设施仍需要加强，包括以下内容。

① 到达主要沿海经济体时，海底光缆通常要走"大 Z 字"，进而连接陆上国家

时，还需要依靠支线光纤网络，不仅网络时延较长，对于较大的数据（例如，三维商品模具文件、单据扫描件）等，如果不采取必要的补偿、校验措施，就会出现传输失败、电子数据损毁等情况。

② 与周边陆上经济体间光纤链路稀疏，较之西欧、北美地区密度较小，而且缺乏必要的备份线路，难于支撑数字政府合作项目对于高可用、高容灾能力的要求。

③ 缺少连接国际互联网主干网的交换中心，与其他经济体连接时，可靠性和交换效率相对不足。

④ 企业单独建立并维护跨境数据交换信道成本较高，需要依靠公共数字化服务提供支持。

从多个方面考虑，境外段数字化基础设施建设需要有政府的参与，应该做到国家利益在哪里，配套的数字政府基础设施和数字化支持服务就应该部署在哪里，以确保数字时代背景下，本国的机构和个人及其合作方能够使用相应的数字化设施，但这需要国家（地区）以及相关的国际组织之间，关于数字化合作形成共识，共商共建共享，形成双赢或是多赢的数字伙伴关系。

3. 政策协调挑战

除了技术方面，高频度、小批量、个性化是一系列新兴业态的典型特征。如果政府之间采取人工方式进行规制，政企之间都将面临较高的成本，根据表1.1中的特征4～6，必须依靠数据链提高产业链的透明度和生产率，实现对人员、货物、商品、运输工具及数字化平台、虚拟化商品服务的数字化监管，即按照"数据换便利"的思路升级政府之间、政企和个人之间的数字互动。

以全球数字贸易热点亚太为例：加强监管数据跨境交换，不仅是满足自身多双边合作的需要，随着地区数字经贸合作的深入，加强跨条约的数据链对接，现实性、急迫性凸显，尤其当主要经济体跨境数据流动政策存在冲突时，依靠商业主体进行商业票证和物流、仓储信息的交换业已面临一定的制度阻碍，而且缺少公共机构背书，验证其真实性、可追溯性需要消耗额外的交易成本。以原产地证书、领事发票、HS编码（海关编码）等为例，更需要缔约各方的监管数据及时补位，弥补商业数据因制度约束，在缔约方之间、缔约方与非缔约方之间、不同条约之间的交换窘境。

法律法规目录（示例—部分亚太地区经贸条约的数据跨境要求）见表6.6。

表6.6 法律法规目录（示例—部分亚太地区经贸条约的数据跨境要求）

条约	数据流限制	交换数据
《区域全面经济伙伴关系协定》	1. 禁止； 2. 较多例外	1. 领事、商业发票； 2. 原产地证书要件； 3. 配件、备件、工具等要件
《跨太平洋伙伴关系协定》	1. 禁止； 2. 少数例外	1. 原产地证书要件； 2. 发票； 3. 6位的商品归类编码

续表

条约	数据流限制	交换数据
欧盟－日本"经济伙伴关系协定"	承诺3年内重新评估	未直接提及
美国－日本"数字贸易协定"	1. 禁止； 2. 少数例外	作为财务数据相关内容交换
新加坡－澳大利亚"数字经济协议"	1. 禁止； 2. 少数例外	1. 遵循ISO 20022标准的各类； 2. 金融信息，发票作为潜在信息
《美国－日本全面经济伙伴关系协定》	1. 禁止； 2. 少数例外	1. 领事发票； 2. 商业发票； 3. 收发货人交易凭证要件； 4. 配件、备件、工具等要件； 5. 原产地证书要件

注："交换数据"仅列举了条约中部分出现的商业或监管数据。

根据新发展经济学，在外部制度环境短期相对稳定的情况下，国际规则具有制度黏性，并将引起路径依赖。因此，能否在数字贸易大规模合作早期，通过主动参与跨境数据交换合作，尤其是通过监管单证、商业票据的交换，以及各类行政单证的联网互认，将从微观层面对未来跨境合作带来长期影响，数据链的存在利于鼓励跨境制造、设计、服务、知识产权等领域协作，加强政府间数字货币、数字税收和准入风险的防控，以及对展会、赛事、培训和多式联运、旅客联程运输等商贸物流服务的便利。

4. 双轨跨境数据链

如何管控监管数据跨境交换对于各国监管部门而言是需要解决的新问题，治理框架应该在全球化、数据安全、技术集成三者之间做好平衡，"因地制宜"封装不同国别（地区）经贸活动之间政策、技术、数据等规则的复杂性，面向数字贸易决策者、管理者提供简洁、一致的调控界面，同时面向跨境产业链和供应链提供尽可能"无感"的干预，利于政策落实和引领。表1.1中，特征1～5主要集中在经济体内部，而特征6需要依靠跨境交换共享实现，重点在于畅通跨境数据链，同时将跨境经贸活动充分融入国民经济整体，同步构建适宜的数字生态。

为改善境外段互联网拓扑条件，向监管部门和企业提供可靠、高效的互联互通通道，需要建立配套的跨境数字公共基础设施，2008年WCO开始倡导建设全球海关网络（Global Customs Network，GCN）。今天，GCN作为世界数字贸易的关键制度型公共基础设施，支撑着全球范围商品和部分服务、技术的跨境有序流动。GCN采取商业、监管跨境"双轨"数据链（T1+T2），各自开展跨境联网，根据监管需要整合数据，T1和T2互为补充，应用协作视点（"双轨"跨境数据链）如图6.6所示。

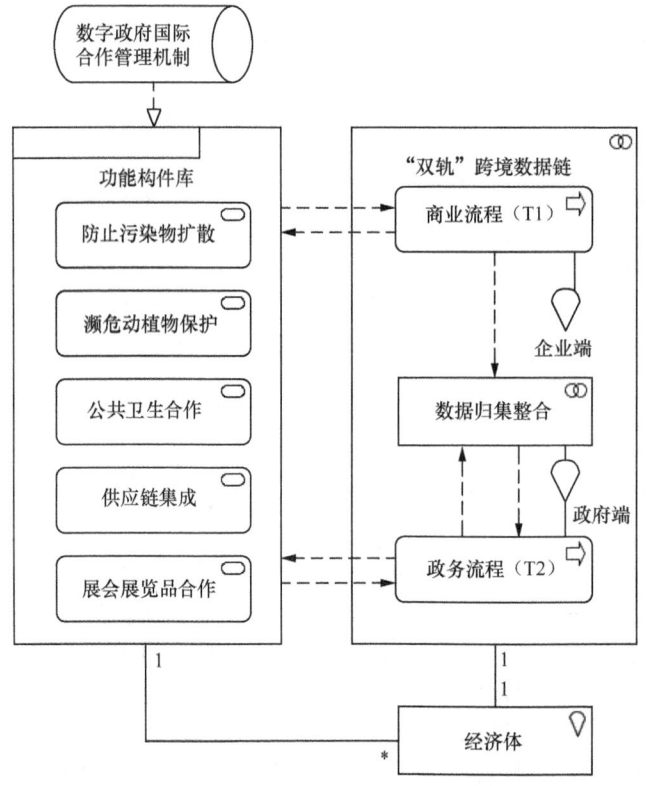

图 6.6 应用协作视点（"双轨"跨境数据链）

跨境参与方、协作方式、产业结构以及所交易商品和服务的动态性，都需要依靠数据链对产业链、供应链及数字化产品、服务的科研设计、知识成果、生产、定价、议价、分配、流通、支付、消费、后续服务等环节进行全过程支撑。但仅依靠 T1 数据，特别在大量中介机构及非实体卖家、买家、中间商加入的情况下，将导致数据碎片化，难以获得充分、完整、准确的跨境产业链、供应链信息，也难以保障数据质量。

正是通过图 6.6 的"双轨"跨境数据链，国内快速发展的数字政府和数字经济从国内延续到东道国，不仅强化各国监管部门之间的数据协同，还协调边境管理，以数据形成合力，共同应对持续增长的传统、非传统安全与有限监管资源之间的挑战。面对跨境贸易监管资源不足、信息不对称、监管手段相对滞后等问题，"双轨"跨境数据链的作用更加突出，以监管数据交换为支撑，更利于发挥表 1.1 中的关联、时间、共享效用，通过数据分析代替繁杂的人工审核，为企业提供跨境便利，节省监管部门执法资源，同时为商家与最终消费者建立直接的信息渠道，加速商品、服务的跨境交换。

三、采标技术标准体系

1. 标准应用态势

区别于境内段，境外段的数字政府合作除了相关条约等基础性制度以外，国际技术标准承担着重要的角色，无论是从业务和技术上来说，还是从各方的心理接受程度上来说，国际权威标准化机构的标准都更利于合作事项的达成和推进，但必须注意的是，国际标准体系繁多、内容相对庞杂、更新也很频繁，对于选标、采标、用标的人员提出较高的要求，以信息安全为例，标准目录（ISO部分信息安全标准）见表6.7。

表6.7 标准目录（ISO部分信息安全标准）

ISO部分信息安全标准		1类元素：合约			
编号	发布年份/年	编号	发布年份/年	编号	发布年份/年
ISO/IEC 27000	2018	ISO/IEC 27034-1	2011	ISO/IEC 27102	2019
ISO/IEC 27001	2013	ISO/IEC 27034-2	2015	ISO/IEC TR 27103	2018
ISO/IEC 27002	2022	ISO/IEC 27034-3	2018	ISO/IEC TR 27109	草案
ISO/IEC 27003	2017	ISO/IEC 27034-4	草案	ISO/IEC TS 27110	2021
ISO/IEC 27004	2016	ISO/IEC 27034-5	2017	ISO/IEC 27400	草案
ISO/IEC 27005	2018	ISO/IEC 27034-6	2016	ISO/IEC 27402	草案
ISO/IEC 27006	2015	ISO/IEC 27034-7	2018	ISO/IEC 27403	草案
ISO/IEC 27007	2020	ISO/IEC 27035-1	2016	ISO/IEC 27404	草案
ISO/IEC TS 27008	2019	ISO/IEC 27035-2	2016	ISO/IEC TR 27550	2019
ISO/IEC 27009	2020	ISO/IEC 27035-3	2020	ISO/IEC 27551	草案
ISO/IEC 27010	2015	ISO/IEC 27035-4	草案	ISO/IEC 27553-1	草案
ISO/IEC 27011	2016	ISO/IEC 27036-1	2014	ISO/IEC 27553-2	草案
ISO/IEC 27013	2021	ISO/IEC 27036-2	2014	ISO/IEC 27554	草案
ISO/IEC 27014	2020	ISO/IEC 27036-3	2013	ISO/IEC 27555	2021
ISO/IEC TR 27016	2014	ISO/IEC 27036-4	2016	ISO/IEC 27556	草案
ISO/IEC 27017	2015	ISO/IEC 27037	2012	ISO/IEC 27557	草案
ISO/IEC 27018	2019	ISO/IEC 27038	2014	ISO/IEC 27559	草案
ISO/IEC 27019	2017	ISO/IEC 27039	2015	ISO/IEC TS 27560	草案
ISO/IEC 27021	2017	ISO/IEC 27040	2015	ISO/IEC 27561	草案
ISO/IEC 27022	2021	ISO/IEC 27041	2015	ISO/IEC 27562	草案
ISO/IEC TR 27024	草案	ISO/IEC 27042	2015	ISO/IEC TR 27563	草案
ISO/IEC 27028	草案	ISO/IEC 27043	2015	ISO/IEC 27565	草案

续表

编号	发布年份/年	编号	发布年份/年	编号	发布年份/年
ISO/IEC 27029	草案	ISO/IEC 27045	草案	ISO/IEC TS 27570	2021
ISO/IEC 27031	2011	ISO/IEC 27046	草案	ISO/IEC 27701	2019
ISO/IEC 27032	2012	ISO/IEC 27050-1	2019	ISO 27799	2016
ISO/IEC 27033-1	2015	ISO/IEC 27050-2	2018		
ISO/IEC 27033-2	2012	ISO/IEC 27050-3	2020		
ISO/IEC 27033-3	2010	ISO/IEC 27050-4	2021		
ISO/IEC 27033-4	2014	ISO/IEC 27070	2021		
ISO/IEC 27033-5	2013	ISO/IEC 27071	草案		
ISO/IEC 27033-6	2016	ISO/IEC 27099	草案		
ISO/IEC 27033-7	草案	ISO/IEC TS 27100	2020		

注：草案代表未正式发布，数据收录截至2022年1月10日。

不仅是特定的领域架构，即使是特定技术也涉及较多国际组织的多项技术标准，仅以图4.2中的区块链技术为例，全技术栈中大部分技术仍处于"技术触点"和"期望峰值"阶段，已经有多个国际组织在制定或酝酿推进技术标准，一方面提供较全面的技术参考和指引，另一方面对于各国包括政府、技术供应商在内的各方形成较严格的制约。标准目录（区块链国际标准）见表6.8。

表6.8 标准目录（区块链国际标准）[①]

区块链国际标准		
	1类元素：合约	
国际组织	技术委员会、分委会、研究组、领域	标准、草案或建议案
ISO	TC 307	ISO 22739:2020 ISO/TR 23244:2020 ISO/TR 23455:2019 ISO/TR 3242 ISO/TR 6277 ISO/TR 23249 ISO/TS 23259 ISO/TS 23635 ISO/WD TR 23642
	TC 46/SC 11	ISO/TR 24332
	TC 68/SC 2	ISO 24374
	TC 184/SC 4	ISO 8000-117
	TC 154	ISO/PWI 5909
ISO/IEC	ISO/IEC JTC 1 SC4 1	ISO/IEC TR 30176

---

① 参见ISO、IEC、ITU、UN/CEFACT中已有编号项。

续表

国际组织	技术委员会、分委会、研究组、领域	标准、草案或建议案
国际电信联盟（ITU）	ITU-T Study Group 3	TR_AccountingIoT TR_DLTUSF TR_DLT
	ITU-T Study Group 5	ITU-T L.1317
	ITU-T Study Group 13	Recommendation ITU-T Y.2342 Recommendation ITU-T Y.3530
	ITU-T Study Group 16	Recommendation ITU-T F.751.0 Recommendation ITU-T F.751.1 Recommendation ITU-T F.751.2
	ITU-T Study Group 17	Recommendation ITU-T X.1400 Recommendation ITU-T X.1401 Recommendation ITU-T X.1402 Recommendation ITU-T X.1403 Recommendation ITU-T X.1404
	ITU-T Study Group 20	Recommendation ITU-T Y.4464 Recommendation ITU-T Y.4476 Recommendation ITU-T Y.4560 Recommendation ITU-T Y.4561 Recommendation ITU-T Y.4907
UN/ECE-UN/CEFACT	贸易程序便利化领域（Trade Procedures Facilitation Domain）	UN/ECE Recommendation 14
	电子数据管理领域（eData Management Domain）	ICL/IGL

注：截至2022年1月10日。

必须注意的是，"标准＋专利"是一种技术上、商业上甚至其他方面都具有较强技术锁定能力的组合，因此在使用国际标准时，不仅要了解标准的范围、内容、合作方使用意愿，也要认真把握标准的周边构件。对于规模较大，影响比较广泛的数字政府国际合作，有必要在工程项目之前启动关于法律法规、技术标准配套的咨询和科研工作。

对于有条件的地区和部门，应注重本领域国际技术标准人才团队的培养和管理，关注处于酝酿期的重要国际标准化组织中的相关标准，有针对性地参与相关标准制/修订工作。例如，在ISO在研标准中，81848可能会涉及未来对互联网头部平台及数字领域市场监管；84277可能涉及公共管理领域对特定地区的数字化评估；82637可能用于医疗器械、装备、设备等检验检疫认证认可；82772可能用于公共管理部门对于入境人员的驾驶资格互认等。类似的，通过对标准建议案和在研标准的持续跟踪，利于在未来的合作中早参与、早谋划。标准目录（示例—国际技术标准项目）见表6.9。

表 6.9 标准目录（示例—国际技术标准项目）

国际技术标准项目			1 类元素：合约	
编号	项目引用号	开发单位	所属单位	注册日期
81848	ISO/IEC AWI TS 5928	ISO/IEC JTC 1/SC 38/WG 3	ISO/IEC JTC 1/SC 38	2021–01–01
译名：信息技术 — 云计算和分布式平台 — 数字平台分类法				
84277	ISO/AWI 37153	ISO/TC 268/SC 1/WG 1	ISO/TC 268/SC 1	2021–11–29
译名：智能社区基础设施 — 用于评估和改进的成熟度模型				
82637	ISO/AWI TS 23541–2	ISO/TC 215/WG 3	ISO/TC 215	2021–10–01
译名：健康信息学 — 用于表示 3D 人体姿势系统的分类结构—第 2 部分：身体运动				
82772	ISO/IEC AWI TS 18013–7	ISO/IEC JTC 1/SC 17/WG 10	ISO/IEC JTC 1/SC 17	2021–06–10
译名：个人身份识别 — 符合 ISO 标准的驾驶执照 — 第 7 部分：移动端驾驶证 附加功能				

资料来源：ISO

2. 通用技术标准

在政府的公共事务中，还涉及大量共性通用技术标准，用于标识国家（地区）、语种、城市、主要设施（港口、码头、机场、车站等）、货币、计量单位、货币等，因此，即便是双边合作，该类标准也应尽量采取全球范围内广泛使用的内容；与之配套的数据模型也应该采取主流数据交换支持的格式内容；在版本方面，应考虑相对稳定、各方普遍使用的，不一定强调是最新的。标准目录（共性通用国际标准）见表 6.10。

表 6.10 标准目录（共性通用国际标准）

共性通用国际标准		1 类元素：合约
国际组织	标准	说明
UN	UN/Unit of Measurement（UOM）	计量单位
	UN/LOCODE	口岸及有关地点代码
	UN/Core Components Library（CCL）	核心构件库
ISO	ISO 639	语言代码
	ISO 3166–1	国家代码
	ISO 4217	货币代码
	ISO 8601	日期时间
	ISO 15000 系列	电子商务可扩展标记语言
	ISO 20022	金融业通用报文
WCO	WCO DM	跨境贸易、物流、金融、监管

注：仅列明部分标准且均未列明版本号。

从政府监管、服务的角度来看，标准领域存在一个普遍难题，即无论是主体，还是商品、服务等客体，要实现全过程追溯依然缺乏一个全球统一的数字标识体系，尽管在部分区域、产业、国际组织有标识标准和支撑平台，但全局性、跨产业的技术机制仍然缺位，这恰恰需要通过数字政府合作引导。标准目录（通用标识类国际标准/标识）见表6.11。

表6.11 标准目录（通用标识类国际标准/标识）

通用标识类国际标准/标识	1类元素：合约	
国际组织	标准/标识	说明
ISO	ISO 6346	集装箱代码、识别和标记
	ISO 9362	银行标识符代码
	ISO 14533 系列	长期签名配置文件
	ISO 17442	法人机构识别编码
WCO	Trader Identification Number（TIN）	贸易商识别号码
	The Harmonized Commodity Description and Coding System（HS Code）	商品归类代码
	WCO Unique Consignment Reference（UCR）	全球货物统一代码
国际物品编码组织（GS1）	Global Location Number（GLN）	全球位置码
	Global Product Classification（GPC）	全球产品分类代码
	Global Trade Item Number（GTIN）	全球贸易项目代码
	Logistic Units Serial Shipping Container Code（SSCC）	全球货运包装箱代码
	Global Shipment Identification Number（GSIN）	全球货物装运标识代码
	Global Identification Number for Consignment（GINC）	全球货物托运标识代码
	Global Document Type Identifiers（GDTI）	全球文件类型代码
ISO/IEC	ISO/IEC 15459 系列	唯一标识符

注：仅列明部分标准且均未列明版本号。

3. 通用过程标准

跨境的总流程方面，可以参考联合国的BSP（购买、运输、支付）模型，尽管部分政府间国际合作并不存在实际的资金、资本、资产及信用凭证等的跨境支付、抵押、清算，而且对于部分服务类内容也并没有物理的人员、商品、物品、运输工具等跨境流动，但可以类比BSP模型。标准目录（通用过程类国际标准）见表6.12。

表 6.12　标准目录（通用过程类国际标准）

过程	通用过程类国际标准		1 类元素：合约
	国际组织	标准	说明
购买	UN/CEFACT	UN/CEFACT Cross Industry Catalogue	分类
		UN/CEFACT Cross Industry Quotation	询价、报价
		UN/CEFACT Cross Industry Ordering Process	订购
		UN/CEFACT Cross Industry Invoice (CII)	发票
		UN/CEFACT Cross Industry Export Packing List	出口装箱单
		UN/CEFACT Cross Industry Delivery	交付
	ISO	ISO 20022	金融报文
	结构化信息标准促进组织（OASIS）	OASIS UBL	通用商业语言
运输	UN/CEFACT	UN/CEFACT Multimodal Shipping Instruction	多式联运
		UN/EDIFACT Verified Gross Mass Message	毛重
		UN/CEFACT eCMR	陆运运单
		UN/CEFACT Rail CIM-SMGS Consignment Note	铁路运单
	数字集装箱航运协会（DCSA）	DCSA Shipping Instruction for Multimodal Container Shipping	集装箱多式联运
	波罗的海国际航运公会（BIMCO）	BIMCO Electronic Bills of Lading (eBLs) for Dry and Wet Bulk (COMING SOON)	干湿散货提单
	国际货运代理协会联合会（FIATA）	Electronic FIATA Multimodal Transport Bills of Lading (eFBL)	多式联运提单
	国际航空运输协会（IATA）	IATA e-AWB	航空运单
支付	ISO	ISO 20022	支付，人民币跨境支付系统亦采用
	国际资金清算系统（SWIFT）	SWIFT MT 相关报文	信汇
	UN/CEFACT	UN/CEFACT Cross Industry Remittance Advice	汇款
		UN/CEFACT Purchase Order Financing	订单融资
	国际贸易与金融协会（ITFA）	ITFA electronic Payment Undertaking (ePU)	电子支付
	OASIS	OASIS UBL	通用商业语言

注：仅列明部分标准且均未列明版本号。

表 6.12 中由于包括更多的细分行业,具有较高影响力的国际组织也有很多。

四、技术服务衔接协调

从公共供给的角度来看,数字政府境外段基础设施聚焦解决"道路通不通""路况好不好"的问题,但配套技术服务则重点解决合作事项放上去方不方便、使用中省不省心的问题。

1. 集中式密码管控

作为实现各类"可信"的技术基础,密码通常具有严格的强制性,特别是在跨境环节,相对境内段受到等级保护、分级保护的环境而言,数字政府暴露的攻击面可能较高,容易受到跨站脚本攻击、中间人信息获取、暴力数据破解等的影响,因此,必须对整个数字政府合作环境进行密码保护,特别是在境外,可以考虑按照"零信任"的方式实施密码管控。

密码、证书、密钥、密码基础设施等具有较强的专业性,从技术合作体系而言,"稍有不慎、满盘皆输。"因此对于建设、运维人员的知识背景、技术素养、攻防经验有很高的要求。建议组建密码技术工作小组专门实施相关合作事项,完成包括典型场景下算法、密钥、加密强度等技术规程,以及对于密钥、证书的集中访问控制、生成、管理、分发、回收、应急、备份等工作,在缩减技术、业务攻击面之前,尽可能缩减人员的攻击面。

密钥备份管理也应考虑与最重要的基础数据进行同步处置,尽可能降低因为密码调整造成的访问控制问题,减少对于个人信息、账号、授权等数据的影响。

2. 集成化技术服务

参考 UN/CEFACT 数字政府领域近年来的合作项目,支撑数字政府国际合作的技术服务,大体可以归纳为以下几类。

① 建立可信任的边界。信任包括两个方面:一是数字技术方面的信任,也就是在对基础设施环境"零信任"的基础上,为在应用层形成互信的数字边界;二是行政层面的互信,包括流程、执法、经贸文化合作等方面的互信。互信与合作最直接的载体是条约,条约确定了互信的边界,也确定了技术和行政方面互信的总需求。

② 确定可信任的标识。确定边界范围之后,要对参与其中的主客体进行规范化标识,包括人、资产、地区和设施、商品、服务、技术和知识产权、运输工具等,以及完全数字化的各类制品,而且需要在数据模型中确立标识之间的关联,数字标识应该与物理标识具有同等的法律效力,交换应该通过严格的密码手段在可信边界中完成。

③ 生成可信任的签章。尽管不同的司法管辖区对于签章的使用和效力要求有差异,而且通常是以本地化语言表达的,但是在政府间合作中,权利、义务、责任的主体是预先明确的,各类主体对客体的意见表达及行为确认体现为数字签章,缺

乏数字签章的交换内容，无法获得行政和法律上的认可，并且在"双轨"数据交换中，也难以成为具有政府信用背书的数字凭据。

④ 封装可信任的单证。通过可信的途径，由可信的主体签署的，标注了规范主客体标识的活动内容记录，才可以称为可信的数字单证。

物理视点（可信标识支撑的可信单证）如图 6.7 所示。通过密码机制实现的去中心数字标识，为可信单证提供支持①，这些单证除了用于国际行政执法合作，也可以通过"双轨"跨境数据链，融入各方数字经济、数字生活，甚至数字生态的应用内容，并在审计、追溯等政府、企业的程序中应用。

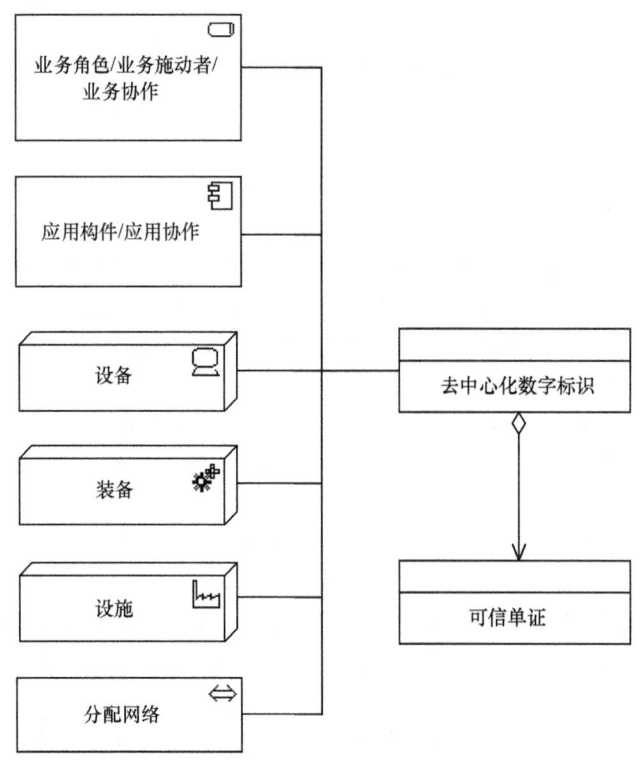

图 6.7　物理视点（可信标识支撑的可信单证）

⑤ 完成可信任的支付。数字政府国际合作中可能包括跨境支付、数字税收、数字货币、信用担保、保险等内容，支付活动本身，以及记载支付活动的凭证，会成为交易的重要内容和参考依据。

3. 智能化协同作业

数字政府运行不是孤立的，为了更好地发挥运行效能，应该融入数字生态，最终连接到智能化的环境。受到劳动力成本、产业链效率、政府资源限制等多种压力

---

① 例如，国家间互认的具有原产地证书的食品、具有质量证明的零部件、具有授权许可的专利产品等。

的影响，政府自身以及在政府治理的范围中，各类新技术越来越多地用于自动化作业，在数字政府国际合作中，应与智能化环境充分对接，保证政府与经济生活的处理效率一致，跟跑、并跑甚至领跑。

技术视点（境外段公共服务集成环境）如图 6.8 所示。数字政府境外段不仅要与境内段的数字政府、数字生活、数字经济智能化环境集成，还应与数字经济境外段智能化环境集成，支持跨境贸易、金融、技术等合作，未来随着数字生活中消费品、服务的增加，以及人员跨境交流的频繁，还可能覆盖境外段的数字生活。

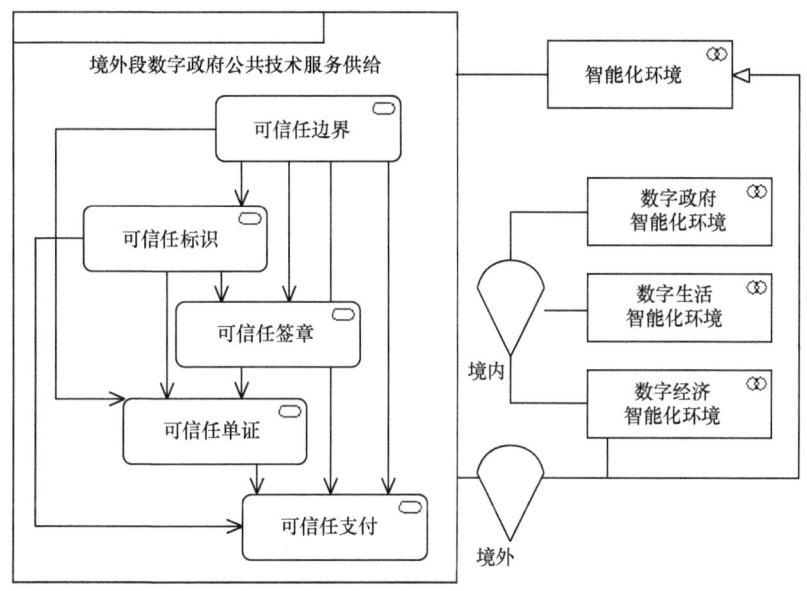

图 6.8　技术视点（境外段公共服务集成环境）

图 6.8 中的具体技术服务还应该集成到公共或半公共性质的技术机制上，与图 6.6 的"双轨"数据链结合，向合作框架内的政府部门、企业、个人提供服务，具体包括以下内容：

① 提供可信赖的数据交换技术框架；
② 法律、标准对数字交易及其单据的认证认可；
③ 人、物、商品、运输工具等的编码和标识；
④ 主流技术平台、版式单证及数据模型的互操作；
⑤ 多方数据计算所需的国际数据法律制度。

五、国际合作统筹推进

无论是多边还是双边，数字政府国际合作的一个显著特点就是建设运行各类事项需要共商、共建、共享。另外，为了凝聚共识、加强推广，国际组织的特定机构、部门或者是其发布的指导性内容，通常会在合作框架的达成中发挥不同程度的作用。其中，数据要素的跨境流动是合作的重要事项，这里的"跨境"范围较宽泛，通常除了国家（地区）之间的数据交换，还包括国家（地区）与国际组织、国际组织之间的数据交换。

1. 多元化合作机制

在境外段数字政府合作中，一个重要的主体是对口的国际组织。为了降低数字政府国际合作中的业务、技术、沟通成本，可以基于对口国际组织的规范，在缔结的条约框架内，参考其提供的场景（业务用例）、数据接口、数据元、代码表、合作流程、指南等内容。而且，应该根据合作方所在国家（地区）及机构职能、意向，结合典型国际组织的组织架构，考虑将国际组织中职能机构、工作组、技术委员会、区域机构纳入合作范围，也可以仅使用合作方达成共识的条约、标准推进合作。组织机构视点（部分国际组织机构）如图 6.9 所示。

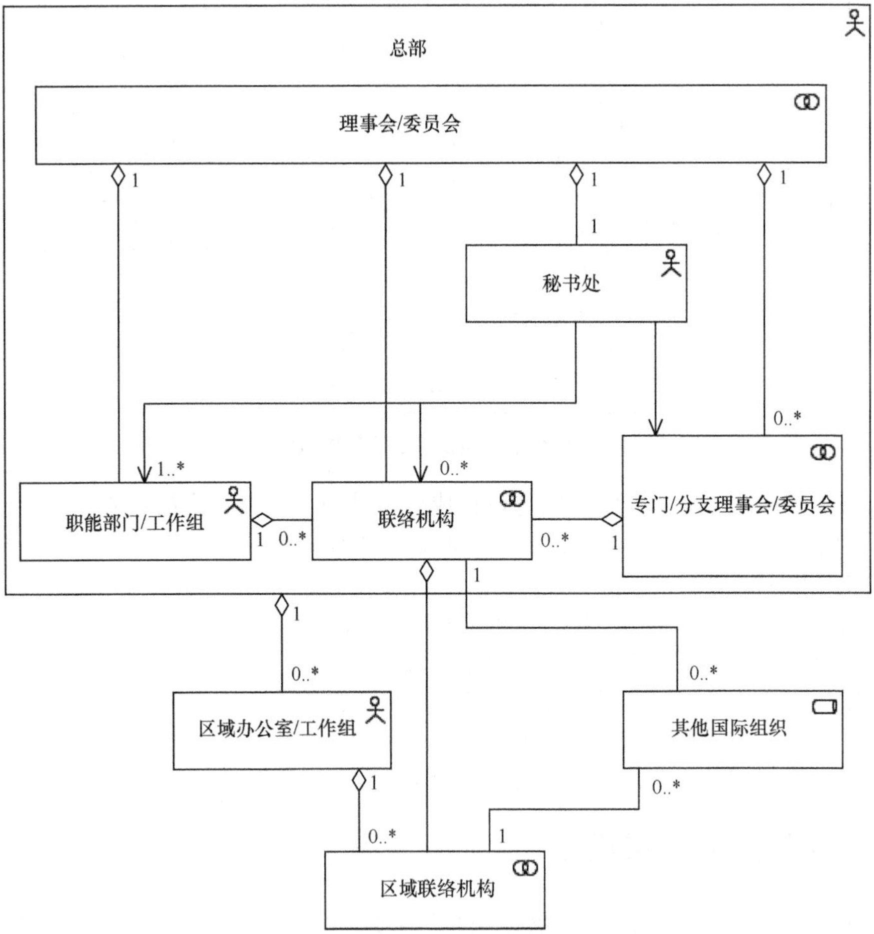

图 6.9　组织机构视点（部分国际组织机构）

在合作方式上，初步可以考虑但不限于以下 3 种方式。

① 一事一议，项目方式。项目各方根据确定的内容，"背靠背"分别组织实施，然后按照计划联调，确保满足合作要求。例如，针对特定跨境资金使用的政府间证照凭据交换。

② 机制化事项，项目集方式。各方参照图 6.9，共同建立一个轻量级、非实体、松散化的议事机制，例如，委员会、顾问组、专家组、工作组等，定期针对合作主题，启动或推进不同的合作项目，例如，跨境教育交流、加固国际产业链等数字政府合作。

③ 机制化框架，项目组合方式。在一定的多双边框架下，成立一个持续运营的实体或半实体机构，设置秘书处、协商会议、论坛等形式，同时各方出资以确保该机构的日常运行和合作事项的推进。由该机构为主要推进主体，收集各方意见、跟踪发展趋势、启动相关项目或者项目集倡议，重点从立项、优先级、绩效 3 个角度，开展多双边合作。例如，开展区域间绿色治理、打击跨境犯罪等事项的数字政府合作。

在建设具体合作项目的过程中，根据各方的工作习惯、实施能力、运营保障水平和经费来源、投资方要求等内容灵活推进，具体包括以下 4 个方面。

① 分别建设或者分头招标采购。

② 共同出资，委托第三方建设或共建，各方共享。

③ 第三方或特定方出资，在合作期限内，根据约定向其他方提供援助、赠与或租用。

④ 出资向特定第三方，特别是对口的国际组织，捐助或授权相应的数字政府合作平台、工具、产品、介质、能力建设等。

尽管已经有大量国际条约在积极促成并推动数字技术及其市场环境的开放、公开和竞争，但是在进行合作模式评估时，重要的依然是识别数字政府合作中的壁垒措施，并采取必要的合规或规避措施，评估内容可以包括非本国产品的采购比例、外国并购和固定资产出资比例、技术供应商参与比例或配额、本地劳动力参与就业要求、政府采购限制、政府管控企业参与情况等。

2. 多模式技术实现

除了合作方式注重多方参与，技术路线选择也可以沿用类似思路，实现技术、数据、管理合作中的"去中心化"，按照参与方之间数据互信程度从高到低、技术方案开放性从低到高，依次包括以下内容。

① 双向复制方式。参考互联网域名服务器的架构，从任何一个节点记录的信息，可以逐步同步至其他服务器，从长期来看，各个节点都保有全量的数据，而相应的计算和存储设备由不同的参与方掌握。该方式的总拥有成本较高，需要各方都运行规模近似的计算及存储等资源。

② 上传分发模式。选择各方共同认可的国际组织或者是第三方，集中向其上传数据，并由其按照预定内容下发至各参与方。该方式应用集中、数据分散，总成本可能相对第一种方式略低，而且数据的一致性通常较好，可以简化校验规则，但

是存在单点故障风险。

③ 去中心化技术。基于区块链、Handle 等技术，完成点对点（Point to Point，P2P）直接互联，通过分布式记账提高合作环境的透明度，以可追溯的互信、互证的方式，形成并强化各方之间的数字化信任关系。该方案生存能力较强，基本技术已经在一系列大型数字政府国际合作中试点应用，获得成本较低、运营成本居中。

事实上，技术实现和数据、法律、标准、业务等工作，如果从推动合作的政府部门角度出发，总体可以概括为 4 个条线，包括数据链（T-I，包括图 6.6 中的 T1+T2）、规则链（T-II）、技术链（T-III）和资金链（T-IV），4 个条线相互依存。

① T-I 确定要交换哪些数据、数据采取何种形式。

② T-II 从各方复杂的规则体系中，论证可行性，找到规则允许的实现路径，并从合规的角度进行治理。

③ T-III 从技术实现的角度出发，在技术方案和资金使用两者间尽量取得动态平衡。

④ T-IV 从投入和绩效的角度管控。

业务足迹（示例—数字政府国际合作推进方式）如图 6.10 所示。

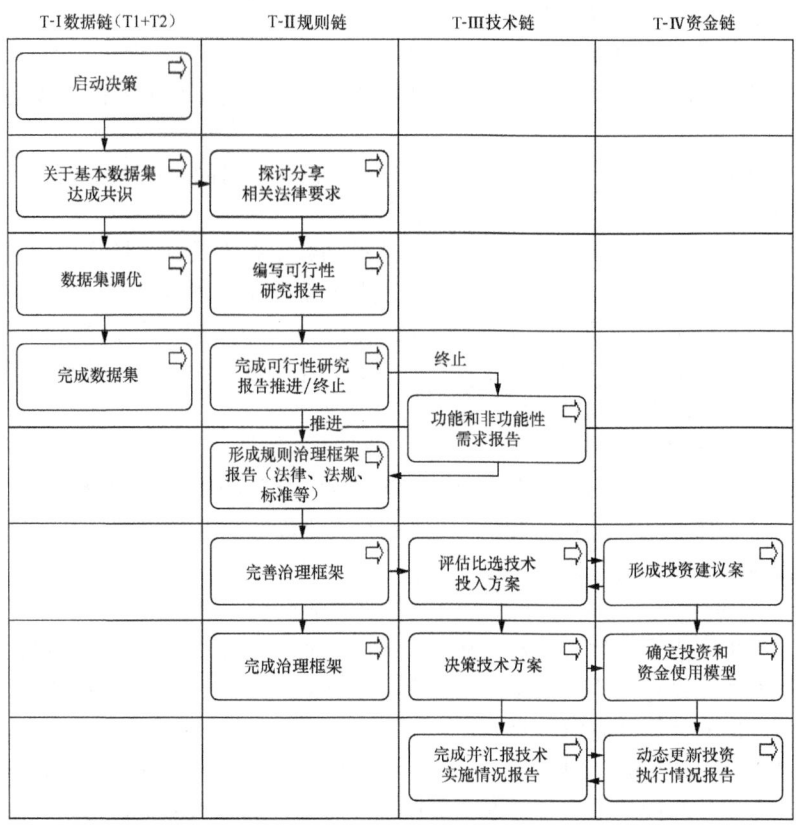

图 6.10　业务足迹（示例—数字政府国际合作推进方式）

3. 找准启动切入点

在启动阶段，由于配套技术平台、应用和境外段的基础设施条件尚未建立，所以应该注意合作机制、互信伙伴关系、科研、政研等方面的准备，并为后续中长期的可持续合作提供制度保障，包括以下 5 个方面。

① 通过政策方式促进数据收集和统计的标准化。

② 组织建立数字伙伴关系的配套机制，发布数据合作战略、确定合作原则。

③ 考虑到数据交换平台建设通常需要一定周期，先通过境内外双方政府部门的统计数据合作，建立覆盖境内外关键政务事项的机制化数据合作。

④ 启动与国际组织的合作事项，了解数据模型、数据工作机制，获取相对中立的行业性、区域性统计数据。

⑤ 尝试建立基于去标识化数据、匿名化数据和伪匿名数据的科研合作机制，逐步形成数字互信。

4. 中长期推进事项

从中长期而言，与东道国政府以及在东道国参与合作的企业之间，应根据不同的数据预期，建立政府之间、政府与企业之间"双轨"的数据协调合作机制，包括以下 6 个方面的内容。

① 基于各方前期建立的数字化互信，共商数据采集、交换合作简化机制，确保法律、行政、技术等层面更好的兼容性，合作方之间的政策协调往往更重要。

② 实现合作事项端到端的可视化，形成持续的统计数据时间序列，并且确保数据链的可持续性。

③ 培养深度学习的算法，加强样本训练，提高对于匿名化或者去标识化数据的分析洞察能力，将数据链与资金链、产业链集成，提高风险分析、响应和迁移能力。

④ 以跨境数据交换共享平台为支撑，组建专门的技术团队，通过与在既往国际技术项目中具有实施经验、掌握境外技术资源的机构合作，保持并培育境外段数字生态，并且顺应发展要求，更好地支持新业态、新模式合作。

⑤ 建立定期的高层领导、技术专家国际交流机制，对于重要的政府合作项目，为了加速合作进程，通过研讨会、相互派员跟班合作、能力建设培养、建立原型项目、建立联合实验室等形式，用持续可见的技术成果，深化互信合作。

⑥ 提高合作各方的数字化能力是更加可持续的选择，包括扩充互联网国际带宽、提升相关学科教育水平、提供本地化语言资料、数字化技能培训等。

第 7 章

数字政府架构示例

数字政府具有明显的实践性,本书列举了两个具有关联的示例,展示相关领域的架构设计及制品、视点等建模活动。

一、示例：政府调节下的传统产业转型升级

1. 动机

动机视点如图 7.1 所示。

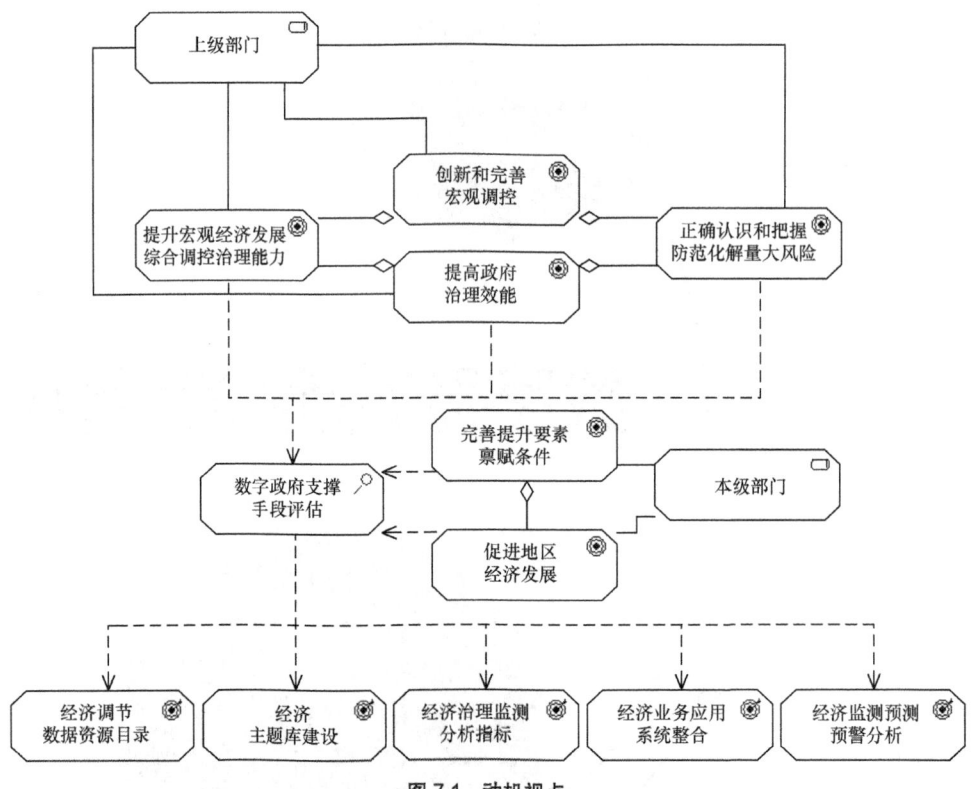

图 7.1 动机视点

本级数字政府建设的动因主要始于上级部门发布的相关规划,以及促进地区经济发展、完善提升要素禀赋条件的目标,通过评估数字化技术能够支撑的内容,初步确定了 5 项产出,并总体凸显向前布局的思路,包括经济调节数据资源目录、经济主题库建设、经济治理监测分析指标、经济业务应用系统整合、经济监测预测预警分析。

原则视点如图 7.2 所示。

为了更好地实现上述产出,原则视点确定了科学、全面、准确、及时、可比 5 个原则。科学、全面主要为了构建高质量的经济指标；经济业务应用系统整合推进

情况，会影响指标的全面性；指标设计不同，对于数据来源、频次、质量也有不同的要求，也会对数据的准确性、及时性和可比性带来显著影响；全面性、准确性、及时性、可比性 4 个原则也是决定经济监测预测预警分析效力的重要基础。

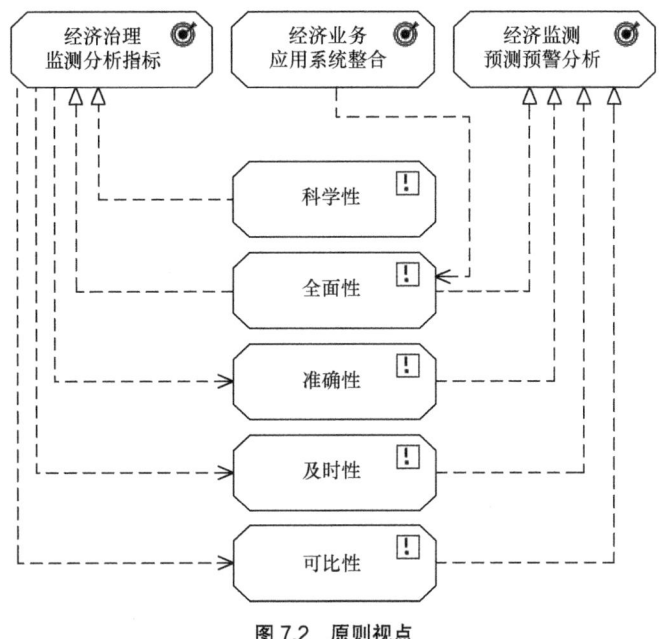

图 7.2　原则视点

产品生命周期示例如图 7.3 所示。在此示例中，该地区的经济发展状况即"产品"，对照近年来本地区与周边地区主要经济指标的均值情况，不但经济总量增速持续减缓，而且经济增加值增速也落后于平均水平，可以看出本地区经济质量相对不高，亟须解决以往经济成分中增加值较低的问题，并找到拉动地区经济发展的新增长点。

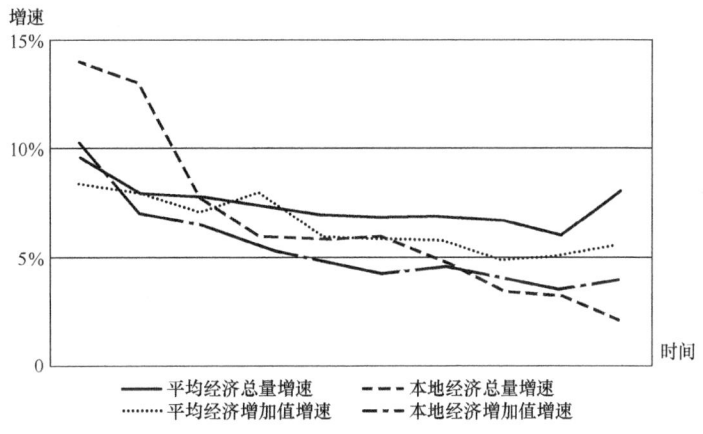

图 7.3　产品生命周期示例

面对有限的土地资源和本地区相对丰富的高校科研资源，在保持整体经济稳定运行的前提下，本地区政府希望能开辟"试验田"——高新技术园区。如图3.18的分析，探索从传统产业向更加节能环保、更高附加值的新兴产业地区经济转型，探索依托园区开展先进制造业科研创新、集成创新，发挥园区的经济溢出效应、技术溢出效应和资本溢出效应，在所在城市及周边形成高新技术的产业聚集，成为拉动本地区经济增长的新引擎，同时对财政收入有较明显的贡献。目标贡献视点如图7.4所示。

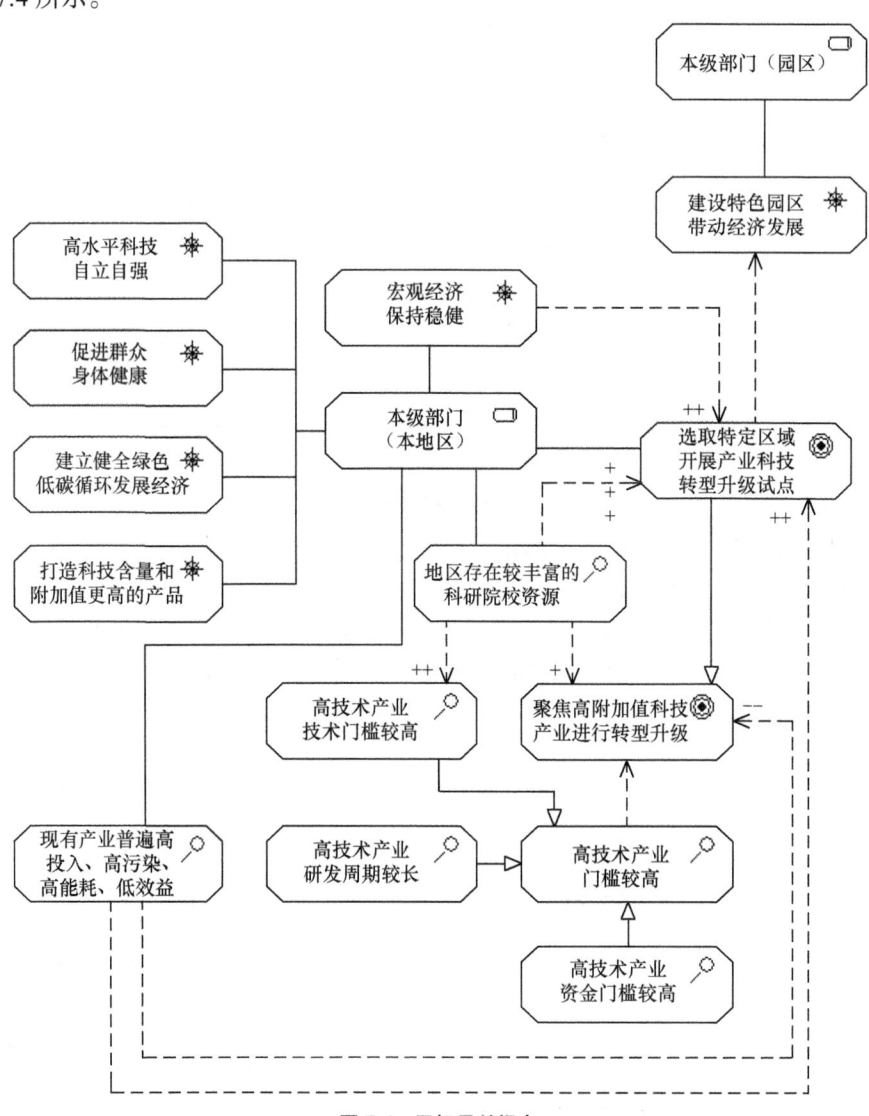

图7.4 目标贡献视点

2. 战略架构

战略架构主要围绕图 7.1 中的 5 个产出,借鉴政府、IT 产业相关实践,重点从资源、能力角度进行统筹分析。为实现图 7.1 中的产出,先将系统和数据两类资源进行整合,并在此基础上参考业内的实践和方法论,还要参考数字政府成熟度模型,建立相应的经济调节数据模型。

战略视点如图 7.5 所示。

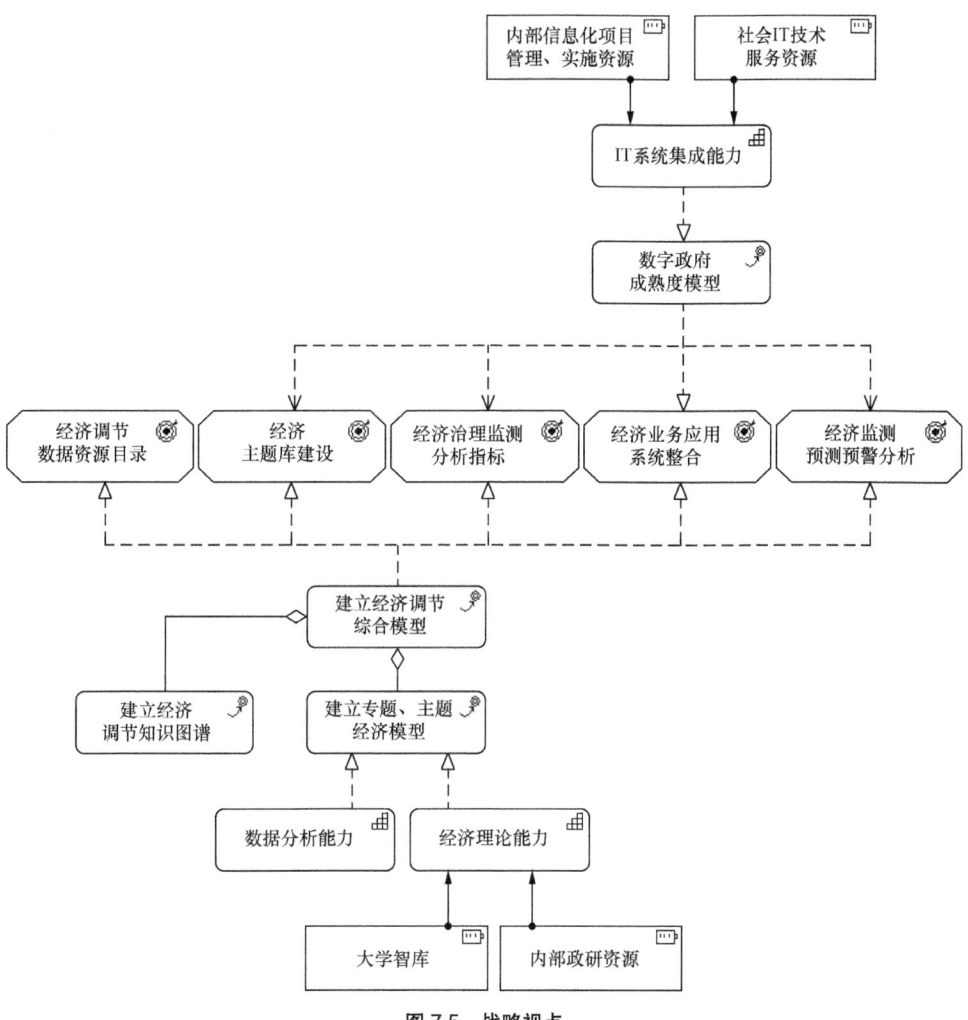

图 7.5 战略视点

① 无论是政府内部政研力量,还是外部各类智库(例如,大学、研究所、数据服务机构等),都有自己擅长的特定层次的研究。另外,采用统计或 AI 构建的

数据模型通常具有自主性，其计算能力、连通性和模型信息表达范围是有限的。但是对于政府而言，经济调节数据模型应该是一个从宏观到影响经济"最细微血管"的体系，需要覆盖不同层次、颗粒度和不同专题、主题的综合模型，综合模型需要依靠业内经验，通过知识图谱技术对不同模型在知识层面进行系统整合，形成"数据分析+知识库"的组合解决方案。综合模型不仅覆盖4项产出，还对相关系统整合提出需求。同时，知识图谱也为数字政府相关经济系统整合及与相关合作方经济数据交换，提供技术知识支撑手段。

② 从实践角度来看，系统整合应参考数字政府成熟度模型，结合本地区实际，完成技术整合升级的同时，实现自身数字政府能力水平的提升。

根据经济发展的总体要求，结合地区实际，在进行经济调节和产业规划时要考虑以下原则。在分析过程中，沿用"架构实施工具及管控措施"中"度量指标"部分的方式，以本地区要素禀赋为度量指标分析，结果表明，由于缺乏较为充分的数据支撑和处理能力，制约了本地区经济调节的能力，产业规划缺乏前瞻性，同时也很难及时针对新产业的要求调整并建立配套的科研、产业、流通和服务渠道，未能达到经济调节系统治理的效果，因此需要抓住数据这个关键要素，开拓思路。

3. 数据架构

数据架构除了要摸清底账、对照经济调节进行完善，还要从"定数"中确定关键的数据、部门和业务环节，将数据治理先于数据使用展开，从数据源头或者到数据模型、经济数据调节模式的阶段开展治理。

部分外购数据经济领域大体一致，但因为采购渠道、采购周期差异，实际数据存在差异，为减少经费开支，提高数据的一致性，应考虑统采共用的模式。数据迁移如图7.6所示，统一登记在数据目录中。

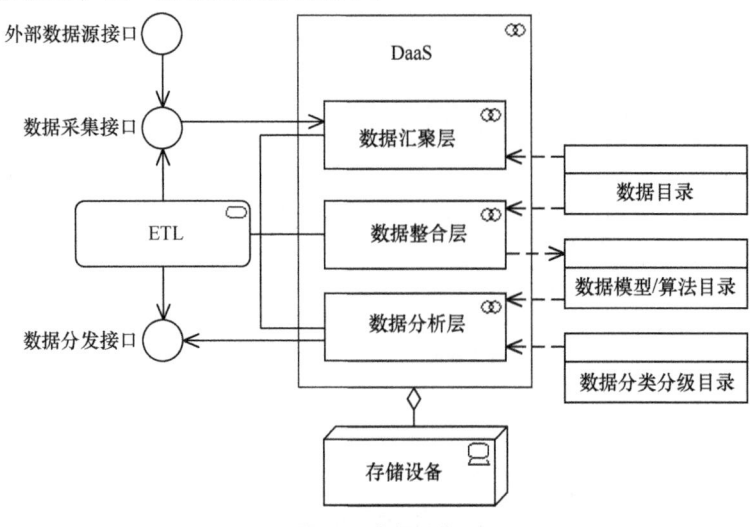

图7.6 数据迁移

通过相关系统的整合共享，配合技术架构层的 ETL 工具，数据处理机制可以概括为"3×3"。

① 3 个接口。外部数据源接口、覆盖内外部数据源的数据采集接口、对内外提供数据的数据分发接口。

② 3 个目录。数据目录、数据模型/算法目录以及用于访问控制的数据分类分级目录。通过目录管理可以充分利用既有资源，避免冗余。

③ 3 个分层。面向多源数据汇聚、清洗、规范、归集的数据汇聚层；面向不同主题、专题的数据整合层；面向内外部用户使用、开放、共享需要的数据分析层。

在确保相关数据源畅通的同时，需要注意，地区经济调节对数据要素的供给质量提出较高的期望，因此必须在数据治理和管控上按照规范执行，确保数据来源能确认、流通过程能追溯，并且确保算法模型的中间结果和最终结果的应用范围能界定、安全风险能防范。数据生命周期如图 7.7 所示。

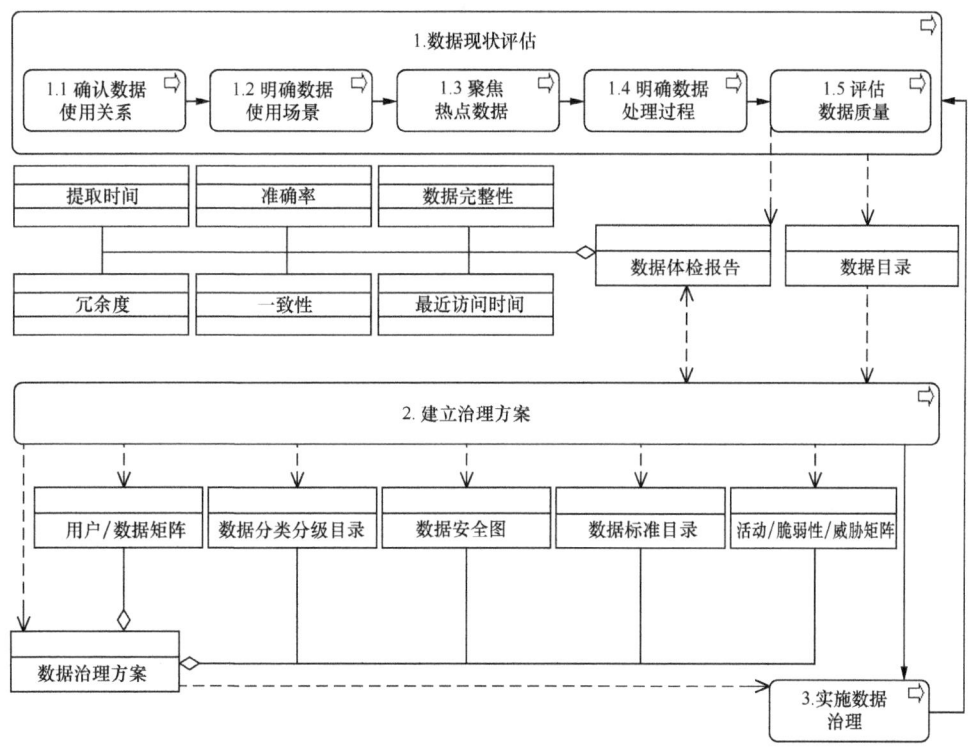

图 7.7　数据生命周期

经济数据治理主要分为以下 3 个阶段。

① 数据现状评估。该阶段主要确定谁在使用哪些数据，使用场景如何；哪些数据是应用焦点，应在治理中进行高优先级的处置；数据的处理过程如何；最后，为

了数据治理的科学性和规范性，要对数据质量进行一次体检，不仅要在该阶段编制数据目录，而且对列入目录的各项数据从多个方面打分，例如，示例中从提取时间、数据完整性、最近访问时间、准确率、一致性、冗余度 6 个方面对数据质量进行评估，评估结果计入数据体检报告。

② 建立治理方案。在现状评估的基础上，结合前述各领域架构中不同制品的分析结果，形成数据治理方案。

③ 实施数据治理。执行数据治理方案，并通过数据体检，动态评估、持续改进实施效果。

值得注意的是，数字政府的数据治理应让市场与政府共同参与，形成政府、企业、社会多方协同的治理格局。特别是针对数据质量问题，可以根据数据管理成熟度模型构建治理框架。数据治理业务足迹如图 7.8 所示。

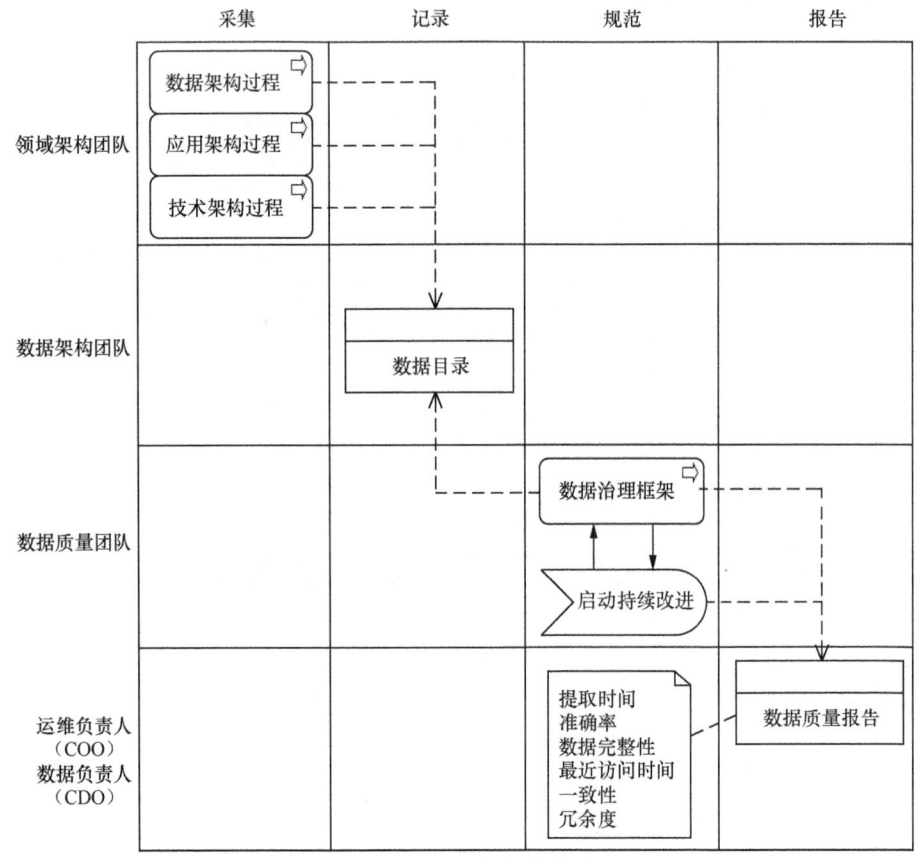

图 7.8　数据治理业务足迹

在确保数据质量的情况下，应针对不同的分析任务、场景和数据特点，分别开展数据设计。

4. 业务架构

组织结构视点（示例—经济调节数字化工作机制）如图 7.9 所示，包括成立经济调节数字化工作领导小组、组建经济调节数字化工作顾问组、组建由各部门及派驻本地区相关垂管部门组成的需求部门、业务主管部门及技术主管部门。另外，该项工作是一个长期持续的过程，因此还依托本地区科技部门承担总集成的角色。为了应对一些临时性的专题工作，还设置了工作专班机制，专班由业务主管部门按需组建。

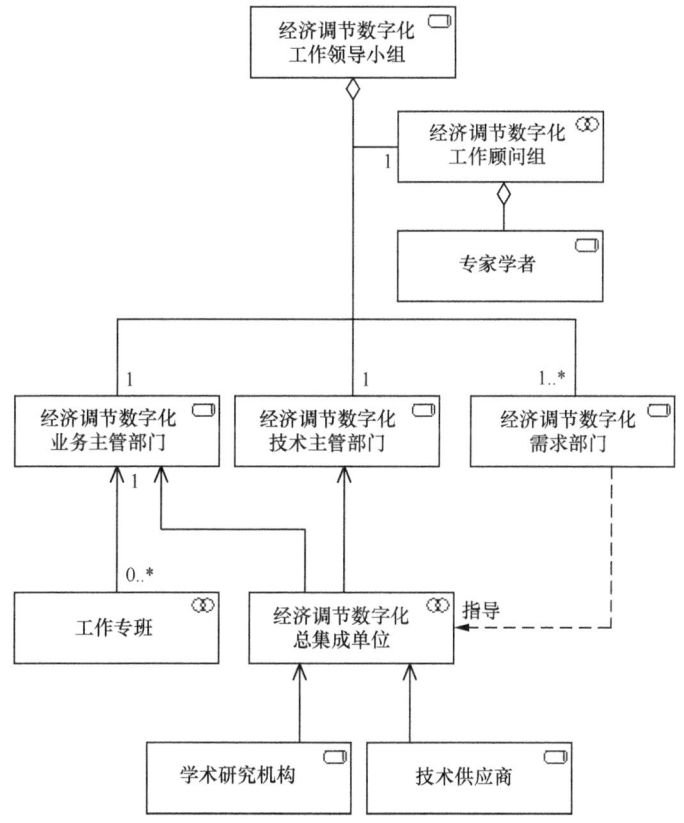

图 7.9　组织结构视点（示例—经济调节数字化工作机制）

考虑到经济调节工作的重要性，需要如图 3.49 所示的职责分工明晰、流程清晰连贯的业务架构，其中，对于如何使用数据架构部分的分析、决策、预警等各类数据模型、算法，要有明确的要求；对于数据处理及配套系统建设分工，也要有明确的要求。授权关系矩阵见表 7.1。

表 7.1 授权关系矩阵

经济调节数字化 RACI	\multicolumn{6}{c}{2 类元素：业务协作、业务角色}
	推进计划	需求建议	项目立项	技术资源	工程实践	绩效评估
领导小组	R		C	C		C
顾问组	C	C	C	C	C	C
业务主管部门	A	A	R		C	R
科技主管部门	A	A	C	R	C	C
总集成单位	I	A	A	A	R	A
工作专班		A	A		A	

注：1. 为简化名称，省去"经济调节数字化"部分。
2. "项目"既包括信息化工程项目，也包括科研项目、政研项目、教育培训项目等。

整体工作流程如图 7.10 所示，分为整体计划安排、需求编制和审批、项目研发、试点推广、验收上线、停用下线 6 个部分。其中，需求编制和审批承前启后，衔接需求建议和项目立项两个部分职能；项目研发、试点推广、验收上线、停用下线属于工程实践内容。

5. 应用架构

应用架构是本次建设任务的重点和难点，整合共享内容较庞杂，具有以下困难。

① 系统分散。以往经济数据分散在不同部门的多个系统中，为了满足跨部门、跨产业、跨地区甚至是跨周期的经济条件，在不影响本地区各部门、各下级地区既有应用系统的前提下，需要完成数据接口的连通。

② 数据缺口。缺乏来自产业、民生和公共服务企事业机构的数据支撑。

③ 缺乏工具。数据采集和清洗的工具需要升级，建模分析、监控预警等方面工具存在空白，

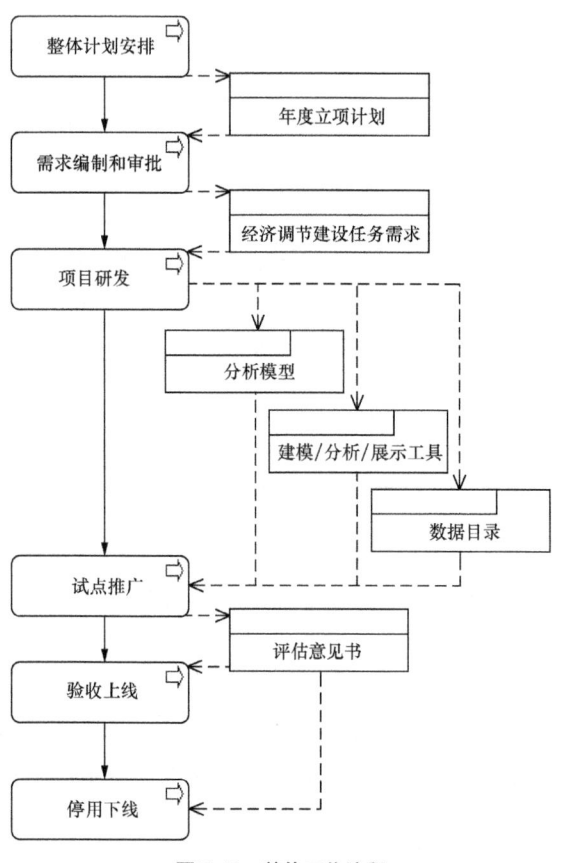

图 7.10 整体工作流程

工具之间的自动化协作能力也亟待加强。

④ 供需问题。为更好地服务本地区各部门、满足下级地方先行先试的需要，应考虑提供面向新技术的数据回流接口，更好地平衡规范管理与局部数字创新之间的关系。

根据数据架构的设计，应用架构功能整合为 3 个应用接口，把各类数据整合到 DaaS。并且从建设和治理同步推进的角度，在应用集成的同时，制 / 修订并发布有关数据元、数据接口的技术标准，为既有、遗留系统的集成提供指导，也为后续的创新应用提供开发依据。因此，应用使用视点（示例—经济调节系统集成关系）如图 7.11 所示，其中采用了适配器模式，内外部系统由于运行环境、安全要求差别较大，因此扩展了不同的适配器类型，需要再分别开发。同时，为了加强规范性，各适配器均遵循数据源和接口技术标准。

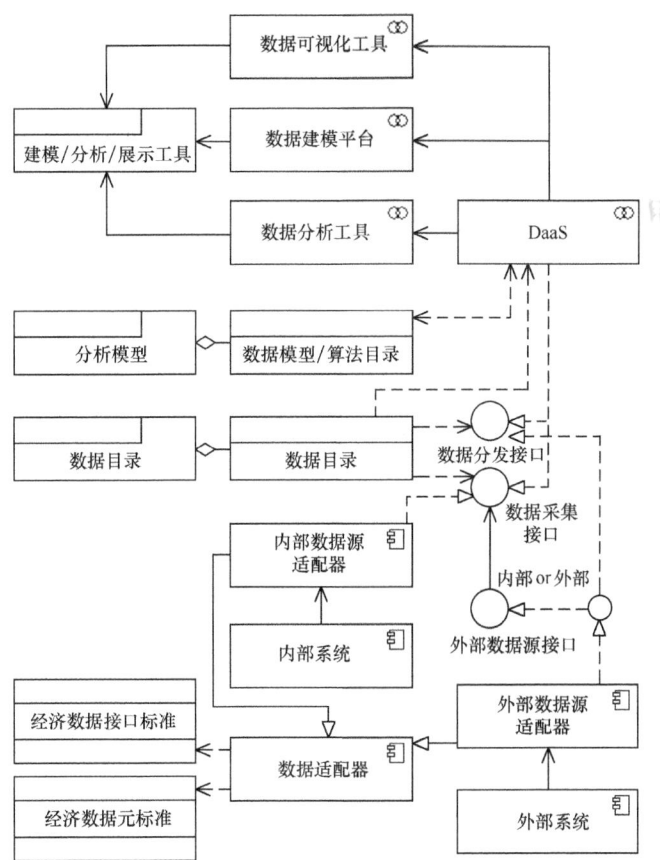

图 7.11　应用使用视点（示例—经济调节系统集成关系）

6. 技术架构

技术架构主要解决高通量数据的高效计算和高敏感数据的有效保护两个问题。

经济数据具有较强的敏感性，无论是采集、清洗的事实数据，还是分析的结果，都需要在确保数据安全的基础上，能够被多种方式统计分析计算，同时避免被未授权的第三方进行画像和还原，因此技术架构需要在关键环节增加隐私保护计算（Privacy-Preserving Computation，PPC）的能力。

技术视点（示例—隐私保护计算）如图7.12所示，具体包括多方计算、差分隐私、同态加密、零知识证明、可信任执行环境、联邦计算6个细分技术。集成隐私计算服务的同时，将数据架构、应用架构的相关构件部署在技术架构环境中。实施和部署视点（示例—经济调节技术运行环境）如图7.13所示，为了简化部署，有关数据加工、分析、处理的部分统一部署为DaaS，有关数据交换接口和隐私计算等应用，部署在IaaS上，DaaS在本地数据中心和西部地区的算力枢纽节点做异地容灾。

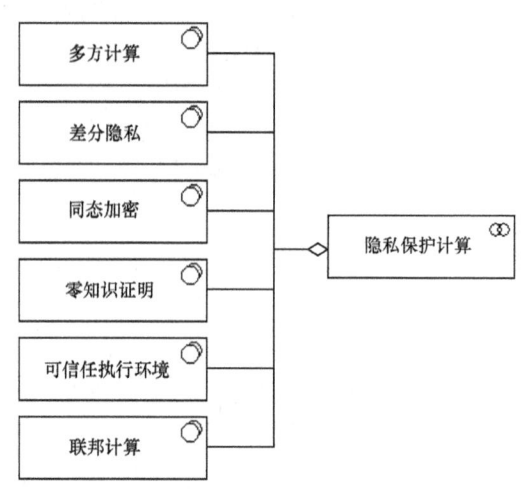

图 7.12　技术视点（示例—隐私保护计算）

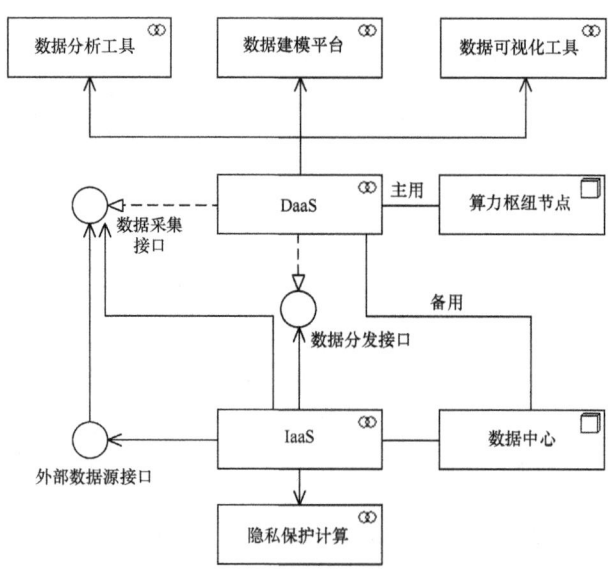

图 7.13　实施和部署视点（示例—经济调节技术运行环境）

7. 物理架构

物理架构需要将经济调节工作与物理世界关联，集成实际的生产、流通、消费网络，能源供给网络，科研创新及成果转化网络，公共服务设施网络。为了实现更直观的监控和预警，经济分析相关应用功能需要借助数据可视化平台，与包括本地区及邻近地区的地理信息集成。而支撑数据建模、分析和可视化的算力则主要来自西部地区的算力枢纽节点和本地区的数据中心节点，考虑到电费、维护人工等费用，我们将西部地区算力枢纽节点作为主用节点，本地区数据中心节点作为备用节点。物理视点（示例—经济调节技术设施部署及集成）如图7.14所示。

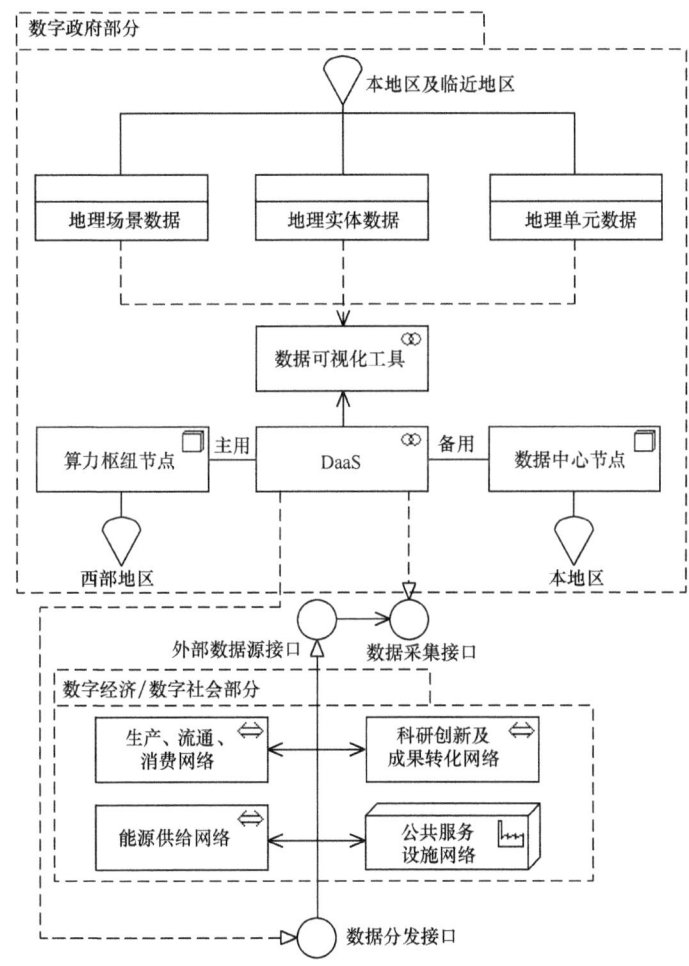

图 7.14 物理视点（示例—经济调节技术设施部署及集成）

8. 运维架构

运维架构主要包括以下 4 个部分。

① 数据准备部分。开展经济调节涉及的主题库、专题库众多，需要从数据采集源头实时监控数据的数量、频次、质量等指标，并清洗数据。

② 数据分析部分。在各类分析模型及知识图谱的计算过程中，需要结合相关的应用手段，监控数据模型的执行效率、完成度、模型训练的成熟度，同时根据经济运行的反馈情况，记录准确率等指标，修正模型算法。

③ 监测预警部分。在风险监测预警领域，需要结合对应的风险分析模型，动态判断经济运行是否处于预设的正常范围内，对于低于或超过阈值的情况，按照预设的响应机制及时报告。

④ 自身运行部分。支撑经济调节的信息化环境应被纳入管理范围，包括数据节点、计算节点、网络节点，以及整体集成环境的效率、故障率、可用率、出错率等主要运行指标。

配置清单（示例—经济调节分析模型）见表7.2。为了简化，表7.2中仅聚焦数据分析模型部分，采用机器学习技术监控各类经济调节模型的运行和使用情况。

表7.2 配置清单（示例—经济调节分析模型）

所在架构	CI	SLA	OLA
数据架构	CI-DAT_CAT1 数据目录 CI-DAT_CAT2 数据模型/算法目录 CI-DAT_CAT2 数据分类分级目录 CI-DAT-GEO1 地理场景数据 CI-DAT-GEO2 地理实体数据 CI-DAT-GEO3 地理单元数据 CI-DAT-MOD 分析模型及算法	SLA-DAT 操作日志至少保留6个月 SLA-DAT 模型总预测数（百万） SLA-DAT 模型总响应数（千） SLA-DAT 模型响应>100ms数 SLA-DAT 模型响应时间中位数（ms） SLA-DAT 模型执行中位数（ms） SLA-DAT 模型中位响应效率（次/秒） SLA-DAT 模型峰值响应效率（次/秒） SLA-DAT 模型数据出错率（‰）	OLA-DAT 模型正式生效前训练时间>3周 OLA-DAT 数据目录更新后生效时间<1天 OLA-DAT 缓存数据命中率（%）
应用架构	CI-App_IN1 外部数据源接口 CI-App_IN2 数据采集接口 CI-App_OUT 数据分发接口	SLA-App 接口可用率>99.99%	
技术架构	CI-TEC_CLD1 IaaS CI-TEC_CLD2 DaaS	SLA-TEC 云平台复合可用率>99.99%	
物理架构	CI-PHY-NOD1 西部算力枢纽 CI-PHY-NOD2 本地数据中心		OLA-PHY 常规状态本地算力占比<30% OLA-PHY 应急状态本地算力占比>95%

注：SLA的统计周期为旬、月、季度、年。

9. 安全架构

为满足相关安全需求，特别是表3.54中的等级保护2.0标准和数据安全需求，同时尽可能降低实现成本，经济调节相关系统在处于等级保护适当级别的可信计算环境中运行。通过对参与主体的分析，即脆弱性、威胁和防控措施的分析，可以识别以下两个要点：

一是外包技术供应商，涉及平台、应用和交付；

二是参与构建经济分析模型的学术研究机构，可能会在变量选取、模型构建和训练、结果分析解读的过程中涉及范围较广、内容较为敏感的数据。

脆弱性影响分析（示例—建设环节 DLP[①] 分析）如图 7.15 所示。

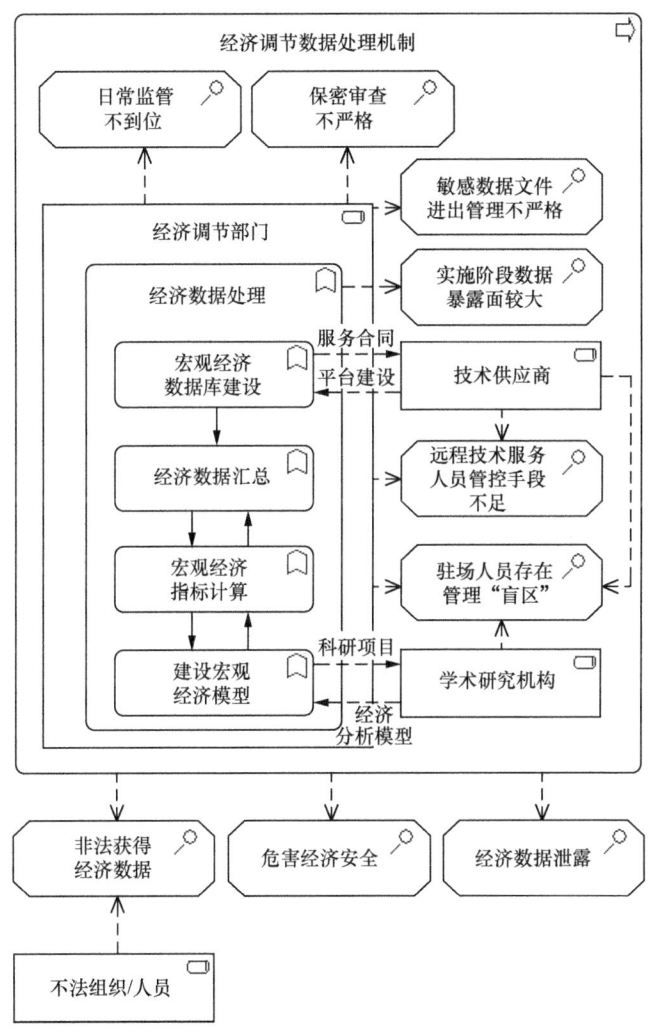

图 7.15　脆弱性影响分析（示例—建设环节 DLP 分析）

---

① DLP全称为Data Leakage Prevention，是数据防泄露。

在实施环节中，管理部门和经济数据处理系统的脆弱性会导致出现安全问题，主要包括以下 5 个问题。

① 管理部门脆弱性。包括日常监管不到位，对于技术供应商和学术研究机构保密审查不严格，以及对敏感数据文件的保管与使用以及远程技术服务人员管理不足等。

② 处理系统脆弱性。尽管系统本身处于等级保护较高的环境中，但在实施阶段容易暴露较大的攻击面。

③ 远程技术服务人员、驻厂人员的安全管理也与参与实施的技术供应商、学术研究机构有直接关联。

④ 从外部而言，不法组织或人员有通过非法渠道获得经济调节数据的动机。

⑤ 在内外部安全因素的共同作用下，可能导致经济数据泄露，危害经济安全。

由于在政府的众多工作条线中需要使用经济数据，政府经济调节本身需要与多方进行数据交换，针对如何在经济数据供应链进行数据防泄露（DLP）就显得非常必要，防御型威胁建模视点（数据交换环节 DLP 分析）如图 7.16 所示。针对数据交换环节的威胁排查主要识别了数据存储（云、本地）、网络交换、专用邮件、数据接口、数据终端等位置的脆弱性，后续应采取纵深防御策略，在相应环节加固数据架构。

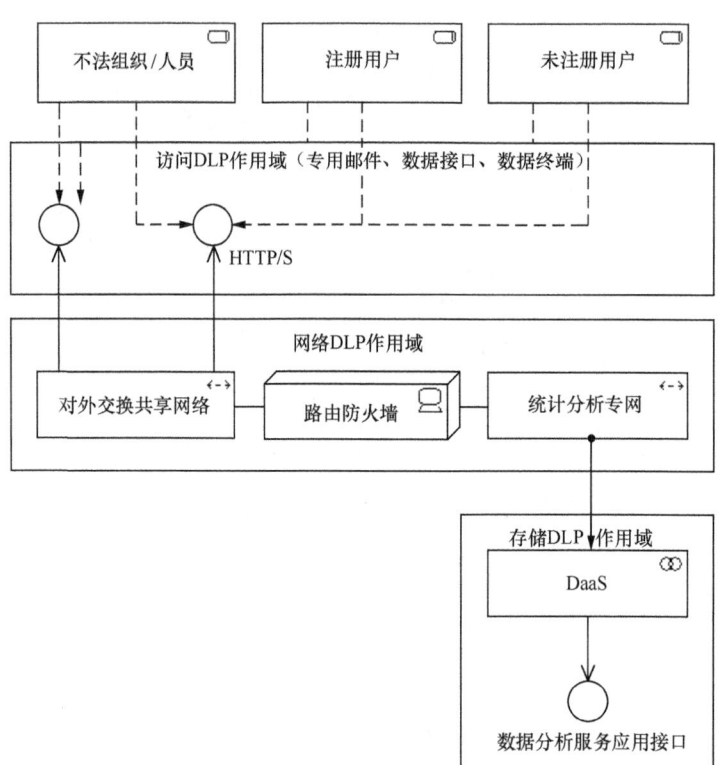

图 7.16 防御型威胁建模视点（数据交换环节 DLP 分析）

10. 规则架构

对策矩阵（示例—安全事件分级矩阵）见表 7.3，可以根据安全协调、安全防护、网络震慑等要求，启动不同版本的应急预案。

表 7.3　对策矩阵（示例—安全事件分级矩阵）

安全事件分级矩阵		2 类元素：风险、控制
启动响应等级	内容	阈值
I 级	核心分析算法效率	<20% >2h
I 级	数据丢失、篡改	>10000（记录）
I 级	恶意程序感染	>50% 终端
I 级	关键基础设施失控	>15min
II 级	核心分析算法效率	<50% >1h
II 级	数据丢失、篡改	>1000（记录）
II 级	恶意程序感染	>35% 终端
II 级	关键基础设施失控	>10min
II 级	二级机构中断	>2 个
III 级	核心分析算法效率	<70% >1h
III 级	数据丢失、篡改	>100（记录）
III 级	恶意程序感染	>15% 终端
III 级	关键基础设施失控	>5min
III 级	二级机构中断	>1 个

为了实现横向可比，同时突出地区先行先试，本地区经济调节数字化除了测度常规的宏观经济指标，还针对产业园区进行检测，并且根据表 3.71 对园区的经济和科技创新 2 类关键指标进行监测。度量/测度目录（示例—经济调节指标）见表 7.4。

表 7.4　度量/测度目录（示例—经济调节指标）[1]

指标目录	1 类元素：合约
GDP	
规模以上工业增加值	
− 产业园区规模以上工业增加值	
新发行政府债券	
− 产业园区基础设施新增债券占比	

---

[1] 参见《国家高新技术产业开发区综合评价指标体系》及 GB/T 38538—2020。

续表

出口总额
进口总额
制成品出厂价格
– 产业园区制成品出厂价格
……

11. 实施和迁移

迁移视点（示例—经济调节数字化总体计划）如图 7.17 所示。

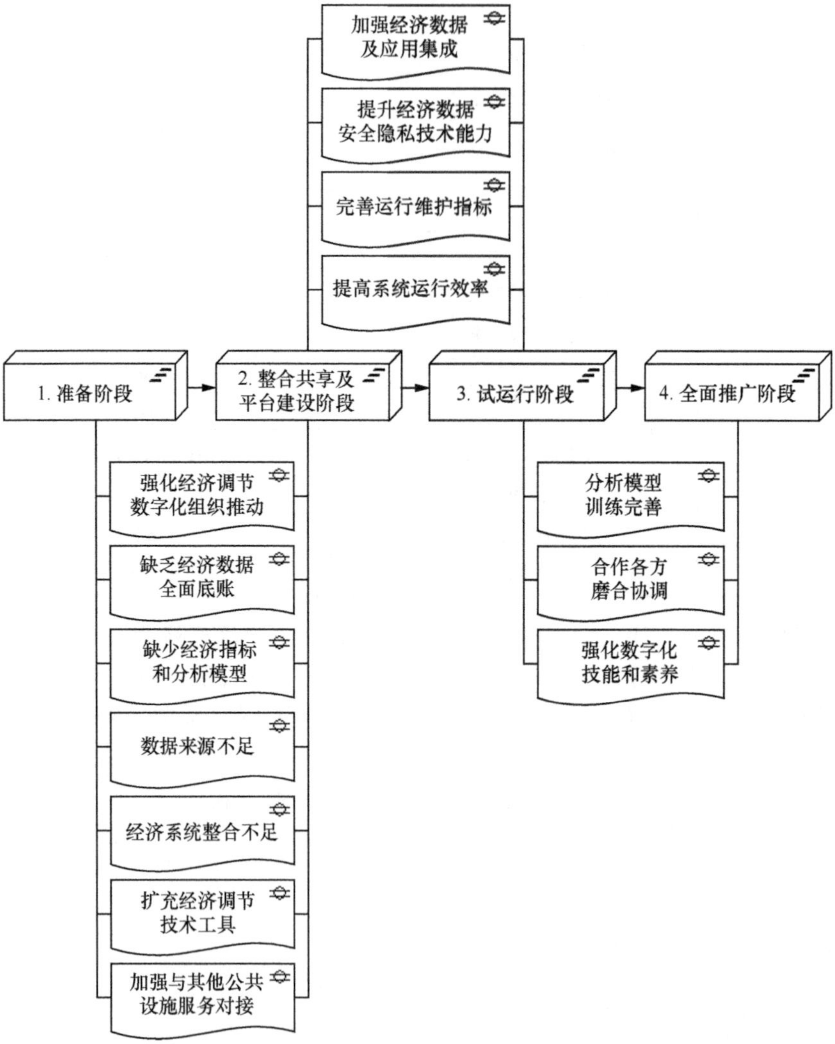

图 7.17　迁移视点（示例—经济调节数字化总体计划）

本地区经济调节数字化工程被分为 4 个阶段，其中第 2 阶段和第 3 阶段的数据模型建设和试运行是整个工程中的重要内容。迁移视点（示例—数据分析平台实施计划）如图 7.18 所示，为了尽早验证并见效，平台和算法争取在 4 个月完成上线，并且在第 1 年用好、用足技术供应商提供的持续维护优化服务。

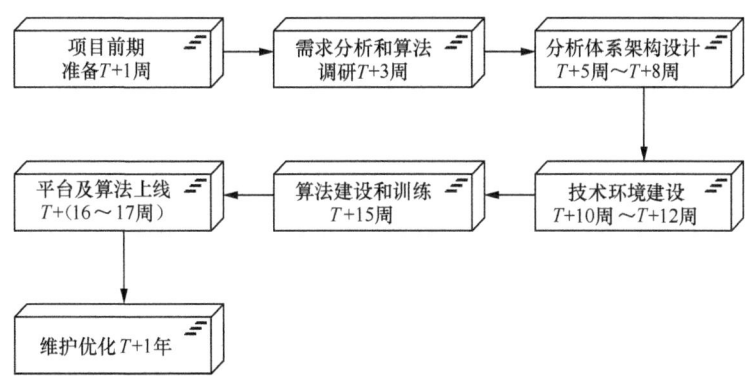

图 7.18　迁移视点（示例—数据分析平台实施计划）

二、示例：高新技术开发区数字政府"一站式"平台规划

1. 动机

园区建设初衷主要源自表 3.3 的驱动力分析和图 3.11 的目标贡献分析，将园区置于本地区发展的大背景下，动机视点（示例—转型升级试点必要性分析）如图 7.19 所示。

园区建设强调政府与企业的配合，因此技术实施思路应遵循表 7.5 的相关原则。

2. 战略架构

综合各方诉求，立足园区需要，基于数字政府的配套，初步确定的理念是集中化、一体化和差异化。

① 集中化。主要是数据处理和业务办理的集中。

② 一体化。在集中化的基础上，将园区服务事项从为企为民办事"端到端"的角度整合优化保证通畅。

③ 差异化。针对园区 3 个科研密集型的重点产业（半导体、AI、智慧农业），用好数字技术，提供与其他园区差异化的公共服务。

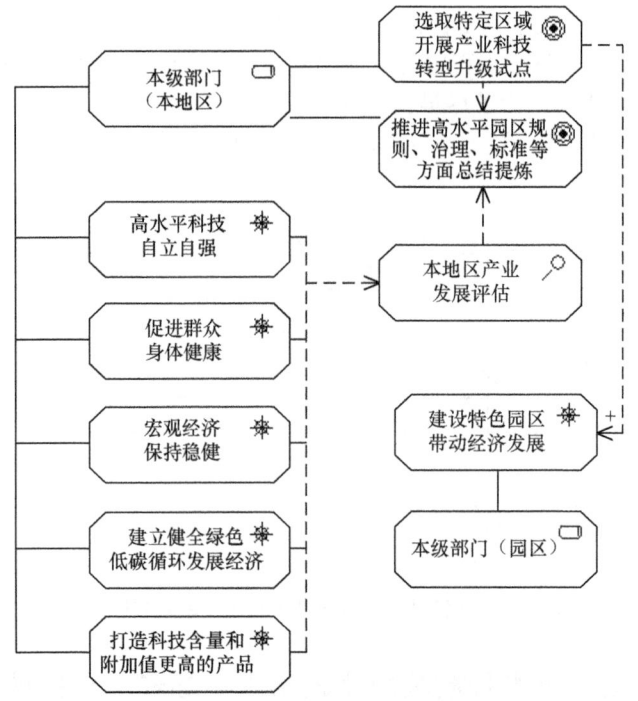

图 7.19 动机视点（示例—转型升级试点必要性分析）

表 7.5 原则目录（示例—园区技术建设原则）

领域	编号	原则	状态
战略架构	SP1	科研创新与产业发展一体推进原则	
应用架构	AP1	大平台原则	
	AP2	小应用原则	+
	AP2	低代码原则	+
数据架构	DP1	纵横联通原则	
规则架构	RP2	依法依标依规原则	*
	RP2	园区重点产业发展必要原则	

注：状态参见 ISO/DIS 9735-10:2021。

战略视点（示例—园区支持政策分析）如图 7.20 所示，其中支持政策主要体现为以下两点。

① 科技创新资金。主要整合不同渠道的支持资金，对园区从事 3 个重点产业的企业提供科技创新及成果转化的支持。

② 加速科研周期。发挥数据要素在园区企业科研创新中的加速作用，以科研数据为纽带，在确权并尊重相关知识产权的基础上，促进跨界创新、整合应用。同时，依托科研大数据，促进园区创新治理能力的提高。

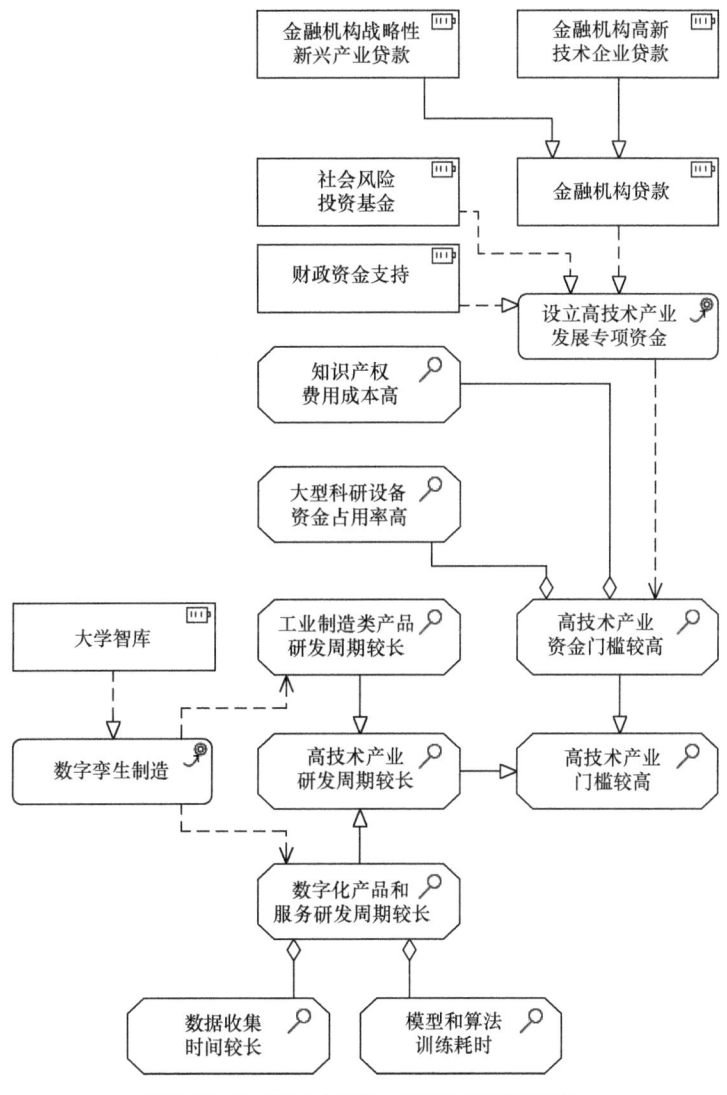

图 7.20 战略视点（示例—园区支持政策分析）

价值流视点（示例—园区产业价值链分析）如图 7.21 所示。

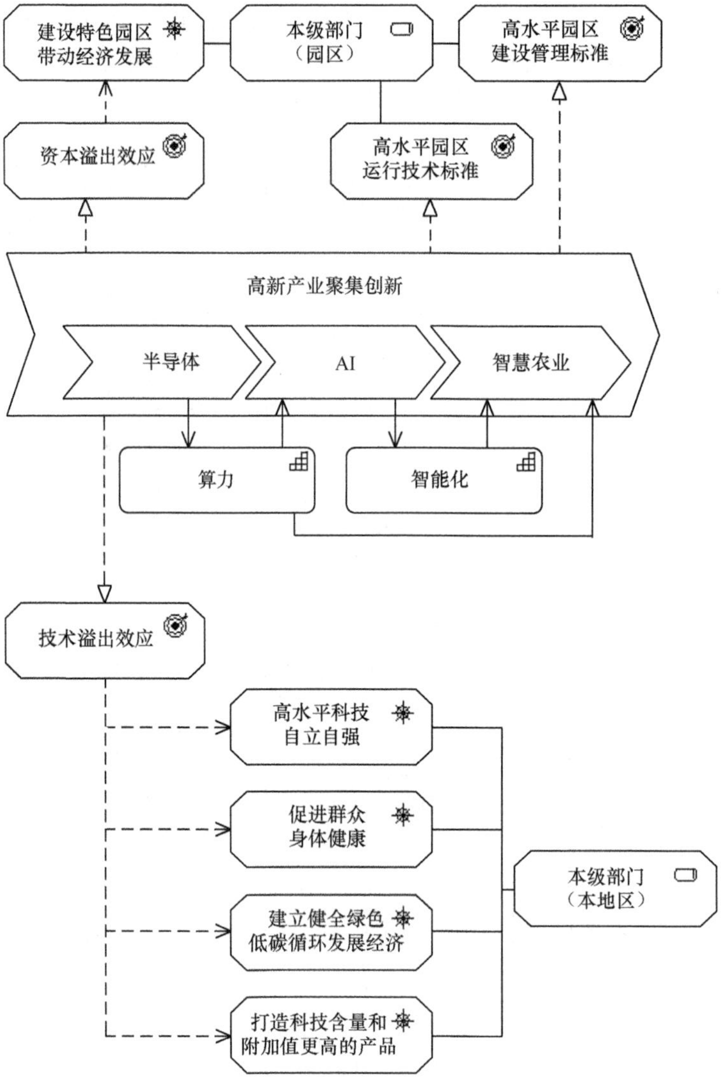

图 7.21 价值流视点（示例—园区产业价值链分析）

由图 7.21 可知，园区有 3 个重点产业的价值流，3 个重点产业形成创新梯次，能更好发挥技术和资本的溢出效应：半导体产品为 AI、智慧农业提供算力支持；AI 为智慧农业相关技术、机械、产业链提供智能化支持；智慧农业技术重点促进一、二、三产业的一体升级。从主要受益方而言，技术溢出效应是提高本地区的整体水平，而资本溢出效应主要提高园区的经济指标。

另外，从上级部门设立园区的初衷出发，提炼规则、治理、标准等方面的实践，对标高水平开放园区，提供可复制、可推广的管理和技术方案。

3. 数据架构

为了平衡管控和便利的关系，数据要素的作用凸显，需要促进公共数据的开放共享，因此，数据来源、种类需要通过表 7.6 集中登记。

① 放、管、服改革事项，例如一站式服务、简化许可程序等内容，也需要针对不同信用行为表现的企业，分类进行动态数据采集和信息评价。

② 园区内的监管措施，包括对企业劳动力使用、环保、外汇、土地租赁购买等方面的监管措施效力，一定程度上也依赖于多源、多维度的大数据支持。

③ 园区内实施的财政激励措施，包括免税期、退税、降低企业收入利润税率等，通常需要与企业的实际经营业绩、进出口情况、总产量等挂钩，因此需要及时、真实的数据支持。

④ 与侧重于产业加工生产的园区不同，本园区侧重于科研活动与数字化制造，因此科研数据、数字化生产制造验证数据，也成为主要的数据类别。

⑤ 园区设施的日常维护和保养，包括网络、电信、物流、公共事业服务、住宅、服务机构等的智能化管理也需要实时的数据链支持。

表 7.6 数据实体目录（示例—园区数据清单）

园区数据清单	1 类元素：业务对象
01 园区政务运行数据	
02 园区企业运行数据	
03 园区产业科研数据	
04 园区场所运行数据	
05 预定下发政务数据	
06 外购数据及资料库	
……	

为了完成表 7.6 相关数据的交换共享，配套的数据接口目录（示例—园区数据接口清单）见表 7.7。

表 7.7 数据接口目录（示例—园区数据接口清单）

园区数据接口清单			1 类元素：应用接口					
类别	名称	对接方	方向	发送端	接收端	频率	敏感度	保存期
05	数据 5	地区	下行	队列	队列	实时	高	长期
01	数据 1	地区	上下行	队列	JAVA	周	中	半年
02	数据 2	企业	上下行	WS-*	WS-*	月	中	长期
03	数据 3	企业	上下行	JAVA	JSON	按需	中	季度
04	数据 4	园区	上行	MQTT 约束应用协议（CoAP）	JAVA/C	实时	低	季度
06	数据 6	企业	上行	C/Python	JAVA/Python	日	低	长期

注：数据类别依据表 7.6。

4. 业务架构

业务功能分解（示例—园区主要职能分解）如图7.22所示。园区业务大体分成3个部分，包括授权和管理、园区日常运营和企业商业经营。

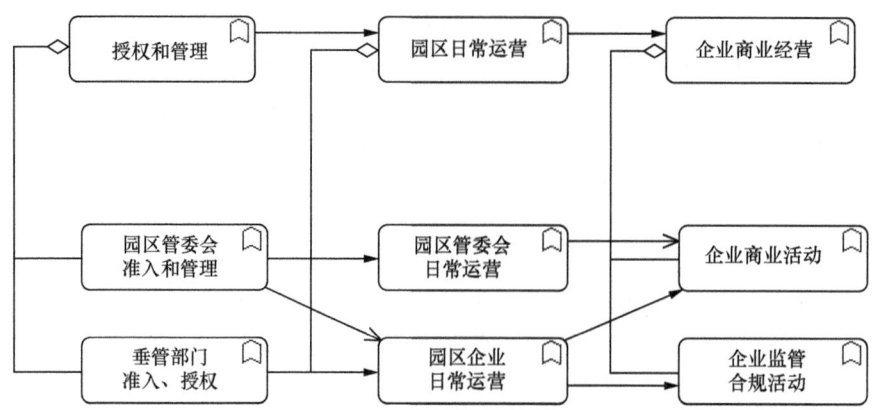

图 7.22　业务功能分解（示例—园区主要职能分解）

5. 应用架构

应用架构主要对照数字政府成熟度要求——**数据开放**，从办公、办文、办事3个方面，以互联互通、技术标准化和公共应用服务为重点，现实情况如下。

① 园区各部门以及派驻机构之间的**数据没有打通**，应用繁杂、缺乏整合，没有统一的界面和窗口。

② 应用的认证授权较为烦琐，需要反复登录输入密码，严重影响用户的体验和对应用的评价，考虑配置支持多种认证方式的4A系统。

③ 公共应用服务主要包括表2.7中的内容，例如工作流平台、公文流转软件包、电子签章服务、报销、培训、招投标、评标，以及电子合同等构件。

尽管需要整合集成的内容较多，但从便利园区企业、个人和政府自身的角度来看，应通过一站式服务窗口，在后台集成相关服务，向各方提供简洁、一致的访问界面。在此基础上，形成如图7.23所示的应用集成关系，具体包括以下5个方面。

① 使用技术架构的4A服务，整合认证、授权、账号和审计。

② 通过线上的园区一站式平台支撑线下的服务大厅，做到线上线下一站式服务。

③ 一站式平台与园区各系统采取数据集成方式。

④ 按照图3.20和图3.77提供园区与企业对接的应用接口。

⑤ 通过应用接口与上级单位的经济调节系统集成。

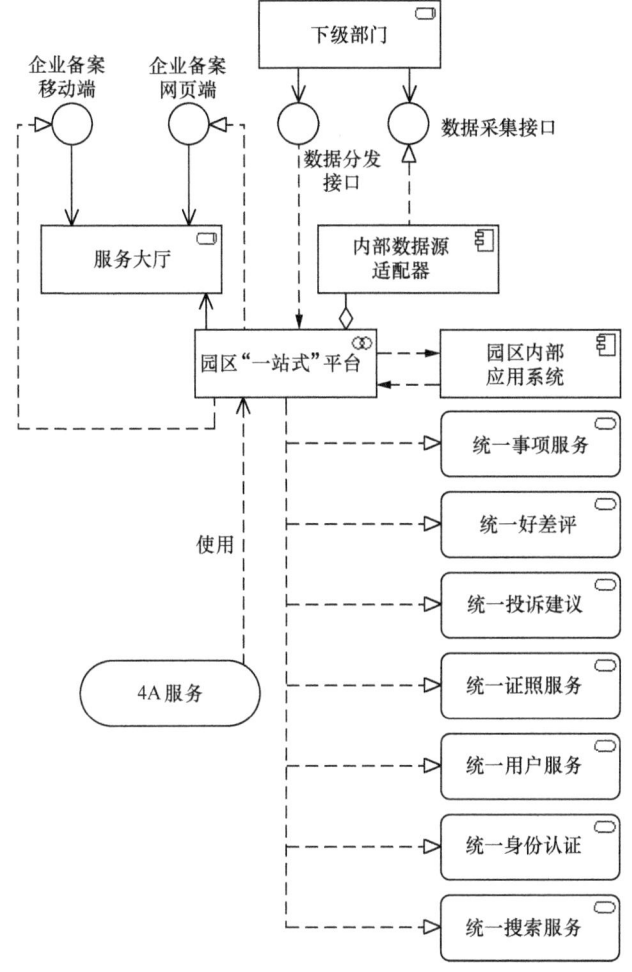

图 7.23　应用协作视点（示例—园区应用集成）

6. 技术架构

园区应用系统类别众多，综合考虑不同用网需求、综合成本、维护等因素，部署各区域高速互联但又有差异的技术架构，包括园区的物联网设施和科研数字化管理平台。

为了提供跨学科的数字化协同创新能力，由园区管委会和部分科研企业联合建设科研数字化管理平台。技术视点（示例—科研数字化管理平台）如图 7.24 所示，覆盖科研资产管理、配置管理、科研数据关联分析、科研模型仿真，并且能以联网的方式启动共享的大型实验仪器设备。此外，为了加强科研过程存证，服务相关知识产权保护和科研成果转化，向模型仿真和数据分析提供充足的算力支持，依靠到达桌面的高速网络和无线通信技术，共同形成了园区内可持续的网络连接，并在此基础上构建园区的公共基础数字化服务（IaaS、基础区块链等），完善科研创新、生产制造活动相关的存证标准和规则，搭建与版权、商标、专利等知识产权和使用权相关的外部数字认证平台，强化电子认证的质量和效率。

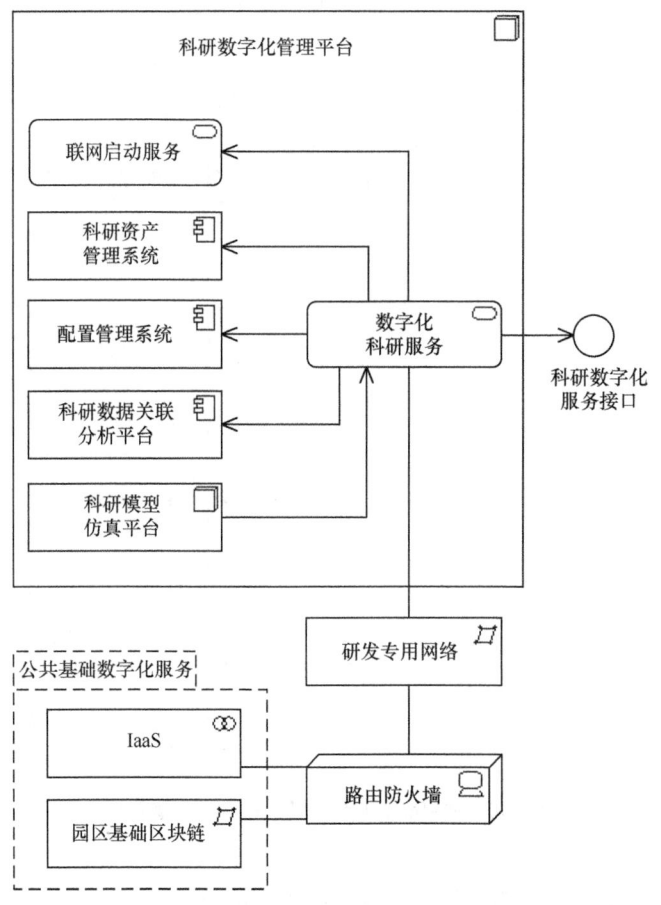

图7.24 技术视点（示例—科研数字化管理平台）

由于物联网、AI、5G 等新一代技术的广泛应用，各方对新园区内的数字化依赖程度非常高，如果技术架构中的云网过于依赖"中心化"的处理方式，未能实现就近的信息包转发和响应，那么在现有的技术条件下，无法满足海量音视频时间序列数据、半结构化活动数据的高通量、低时延、实时或准实时处理的要求。

而在需求侧，园区内的实时动态、热点和聚集性事件等都需要对大量的音视频数据进行回溯分析，而集中式存储和网络架构条件下的响应能力、并发性和可靠性堪忧。一些响应要求较高的物流机器人、智能龙门吊、无人装卸设备等节点，不能承受网络热点切换时暂时形成的网络中断和时延，需要采用新的网络协议、分布式存储或移动端缓存，通过为数据包增加标志等方式，实现数据就近交换，提高交互性，降低时延。

为了区分不同的联网要求，园区配套的智能网络设施在逻辑上将被划分为园区、园区企业生产管理、生产执行和设备4个层次，不仅连接园区楼宇、道路、管道等设施，还对科研及智能制造联动运行提供支持。分层视点（示例—园区配套智能网络）如图7.25所示，相关交换接口参见表7.7。

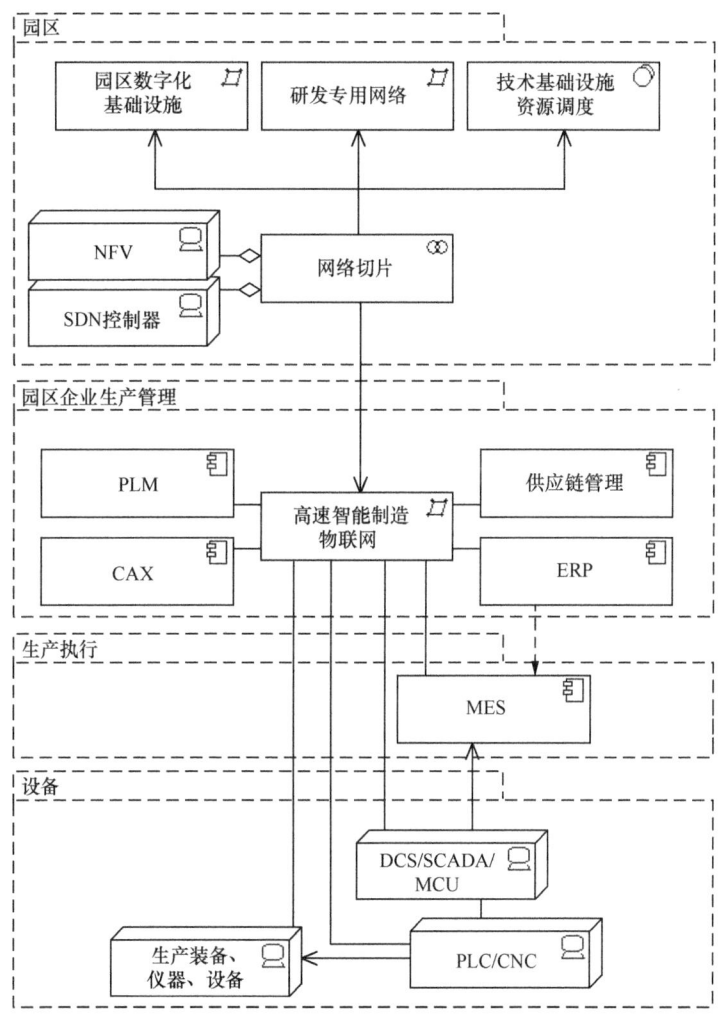

注：图中英文缩略语解释见本书"术语和缩略语"部分。

图7.25 分层视点（示例—园区配套智能网络）

7. 物理架构

物理架构主要服务两个方面的智能化：一方面是结合图 3.89 的园区物理架构，实现园区内各类设施的智能化；另一方面是针对园区重点产业的孵化器，将图 7.24 中的科研数字化管理平台与共享大型实验设备环境集成为自动化管理的科研环境。物理视点（示例—共享大型实验设备环境）如图 7.26 所示。

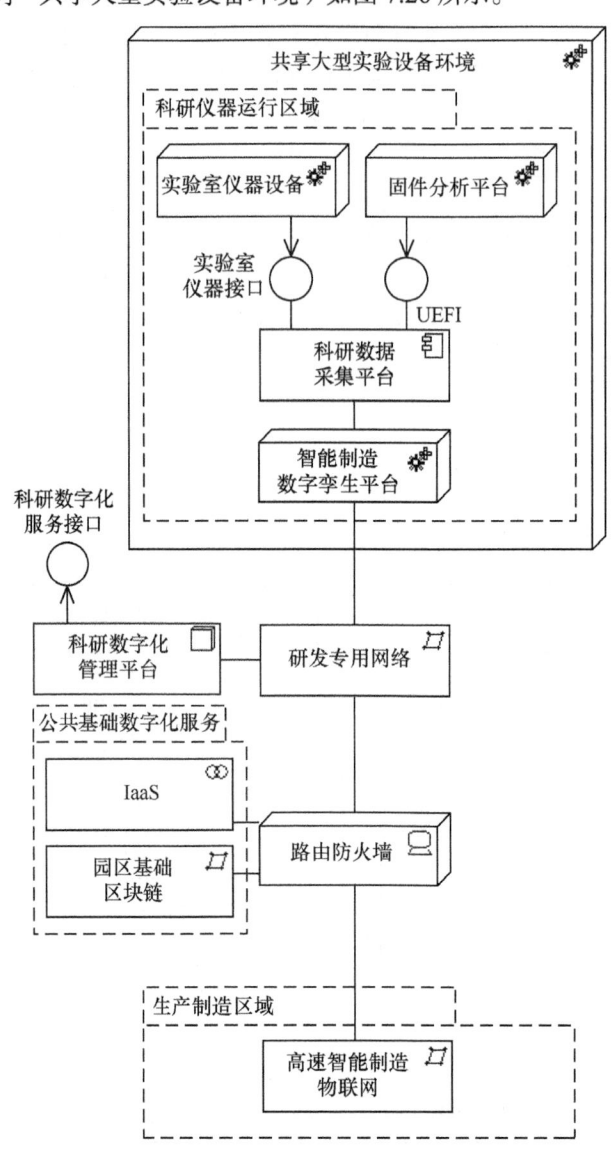

图 7.26　物理视点（示例—共享大型实验设备环境）

注：UEFI英文全称是Unified Extensible Firmware Interface，是统一可扩展固件接口。

8. 运维架构

由于园区涉及的信息系统较多，包括上级单位下发、本级自建、外包建设，以及连接的众多入驻园区企业的系统。园区自身没有专职的信息化部门，因此运维总体采取外包方式。施动者协作视点（示例—园区数字政府项目运维保障服务）如图 7.27 所示。运维保障服务遵循 GB/T 28827 系列标准，允许获得等级保护 2.0 及信息技术基础架构库（ITIL v3:2011）或 ISO/IEC 20000 相关认证的技术供应商及专业人员，根据运维服务合同参与维护园区的信息系统。

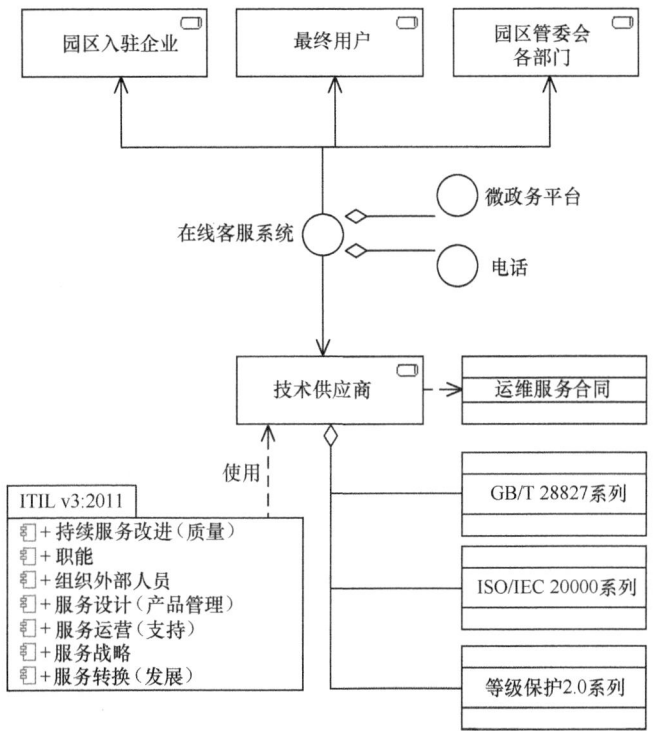

图 7.27　施动者协作视点（示例—园区数字政府项目运维保障服务）

9. 安全架构

表 3.54 列出了园区建设中需要遵循的一系列安全技术标准，图 3.95 也针对征信系统和园区办公楼设计了基本的防控措施。此外，从应用的角度来看，园区政务服务整体强调"移动优先"，应加强 App 的安全管控。

一方面，要将安全要求融汇到常规的政务系统开发和维护流程中，并将运营商、发布平台（App 市场和 App 商店）等参与方一起纳入安全管控的范围。对策矩阵（示例—园区 App 安全开发措施）见表 7.8。

表 7.8　对策矩阵（示例—园区 App 安全开发措施）

园区 App 安全开发措施		2 类元素：控制
领域架构	阶段	措施
应用架构	需求分析	威胁建模
		攻击面缩减
		安全需求评审
		安全质量保证
	开发设计	安全方案设计
		方案安全性评审
		代码安全审核
		安全变更控制
	测试验证	代码安全测试
		安全集成验证
		产品安全交付
运维架构	上架发布	开发机构安全资质、信誉审核
		上线前安全合规性审核
		安全管理和整改
	安装运行	运行状况监测和安全监测、预警
	更新维护	安全更新
	终止运营	系统、数据、日志备份及 App 下线

另一方面，突出技术手段应用，重点加固图 3.83 中的移动通信接入部分，防御型威胁建模视点（示例—园区移动政务服务访问）如图 7.28 所示。其中，管理员应通过园区办公楼内的无线局域网接入；注册用户可以通过公共移动通信网络或使用园区办公楼的无线局域网接入；未注册用户只能使用公共移动通信网络接入。

对图 7.28 的模型进行威胁分析后发现，尽管威胁内容较多，但园区通过论证，做了以下安全加固措施。技术视点（示例—园区移动接入安全加固）如图 7.29 所示。

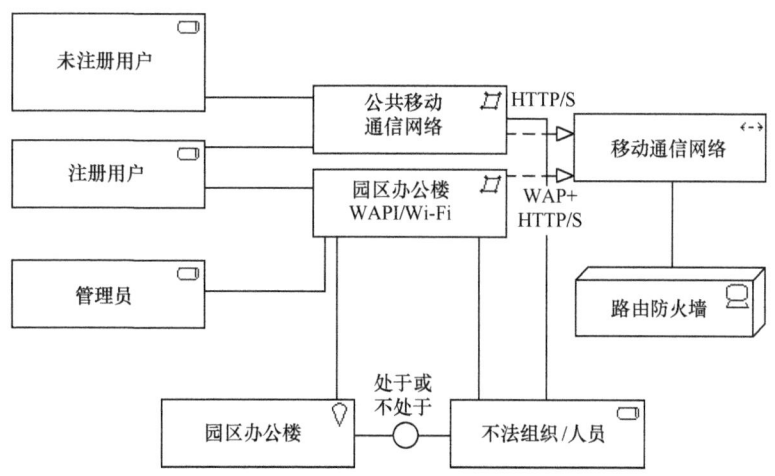

图 7.28 防御型威胁建模视点（示例—园区移动政务服务访问）

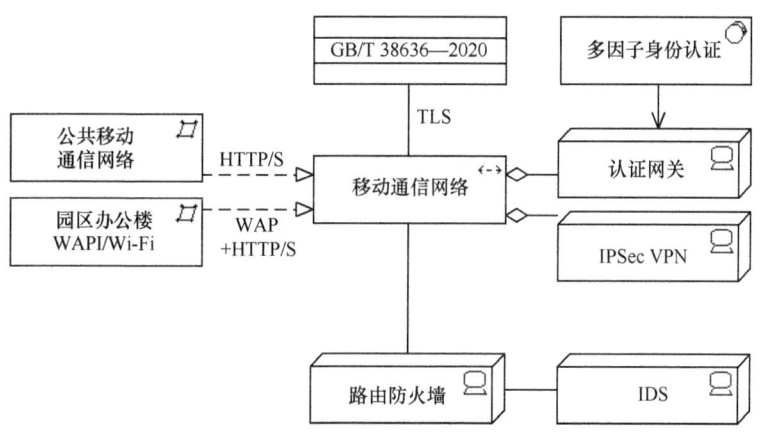

图 7.29 技术视点（示例—园区移动接入安全加固）

① 所有移动接入网络在接入一侧部署认证网关。
② 支持多因子身份认证。
③ 相关传输层密码支持 GB/T 38636—2020。
④ 为了区分是普通用户还是潜在的不法组织或个人，接入端增加入侵检测系统，对存在可疑行为的网络来源、异常类型、攻击意向、时间等进行记录和分析。

由于园区的移动类应用运行环境较为复杂，为了简化安全管控，采用园区移动安全策略的防护设计。安全策略目录（示例—园区移动安全策略）见表 7.9。

表 7.9 安全策略目录（示例—园区移动安全策略）

园区移动安全策略		1 类元素：约束（安全策略）
领域架构	安全对象	安全策略构成
技术架构	移动终端	身份鉴别
		通用配置
		访问控制
		可信验证
		身份鉴别
		访问控制
		数据安全存储
		数据防泄露
		剩余信息保护
		运行安全
	移动通信接入	安全通信网络
		安全通信协议
		边界防护
		身份鉴别
		访问控制
		入侵防范
应用架构	移动应用服务端	身份鉴别
		访问控制
		安全审计
		入侵防范
		数据安全存储
		数据防泄露
		数据备份恢复
		剩余信息保护
		安全隔离与交换
		移动终端虚拟化
安全架构	安全管理中心	移动终端管理
		移动应用管理
		数据安全管理
		安全监测
		安全审计

10. 规则架构

产业升级换代和市场流通、消费方式快速变化，关于产业园区方面的法制规则，部分仍处于实验阶段：一方面需要依法治理，本地区应及时修改废释园区需要的法律法规；另一方面，园区部分实践具有地域、产业的局限性，尚不具备上升为法律法规的条件。

园区数字政府建设应遵循国家及本地区的数字政府技术标准体系，标准目录（示例—园区数字政府采标情况）见表7.10。

表 7.10　标准目录（示例—园区数字政府采标情况）

园区数字政府采标情况	1类元素：合约
总体标准 01 – 术语 0101 – 指南 0102 – 参考模型 0103 基础设施标准 02 – 政务硬件设施 0201 – 政务软件设施 0202 – 政务网络 0203 数据标准 03 – 元数据 0301 – 分类与编码 0302 – 数据库 0303 – 信息资源目录 0304 – 数据格式 0305 – 开放共享 0306 – 开发利用 0307 – 数据管理 0308 业务标准 04 – 业务流程 0401 – 业务系统 0402 服务标准 05 – 服务基础 0501 – 服务应用 0502 管理标准 06 – 运维运营 0601 – 测试评估 0602 安全标准 07 – 安全管理 0701 – 安全技术 0702 – 安全产品和服务 0703 ……	

注：示例仅选标准目录，未涉及具体标准内容。

产业层面也需要遵循相关的技术标准，以智慧农业为例，标准间协作关系参考图 3.113。园区内由于产业、技术、人才的聚集，容易形成具有地区或国际优势的产业集群。考虑到园区 3 类重点产业能够形成软硬件一体的产品方案，而国际市场也具有较广的空间，特别是对处于成长中的中小企业，因此在法规规制的适用性方面，需同时符合国内、国际两个市场和主要东道国的监管要求。因此，应首先收录相关目录制品，并针对目标市场，从产业策划阶段就开展针对性研究，关注国际、国家的区域规则，避免在纵横交织、层次相隔的规则中存在空白，以园区 3 类重点产业为例，法律法规目录 + 标准目录（示例—机电类技术法规标准清单）见表 7.11。

表 7.11　法律法规目录 + 标准目录（示例—机电类技术法规标准清单）

机电类技术法规标准清单	1 类元素：合约	
编号	产品	生效日期
TP TC 004/2011	低压设备安全性	2012 年 7 月
TP TC 010/2011	机械设备安全性	2013 年 2 月
TP TC 031/2012	农业和林业拖拉机和拖车安全	2015 年 2 月
TR EAEU 037/2016	关于电器和无线电产品中使用有害物质的限制	2018 年 3 月
TR EAEU 048/2019	关于耗能设备的能耗要求	2021 年 9 月

注：示例仅选取部分法规、标准。

除了采标，根据图 7.21，园区还应该注重在实践中总结提炼，将本地区的管理和技术的成功实践转化为地区、行业、国家、国际的标准，有利于开展产业合作。

11. 实施迁移

在建设政务系统的过程中，园区企业征信管理升级项目是重点，项目主要内容、总体推进计划和系统集成方案如图 3.118、图 3.120 和图 3.123 所示。此外，图 3.83、图 3.85 所示的园区办公系统、企业登记备案系统的移动化改造，也是利企便民的重要举措。

从园区整体考虑，作为本地区新设置的高新产业园区，在数字政府建设中为科研创新、智能制造提供公共数字化基础设施，也是先行先试的主要举措，因此，参见图 3.70 的全景视点进行园区数字政府工程的总体任务布置及分工。项目视点（示例—园区数字政府工程）如图 7.30 所示。

第 7 章 数字政府架构示例

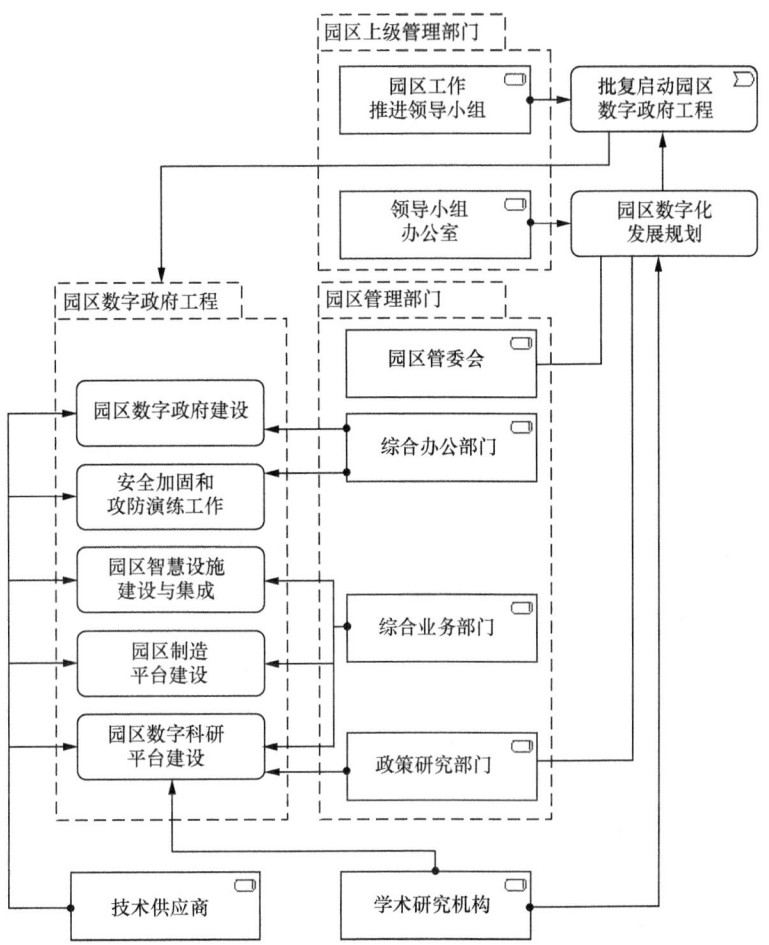

图 7.30 项目视点（示例—园区数字政府工程）

术语和缩略语

[1] 干系方：Stakeholder[①]。
[2] 2D：二维、二维的，Two-Dimension/Two-Dimensional。
[3] 3D：三维、三维的，Three-Dimension/Three-Dimensional。
[4] 4A：认证、授权、账号、审计，Authentication, Authorization, Account and Audit。
[5] 5G：第五代移动通信技术，5th Generation Mobile Communication Technology。
[6] ABB：架构构建块，Architecture Building Block。
[7] AEO：经认证的经营者，Authorized Economic Operator。
[8] AI：人工智能，Artificial Intelligence。
[9] ADM：架构开发方法，Architecture Development Method。
[10] API：应用程序接口，Application Programming Interface。
[11] App：应用程序，Applications[②]。
[12] ASEAN：东南亚国家联盟，Association of Southeast Asian Nations。
[13] BIM：建筑信息模型，Building Information Model。
[14] BSC：平衡计分卡，Balanced Score Card。
[15] BSP：购买、运输、支付，Buy-Ship-Pay。
[16] CA：证书授权中心，Certificate Authority。
[17] CAX：计算机辅助设计/制造/工程……，Computer Aided Design, Computer Aided Manufacturing, Computer Aided Engineering...
[18] CCTS：核心构件技术规范，Core Component Technical Specification。
[19] CI：配置项，Configuration Item。
[20] CIA：保密性、完整性、可用性，Confidentiality, Integrity, Availability。
[21] CIM：城市信息模型，City Information Model。
[22] CMDB：配置管理数据库，Configuration Management Database。
[23] CMMI：能力成熟度模型集成，Capability Maturity Model Integration。
[24] CNC：计算机数控，Computer Numerical Control。
[25] COM：组件对象模型，Component Object Model。
[26] CRM：客户关系管理，Customer Relationship Management。
[27] CRUD：增加、读取、更新和删除，Create, Read, Update and Delete。

---

① 尽管经常被翻译成"利益攸关方""利益干系方""利益相关者"等，但为了简洁，本书统称为"干系方"。
② 本书App既指移动设备端应用，也指传统桌面、浏览器端应用以及智能设备装备前端。

[28] DaaS：数据即服务，Data as a Service。
[29] DCS：分散控制系统，Distributed Control System。
[30] DLP：数据防泄露，Data Leakage Prevention。
[31] EA：企业架构，Enterprise Architecture。
[32] EAR：企业架构存储库，Enterprise Architecture Repository。
[33] EDI：电子数据交换，Electronic Data Interchange。
[34] ERP：企业资源计划，Enterprise Resource Planning。
[35] ETL：抽取、转换、装载，Extract, Transform, Load。
[36] EU：欧盟，European Union。
[37] EVA：经济增加值，Economic Value Added。
[38] FEA：联邦企业架构，Federal Enterprise Architecture。
[39] GDP：国内生产总值，Gross Domestic Product。
[40] GS1：国际物品编码组织。
[41] HTML：超文本标记语言，Hyper Text Markup Language。
[42] IaaS：基础设施即服务，Infrastructure as a Service。
[43] IATA：国际航空运输协会，International Air Transport Association。
[44] ICT：信息与通信技术，Information and Communication Technology。
[45] IDS：入侵检测系统，Intrusion Detection System。
[46] IEC：国际电工委员会，International Electrotechnical Committee。
[47] IEEE：电气电子工程师学会，Institute of Electrical and Electronics Engineers。
[48] IoT：物联网，Internet of Things。
[49] IP：信息包，Information Package。
[50] IPSec：互联网络层安全协议，Internet Protocol Security。
[51] IPO：输入、处理、输出，Input, Processing and Output。
[52] IRP：信息资源规划，Information Resource Planning。
[53] ISO：国际标准化组织，International Organization for Standardization。
[54] IT：信息技术，Information Technology。
[55] IT4IT：用信息化服务信息化、用信息化管理信息化，IT for IT。
[56] ITIL：信息技术基础架构库，Information Technology Infrastructure Library。
[57] ITU：国际电信联盟，International Telecommunications Union。
[58] JDBC：Java 数据库互连，Java Database Connectivity。
[59] JSON：JS 对象简谱，JavaScript Object Notation。
[60] MES：制造执行系统，Manufacturing Execution System。
[61] MSA：微服务架构，Microservice Architecture。
[62] MCU：多点控制器，Multipoint Control Unit。
[63] NFV：网络功能虚拟化，Network Function Virtualization。

[64]　OA：办公自动化，Office Automation。
[65]　OASIS：结构化信息标准促进组织，Organization for the Advancement of Structured Information Standards。
[66]　OLA：运行水平协议，Operational Level Agreement。
[67]　OMG：对象管理组，Object Management Group。
[68]　OO：面向对象，Object-Oriented。
[69]　OS：操作系统，Operating System。
[70]　P2P：点对点，Peer to Peer。
[71]　PaaS：平台即服务，Platform as a Service。
[72]　PEST：政治、经济、社会、科技，Political, Economical, Social, Technological。
[73]　PKI：公钥基础设施，Public Key Infrastructure。
[74]　PLC：可编程逻辑控制器，Programmable Logic Controller。
[75]　PLM：产品生命周期管理，Product Lifecycle Management。
[76]　PMI：项目管理协会，Project Management Institute。
[77]　PUE：电源使用效率，Power Usage Effectiveness。
[78]　RACI：权责关系模型，Responsible, Accountable, Consulted and Informed。
[79]　RPC：远程过程调用，Remote Procedure Call。
[80]　SaaS：软件即服务，Software as a Service。
[81]　SBB：解决方案构建块，Solution Building Block。
[82]　SCADA：监控与数据采集系统，Supervisory Control and Data Acquisition。
[83]　SDN：软件定义网络，Software Defined Network。
[84]　SLA：服务等级协定，Service Level Agreement。
[85]　SOA：面向服务的体系结构，Service-Oriented Architecture。
[86]　SysML：系统建模语言，Systems Modeling Language。
[87]　TOGAF：开放组架构框架，The Open Group Architecture Framework。
[88]　UAFP：统一架构框架大纲，Unified Architecture Framework Profile。
[89]　TLS：传输层安全协议，Transport Layer Security。
[90]　UEFI：统一可扩展固件接口，Unified Extensible Firmware Interface。
[91]　UML：统一建模语言，Unified Modeling Language。
[92]　UN：联合国，United Nations。
[93]　UN/CEFACT：联合国贸易便利化与电子业务中心，United Nations Centre for Trade Facilitation and Electronic Business。
[94]　UN/ECE：联合国欧洲经济委员会，UN Economic Commission for Europe。
[95]　UPDM：联合建模体系，Unified Profile for DoDAF and MODAF。
[96]　VFN：虚拟文件网络，Virtual File Network。
[97]　VPN：虚拟专用网络，Virtual Private Network。

[98] W3C：万维网联盟，World Wide Web Consortium。
[99] WCO：世界海关组织，World Customs Organization。
[100] WCO DM：世界海关组织数据模型，WCO Data Model。
[101] WHO：世界卫生组织，World Health Organization。
[102] WTO：世界贸易组织，World Trade Organization。
[103] XML：可扩展标记语言，Extensible Markup Language。
[104] XSD：XML 模式定义，XML Schema Definition。
[105] 如果没有其他专门说明，本书提及的地区和国家的两位、三位代码及其简称统一使用国际标准化组织（ISO）确定的代码和简称。

中文参考文献

[1] 钱学森. 系统理论中的科学方法与哲学问题 [M]. 北京：清华大学出版社，1984:4-29.

[2] 钱学森. 系统思想、系统科学和系统论 [M]// 李吉环，李明，涂元季. 钱学森文集. 卷三. 北京：国防工业出版社，2012:126-145.

[3] 王翔. 设计模式：基于 C# 的工程化实现及扩展 [M]. 北京：电子工业出版社，2009.

[4] 王翔，孙逊. 模式——工程化实现及扩展（设计模式 Java 版）[M]. 北京：电子工业出版社，2012.

[5] 王翔，孙逊. 模式——工程化实现及扩展（设计模式 C# 版）[M]. 北京：电子工业出版社，2012.

[6] 王翔. 基于区块链技术服务贸易畅通探讨 [J]. 中国口岸科学技术，2020(3): 4-12.

[7] 王翔. 建设数字政府国际段 更好服务"一带一路"走出去 [J]. 党政信息化参考，2021(3): 30-34.

[8] 王翔. 海关信息化四十五年发展模式探究——从 H761 到 H2018[J]. 海关与经贸研究，2021,42(5): 62-73.

[9] 王翔，高芸，蔡军霞. 索洛增长模型分析数据要素对总产出的影响 [J]. 国际商务财会，2021(16): 3-7.

[10] 许倬云. 中国文化的精神 [M]. 北京：九州出版社，2018.

外文参考文献

[1] BALAKRUSHNAN S, MAMNOON O, BELL J, et al. w169 Microservices Architecture [M]. San Francisco: The Open Group, 2016.

[2] BAND I, ENGELSMAN W, FELTUS C, et al. w172 How to Model Enterprise Risk Management and Security with the Archimate Language [M]. Berkshire: The Open Group, 2019.

[3] BECKER J, NIEHAVES B, POEPPELBUSS J, et al. Maturity Models in IS Research[C]//18th European Conference on Information Systems. Pretoria: ECIS, 2010.

[4] BOYENS J, PAULSEN C, MOORTHY R, et al. NIST SP 800-161 Supply Chain Risk Management Practices for Federal Information Systems and Organizations [R]. Gaithersburg: NIST, 2015.

[5] ISC. The Risk Management Process [R]. Washington: ISC, ICSA, DHS, 2021.

[6] KHAN T A, SRINIVASAN K. eGovernment Domain Discussion[C]//Proceedings of the 33rd UN/CEFACT Forum. Geneva: UN/ECE, 2019.

[7] MISRA S, CHOWDHRY T. y192 An IT Operating Model Transformation How HCL Global IT used the IT4IT Reference Architecture Standard to Move from a Technology-Centric to a Consumer-Centric Digital Enterprise [M]. Berkshire: The Open Group, 2019.

[8] THORN S, SERONO M. w071 TOGAF and ITIL [M]. San Francisco: The Open Group, 2007.

[9] THORN S. w14b TOGAF Framework and ArchiMate Modeling Language Harmonization Viewpoints Mapping [S]. San Francisco: The Open Group, 2014.

[10] OPENGROUP. ArchiMate Extension for Modeling and Managing Motivation, Principles, and Requirements in TOGAF[S]. Berkshire: The Open Group, 2011.

[11] OPENGROUP. N116 Reference Card: ArchiMate 2.0 Viewpoints [S]. Berkshire: The Open Group, 2012.

[12] OPENGROUP. w14b TOGAF 9.1 Framework and ArchiMate 2.1 Modeling Language Harmonization Viewpoints Mapping[S]. Berkshire: The Open Group, 2014.

[13] OPENGROUP. C197 ArchiMate 3.1 Specification: The Open Group Standard [S]. Berkshire: The Open Group, 2019.

[14] OPENGROUP. N190 ArchiMate 3.1 Specification Reference Cards [S]. Berkshire: The Open Group, 2019.

[15] PMI. THE STANDARD FOR PROJECT MANAGEMENT and A GUIDE TO THE PROJECT MANAGEMENT BODY OF KNOWLEDGE [M]. 7th ed. New York: PMI, 2021.

[16] SANTE T V, ERMERS J. TOGAF 9 and ITIL v3 Two Frameworks Whitepaper [R]. London: OGC, 2009.

[17] STINE K, KISSEL R, BARKER W C, et al. NIST SP 800-60 Volume 1: Guide for Mapping Types of Information and Information Systems to Security Categories [R]. Gaithersburg: NIST, 2008.

[18] STINE K, KISSEL R, BARKER W C, et al. NIST SP 800-60 Volume II: Appendices to Guide for Mapping Types of Information and Information Systems to Security Categories [R]. Gaithersburg: NIST, 2008.

[19] WCO. Expanding the Concept of Authorized Economic Operator (AEO) to Free Zone Stakeholders Annex II [R]. Bruxelles: WCO Secretariat, 2022.

致谢

  感谢一直默默辛勤支持我的家人，不断给予我温暖、欢笑和信心，让我得以坚持完成这本书。感谢多年来单位领导、同事给予我的平台和帮助，让我能够看到更多、学到更多、实践更多、思考更多。

王翔

2022 年 11 月